Roland Heuermann
Strategisches IT-Management

Roland Heuermann

Strategisches IT-Management

In Privatwirtschaft und Verwaltung

DE GRUYTER
OLDENBOURG

Lektorat: Dr. Stefan Giesen
Herstellung: Tina Bonertz
Grafik: thinkstockphotos.com

Bibliografische Information der Deutschen Nationalbibliothek
Die Deutsche Nationalbibliothek verzeichnet diese Publikation in der Deutschen Nationalbibliografie; detaillierte bibliografische Daten sind im Internet über http://dnb.dnb.de abrufbar.

Library of Congress Cataloging-in-Publication Data
A CIP catalog record for this book has been applied for at the Library of Congress.

© 2014 Oldenbourg Wissenschaftsverlag GmbH
Rosenheimer Straße 143, 81671 München, Deutschland
www.degruyter.com/oldenbourg
Ein Unternehmen von De Gruyter

Druck und Bindung: CPI books GmbH, Leck

Gedruckt in Deutschland
Dieses Papier ist alterungsbeständig nach DIN/ISO 9706.

ISBN   978-3-486-71807-2
e-ISBN 978-3-486-85548-7

Inhalt

Verzeichnis der Abbildungen

Verzeichnis der Tabellen

Aphorismen und Sprüche

In der Informatik geht es genau so wenig um Computer, wie in der Astronomie um Teleskope.

Edsger Wybe Dijkstra

If a train station is where the train stops, what's a work station?

Roger B. Dannenberg

Der Wert eines Programmes ist umgekehrt proportional zu dem von ihm verbrauchten Papier.

Wenn Architekten so bauen würden, wie manche Programmierer ihre Programme machen, könnte ein einziger Specht ganze Städte zerstören.

Was nutzt ein Tiger in der CPU, wenn ein Esel an der Tastatur sitzt?

When I find my code in tons of trouble, friends and colleagues come to me, speaking words of wisdom, write in 'C'!

A bug is an undocumented feature.

Wenn das rauskommt, wo wir überall reinkommen, dann kommen wir da rein, wo wir nicht mehr rauskommen!

Optimieren: Ein Programm durch Verbessern der Algorithmen anstatt durch Kauf neuer Hardware beschleunigen.

Der unvorsichtig redende Informatiker trägt zur falschen Einschätzung des Computers bei, erweckt unerfüllbare Erwartungen und bringt den Computer in die Gefahr, verteufelt zu werden wie das Atom.

Heinz Zemanek

Die größte Errungenschaft der Software-Industrie ist ihre kontinuierliche Neutralisierung der atemberauben Fortschritte der Hardware-Industrie.

Henry Petroski

Passwörter sind wie Unterwäsche. Du darfst sie keinen sehen lassen, musst sie regelmäßig wechseln und solltest sie nicht mit Fremden tauschen.

Chris Pirillo

Vorwort

Die letzten Jahrzehnte der Wirtschafts- und Verwaltungsgeschichte sind wesentlich durch die „digitale Revolution" geprägt. Die Informationstechnologie bietet den Betrieben ganz neue Möglichkeiten der Kommunikation, der Produktionssteuerung, der Gestaltung von Arbeitsabläufen und der Datenrecherche. Sie macht neue Dienstleistungen möglich und half oftmals entscheidend mit, die Erstellung von Gütern und Dienstleistungen der Real- und Finanzwirtschaft wesentlich zu verbessern oder zumindest zu verändern. Gleichzeitig sind auch neue Gefahren des „Cybercrimes", wie Datendiebstahl und Industriespionage sowie „shit stormes" möglich geworden und übertreffen in ihrer Wirkung und Reichweite meist die gleichartigen, vor-digitalen Bedrohungen des Papierzeitalters.

Um die Chancen und Herausforderungen der Informationstechnologie zu nutzen, haben die Betriebe auf das IT-Management spezialisierte IT-Bereiche eingerichtet, eventuell externe IT-Anbieter eingebunden und IT-Spezialisten eingestellt. Die innerbetriebliche IT selbst hat sich technisch, organisatorisch und personell weiter ausdifferenziert und eine zunehmend arbeitsteilige, kleine Welt innerhalb der Querschnittsbereiche von Betrieben etabliert. Sie ist die „sekundäre IT-Industrie" [1], die die Hard- und Softwareprodukte der „primären IT-Industrie" erst zum Leben bringt und ihnen einen hoffentlichen großen Nutzen für ihren Betrieb abringt.

Dabei muss die, immer neue Möglichkeiten bietende, Entwicklung der Technologie in die allgemeine Entwicklung neuer Produkte und Arbeitsabläufe eines Betriebes eingebettet werden und sich – wie alles im marktwirtschaftlichen Geschehen – der Frage stellen, wie sie selbst optimal gestaltet wird. Mit zunehmenden Möglichkeiten und daraus resultierend dem zunehmenden Bedarf nach IT-Leistungen wachsen aber auch deren eigene Komplexität sowie der Steuerungsbedarf durch die IT. Deren Komplexitätswachstum möglichst zu beherrschen ist ganz besonders Kernaufgabe des Managements der sekundären IT-Industrie.

---

[1] Die „primäre" IT-Industrie" umfasst die Software- und Hardwarehersteller, vgl. Sprechweise in Blomer et al., 2006, S. 13. Die „sekundäre IT-Industrie" nutzt deren Dienste für das eigene Angebot von IT-Services

Die dynamische Entwicklung der Technologie und ihr zuweilen stürmischer Siegeslauf zu neuen Gütern und Dienstleistungen bedeutet auch, dass das IT-Management besonders flexibel sein und schnell dazulernen muss und oft Mühe hat, Chancen und Risiken des eigenen Handlungsbereiches im Griff zu behalten. Von keiner anderen betrieblichen Funktion kann man gleichzeitig so viele Heldentaten, aber auch so viele Beispiele des manchmal spektakulären Scheiterns in den Nachrichten lesen. Wenn auch die Gründe des Versagens oft ganz andere als reine technische sind, so ist doch die Frage der Fähigkeit des IT-Managements und seine Beziehung zum Gesamtmanagement des Betriebs in jedem Falle berührt.

Auch wenn man einzelne Ereignisse des Scheiterns von Vorhaben der IT nicht überbewerten will, ist eines festzustellen: Die Entwicklung des IT-Managements ist insgesamt noch nicht in vergleichbar „ruhiges Fahrwasser" gekommen wie dasjenige anderer betrieblicher Querschnittsbereiche. Die Industrialisierung der innerbetrieblichen IT und die Professionalisierung des sekundären IT-Managements hinken – etwas provozierend gesagt – derjenigen der erzeugenden Industrie noch um einige Jahre hinterher, holen aber auf.

Als ehemaliger externer Berater und dann Leiter des internen Projektmanagements einer deutschen Bundesbehörde übernahm der Autor nach einem schweren Korruptionsfall des IT-Leiters mit vermutlich mehreren hundert Straftaten die Leitung der IT einer deutschen Bundesbehörde: Das Faszinierende daran: In fast allen IT-Management-Aspekten und darüber hinaus konnte er Handlungsbedarfe entdecken und hatte zusammen mit seinen Kollegen die Herausforderung, Verbesserungen in Leistungen der IT, der Struktur des IT-Bereiches und von Abläufen zu durchdenken. Auch das Management anderer Querschnittsbereiche neben der IT war im Blickfeld, weil hier ebenfalls die veränderte Rolle der IT Anpassungen erforderte. Im richtigen Leben hatte die Umsetzung der Ideen teils drastische, u.a. auch mit den tieferliegenden Ursachen des Korruptionsfalles in dem Management des Hauses und der Compliance-Kultur im aufsichtsführenden Ministerium zusammenhängende bedauerliche Grenzen. Diese eigentlich bedauerliche Situation war aber ein umso aufreizenderer Ansporn, über das „was wäre wenn" nachzudenken und – hoffentlich nutzbringend – für den Leser aufzubereiten!

Ich hoffe, hier ist viel Hilfreiches und Anregendes für das Studium des IT-Managements und das praktische Leben als IT-Manager dabei!

Bonn, Feburar 2014

1 Einleitung

1.1 Warum schreiben wir dieses Buch?

Es gibt derzeit auf dem deutschsprachigen Markt nur eine kleine Anzahl von Werken über das Management der innerbetrieblichen IT-Bereiche[2], darunter auch einige sehr gute. Dennoch lassen sich auch in diesen Werken große thematische Lücken finden, diese sind:

Thematische Lücken in Büchern über IT-Management

- Das IT-Management ist nicht der einzige Akteur im Betrieb. Neben den internen Kunden gibt es andere Instanzen, die selbst als Akteure, neben dem IT Management, starken Einfluss auf die IT haben. Dieses Buch thematisiert auch die Rollen anderer innerbetrieblicher Akteure, z. B. die des Organisationsmanagements, des fachlichen Projektmanagements, des Personalmanagements, des Liegenschaftsmanagements und der Wechselwirkung zwischen IT und internem Kunden
- IT-Management wird als Management verstanden und abgehandelt, orientiert an sachlichen Zielen und rationalen Verhaltensweisen der fachlichen Auftraggeber. Analog dem „homo oeconomicus" unterstellen viele Autoren von IT-Büchern einen ökonomisch denkenden Unternehmensleiter, einen „dux oeconomicus". Aus dessen fachlichen Zielen werden IT-Ziele und daraus wiederum Strategien abgeleitet. Aber längst nicht alle Betriebe werden mustergültig geführt. Nicht nur im öffentlichen Bereich gibt es Betriebsleitungen ohne eigene klare Strategie und Vision oder mit unaufgelösten Widersprüchen zwischen Zielen. Was folgt daraus für das IT-Management? Wie soll man so IT-Ziele ableiten? Dieses Buch dagegen zeigt auch Situationen, in denen die Geschäftsziele und Rahmenbedingungen nicht komplett rational erklärbar oder vollständig vorgegeben sind und das Management dennoch geeignete IT-Strategien finden muss
- Keines der einschlägigen Werke über das IT-Management berücksichtigt die Besonderheiten des IT-Managements in der öffentlichen Verwaltung
- Für einige Managementfragen der IT gibt es keine dem Autor bekannten allgemeingültigen Antworten. Dieses Buch benennt wenn-dann-Konstellationen und ggf. offene Fragen.

---

[2] Siehe in Abschnitt 1.2 in der Tabelle 1.1

Die genannten Lücken zum IT-Management zu füllen, war ein besonderer
Ansporn. Gleichzeitig soll das Buch „ganzheitlich" sein und gerade auch für
Anfänger und Nicht-ITler lesbar bleiben. Insbesondere Leser aus den betrieb-
lichen Nachbarbereichen der IT, d.h. den Fachbereichen, dem Organisationsbe-
reich und dem Rechnungswesen sollen „bei der Stange" bleiben. Diese hehren
Ziele haben sich die, in Abschnitt 8.8 näher vorgestellten, Autoren

- Falk Herrmann (Abschnitt 8.3)
- Rainer Respondek („Vergaberecht", Abschnitt 8.5.1)
- Roland Heuermann (Rest)

gesetzt. Für die Qualitätskontrolle und viele handwerkliche Unterstützungsleis-
tungen in großem Umfang, außerdem Geduld und Nachsicht für einige private
Auszeiten, war meine Ehefrau Bettina Heuermann verantwortlich. Viele gute,
kritische Anmerkungen kamen von ihr und meinen Eltern Frau Gertrud und
Herrn Roland Heuermann senior sowie speziell zum Thema Vergaberecht von
Herrn Robby Semmling. Passende künstlerische Grafiken – als Karikaturen
beauftragt – steuerte Herr Klaus Bergner[3] bei.

Besonderer Dank für die professionelle Begleitung, das Vertrauen und die
große Geduld mit den gelegentlich berufsbedingt vom Zeitplan abweichenden
Autoren gebührt Herrn Dr. Stefan Giesen vom Verlag DeGruyter-Oldenbourg.

1.2   Literatur über IT-Management

Über das Thema des allgemeinen IT-Managements gibt es im deutschsprachigen Raum eine noch überschaubare Zahl von qualitativ hochwertigen Quellen
verschiedener Herkunft. Diese sind:

- Bücher: Es gibt weniger als zehn aktuelle deutschsprachige Werke über das
  allgemeine strategische IT-Management – mit oder ohne Adjektiv „strategisch". In Tabelle 1.1 sind die wichtigsten aufgelistet
- Zeitschriften: CIO, Computerwoche, Automotive IT (speziell für IT in der
  Automobilindustrie), Behördenspiegel (speziell für den öffentlichen Bereich), Wirtschaftsinformatik & Management, Computer und Recht, usw.
  Darüber hinaus gibt es eine Vielzahl von Computerzeitschriften für operative IT-Themen, allerdings nur ganz wenige mit herstellerunabhängigem
  Blick auf Managementfragen[4]

---

[3]   mail@atelier-bergner.de

[4]   Unter dem Stichwort „Computerzeitschrift" sind in WIKIPEDIA alle deutsprachigen Zeit-
      schriften – aktuelle wie auch mittlerweile wieder eingestellte – aufgelistet

- Befragungen: Ergebnisse von Befragungen von IT-Verantwortlichen sowie Trendanalysen (jährlich neu von BCG, Capgemini, IDC, Gartner, usw.)
- WIKIPEDIA und andere internetbasierte Informationsquellen einschließlich der Homepages von IT-Anbietern, mit IT beschäftigten Behörden wie dem Bundesamt für Sicherheit in der Informationstechnologie (BSI), den CIOs der Gebietskörperschaften, Lizenzgebern für IT-Schulungen usw.

Tab. 1.1: Gute Bücher über allgemeines IT-Management[5]

Gute Monografien zu Teilthemen des IT-Managements

Titel	Schwerpunkte und Kommentar zum Inhalt
Erfolgreiches IT-Management im öffentlichen Sektor. Hoch et al, 2005	Hohelied der Fa. McKinsey auf die Helden im IT-Projektmanagement – zu Recht – und gefällig geschrieben. Aber auch zu eng für das Thema „IT" im öffentlichen Bereich. IT-Infrastrukturthemen fehlen völlig …
Erfolgreiches IT-Management in der Praxis. Crameri & Heck, 2010	Fünf „Kernaufgaben" im Mittelpunkt des Buches: IT-Alignment, Kostenmanagement, Komplexität, Sourcing Dienstleister und eigenes Personal. In diesen Themen gute Darstellung von Theorie und Praxis
Handbuch IT-Management. Tiemeyer, 2013	Volumenstärkstes Werk mit thematisch sehr umfassender Darstellung und fast enzyklopädischem Anspruch
Masterkurs IT-Management, Hofmann & Schmidt, 2010	Strategie, Organisation & Personal. Thematisch gut sortierte Auswahl von IT-Themen
Strategisches IT-Management. Bernhard et al., 2003	Teilweise sehr fundierte, gut lesbare Beiträge. Trotz des Erscheinungsjahres 2003 noch weitgehend aktuell und lesenswert
Strategisches IT-Management. Buchta et al., 2004	Ableitungen aus der Geschäftsstrategie, Governance und Planung sowie Kostensenkung und Sourcing. Autoren von A.T. Kearny entwickeln Thema sehr logisch und auf höherer beraterischer Abstraktionsebene. Trotz des Erscheinungsjahres 2004 noch weitgehend aktuell und lesenswert

Daneben ist eine größere Anzahl guter Monografien zu Einzelfragen erschienen. Hierzu gehören Werke zum IT-Projektmanagement[6], zum Architekturmanagement[7], dem Management der Anwendungslandschaften[8], der IT-Governance, dem IT-Controlling[9] und zu weiteren Themen.

Das vorliegende Buch verwendet Erkenntnisse aus all diesen Quellen, um dem Leser die besten Informationen und Darstellungsmittel zu bieten.

Alle Arten von Quellen genutzt

---

[5] Es wurden fast nur deutschsprachige Bücher dargestellt, um dem Leser das Finden und Nachschlagen in öffentlichen Bibliotheken zu erleichtern

[6] Z. B. Brugger, 2005; von Brisinski & Vollmer, 2010

[7] Z. B. Dorn, 2006

[8] Z. B. Handschke, 2013

[9] Z. B. Gadatsch & Mayer, 2006

1.3   Zielgruppen des Buches

Studenten, IT-Manager,
IT-Berater und
IT-Kunden

Dieses Buch richtet sich an folgende Zielgruppen:

* Studenten der Wirtschafts-, Verwaltungs- und allgemeinen Informatik. Es gibt in den deutschsprachigen Ländern viele Ausbildungsgänge von der Industrie- und Handelskammer bis hin zu Studiengängen an Universitäten und (Fach-) Hochschulen sowie MBAs. Insbesondere die Studenten des Faches IT-Management, Public Administration, eGovernment, IT-Consulting/IT-Beratung und verwandte Fächer sind hier angesprochen
* Studenten der allgemeinen BWL, besonders solche mit starker Orientierung auf das Gesamtmanagement IT-affiner Wirtschaftsbereiche
* Praktiker innerhalb der IT, hier natürlich zu allererst Führungskräfte: CIOs, IT-Leiter und Leiter von Rechenzentren, IT-Grundsatzreferaten sowie deren Vorgesetzte innerhalb/außerhalb der IT
* IT-Berater mit Fokus auf Management-Fragen der IT
* Manager anderer betrieblicher Funktionen mit Kontakt zur IT, insbesondere im Bereich Betriebsorganisation, Revision, Rechnungswesen sowie Top-Manager der als IT-Kunden auftretenden Fachbereiche
* Management-interessierte Vertreter weiterer Anspruchsgruppen einer IT, wie z. B. Betriebs-/Personalräte, Fach-Journalisten und besonders engagierte IT-Nutzer in Betrieben. Diese Gelegenheitsleser sparen durch Lesen dieses Buches den Blick in eine Vielzahl von einzelnen Werken mit beschränktem Blick nur auf einzelne Teilthemen des IT-Managements, da hier nach einer Literaturdurchsicht deutschsprachiger Werke sozusagen das Beste und Wichtigste geboten wird.

Definitionen,
Quellverweise

Für die studentische Zielgruppe wurde auf „saubere" Definitionen wichtiger Begriffe und geeignete Quellverweise geachtet. Für die Praktiker und „lustgetriebenen" Leser wurde kein allzu strikter akademischer Stil gepflegt. Auf Abbildungen und Tabellen anderer Autoren wurden zwar fast genauso streng hingewiesen wie in Promotionsordnungen vorgeschrieben, bei Texten jedoch (außer bei wörtlichen Zitaten) nicht immer die ursprüngliche Quelle recherchiert, da sich der Ursprung vieler Aussagen in der Sekundärliteratur verliert. IT-Management scheint – außer in Prüfungsarbeiten – kein Thema für Akademiker zu sein und die Praktikerliteratur hat es mit den Formalitäten des Zitierens weitestgehend bisher nicht immer so ernst genommen.

Für alle Leser wurde versucht, die Themen selbsterklärend, möglichst einzeln, je Abschnitt für sich, lesbar und ohne zu viele Fremdwörter zu gestalten. Das Wort „Computer" wurde allerdings nicht durch „Rechner" ersetzt.

Leser mit Interesse an
allgemeiner BWL und
Querschnitts-funktionen

Für die Leser mit eher allgemeinem betriebswirtschaftlichem Interesse wurde die Anbindung des IT-Managements an das allgemeine Management sowie andere betriebswirtschaftliche Querschnittsfunktionen herausgearbeitet, sofern sich dies anbot. Literaturverweise wurden möglichst aus leicht zugänglicher Standardliteratur mit Zusatznutzen für den Leser und weniger aus Randmeinungen einzelner Zeitschriftenartikel entnommen.

Außerdem wurde darauf geachtet, für die Leser aus Österreich und der Schweiz ggf. auch Besonderheiten und Beispiele zu erwähnen.

Leser aus Österreich und der Deutsch-Schweiz

1.4 IT-Management als Ausbildungsfach

1.4.1 Allgemeine MBA- und Universitätsausbildung

Zum Jahresbeginn 2013 gab es in Deutschland ca. 51.000 Studienanfänger der Informatik in über 400 Studiengängen der enger gefassten Informatik (Österreich: 11 Studienorte mit ca. 40 Studiengängen. Schweiz: 19 Studienorte mit ca. 79 Studiengängen in allen Landessprachen[10]) und in ca. 613 Studiengängen inklusive vieler Spezialisierungsfächer. Auffallend ist die sehr hohe Abbrecherquote von über 50%[11]. Dies dürfte einer der Spitzenwerte unter allen Studiengängen sein. Während es an ca. 126 deutschen Hochschulen und Universitäten das Studienfach Informatik gibt[12], sind die Ausbildungsangebote für IT-Management dagegen wesentlich überschaubarer, wie Tabelle 1.2 zeigt.

Die Zahl der Studenten in diesem Fach der IT-Ausbildung ist wesentlich geringer als diejenige der übrigen Informatik-Spezialisierungen. Ob hier ähnlich hohe Abbrecherquoten zu beobachten sind, wie in der Informatik insgesamt, ist eine interessante, aber hier unbeantwortete Frage.

Nur wenige Studenten im Fach IT-Management

Die genannten Studiengänge enthalten in den Studienplänen einen großen Teil „weicher" Managementthemen, wie z. B. Gesprächsführung und Themen der allgemeinen BWL (z. B. Personalmanagement), so dass der wirklich IT-spezifische Managementanteil (z. B. IT-Governance, IT-Architektur und Servicemanagement) vermutlich oft unter 50% liegen wird. Neben diesen Studiengängen mit einem Titel, der auf das Thema „IT-Management" hinweist, gibt es eine kleine Zahl von einzelnen Kursen, Seminaren usw. an Hochschulen und z. B. gelegentlich strategische Themen in der Netzwerkveranstaltung „OGC Horizonte" der Österreichischen Computergesellschaft OGC.

IT-Management als Inhalt isolierter Kurse

---

[10]   Stand Mitte 2013, eigene Recherchen in diversen Quellen ohne Gewähr

[11]   Nachricht der BIKOM vom 13.04.2013, zitiert nach Heise News, www.heise.de/jobs

[12]   www.studieren-studium.com/studium/Informatik, Stand 05/2013

Tab. 1.2: Deutschsprachige Studiengänge IT-Management[13]

Hochschule[14]	Studiengang	Kommentar
Duale Hochschule Baden-Württemberg – Stuttgart	IT-Management, MBA	4 Semester, berufsbegleitend, 4.000 €
FH Johanneum in Graz	Informationsmanagement, Bachelor und Master	6 Semester, Vollzeit, ca. 18,– € Semesterbeitrag
FH Luzern	CAS (Certificate of advances Studies)	3 Monate (!), berufsbegleitend, ca. 7.900 CHF
FOM Duisburg-Essen	IT-Management, Master of Science	Berufsbegleitend, 4 Semester, ca. 11.410 €
Graduate School Rhein-Neckar	IT-Management und Strategy, MBA IT-Management	2,5 Jahre berufsbegleitend, eines von drei Vertiefungsfächern
Hochschule Neu-Ulm	Zertifikat	8 Monate, dual
Hochschule Ingolstadt	IT-Management, MBA	3 Semester, ca. 15.560 € Gebühren
Ostfalia Hochschule Campus Wolfenbüttel	IT-Management, Bachelor of Arts	6 Semester, ca. 751,25 € je Semester
Steinbeis School of Management + Innovation, Berlin	IT-Management, Bachelor	6 Semester berufsbegleitend, 15.400 €
Universität Hamburg	IT-Management und Consulting, Master	4 Semester, Vollzeit, gebührenfrei

1.4.2   IT-Ausbildung im Öffentlichen Bereich

Definitionen, Quellverweise

Die Informationstechnologie des Öffentlichen Sektors ist Teil der internen Organisation der Behörden und unterliegt damit, wie alle anderen internen Querschnittsbereiche (Organisation, Personal, Haushalt, Liegenschaftsmanagement), dem Ressortprinzip und der Autonomie der Gliederungsebenen Bund, Länder und Gemeinden[15]. Das Ressortprinzip besagt, dass jedes Ministerium in der Gestaltung seiner internen Organisation unabhängig ist und eigene Ressourcen (Sachmittel und Personal) einsetzen kann. Auf Bundes- wie auf Landesebene ist damit jedes Ministerium prinzipiell frei, die IT so zu gestalten wie es will. Nur freiwillige Vereinbarungen untereinander durchbrechen diese Grundregel. Die Länder und der Bund unterhalten in getrennten (Fach-) Hochschulen seit jüngerer Zeit Studiengänge der Verwaltungsinformatik. Da die Zahl noch überschaubar ist, sind alle in Tabelle 1.3 aufgeführt. Besonders in diesen Studiengängen werden, neben reiner Informatik, oft auch einige Managementfragen – vor allem „weiche" – thematisiert.

---

[13]   Angaben ohne Gewähr. Stand 06/2013, Quelle sind die Internetseiten der Hochschulen und Übersichten, z. B. Hofmann & Knoll, 2012, S. 115

[14]   nicht erwähnt sind MBAs mit bloßer Nennung von „Informationstechnologie" o.ä. als Titel

[15]   Das gilt so für Deutschland und mit Nuancen – vor allem im praktischen Ausleben – auch für Österreich und die Schweiz

Tab. 1.3: Studiengänge zur Verwaltungsinformatik[16]

Nr.	Universität/Hochschule	Abschluss	Plätze/ Jahr	Kommentar
1	Bayern: FH für Verwaltung und Öffentliche Rechtspflege	Diplom, dual, Vollzeit	50	dauert 3 Jahre
2	Berlin: Hochschule für Wirtschaft und Recht	Vollzeit	40	Studium startet jeweils im Herbst, Dauer 7 Semester
3	Baden-Württemberg: Hochschule für Öffentliche Verwaltung Kehl und Ludwigsburg	Bachelor	30	ein „Vertiefungsschwerpunkt" ist IT und Management
4	Bund: Fachhochschule des Bundes	Diplom, dual	48	Studiengang startete im Herbst 2012 an Standorten in Brühl und Münster
5	Rheinland-Pfalz: Mayen	Bachelor, dual	mindestens 15[17]	Handlungsfeld Verwaltungsinformatik in den beiden dualen Studiengängen Verwaltung und Verwaltungsbetriebswirtschaftslehre, drei Jahre
6	FH für Öffentliche Verwaltung Kehl	dual	25	wie lfd. Nr. 5, Mayen
7	Sachsen-Anhalt: Hochschule Harz in Wernigerode und Halberstadt	Bachelor	30	seit 2004 Verwaltungsmanagement/ eGovernment, Start jeweils im Herbst, 7 Semester
8	Sachsen: Fachhochschule der Sächsischen Verwaltung Meißen	Master, dual	30	berufsbegleitend, Start im Frühjahr 2012, 3 Jahre
9	Universität Koblenz-Landau. Lehrstuhl für Verwaltungsinformatik im Institut für Wirtschafts- und Verwaltungsinformatik.	Bachelor	15	Studiengang eGovernment

1.5 Aufbau des Buches

Das vorliegende Buch geht von dem Grundverständnis aus, dass IT-Management eine großteils betriebswirtschaftlich geprägte, technisch-organisatorische Tätig-

Definitionen

---

[16] Stand 06/2013, eigene Berechnung

[17] Der Studien-Kurs dieses dualen Studiums findet nur statt, wenn mindestens 15 Studenten von den sie entsendenden Behörden für dieses Handlungsfeld angemeldet werden

keit ist und sich anhand der in Abbildung 1.1 dargestellten Zusammenhänge logisch beschreiben lässt. „Betrieb" ist hier der Oberbegriff von privatrechtlich verfassten Unternehmen als auch von Behörden. Behörden und Unternehmen unterscheiden sich zwar in ihren Zielen und einigen „branchenspezifischen" Regeln, sind aber in IT-relevanten Fragestellungen sehr ähnlich und haben keine grundsätzlich verschiedenen Anforderungen an das IT-Management. Beide sind „Betrieb" im Sinne der Definition:

Definition Betrieb

Betriebe sind privatrechtlich oder öffentlich-rechtlich verfasste Organisationen, die dauerhaft Produkte (Güter oder Dienstleistungen) für Dritte arbeitsteilig erstellen und deren Beschäftigte diese Tätigkeit erwerbswirtschaftlich ausführen.

Daher wird das IT-Management aus der privaten wie der öffentlichen Welt hier „in einem Guss" dargestellt. Die wenigen grundsätzlichen IT-Besonderheiten des öffentlichen Bereiches (Personal, Vergaberecht, Ziele) finden ihre Darstellung in kleinen Exkursen. Betrachtungsgegenstand ist in den folgenden Abschnitten der „IT-Bereich":

Definition IT-Bereich

Der IT-Bereich eines Betriebes ist diejenige organisatorische Einheit oder eine Mehrzahl von Einheiten, die gegenüber der Betriebsleitung die fachliche Verantwortung für den technischen Betrieb der innerorganisatorisch benötigten IT-Services hat/haben. Dieser Bereich kann auch ein externer Dienstleister sein, der anstelle einer inhouse-IT auf langjähriger Vertragsbasis für den Betrieb arbeitet, oder ein interner Bereich, der teilweise IT-Services von Externen bezieht.

Diese Festlegung schließt in den nachfolgenden Betrachtungen Betriebe ein, die IT-Leistungen vornehmlich für Dritte erzeugen, also z. B. IT-Beratungsfirmen, IT-Outsourcing-Anbieter und Soft- wie Hardwareersteller. Besonderheiten dieser IT-Outsourcing-Anbieter werden allerdings – außer in Abschnitt 6.4.3 über Outsoucing – nicht vertiefend erwähnt.

Der betriebswirtschaftliche Zugang zum Thema erleichtert auch IT-fremden Berufsgruppen das Verständnis und hilft IT-Fachkräften, sich von technischen Details zu lösen und eine „strategische" Perspektive zu behalten. Daher orientiert sich dieses Buch weitgehend an dieser Perspektive. Die Gliederung der nächsten Kapitel folgt diesem Grundgedanken:

(Marginalien:)
Definition Betrieb

Definition IT-Bereich

Definition IT-Bereich

Auch Externe können anteilig die inhouse-Leistungen erbringen

IT-Management ist betriebswirtschaftliches Management

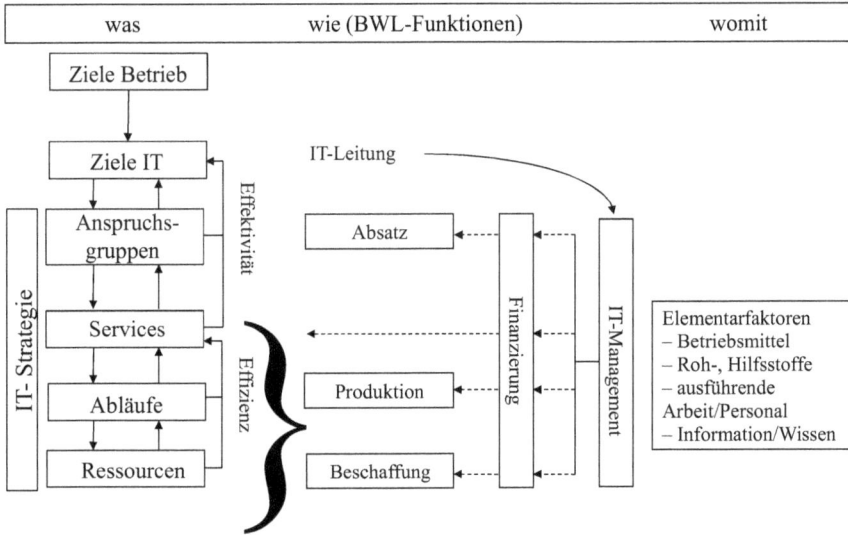

Abb. 1.1: Sicht auf Hierarchie-Objekte IT-Management

Aus dieser allgemeinen Einordnung der Objekte des IT-Managements folgt beinahe logisch eine Gliederung mit den Schritten: Ziele des Betriebs, Ziele und Steuerung der IT, leitungsunterstützende Querschnittsprozesse, IT-Services und Abläufe des Service- sowie Projektmanagements, und dann die Querschnittsprozesse der operativen Aufgaben. Zuletzt folgt ein Ausblick auf die Zukunft der IT.

Logische Folge
der Kapitel

- Kapitel 2 enthält die Begriffsdefinition „IT-Management" und stellt in Abschnitt 2.3 die verschiedenen Aufgaben der IT im Betrieb einzeln vor. Die Aufgaben werden den Betriebszielen untergeordnet, daher erfolgt vorab in Abschnitt 2.2 eine ausführliche Erläuterung zu der allgemeinen betriebswirtschaftlichen Sicht auf die Betriebsziele
- Für einen gut geführten IT-Bereich wird vorausgesetzt, dass er letztlich seine IT-Ziele und Aufgaben von den Gesamt-Zielen des Betriebes und der Anspruchsgruppen ableitet. Kapitel 3 erläutert den Weg zur Bildung von IT-Zielen und alternative Verfahrensweisen zum Finden der IT-Strategie
- Kapitel 4 behandelt die großen leitungsunterstützenden Querschnittsfragen der IT-Steuerung. Zu nennen sind hier das IT-Architekturmanagement, die IT-Governance und Compliance, IT-Qualitäts- und Sicherheitsmanagement, das IT-Controlling und die IT-Organisationsfragen der Ablauf- und Aufbaustruktur. Da diese Themen sehr „strategiegeladen" sind, ist dieses das seitenstärkste Kapitel des Buches

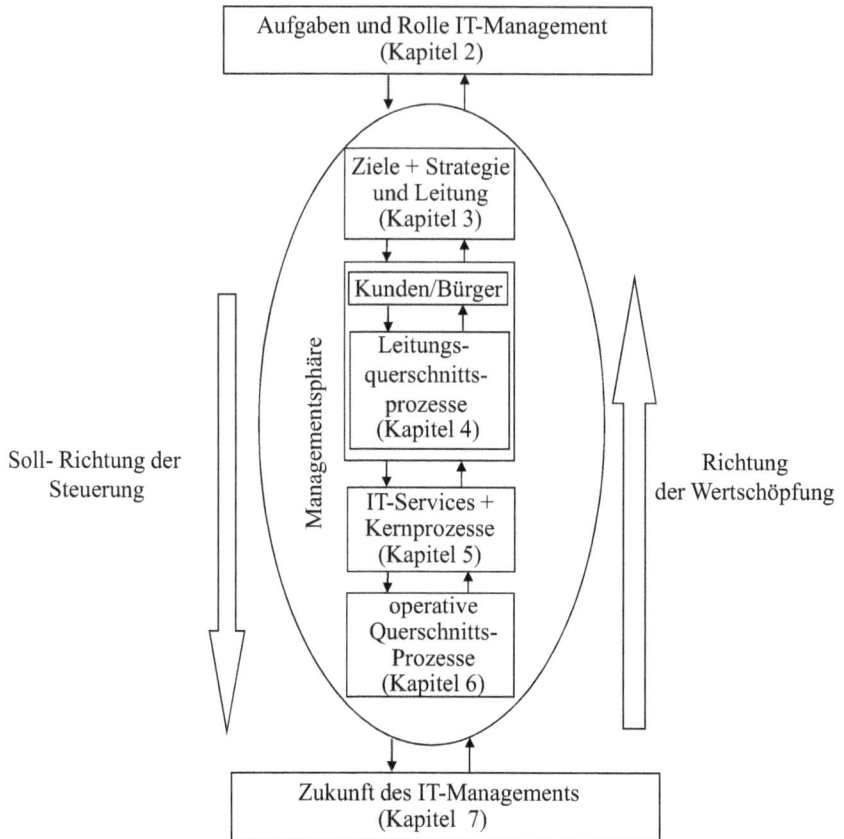

Abb. 1.2: Gliederung Buch Strategisches IT-Management

- In Kapitel 5 werden die operativen Kernprozesse beschrieben, d.h. die direkt zu Dienstleistungen der IT führenden Prozesse. Da es letztlich eine unüberschaubare Vielzahl von IT-Produkten in allen Branchen und Spezialgebieten gibt sowie gelegentlich auch darauf gerichtete IT-Strategien, kann hier nur ein relativ generischer und damit nicht allzu langer Teil des Buches vorliegen

- Kapitel 6 kümmert sich um das Management operativer Querschnittsprozesse. Das sind die sich um das Managementobjekt „Ressourcen" rankenden Themen IT-Softwaremanagement, Beschaffungsmanagement, Personalmanagement sowie etwas Vertrags- und Vendorenmanagement

- Zum Schluss des Buches wird in Kapitel 7 nach dem Beitrag des IT-Managements zum Innovationsmanagement des Betriebs gefragt und realistische Szenarien zu absehbaren Weiterentwicklungen des IT-Managements in der Zukunft entwickelt.

Diese Gliederung erlaubt es, den Zusammenhang der Managementthemen logisch zu entwickeln, die aktuell in der Managementliteratur besonders hoch gehandelten „Modebegriffe" wie „IT-Governance" oder „IT-Sicherheit" sinnvoll einzuordnen und von anderern Themen abzugrenzen und damit auf das künftige „Normalmaß" im Rahmen einer langfristigen Entwicklung im IT-Management zu schrumpfen. Das soll auch etwas „Aufregung" aus der äußeren Darstellung der Themen nehmen, inhaltlich sind sie spannend genug.

Dieses Buch wagt gelegentlich Meinungen und Empfehlungen. Obwohl diese meist unter einigen Wenns und Danns gegeben werden sind Verhältnisse denkbar, die von dieser Empfehlung nicht richtig erfasst werden oder noch weitere – hier nicht erwähnte – Wenns und Danns benötigt hätten. Wegen der großen Vielfalt von Managementsituationen lässt sich das vermutlich nicht vermeiden. Daher setzt der Autor intelligente Leser voraus, die das entdecken und für sich besser beurteilen können als der Schreiber aus weiter Ferne. Am Stil, gelegentlich gewagte Meinungen zu äußern, hat das Buch dennoch festgehalten, weil sich auch und gerade aus abgelehnten Empfehlungen Anregungen zum eigenen Nachdenken gewinnen lassen. Dies ist letztlich ein geplanter Effekt, und gleichzeitig wird dieses Buch nicht zu fade.

Bei der Darstellung werden unnötige Anglizismen und unerklärte Abkürzungen weitgehend vermieden, allerdings kann man englische Ausdrücke gerade im IT-Themenfeld kaum ganz weglassen. Einige sind ohne deutsche Alternative und kommen daher vereinzelt vor. Bei anderen wird möglichst der deutsche Ausdruck, sofern einer gebräuchlich ist, benutzt und evtl. der auch in deutscher Literatur gebräuchliche englischsprachige dahinter gesetzt. Im Zweifelsfalle sollten das Glossar und Abkürzungsverzeichnis oder der Index weiterhelfen.

Modebegriffe der IT möglichst nüchtern betrachtet

Anglizismen möglichst vermieden

2 Management und Ziele

2.1 IT-Management

Der Begriff „Management" wird durch die Betriebswirtschaftslehre meist synonym mit „Steuerung", manchmal auch mit „Führung" verwendet[18]. Hier soll „Führung" allein auf die Mitarbeiterführung begrenzt und damit als Teilmenge des IT-Managements verwendet werden. Inhaltlich wird Management entweder institutionell (wer macht es?), objektbezogen (was wird gesteuert? Informations-Technik, Personal, Kunden …) oder funktional beschrieben. Funktionen des allgemeinen und auch des IT-Managements sind:

Funktionen des Managements

- Ziele bilden und bei kollidierenden Zielen Ziel-Prioritäten festlegen
- Planen (Prognose-Szenarien und dazugehörende Probleme der Zielerreichung analysieren, alternative Handlungsmöglichkeiten zur Zielerreichung – Konzepte – entwickeln, bewerten und Entscheidungsvorschläge machen)
- Entscheiden
- Durchführen/umsetzen (selber machen oder kaufen, „make or buy")
- Kontrollieren und ggf. Ziele und/oder Durchführungsmaß verändern.

Bezieht man diese Elemente auf die IT, ergibt sich folgende Definition mit gemischten funktionalen und institutionellen Anteilen:

Definition IT-Management
IT-Management ist die Planung, Entscheidung, Durchführung und Kontrolle des laufenden IT-Betriebes und von IT-Projekten. Es umfasst die Bedarfsermittlung und Serviceabsprachen mit internen und externen Kunden zu Fachverfahren sowie die Beschaffung, Pflege und Weiterentwicklung sachlicher und personeller Ressourcen für die Aufgabenerledigung. Ergänzend gehören hierzu Abstimmungen mit der Betriebsleitung sowie internen Querschnittsbereichen (Organisation, Personal, Haushalt, Liegenschaften, Materialwirtschaft).

Definition IT-Management

---

[18] Der Begriff „Management" ist sehr weit und schillernd (Staehle, 1988, S. 65 f.), meist wird er synonym mit „Steuerung" (Thommen & Achleitner, 2009, S. 937) oder „Führung" verwendet (Schierenbeck, 2008, S. 113 ff.). Hier soll „Führung" als allein auf Personen bezogene Managementtätigkeit verstanden werden, IT-Management insgesamt ist weiter und entspricht daher dem Synonym „Steuerung"

Anforderungen an das IT-Management

Die Anforderungen an das IT-Management im Betrieb lassen sich beschreiben anhand der …

- durch IT zu unterstützenden Ziele des Betriebs
- Rolle der IT im Betrieb
- Ziele der IT selbst und
- konkreten Aufgaben, u.a. effizienter Einsatz der Produktionsfaktoren.

„Information" ist ein Produktionsfaktor der Betriebswirtschaftslehre

In einer Übersicht der „klassischen" betriebswirtschaftlichen Produktionsfaktoren nach Gutenberg[19] – ergänzt um den vierten Faktor „Information" (s. Abbildung 2.1) – besitzt die IT eine Doppelrolle: Sie stellt eine wesentliche Plattform für den Produktionsfaktor „Information" bereit und managt darüber hinaus selbst Betriebsmittel, die in Produktion und Management benötigt werden.

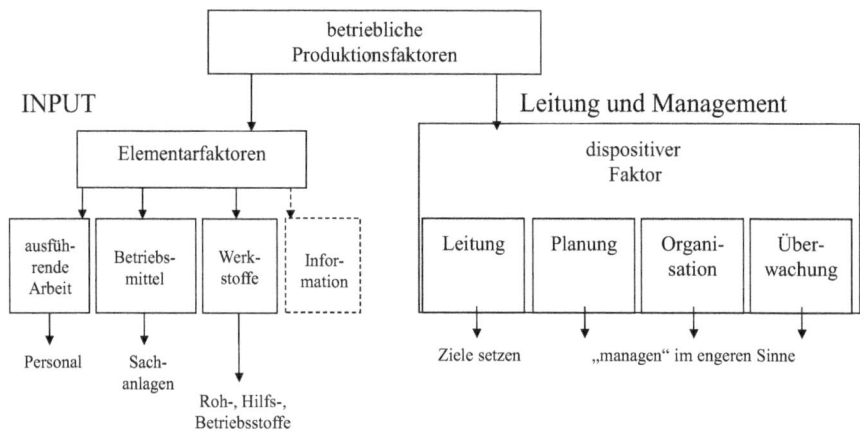

Abb. 2.1: Betriebliche Produktionsfaktoren

IT-Management-Objekte

Folgt man der schon in Abbildung 1.1 in Kapitel 1 gezeigten hierarchischen Sicht auf Management-Objekte nach ihrem „strategischen" Wert, dann sind die folgenden Themen wichtig – dargestellt auch in der Abbildung 2.2:

- IT-Zielbestimmung gemäß der Betriebsziele
- „Anspruchsgruppen (Stakeholder)", d.h. zuerst die IT-Kunden sowie – wenn nicht mit Kunden identisch – interne und externe IT-Nutzer, Betriebs-/Personalrat (Ziele verstehen, IT-Angebote ableiten, „verkaufen"), andere Instanzen im Haus wie Organisation(-sentwicklung), Liegenschaftsmanagement, Rechnungswesen, die Fachbereiche usw.
- IT-Services, d.h. Arbeits-Produkte der IT

---

[19]　Gutenberg, zitiert nach Schierenbeck, 2008, S. 233

- IT-Prozesse (Abläufe) und die ihnen zugrunde liegenden Regeln
- IT-Ressourcen (Personal, Infrastrukturen und Betriebsmittel, Zulieferungen, Verbrauchsstoffe wie Strom, Papier usw.).

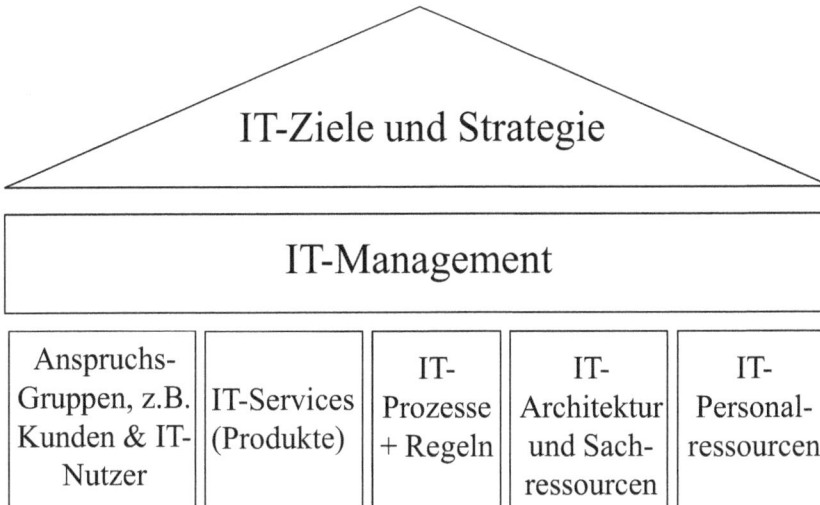

```
                        ╱╲
                       ╱  ╲
                      ╱    ╲
                     ╱      ╲
              IT-Ziele und Strategie

          ┌─────────────────────────────┐
          │        IT-Management         │
          └─────────────────────────────┘

   ┌────────┬──────────┬─────────┬──────────┬──────────┐
   │Anspruchs-│          │   IT-   │   IT-    │   IT-    │
   │Gruppen, z.B.│IT-Services│ Prozesse│Architektur│Personal- │
   │Kunden & IT-│(Produkte)│ + Regeln│ und Sach-│ressourcen│
   │ Nutzer  │          │         │ressourcen│          │
   └────────┴──────────┴─────────┴──────────┴──────────┘
```

Abb. 2.2: Obergruppen von IT-Management-Objekten[20]

Das IT-Management selbst ist durch seine „logische" Einbettung in das Gesamt-Management des Betriebs gekennzeichnet, d.h. durch die Ziele des Betriebs, die Ziele der IT, die Aufgabe der IT und die Rolle, die es im Betrieb bei der Erfüllung der eigenen Aufgaben spielt. Das IT-Management unterscheidet sich von anderen Querschnittsfunktionen dadurch, dass es potenziell …

IT-Management sollte in das Gesamt-Management eingebettet sein

- eine sehr hohe Bandbreite an sachlich tiefgehenden Themen mit hoher Veränderungsdynamik hat: Technische Fragen aus der ganzen Palette der IT-Hardware und Software, dazu die managementbezogenen IT- und Querschnittsfragen des IT-Betriebs bis hin zu speziellen juristischen Fragestellungen inklusive der hersteller- und produktspezifischen Vertragsthemen
- für sich selbst oft fast alle Querschnittsfragen (Personalentwicklung, IT-spezifische Liegenschaftsfragen usw.) inhaltlich bearbeiten muss, weil die IT-spezifischen Belange häufig von den, eher auf die Bedarfe der Fachbereiche ausgerichteten, anderen Querschnittsfunktionen nicht ausreichend betreut werden können
- sehr tief in fachlichen Themen anderer Querschnittsbereiche sowie der Geschäftsprozesse mitdenken muss, um entsprechende IT-Services und Fachanwendungen anbieten zu können

Unterschiede IT-Management zu anderen Querschnittfunktionen

---

[20] Vgl. Arenz, 2003, S. 135 oder S. 137

- allgemeinen Gefahren für den Betrieb, wie z.B. Angriffen von außen auf die Sicherheit der Daten oder menschlichem Versagen beim Schutz von Betriebsgeheimnissen oder schützenswerten Daten, besonders ausgesetzt ist und hier unter dem Stichwort „IT-Sicherheit" ständig neuen Herausforderungen begegnen muss.

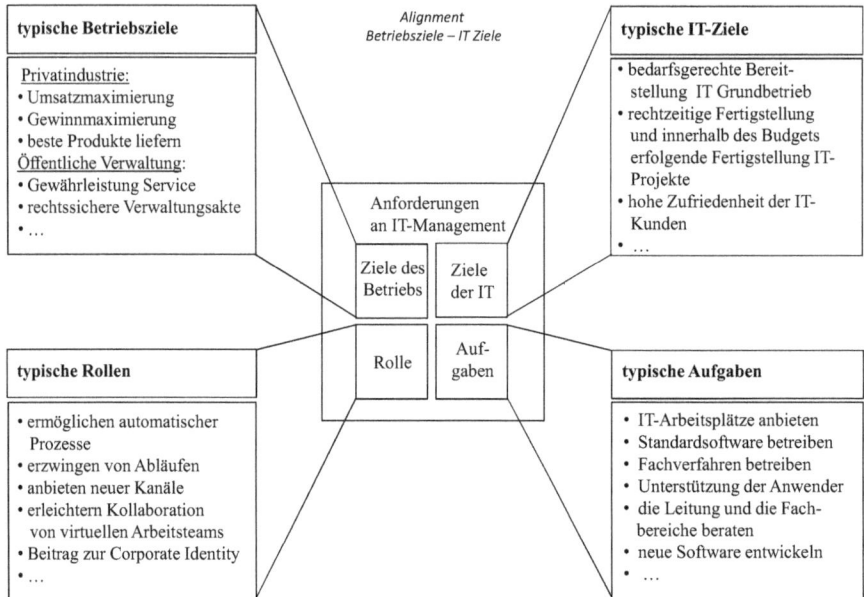

typische Betriebsziele		typische IT-Ziele
Privatindustrie: • Umsatzmaximierung • Gewinnmaximierung • beste Produkte liefern Öffentliche Verwaltung: • Gewährleistung Service • rechtssichere Verwaltungsakte • …	*Alignment* *Betriebsziele – IT Ziele* Anforderungen an IT-Management Ziele des Betriebs / Ziele der IT	• bedarfsgerechte Bereitstellung IT Grundbetrieb • rechtzeitige Fertigstellung und innerhalb des Budgets erfolgende Fertigstellung IT-Projekte • hohe Zufriedenheit der IT-Kunden • …
typische Rollen	Rolle / Aufgaben	typische Aufgaben
• ermöglichen automatischer Prozesse • erzwingen von Abläufen • anbieten neuer Kanäle • erleichtern Kollaboration von virtuellen Arbeitsteams • Beitrag zur Corporate Identity • …		• IT-Arbeitsplätze anbieten • Standardsoftware betreiben • Fachverfahren betreiben • Unterstützung der Anwender • die Leitung und die Fachbereiche beraten • neue Software entwickeln • …

Anforderungen an das IT-Management

Abb. 2.3: Übersicht Anforderungen an das IT-Management[21]

IT-Management baut immer wieder die IT selbst um

IT-Manager verbringen einen guten Teil ihrer Arbeitszeit immer wieder mit dem Umbau des eigenen Bereiches und einen ebenso umfangreichen Teil mit dem Erstellen neuer Dienste für ihre internen und externen Kunden. Beinahe „nebenbei" werden noch die laufenden IT-Dienste erbracht. Wohl daher ist das IT-Management auch geradezu ein Eldorado der allgemeinen und IT-spezifischen Managementkonzepte geworden, z. B. für …

IT-Management ist „Eldorado" für Managementkonzepte

- IT-Abläufe im IT-Projektmanagement (SCRUM, …)
- IT-Abläufe im IT-Servicemanagement (ITIL …)
- IT-Architektur (TOGAF …)
- IT-Governance.

---

[21] Verändert n. Tiemeyer, 2006b, S. 21

Diese Konzepte dienen …

- der Benennung typischer Ziele, Hindernisse und Strategien zur Erreichung der Ziele sowie der Ideenweitergabe und Anregung für betriebsspezifische individuelle Lösungen
- der Gliederung und praktischen oder logischen „Sortierung" von Aufgaben im Themenbereich des IT-Managements
- der standardisierten Benennung von inhaltlich – betreffend des Objekts – sehr heterogenen Managementbereichen
- nur sehr selten als detaillierte kopierfähige Vorlage für Dritte.

Einige Konzepte beschreiben alternative Vorgehensweisen, andere sind eher als verzahnte Elemente eines Gesamtmanagements zu verstehen. Bücher über IT-Management sind nicht selten eine Aneinanderreihung von derzeit „modernen" IT-Managementkonzepten und laufen Gefahr, den an einem durchgehenden „roten Faden" oder an praktischen Lösungen interessierten Leser zu verwirren, da Zuordnungen letztlich nicht eindeutig sind und für alle Betriebe in der gleichen Weise vorgenommen werden können[22]. Aus diesem Grunde muss man zunächst einen kleinen Exkurs zu den allgemeinen Betriebszielen machen, um sich dann unter Rücksichtnahme auf die betrieblichen Besonderheiten den IT-Zielen zuwenden zu können.

Anforderungen an IT-Management

2.2 Betriebsziele

Ausgangspunkt der Betrachtungen über das IT-Management sind die Betriebsziele, weil die Betriebsleitung in der Hierarchie interner Auftraggeber quasi der Super-Auftraggeber ist. Ihre Ziele sollten Anker und Maßstab für alle weiteren Unter-Auftragnehmer im Betrieb und von deren Zielen sein. Der Grund hierfür ist ganz einfach: Es gibt keinen anderen ökonomisch sinnvollen Daseinszweck für die IT als das aus den wohlverstandenen Sach- und Formalzielen des Betriebs ableitbare Leistungsversprechen. Hier kommt es eigentlich nur auf die Sichtweise der Betriebsleitung an. Dies ist anders als z. B. im Bereich von Querschnittsfunktionen wie Rechnungswesen, weil deren Ziele und Aufgaben teilweise gesetzlich vorgeschrieben sind und sich somit nur als „Kopie" in den Formalzielen von Betrieben wiederfinden (sollten).

Betriebsleitung ist der „Super-Kunde" der IT

Außerdem gibt es keine rechtlich zwingende Vorgabe, dass ein Betrieb überhaupt einen IT-Bereich und IT-Services haben muss. Der Handlungsdruck zum Einrichten eines IT-Bereichs ergibt sich nur indirekt über Anforderungen nach

Kein gesetzlicher Zwang zur Einrichtung eines eigenen IT-Bereichs

---

[22] Diese interessante Situation ist vermutlich Ausdruck der Tatsache, dass das Thema „IT-Management" noch nicht so gereift und damit „langweilig" geworden ist wie das Management anderer betrieblicher Querschnittsfunktionen

Zugangswegen, Aktualität, „geeigneten Werkzeugen", z. B. im Bereich des Risikomanagements, der Datenhaltung usw. Im Öffentlichen Sektor wirkt nach Meinung vieler Entscheider die „hoheitliche" Berechtigung bestimmte sensible Daten (z. B. Personaldaten aus dem Einwohnermeldeamt, Geschäftsdaten aus Steuererklärungen usw.) zu halten, dahingehend, dass man diese Daten selber halten muss und an keinen privaten IT-Dienstleister outsourcen darf.

Arten von Zielbeziehungen

Sobald es mehr als nur ein Ziel im Betrieb gibt, sollte man auch die Frage nach den Beziehungen zwischen den Zielen stellen. Die nachfolgende Abbildung 2.4 zeigt die möglichen Kombinationen. Ziele können zueinander in positiver Abhängigkeit stehen: Die hohe Zielerreichung des einen Zieles ist begleitet von hoher Zielerreichung im zweiten Ziel. Die Beziehung kann aber auch neutral oder konfliktär sein. Besonders interessant sind Zielkonflikte, weil sie für das Management das Problem der Priorisierung von Zielen aufwerfen.

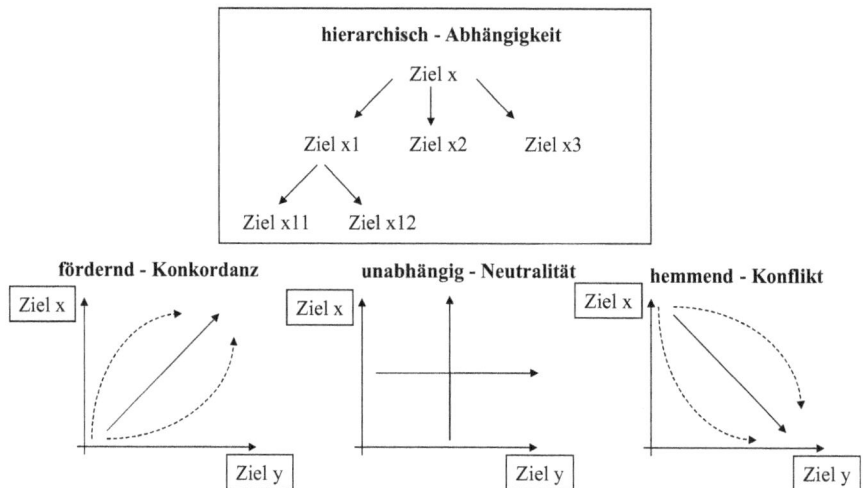

Abb. 2.4: Mögliche Zielbeziehungen[23]

Mögliche Zielkonflikte

Für eine vertiefte Betrachtung möglicher Zielkonflikte ist eine differenziertere Betrachtung der Arten von Zielen nötig, wie sie in Abbildung 2.5 gezeigt wird. Es gibt die beiden Oberguppen „Sach- und Formalziele": Sachziele spiegeln das eigentliche Leistungsversprechen und den individuellen Daseinszweck des Betriebs wider, sei es ein Unternehmen oder eine Behörde. Hier steckt besondere „Musik und Leidenschaft" für die Betriebsleitung drin. Formalziele sind keine schlechteren oder weniger prioritären Ziele, aber ihr Inhalt ist teilweise von außen „aufgedrückt" und/oder scheint teilweise „banal", z. B. das Vermeiden von Rechtsverstößen. Aus diesem Grund sind sie manchmal weniger prä-

---

[23]   Heuermann & Tomenendal, 2011, S. 79

sent als Sachziele. Wenn Formalziele in einer schlechten Subkultur des Betriebs teilweise ignoriert oder vernachlässigt werden, ist es meist schwerer, sie wieder in den Blick zu nehmen als bei Sachzielen, über die viel selbstverständlicher und offener kommuniziert wird[24].

Mögliche Widersprüche der Ziele sind:

- Alle Leistungsziele versus Formalziele: Die Formalziele (z. B. Einhalten der Regeln des Arbeitsschutzes, tarifliche Regeln, …) erschweren meist den einfachsten Weg zum Erreichen von Leistungszielen. Bei manchen formalen Regeln kann man vermuten, dass sie der besonders nachhaltigen Erbringung von Zielen aufhelfen (z. B. Arbeitsschutz, Einhalten von Urlaubsregeln), andere aber bedienen nur die Interessen des Staates oder Dritter und wirken deshalb nicht auf alle Beteiligten motivierend
- Finanzziele versus Formalziele: Diese beiden Zieltypen sind geborene Konkurrenten. Mit einer etwas entspannteren Wahrnehmung mancher Formalziele (z. B. Umweltschutz, Arbeitszeiten, usw.) sind auch geringere Kosten oder sogar höhere Erlöse (z. B. geringfügiges Verletzen wettbewerblicher Regeln) oder ein leichteres Leben der Beschäftigten verbunden, so dass eine Versuchung da ist, Regeln lockerer zu sehen. Aus diesem Grund benötigen Betriebe nach eigener Erkenntnis manchmal besondere interne Instrumente, wie z. B. ein internes Kontrollsystem (IKS)
- Bei den Sachzielen „beißen" sich manchmal, je nach Branche und Produkt, der Wunsch nach mehr Umsatz mit dem Verlangen nach höherer Rendite, weil der Umsatz nur durch Markteroberung mittels Preisnachlässen erreicht werden kann. Die Folge ist ein Absinken der Marge je Produkteinheit.

Einige mögliche Widersprüche zwischen IT-Zielen

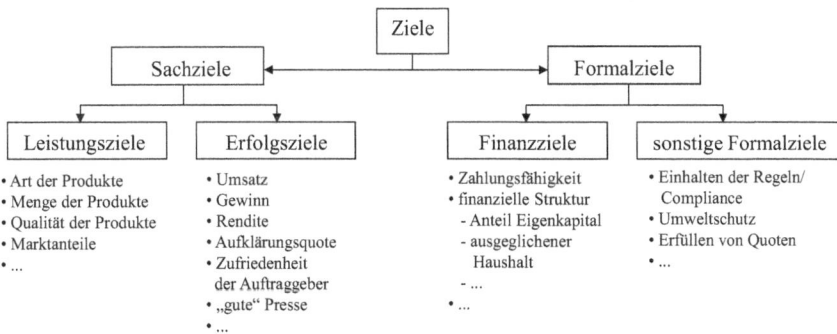

Abb. 2.5: Arten von Zielen in Betrieben[25]

---

[24] Der Autor hat im Bundesdienst Leitungspersonal erlebt, das ausgeprägte non-compliance Verhaltensweisen zeigte. Wie geht ein IT-Leiter damit um?

[25] Vgl. ähnlich Heuermann & Tomenendal, 2011, S. 79

Ziele können
unterschiedliche
Funktionen haben

Die Angabe von Zielen kann unterschiedlichen Zwecken dienen, siehe Abbildung 2.6. „Steuerung" – verstanden als hartes Top-Down-Durchregieren – ist nur ein möglicher Aspekt.

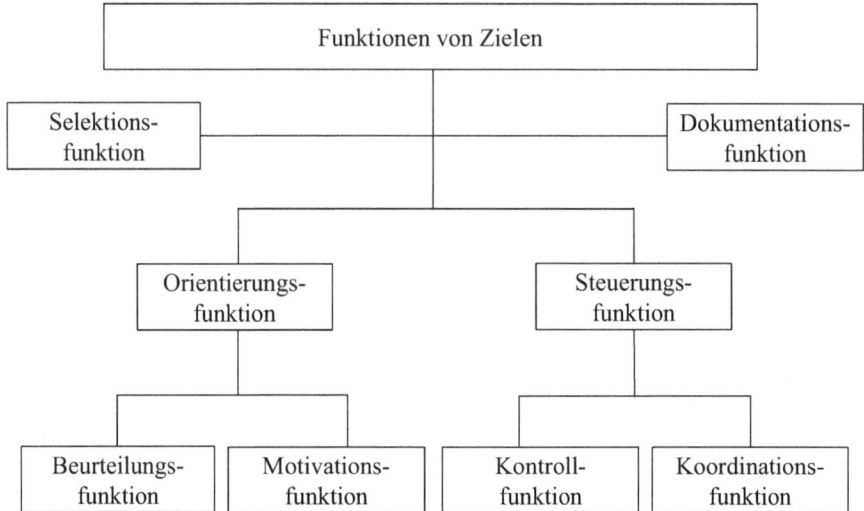

```
                    ┌─────────────────────────────────┐
                    │      Funktionen von Zielen       │
                    └─────────────────────────────────┘
        ┌──────────────────┐              ┌──────────────────────┐
        │  Selektions-     │              │  Dokumentations-     │
        │  funktion        │              │  funktion            │
        └──────────────────┘              └──────────────────────┘

        ┌──────────────────┐              ┌──────────────────┐
        │  Orientierungs-  │              │  Steuerungs-     │
        │  funktion        │              │  funktion        │
        └──────────────────┘              └──────────────────┘

   ┌──────────────┐ ┌──────────────┐  ┌──────────────┐ ┌──────────────────┐
   │ Beurteilungs-│ │ Motivations- │  │  Kontroll-   │ │  Koordinations-  │
   │ funktion     │ │ funktion     │  │  funktion    │ │  funktion        │
   └──────────────┘ └──────────────┘  └──────────────┘ └──────────────────┘
```

Abb. 2.6: Funktionen von Zielen[26]

Daneben gibt es auch die „weichere" Variante der Orientierung für dezentrale Entscheidungsträger. Ziele zu nennen ist immer auch „selektiv", weil damit andere, nicht genannte Ziele ja nicht verfolgt werden sollen. Automatisch ist jedes Niederschreiben von Zielen auch eine Dokumentation. Die Frage ist hier nur, was dokumentiert wird:

Vollständiger Zielkatalog
Bestands- und
Veränderungsziele

1. Alle Veränderungs- und Zustands-, Formal- und Sachziele. Dies ist eine wünschenswerte Situation, weil es so am leichtesten ist, die Verhaltensweisen des IT-Bereiches zu verstehen. Unklar ist dann auf den ersten Blick, welche Ziele überhaupt der Steuerung bedürfen, eventuell gibt es ja von außen zu erwartende Änderungsbeiträge und Zustände, die von allein so bleiben. Ökonomisch ist es nicht, alle Ziele darzustellen, weil „selbstverständliche", auf den IT-Bereich unverändert heruntergebrochene innere Ziele, wie z. B. das „Einhalten des Budgets", meist auch ohne eine solche Wiederholung auf tieferen Ebenen der Betriebshierarchie gelebt werden.

2. Nur (Veränderungs-) Ziele, Sach- und Formalziele, deren Erreichung noch nicht gelungen ist, und Zustandsziele, die zur Erhaltung des aktuellen Zielzustands Aktionen benötigen, gleich wer die Aktionen (IT selbst oder ein Dritter) durchführen muss: Diese Art der Zieldarstellung wirkt besonders

---

[26] Amshoff, 1993, zitiert nach Welge & Al-Laham, 2009, S. 201

dynamisch, weil für alle dargestellten Ziele etwas getan werden muss, d.h. ggf. Strategien und Maßnahmen abgeleitet werden. Wenn man Kennzahlen der strategischen oder zielbezogenen Arbeit bildet (vgl. Abschnitt 4.5), hat der IT-Bereich die Möglichkeit in allen Zielbereichen Strategien und Aktivitäten vorzuweisen und kann sich als besonders arbeitsam darstellen.

3. Nur Veränderungs- oder Zustandsziele, in denen der IT-Bereich selbst etwas tun muss – also eine echte Teilmenge der unter 2. genannten Ziele.

Da die Steuerungsfunktion die prägendste für „logische" Betrachtungen des fachlich-sachlichen Managements ist, wird sie im Folgenden als Schwerpunkt betrachtet und die anderen Funktionen ggf. ergänzend erwähnt.

2.3 Aufgaben(-zweck) der IT

Die Aufgaben des (zentralen) IT-Bereichs als Dienstleister des Betriebs ergeben sich zum einen durch die Festlegung von Betriebszielen und dem Geschäftsmodell, zum anderen jedoch auch durch die Stärke und die Position eventuell anderer dezentraler IT-Bereiche sowie durch die Aufgaben benachbarter Instanzen. Diese sind:

Instanzen mit Einfluss auf die Aufgaben der IT

- Andere IT-Bereiche: Es gibt Betriebe und erst recht Konzerne, in denen mehrere organisatorisch unabhängige IT-Bereiche tätig sind. Mögliche Konstellationen sind eine zentrale und mehrere fachabteilungsspezifische IT-Abteilung/-en oder sogar die Existenz mehrerer IT-Abteilungen in getrennten rechtlichen Einheiten, die ihre Bereiche jeweils komplett selbständig versorgen und auch eigene Budgets haben. Konsequenz ist meist, dass die fachlich-organistorische Bindungswirkung höher ist als die gemeinsame „abstrakte" Aufgabe der IT-Versorgung
- Organisationsbereich bzw. Organisationsentwicklung: Die Zuständigkeitsweite und Fachkompetenz des Organisationsbereichs in Fragen der Gestaltung von Geschäftsprozessen und generell in Fragen der Organisationsentwicklung hat ganz maßgeblichen Einfluß darauf, ob die IT bei vielen Fragestellungen auf sich allein gestellt ist oder einen kompetenten Partner innerhalb des Betriebes hat
- Projektmanagement: In einigen Betrieben mit einer Vielzahl von Fachprojekten gibt es ein fachliches Projektmanagement oder inhouse-Consultants als feste Instanz. Die dort erarbeiteten Fachkonzepte sind Input für die daraufhin zu entwickelnden IT-Feinkonzepte
- Hausinterne Strategie-/Planungsabteilungen: In Betrieben mit Bedarf an intensiver Planung gibt es Planungs- und Strategieabteilungen, die evtl. in Abstimmung mit einem Projektmanagement, einer Organisationsentwicklung und dem IT-Bereich interne Vorhaben initiieren oder auch umsetzen.

IT ist in teils hohem Maße von anderen Instanzen abhängig

Diese und ggf. weitere in Abbildung 2.7 gezeigte Instanzen stehen in Wechselwirkung zur IT. Eine IT ist damit, über die Betriebsleitung und die unmittelbaren IT-Kunden und IT-Nutzer hinaus, von einigen anderen Instanzen hochgradig abhängig. Umgekehrt bestimmt sie aber auch Chancen und Restriktionen, z. B. durch die Art und das Ausmaß der Untersützung von Geschäftsprozessen, die Ausstattung der Arbeitsplätze mit IT-Endgeräten und die gebotene Unterstützung der IT-Nutzer durch ihre Strategie und ihr Infrastruktur- und Unterstützungsangebot für andere Bereiche im Betrieb.

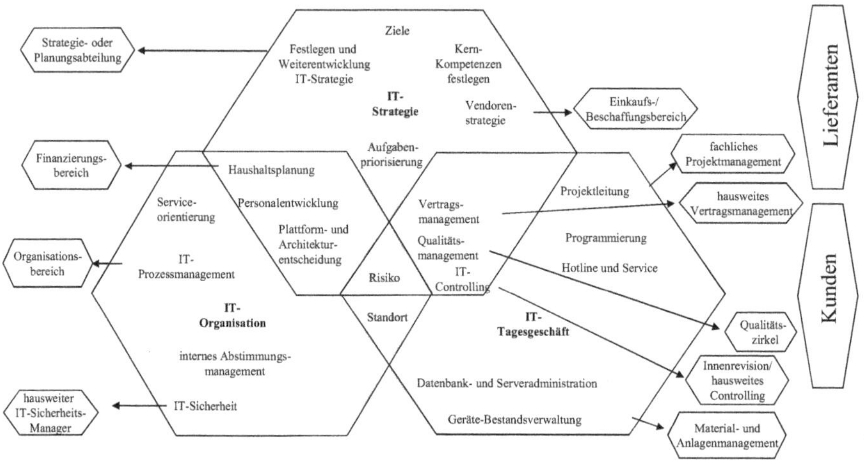

Abb. 2.7: Wichtige Schnittstellen zu anderen Bereichen

Sehr viele individuelle Gegebenheiten prägen Situation der IT-Bereiche

Als Erkenntnis aus diesen Erläuterungen folgt, dass die IT-Bereiche verschiedener Betriebe mit sehr hoher Wahrscheinlichkeit …

- schon aufgrund der unterschiedlichen Aufbaustruktur und Zuständigkeitsverteilung in den Häusern auch unterschiedlich weite Aufgabenfelder und damit verschiedene Herausforderungen für das Management haben
- selbst bei formell gleichen Aufgaben unterschiedliche individuelle Gegebenheiten bei ihren betriebsinternen Ansprechpartnern vorfinden und daher Aufgaben mit unterschiedlichen Freiheitsgraden und Eigenanteilen der IT-Rolle bearbeiten
- durch die historisch gewachsene Infrastruktur an Hard- und Software unterschiedliche Ausgangsvoraussetzungen vorfinden.

Im IT-Bereich ist beinahe permanent die Suche nach Verbesserungen nötig, sowohl für die im eigenen Zuständigkeitsbereich befindliche „Produktion" von Services (Ressourcen, Abläufe) als auch bei der Ausrichtung der Services auf Kundenwünsche. Zu einem guten IT-Management zählen daher auch diese Meta-Aufgaben …

- genaue Kenntnis der Ziele und IT-bezogenen Handlungsabsichten der Anspruchsgruppen zu haben, zuvörderst natürlich der der Betriebsleitung. IT-Nutzer sind mit manchem IT-Equipment „eng verheiratet" und verbringen einen großen Teil ihrer Arbeitszeit an dem IT-Arbeitsplatz und mit der Software. Hier sind manchmal detaillierte und emotionale Ansprüche zu erleben, die sich auch aufgrund eigener Ideen und Erfahrungen fortentwickeln können, z.B. angeregt durch Kontakte mit Personen aus anderen Betrieben oder eigener Erlebnisse mit privat genutzter Software oder Geräten (aktuell der durch Apple-Produkte beschleunigte Trend unter dem Akronym BYOD, d.h. „bring your own device")

- den eigenen Gestaltungsspielraum gegenüber den Anspruchsgruppen möglichst groß zu halten. Obwohl die Idee der Kundenorientierung einen sehr hohen und positiven Stellenwert hat, kann letztlich nicht jeder Wunsch von Anspruchsgruppen realisiert werden. Zunächst sind die Kosten und die generelle Machbarkeit, dann aber auch strategische Maßstäbe und schlichte Ressourcenfragen anzulegen, bevor man an eine Zusage denken kann. Die IT benötigt aus sachlichen Gründen ein gewisses Eigengewicht, um dem Druck von Anspruchsgruppen standhalten und nicht jedem Wunsch unreflektiert nachgeben zu müssen. Gute Leistungen allein erzeugen diese Kraft nicht immer, daher bedarf es auch eigener Taktiken zur Erhöhung des eigenen „Standings"

- zu Qualitätseinbußen bei den IT-Services führende Differenzen zwischen den Anspruchsgruppen möglichst klein zu halten, z. B. unberechtigte Ansprüche des Betriebs-/Personalrats zur Einschränkung von IT-Services aus angeblich datenschutzrechtlichen Gründen zu vermeiden. Ein Beispiel ist hier die aus der elektronischen Zeiterfassung stammenden Informationen über die An-/Abwesenheit von Mitarbeitern. Dies ist eine interessante Information für die Telefonvermittlung oder betriebsintern den dienstlichen Kontakt suchende Beschäftigte. In manchen Betrieben wird die Anwesenheitsinformation generell als persönliches Datum behandelt, das sogar die personalverantwortliche Person nicht wissen darf. In anderen Betrieben werden solche, meist im Standard der elektronischen Zeiterfassungssysteme als „Anwesenheitstableau" angebotenen, Daten wie selbstverständlich zur Optimierung interner Abläufe benutzt

- das sinnvolle Maß an technischer Flexibilität zu bestimmen, das herzustellen oder aufrecht zu erhalten ist für die optimale Balance zwischen Kosten und Nutzen der Flexibilität. Punktgenaue, aber leider auch relativ unflexible Lösungen für einzelne Kundenwünsche sind oft schneller als durchdachte, skalierbare und flexible IT-Architekturen. Hier sind ggf. nützliche Einteilungen in Domänen, Plattformen und Nutzersegmente zu finden, für die man bereits geeignete Vorgehensweisen vordefiniert hat.

Voraussetzung hierzu ist ein regelmäßiger Kontakt bzw. die ständige Beobachtung der Anspruchsgruppen. Natürlich sollte mit der eigenen Betriebsleitung

Meta-Aufgaben der IT

Regelmäßiger Kontakt zu Anspruchsgruppen ist wichtig

und i.d.R. auch mit einem Betriebs-/Personalrat der ständige Kontakt gepflegt werden, am besten auf Basis regelmäßiger Treffen.

Die Rolle und die Aufgaben einer IT sind wichtige Betrachtungsweisen für das IT-Management und werden daher nachfolgend näher betrachtet.

2.3.1   IT-Rolle und fachliche Kompetenz

Die Erwartungen des Betriebes an die IT sowie die Möglichkeiten der IT, sich nutzbringend im Betrieb zu bewegen, werden mit dem Begriff „Rolle der IT" und seinen Varianten SOLL- und IST-Rolle beschrieben.

Definition Rolle der IT

Definition Rolle der IT
SOLL-Rolle: Die seitens der Volkswirtschaft oder einzelner Anspruchs-gruppen, insbesondere der übergeordneten Ebenen Konzern, Oberbehörde, Leitung des Betriebs usw., auf die IT gerichteten Erwartungen und zugebilligten Kompetenzen (Freiheitsgrade und Restriktionen) für die Erfüllung von Zielen zu arbeiten. Die IST-Rolle beschreibt die tatsächliche Situation der IT im Zusammenspiel mit den anderen Instanzen.

IT hat Rolle am Arbeits-platz, im Betrieb und volkswirtschaftlich

Die IT hat neben ihrer betrieblichen Rolle weitere Rollen im volkswirtschaftlichen Bereich oder auf Ebene einzelner Arbeitsplätze (s. Tabelle 2.1).

Tab. 2.1: Innerbetriebliche und überbetriebliche Rollen der IT[27]

Wirkungsebene	Art der Wirkung
Volkswirtschaft	• Neue Produkt- und Marktsegmente • Schaffen, Verändern und Vernichten von Industrien • Schaffung und Vernichtung von Arbeitsplätzen • Ermöglichen neuer Arbeitsformen
Branche	• Wettbewerb im Konkurrenzkampf, Effizienzsteigerung und/oder Alleinstellungsmerkmal • Ggf. gemeinsame Plattformen, Industrielösungen, betriebsübergreifender Kooperation • Öffentlicher Sektor: Gewährleistung der Versorgung
Konzern	Gemeinsame Standards, Konsolidierungspartner (Shared Services), Leistungsverrechnung
Einzel-Betrieb	Gemeinsame Standards, Konsolidierungspartner, Leistungsverrechnung
Arbeitsplatz	Automatisieren, Kollaborationswerkzeug, Datenbereitstellung, „Scheibmaschine", Rechenwerkzeug, …

Die Darstellung dieser beiden nicht-betrieblichen Rollen wird hier jedoch nicht weiter vertieft, sondern ausschließlich die durch interne oder externe Dienstleister vertretene innerbetriebliche Rolle der IT betrachtet. Ob die der IT

---

[27]   Verändert nach Schmidt, 2007, S. 14

zugewiesene Rolle(-nverteilung) im Betrieb die bestmögliche ist und inwieweit ein IT-Bereich seine Rolle ausfüllt, ist mit dem Rollenbegriff allein noch nicht gesagt. Ein IT-Bereich kann eventuell selbst daran mitwirken, wie seine aktuelle und ggf. auch seine zukünftige Rolle aussieht. Gute oder sogar über den Erwartungen liegende Arbeit verändert gelegentlich die Rolle und erweitert die Möglichkeiten der IT, schlechte engt meist ein.

Abb. 2.8: Karikatur Rolle der IT[28]

Die Rollen(-erwartungen) des Betriebes an die IT sind oft nicht statisch gleichbleibend, sondern können sich je nach Betriebszustand und Phase der Organisationsentwicklung weiterentwickeln bzw. ändern. Ein Beispiel für die mögliche Weiterentwicklung ist die wahrgenommene Rolle in der Bedeutung für die betriebliche Wertschöpfung. Von einem bloßen Kostenfaktor kann sie bis auf die „Höhe" eines Wertschöpfungsfaktors aufsteigen, wenn das Geschäftsmodell des Betriebs das möglich macht, siehe Abbildung 2.9. Rollenerwartung Betrieb an IT-Bereich

Die Entwicklung von IT-Bereichen ist in der Praxis aber meist nicht so linear, wie manche aus Reifegradmodellen oder anderen theoretischen Konzepten stammenden Rollen-Kategorien dies suggerieren: Der IT-Bereich hat oft gleichzeitig eine stabilisierende als auch dynamisierende Wirkung auf die innere Organisation eines Betriebes. IT hilft sowohl im automatischen Abwickeln gleichartiger Prozesse als auch bei Entwicklungssprüngen, die zunächst Unruhe schaffen und eventuell die Performance der IT oder gar des ganzen Betriebs in ein kurzfristiges „Tal der Tränen" schicken. Dementsprechend kann die IT mehrere Rollen, mehrere Polaritäten in einer Rolle und teilweise auch Rollenkonflikte haben. Hierin unterscheidet sie sich zwar nicht von anderen Querschnittsfunktionen, wie z. B. einem Organisationsbereich, sehr wohl aber in dem potenziellen Ausmaß und der Art. IT-Bereich kann mehrere Rollen gleichzeitig haben

---

[28]   Bergner, 2013

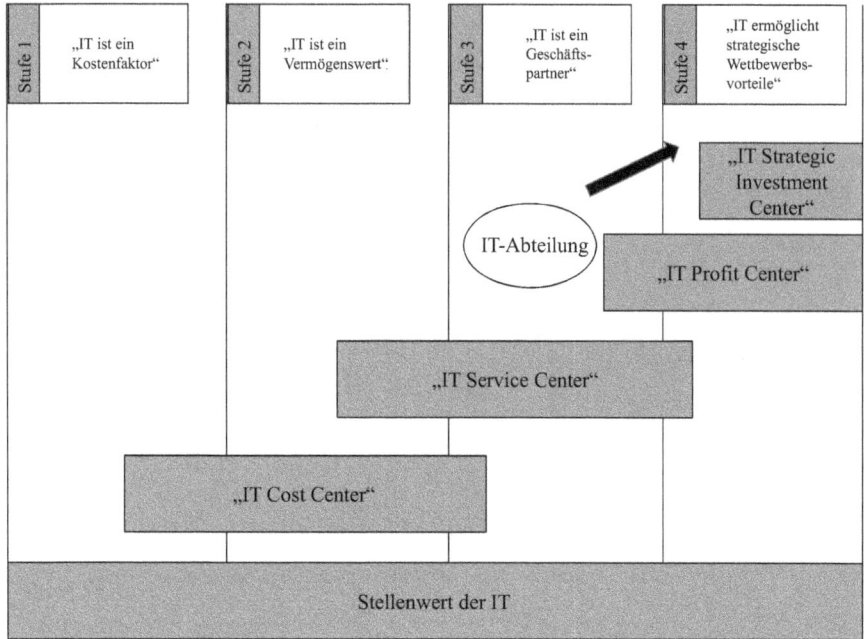

Abb. 2.9: Rolle und Stellenwert der IT aus Sicht der Wertschöpfung[29]

IT-Rollen „Integrator",
„Innovator", „Change
Agent"

Zumeist werden die IT-Rollen nicht streng alternativ im Modus des „entweder – oder", sondern in Kombination vorkommen und es stellen sich eher die
Fragen (1) in welchem Mischungsverhältnis die IT und (2) wo sie innerhalb
des Betriebs (3) wann (4) wie wirkt.

Die Rollen sind u.a. ...

* Integrator: IT-Services vereinheitlichen die Abläufe zwischen den Fachbereichen, z. B. bei der Beantragung von Urlaub und Zeitaufschreibungen
  (Arbeitszeitdokumentation), Genehmigungen. Sie schaffen auch, per sanf-
  tem Zwang, gleichartiges „look & feel" von Dokumenten durch Bereitstellen von Layouts und Formatvorlagen
* Innovator: Unterstützung der Fachbereiche bei Entwicklung, Produktion
  und Vertrieb von Produkten durch Software-Werkzeuge und mobile Hardware. Unterstützen der Leitung durch Werkzeuge der Business Intelligence,
  z. B. durch Software zur Generierung von Berichten mit Zugriff auf alle
  „Datentöpfe" in den Fach-Datenbanken, ohne dass der IT-Nutzer diese
  kennen und bedienen können muss

---

[29] Aus Gadatsch & Meyer, 2006, S. 37

Unterstützung bei

stabilisierenden Maßnahmen   dynamisierenden Aufgaben

| Automatisieren | Standardisieren | Informieren | ... | Differenzieren | Fusionieren | Reorganisieren |

| Rationalisierer | Erzwinger | Anbieter Informationen | ... | Innovator | Integrator | Change-Agent |

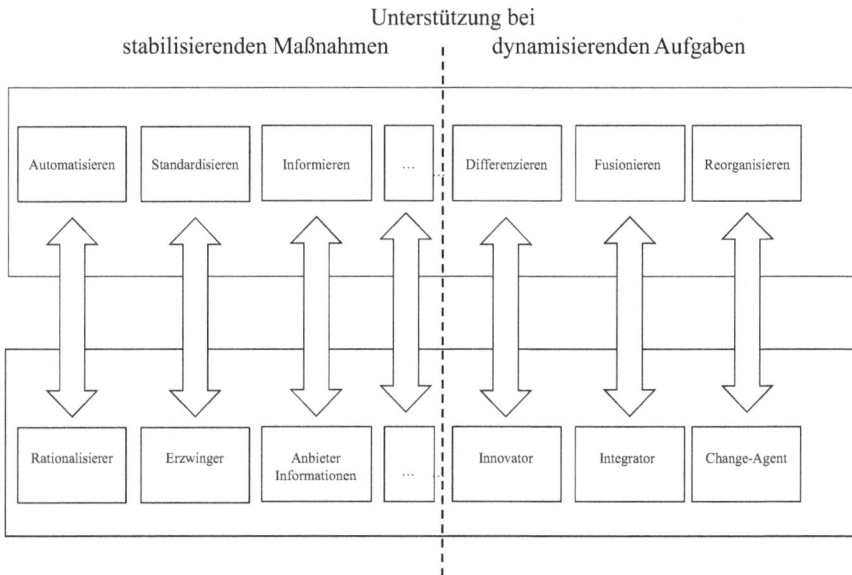

Abb. 2.10: Mögliche Rollen der IT im Betrieb[30]

- Change Agent: Bereitstellen von Lernplattformen für computergestützte Medien, Einführen von elektronisch gestützten Abläufen (Workflows) und Software zur Unterstützung der Zusammenarbeit (Collaboration)
- „Dienstmagd" für das Bereitstellen eines mehr oder weniger als selbstverständlich empfundenen Basis-Services zur Information, Standardisierung und Automation. Das praktische Empfinden der IT-Nutzer ist hier, dass die IT letztlich nur die „elektronische Schreibmaschine" bereitstellt. Dieses Empfinden ist gelegentlich in Betrieben mit nur wenig mehr als Office-Anwendungen, z. B. in der klassischen Verwaltung (Ministerien, Büro-Zentralen von Konzernen) anzutreffen
- Erzwinger des Einhaltens von IT-gestützten Abläufen, die als Nebenergebnis auch die Preisgabe von nachverfolgbaren Informationen (z. B. Protokollierung des Auslösers von Datenänderungen) oder das Befüllen von Pflichtfeldern in standardisierten Formularen vorsehen
- Rationalisierer: Ersatz von Handarbeit durch automatische oder zumindest IT-unterstütze Arbeit oder durch bessere IT-Lösungen anstelle veralteter Soft- oder Hardware.

IT-Rollen „Dienstmagd", „Erzwinger" und „Rationalisierer"

Die Liste der IT-Rollen ist hiermit nicht abgeschlossen, es sind weitere neue Rollen, Kombinationen und Fragmente bisher genannter Rollen denkbar. Die weiterhin dynamische Entwicklung der IT sowie die längst noch nicht in allen

Keine Ende der Entwicklung neuer Rollen der IT erkennbar

---

[30]   Verändert nach Crameri, 2010, S. 5

Branchen und Einzelbetrieben ausgeschöpften Potenziale werden das Rollenspektrum der IT zukünftig vermutlich eher noch weiter spreizen.

2.3.2 Aufgabenbereiche des IT-Managements

Überblick
Der Begriff „Aufgabe" wird in der Betriebswirtschaftslehre als Sammelbegriff für alle aus den Betriebszielen abgeleiteten Handlungsfelder mit Verantwortung für Ergebnisse benutzt. Aufgaben und die für ihre Erledigung benötigten Ressourcen und Abläufe bestimmen die Aufbau- und Ablaufstruktur.

Definition Aufgaben
der IT

Definition Aufgaben der IT
Aufgaben der IT sind konkrete Bündel von Tätigkeiten mit messbaren Ergebnissen und formaler Zuständigkeit. Es gibt Aufgaben, die zeitlich oder mit Erreichen eines Sachzieles erledigt sind sowie Daueraufgaben. Aufgaben können der IT formal zugewiesen sein, wie z. B. in „Geschäftsverteilungsplänen" bei Behörden oder sich praktisch ergeben (z. B. oft Zuständigkeit des IT-Bereichs auch für Telefonie) und sich damit quasi als „Gewohnheitsrecht" oder Pflicht verfestigt haben.

IT-Aufgaben abgeleitet
aus den Betriebszielen

Aus den „Aufgaben" eines Betriebs werden die Gestaltungsansprüche für die Ablauf- und die Aufbaustruktur des ganzen Betriebs und der IT abgeleitet.

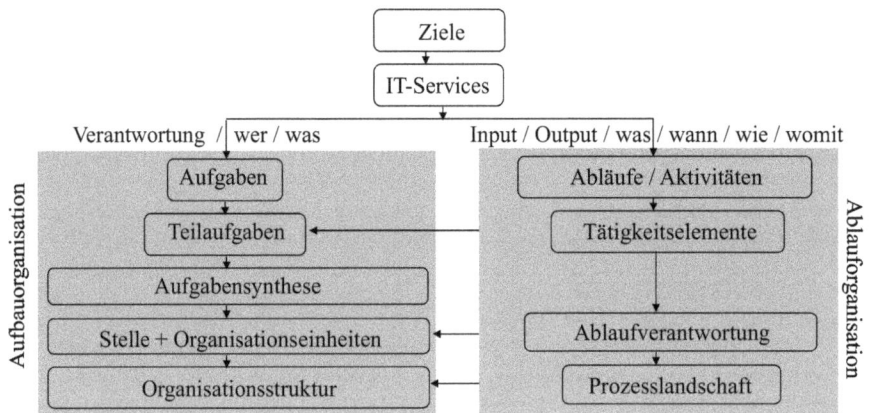

Abb. 2.11: Begriff „Aufgabe" und Bezug zu anderen Begriffen[31]

Einige der größten typischen Aufgabenbündel der IT werden in der nachfolgenden Tabelle 2.2 aufgelistet.

---

[31]   Verändert n. Heuermann & Tomenendal, 2011, S. 170 f.

Tab. 2.2: Mögliche Aufgabenbereiche einer IT

Lfd. Nr.	Aufgaben- bereich	Kommentar
1	Daten- management	typischerweise ist die IT für zentral vorgehaltene, elektronische Daten zuständig
2	Informations- management	Informationen sind mehr als Daten, sie geben Einzeldaten erst einen geschäftlichen Sinn. Verantwortlich hierfür ist der jeweilige Fachbereich, aber die IT kann eine weit über das reine Datenmanagement hinausgehende Rolle einnehmen
3	Innovations- management	IT kann den Fachbereichen helfen, innovative Produkte auf den Markt zu bringen, innovative Fertigungsweisen zu etablieren oder innovative Zugänge zu Märkten zu erschliessen
4	IT-Sicherheits- management	IT-Sicherheit ist mehr als nur IT-technische Sicherheit, sie enthält auch das durch die Fachbereiche zu verantwortende Nutzerverhalten
5	Management des IT-Services	ggf. kann die IT sehr randständige Services den IT-Nutzern selbst überlassen, z. B. Tonerwechsel in Druckern, Entwicklung von IT-Verfahren für Ein-Mann-Nutzergruppen usw.
6	Projekt- management	IT ist ein Dienstleister für IT-Projektmanagement
7	Prozess- management	eigentlich Aufgabe des Organisationsbereiches
8	IT-Service- management	Verfügbarmachen von IT-Anwendungen und Unterstützung der Nutzer
9	Telefonie	Zuordnung manchmal nur aus „historischen" Gründen, manchmal wegen VoIP sachlich naheliegend

Das Aufgabenspektrum der IT ist deshalb in Gänze betriebsintern oft nicht so bekannt wie das der anderen Querschnittsfunktionen, weil eine IT ...

Aufgabenspektrum der IT oft anderen Betriebsangehörigen unklar

- oft eine große Fertigungstiefe,
- ein sehr breites Handlungsfeld (vom eigenen „Innenleben" bis weit hinein in fachliche Abläufe der IT-Nutzer) und
- eine seit Jahren wachsende Bedeutung innerhalb von Betrieben

hat. Immer dann, wenn die IT neue Unterstützungsmöglichkeiten für die Geschäfts- oder Querschnittsprozesse anbieten kann, stellen sich eine Reihe von Fragen bei der Zusammenarbeit und der Verantwortungsabgrenzung zwischen IT und Fach- wie auch Querschnittsbereichen (z. B. für die Datenpflege und Versorgung, Verfahren bei Aktualisierungsbedarf, Finanzierung, Service Level usw.). Aus diesem Grund gibt es einen besonderen Erklärungsbedarf über die Aufgaben und Funktionsweise der IT. Daher sind in der Literatur zahlreiche alternative, inhaltlich aber größtenteils überlappende Kategoriensysteme zur Aufgabenbeschreibung zu finden.

Folgende Oberkategorien der Aufgabenbeschreibung einer IT sind denkbar:

Oberkategorien der
IT-Aufgaben

- Phasenbezogen: Planen (Plan), Erstellen/Implementieren (Build) und Betreiben (Run) oder ähnlich. Diese Sicht betont den projektären Rhythmus der Erstellung von Software und/oder der Erneuerung der Infrastruktur
- Ablaufbezogen: Auflisten der IT-Prozesse in Kernprozesse, wie Servicemanagement und IT-Projektmanagement sowie in Querschnittsfunktionen, (z. B. Beschaffung, Personalmanagement, Kundenmanagement). Diese Sicht betont die Ablauforganisation und ist für ein, vor allem auf den Betrieb, fokussiertes IT-Management geeignet. Hierbei sind so viele phasenverschobene Einzelvorhaben zu beachten, dass der auf tieferer Ebene vorhandene Phasencharakter (z. B. durch die Bezeichnungen „Plan", „Build" und „Run" dargestellt) meist keine übergeordnete Bedeutung hat[32]
- Objektbezogen: Architekturmanagement oder kleinteiliger aufgebrochen das Softwaremanagement, Servermanagement, Schnittstellenmanagement, Druckermanagement usw. kümmern sich um die IT-Infrastruktur. Alternativ dazu ist auch eine kundenbezogene „Denke" letztlich ein Objektbezug. Ergänzend kommen andere betriebswirtschaftliche Themen wie Vertragsmanagement, Lizenzmanagement und auch Personalmanagement hinzu
- Themenbezogen: IT-Sicherheit, IT-Governance, Komplexitätsmanagement, IT-Wissensmanagement usw.
- Aufbaustruktur-bezogen: Diese Sicht kommt in der Praxis so gut wie gar nicht als „großes" IT-Thema vor. Der Grund liegt darin, dass optimierte Aufbaustrukturen oft sehr plausibel von IT-Bereichen an Gruppen eng zusammenhängender Arbeitsabläufe (IT-Betrieb, IT-Service, Softwareentwicklung, IT-Leitung) orientiert sind, sowie ergänzend oder alternativ an der Produkt- (z. B. große Anwendungsplattformen) und Kundenwelt (z. B. den Fachbereichen im Haus).

Oberkategorien der
IT-Aufgaben

Die Aufgaben des IT-Managements haben meist mehrere der in den genannten Oberkategorien beschriebenen Dimensionen gleichzeitig. Da diese Kategorien zwar in ein einzelnes Bild passen (siehe Abbildung 2.12), aber nicht ebenso knapp beschrieben werden können, sollen ergänzende Erläuterungen im Text nachfolgen.

Phasenbezogene Sicht auf das IT-Management

Phasenbezug besonders
ausgeprägt im
Softwaremanagement

Die phasenbezogene Sicht entstand vor allem aus der Sichtweise durch die „Brille" der IT-Softwareentwicklung bzw. dem Softwaremanagement generell. Grundsätzlich ist zwar auch im Beschaffen, Betreiben und Ausmustern von Hardware eine Phasensicht zu entdecken, da aber in vielen IT-Bereichen verschiedene Hardwareprodukte mit unterschiedlichem Kaufdatum im Einsatz

---

[32] Dennoch gibt es, aber eher selten, IT-Bereiche, die ihre Aufbaustruktur nach Plan, Build, Run unterteilen

sind, überlagern sich die vielen Phasen der einzelnen Gegenstände und lassen durch unterschiedliche Taktung nicht den gesamten IT-Bereich gleichmäßig „schwingen", sondern es gibt viele Gleichzeitigkeiten. Bei IT-Bereichen mit einzelnen, sehr großen Softwareprojekten oder sehr homogener Hardwarewelt kann die „Phase" als wichtiger Bezugspunkt und das Handeln als dominierender Moment des IT-Managements erscheinen. Dies trifft vermutlich auf kleinere IT-Anbieter zu, größere sind i.d.R. Mehrprodukt-Betriebe und haben Produkte mit voneinander unabhängigen Entwicklungszyklen. Hier können die Abteilungen mit unterschiedlichen Produkten jeweils ihre eigene Plan-Build-Run-Rhythmik haben.

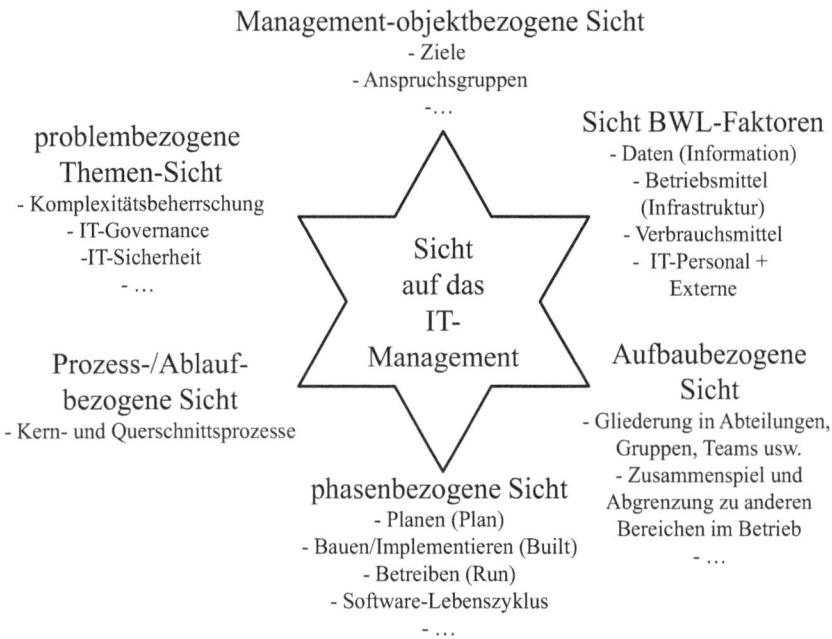

Management-objektbezogene Sicht
- Ziele
- Anspruchsgruppen
- ...

Sicht BWL-Faktoren
- Daten (Information)
- Betriebsmittel (Infrastruktur)
- Verbrauchsmittel
- IT-Personal + Externe

problembezogene Themen-Sicht
- Komplexitätsbeherrschung
- IT-Governance
- IT-Sicherheit
- ...

Prozess-/Ablauf-bezogene Sicht
- Kern- und Querschnittsprozesse

Sicht auf das IT-Management

Aufbaubezogene Sicht
- Gliederung in Abteilungen, Gruppen, Teams usw.
- Zusammenspiel und Abgrenzung zu anderen Bereichen im Betrieb
- ...

phasenbezogene Sicht
- Planen (Plan)
- Bauen/Implementieren (Built)
- Betreiben (Run)
- Software-Lebenszyklus
- ...

Abb. 2.12: Alternative Sichtweisen auf das IT-Management

Der Phasenbezug bietet sich aufgrund der beschriebenen „Multi-Rhythmik" vieler IT-Bereiche weniger zur ganzheitlichen Charakterisierung des IT-Managements kompletter IT-Bereiche an. Er ist eher eine Sicht für Projekte oder Sparten von Blockbuster-IT-Anwendungen, d.h. außerhalb der Gesamt-Aufbaustruktur angesiedelte temporäre Vorhaben oder Sparten.

Multi-Rhythmik großer IT-Bereich lässt Phasenbezug von außen nicht mehr erkennen

Nutzlos ist er aber nicht. Er hilft dabei, die ganz unterschiedlichen Charakteristika des IT-Managements je Phase und die zunehmende Bindung von Ressourcen mit der Folge der Einengung von Entscheidungsspielräumen aufzuzeigen. Insbesondere Laien, denen gegenüber sich ein IT-Management oft erklären oder gar rechtfertigen muss, sind sich der „Dramaturgie" von IT-Projekten nicht ausreichend bewusst. Sie neigen dazu, in frühen Projektphasen zu vage und unspezifisch zu bleiben, dagegen in späten Phasen – manchmal eigentlich zu spät – aber mit besser durchdachten Änderungswünschen zu kommen.

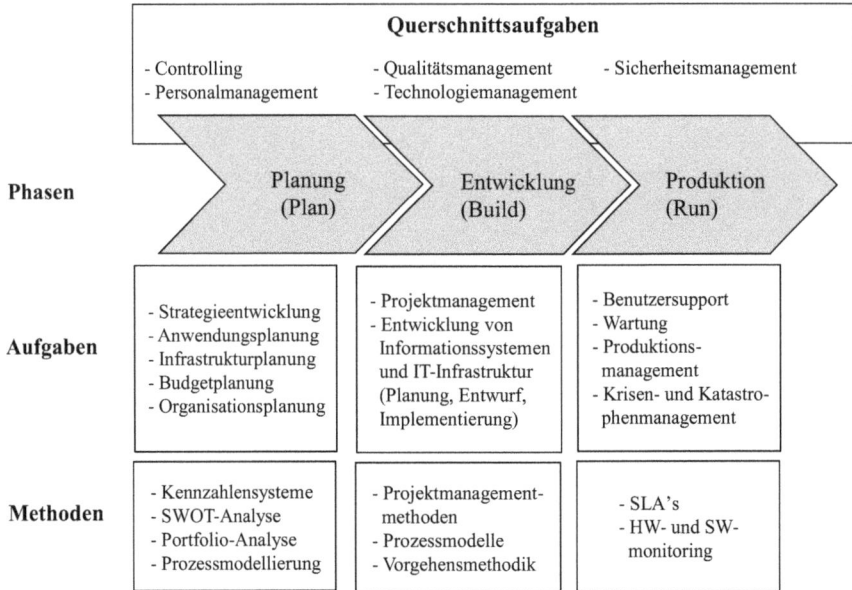

Querschnittsaufgaben		
- Controlling - Personalmanagement	- Qualitätsmanagement - Technologiemanagement	- Sicherheitsmanagement

Phasen	Planung (Plan)	Entwicklung (Build)	Produktion (Run)
Aufgaben	- Strategieentwicklung - Anwendungsplanung - Infrastrukturplanung - Budgetplanung - Organisationsplanung	- Projektmanagement - Entwicklung von Informationssystemen und IT-Infrastruktur (Planung, Entwurf, Implementierung)	- Benutzersupport - Wartung - Produktions-management - Krisen- und Katastro-phenmanagement
Methoden	- Kennzahlensysteme - SWOT-Analyse - Portfolio-Analyse - Prozessmodellierung	- Projektmanagement-methoden - Prozessmodelle - Vorgehensmethodik	- SLA's - HW- und SW-monitoring

Abb. 2.13: Beispiel phasenbezogene Sicht[33]

Prozess-/Ablauforientierte Sicht

Kernprozesse und Querschnittsprozesse

Die prozessbezogene (Synonym: ablauforientierte) Sicht unterteilt das IT-Management in die zu den Kernprozessen (Synonym: Hauptprozessen) und den Querschnittsprozessen (Synonym: Hilfsprozessen) gehörende Sicht: Kernprozesse sind Abläufe, deren Ergebnisse zu nutzbaren Services für interne oder externe Kunden führen. Die Sicht auf Prozesse ist besonders geeignet für wiederkehrende Aufgaben, wie sie im IT-Servicebereich vorkommen.

Prozessorientierte Sicht ist universeller als phasenorientierte Sicht

Da das echte (Groß-)Projektgeschäft in vielen IT-Bereichen trotz aller spektakulärer Vorhaben letztlich – gemessen an der Anzahl gebundener Beschäftigter und dem Budgetvolumen – geringer sein dürfte als das „Bestandsgeschäft" mit Services und den ihnen unterliegenden technischen Betriebsleistungen, ist die prozessorientierte Sicht meist besser geeignet als die Phasensicht.

---

[33] Verändert nach Zarnekow 2004, zit.n. Hofmann & Schmidt, 2007, S. 1

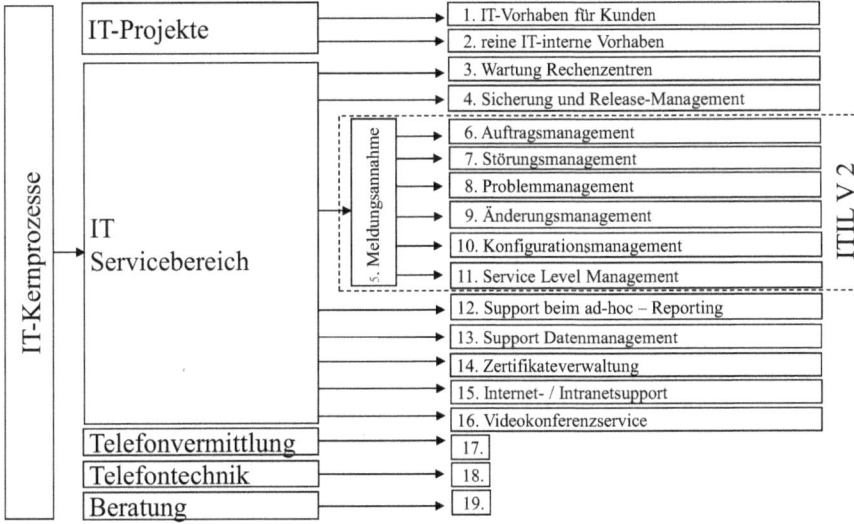

Abb. 2.14: Bsp. IT-Kernprozesse einer deutschen Bundesbehörde

Abb. 2.15: Beispiel für IT-Querschnittsprozesse

Problembezogene Themen-Sicht

Themenbezogene, abstrakte Aufgaben des IT-Managements – losgelöst von einzelnen technischen oder organisatorischen Details – sind:

Themen der IT

- IT-Governance: Rollen, Zuständigkeiten, Rechte, Risikomanagement
- IT-Sicherheit gewährleisten
- Komplexität reduzieren oder begrenzen

- Wettbewerbsfähigkeit erhöhen
- Flexibilisierung: Dezentralisierung oder Zentralisierung ermöglichen, Agilität der Fachbereiche unterstützen
- Innovation: Produkte, Produktionsverfahren und Zugangswege zu Märkten
- ...

Diese Auflistung ist ein heterogenes „Sammelsurium" von Themen mit unterschiedlichen internen und externen Aspekten. Tabelle 2.3 zeigt sie geordnet:

Tab. 2.3: Metaaufgaben der IT und zugehörige mögliche Maßnahmen

Metaaufgabe	Aspekt IT-intern	Aspekt IT-extern
Dezentralisierung ermöglichen und gleichzeitig mehr zentralen Überblick ermöglichen	• IT Governance • Interne Leistungsverrechnung • Analog zu externen Kunden ein internes Customer Relationship Management	• Werkzeuge für Innenrevision und Controlling • Methoden zum „Härten" von Abläufen • ...
Innovation	• Neue Services • Neue Abläufe • Neue Managementkonzepte	• Differenzierung gegenüber Wettbewerb • Kostenvorteile • Qualitätsvorteile
Komplexität reduzieren	• einfachere Arbeitsabläufe ermöglichen • Optimale IT-Fertigungstiefe • Out-/Insourcen	• Schnellere Reaktion • Geringere Kosten des Managements • Reduzieren der Fehlermöglichkeit
Wettbewerbsfähigkeit erhöhen	• Kosten reduzieren • Out-/Insourcen • Flexibilität erhöhen	• Geringere Preise ermöglichen • Alleinstellungsmerkmale

Meta-Aufgaben der IT sind untereinander verknüpft

Die in Tabelle 2.3 zusammengestellten Metaaufgaben sind untereinander verknüpft: Beispielsweise kann Innovation einerseits Komplexitätsreduzierung und/oder andererseits Erhöhung der Wettbewerbsfähigkeit bedeuten. Metaaufgaben können, je nach Ausgangslage und Umfang der damit beschriebenen Arbeitsmenge und Herausforderung, auf allen Management-Objektebenen eines IT-Bereichs erstmalig erscheinen. Sie sind manchmal (Formal-) Ziele (s. Abschnitt 2.2), Strategien (s. Abschnitt 3.2) oder eher Maßnahmen.

Sicht auf betriebswirtschaftliche Produktionsfaktoren

IT managt BWL-Produktionsfaktoren

Wie alle anderen betrieblichen Bereiche auch, hat der IT-Bereich ...

- Betriebsmittel (dauerhaft im Einsatz befindliche Produktionsgüter, d.h. ein Großteil der Elemente der IT-Infrastruktur wie Netze, Server, Arbeitsplatzrechner, Software)
- Roh- und Hilfsstoffe (Verbrauchsgüter und Energie)
- Arbeitskräfte (externe und interne)
- Informationen.

Deshalb liegt es nahe, die IT ebenfalls „stramm" durch die betriebswirtschaft- | IT-Management „managt"
liche Brille des Managements dieser Produktionsfaktoren zu betrachten. Der
Nachteil dieses Vorgehens besteht darin, dass man wegen des stark ausgeprägten Charakters der Verbundproduktion in der IT hierbei die oft quer zu den
Betriebsfaktor Ressourcen laufenden Beziehungen außer Acht lässt. Für eine
Darstellung der Managementthemen in der IT werden die BWL-Faktoren in der
Literatur oft mit der problembezogenen (Management-Konzept-) Sicht kombiniert. Fast alle in Abschnitt 1.2 dargestellten Bücher über IT-Management nutzen die problemorientierte Sicht oder eine Mischung von Problemorientierung
und reiner BWL-Faktordarstellung und zeigen damit eventuell nur einen Aus-
schnitt des Spektrums. Ein Beispiel ist die in Abbildung 2.16 enthaltene Ver-
engung der Aufgaben des IT-Managements ausschließlich auf fünf ausgewählte Themen: Zwei der Themen („die richtigen Mitarbeiter an Bord holen/
halten" und „Sourcing definieren und umsetzen") sind faktorenbezogen, die
anderen drei sind themenbezogen.

IT-Management „managt" IT-Produktionsfaktoren durch Problemfelder der Aufgaben

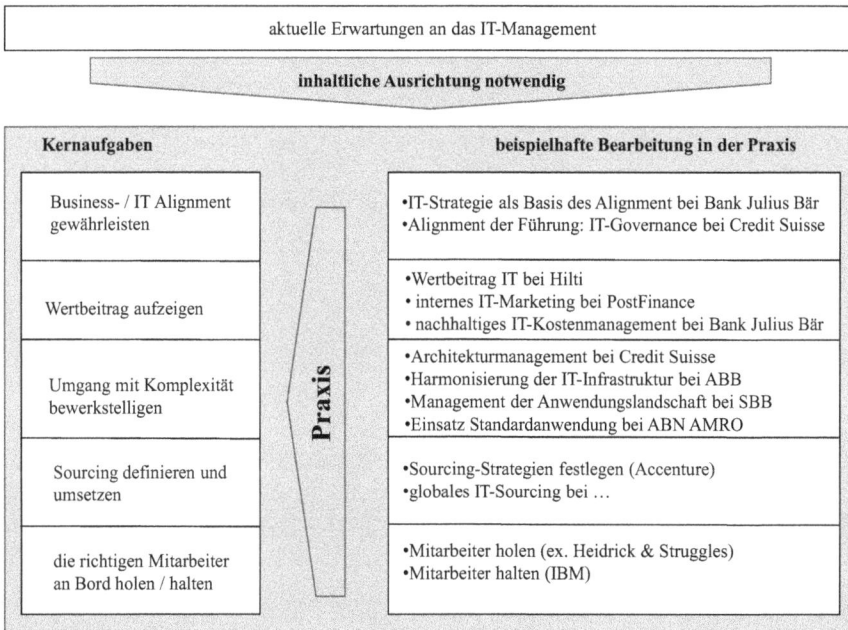

Abb. 2.16: Mischung BWL-Faktoren- und Themensicht[34]

Aufbauorientierte Sicht

Die Frage der Aufbaustruktur eines IT-Bereichs ist zwar für die IT selbst wich- | Aufbauorganisation der
tig, letztlich aber kein Thema mit ständigem Gestaltungsbedarf und großem | IT-Bereiche orientiert sich
                                                                               | oft an Abläufen

---

[34]   Verändert n. Crameri & Heck, 2010, S. 9

Erklärungswert für Dritte. Dass sich die aufbau- und ablauforientierte Sicht gar nicht losgelöst voneinander darstellen lassen zeigt die untenstehende Abbildung 2.17. In der Regel finden sich folgende mögliche Untergliederungen:

- Servicebereich mit dem Service-Desk
- IT-Produktion mit einem oder mehreren Rechenzentren. Ggf. kann die Produktion nochmals untergliedert sein in Basis- und Querschnittsdienste sowie besondere Fachverfahren, wenn diese hinreichend groß und die Kundennachfrage speziell ist
- IT-Beratung und Entwicklung (Projektarbeit meist für Softwareprodukte)
- IT-Leitung mit IT-Controlling, ggf. Architekturmanagement usw.

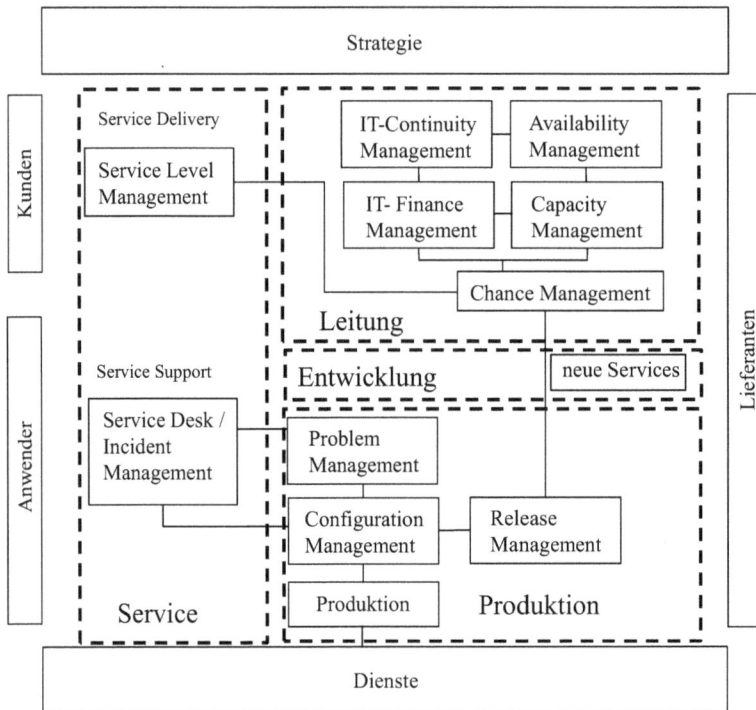

Abb. 2.17: Prozess- und Aufbausicht auf den IT-Bereich [35]

---

[35]   Verändert nach Kopperger et al., 2006, S. 136

Die aufbaustrukturelle Gestaltung ist verknüpft mit den Aufgaben der IT-Bereiche, d.h. ihrer Zuständigkeit: Typisch ist die Zuständigkeit des IT-Bereichs für die Versorgung mit IT-Services und dem IT-internen Ressourcenmanagement. Darüber hinaus wird die IT oft – zumindest beratend – in Teilen des Informations- und Datenmanagements und manchmal ganz bewusst als Teil des Prozess- und innerbetrieblichen Innovationsmanagements gesehen (vgl. Abbildung 2.18). Im Öffentlichen Bereich Deutschlands sind die für die Funktion der „Organisation" Verantwortlichen oft nur sehr schwach im Themenbereich Prozessmanagement engagiert, so dass der IT auch praktisch die treibende Rolle bei der Ablaufverbesserung zukommt. Im Organigramm drückt sich das aber meistens nicht aus. Falls die Erstellungsleistungen der IT weitgehend outgesourct sind, ist i.d.R. eine aufbauorganistorische Schnittstelle zu dem externen Dienstleister nötig. Dies mag dann ein sehr kleiner IT-Bereich für Qualitätssicherung/Controlling und Vertragsmanagement mit dem Dritten sein.

Aufgaben beantworten Zuständigkeitsfrage

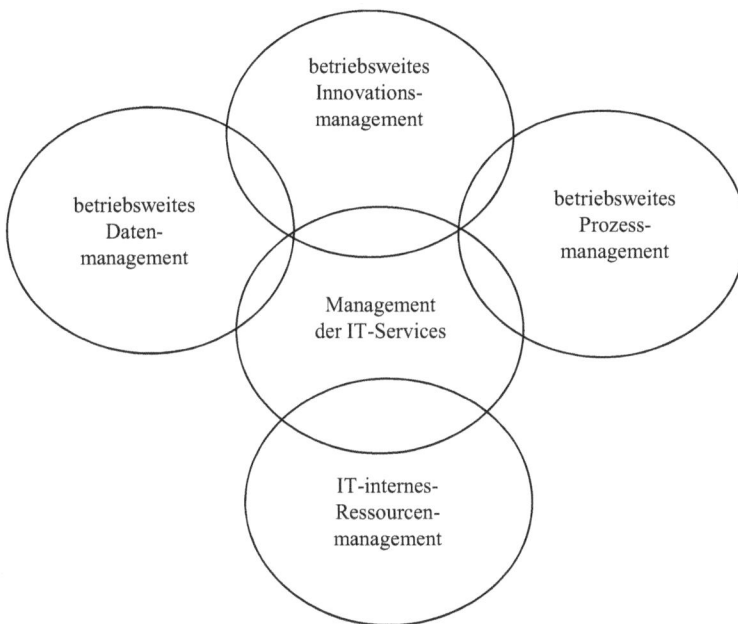

Abb. 2.18: Unterschiedliche Aufgabenbereiche der IT

Management-bezogene Sicht

Die Managementobjekt-bezogene Sicht fragt nach …

- den Zielen
- den Kunden/Anspruchsgruppen
- den Produkten/Services
- den Abläufen/Prozessen und
- den Ressourcen.

Managementobjekt-
bezogene Sicht bietet
logische Ordnung von
Themen an

Diese Perspektive ist sehr aussagekräftig, da sich die genannten Themen in einer logischen Ordnung umgekehrt entlang der Wertschöpfungskette befinden. Der hierarchisch höchste Beitrag eines IT-Bereichs ist die Unterstützung der Betriebsziele und dann der IT-Ziele. Die Ressourcen sind die Basis aller Wertschöpfung, führen aber nur mit guten Prozessen auf effiziente Weise zu den Produkten. Auf der Ressourcenebene geht es oft sehr „handwerklich" zu, dennoch sind die Mitarbeiter und die IT-Infrastruktur – hoffentlich gute – Basis für die Erstellung von IT-Services.

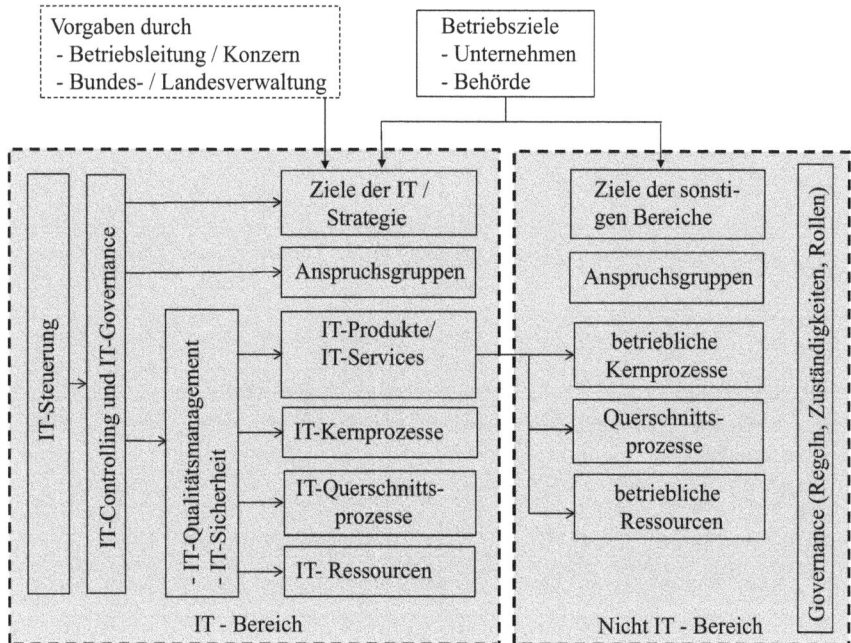

Abb. 2.19: Managementobjekt-bezogene Sicht auf die IT

Eine weitere Stärke ist, dass die schon für sich allein besonders aussagekräftige Prozess-Perspektive und auch die Ressourcensicht integriert sind.

Aus den genannten Gründen wird diese Sicht bei der Gliederung der nun folgenden Kapitel verwendet.

3 Ziele, Strategie, Leitung

3.1 Zielfindung des IT-Bereichs

3.1.1 Zieldefinition und Zielfindung IT

So wie der Betrieb als Ganzes Ziele benötigt, haben auch alle internen Berei- che des Betriebs Bedarf nach Vorgaben für ihre Planung und Ressour- cenallokation. Die Ziele interner Querschnittsbereiche sind – da ist die IT nicht anders als andere Querschnittsbereiche – abhängig von ...

IT-Ziele sind abhängig von Betriebszielen und vielen Parametern

- den Zielen des Betriebs und der Anspruchsgruppen, vor allem der Betriebs- leitung und den IT-Nutzern
- extern gesetzten Regeln (Formalzielen)
- dem Aufbau des Betriebs und vorhandener Instanzen (Planungsbereich, Organisationsbereich, Controlling usw.) zur Zielbearbeitung
- der Art der aktuellen Herausforderungen der Außenwelt
- der vorhandenen IT-(Infra-) Struktur
- der vorhandenen eigenen Personalressourcen
- der Möglichkeiten im Anbietermarkt für IT-Produkte und IT-Dienstleis- tungen vom Body Leasing bis hin zum Outsourcing
- den wahrgenommenen und den tatsächlichen Möglichkeiten der IT
- der Risikobereitschaft.

Nachfolgend soll gezeigt werden, wie sich die Ziele eines IT-Bereiches bestimmen lassen und welche „Wenns und Danns" diesen Weg kennzeichnen.

Definition IT-Ziele

Definition IT-Ziele
IT-Ziele sind geplante Zielzustände oder Ereignisse, deren Erreichen der IT-Bereich direkt beeinflussen kann und will. IT-Ziele sollten alle durch die IT unterstützungsfähigen Geschäftsziele berücksichtigen, aber auch den IT-intern für zielwürdig empfundenen Gestaltungsbedarf. Den IT-Zielen sollten mögliche IT-Strategien und diesen wiederum Maßnahmen zuzuord- nen sein. Ihr Grad der Konkretheit sollte das Messen der Zielerreichung wie auch des Zielbeitrags möglicher Strategien und Maßnahmen ermöglichen.

Nachdem schon in Abschnitt 2.2 bei der Erläuterung von Betriebszielen die Unterscheidung in Sach- und Formalziele gemacht wurde, zeigt Abbildung 3.1 analog für die IT typische Sach- und Formalziele:

Sach- und Formalziele der IT

- Leistungsziele der IT beziehen sich auf technisch-handwerkliche Leistungen, die sich physikalisch und organisatorisch-statistisch messen lassen. Beispiele sind Stückzahlen am Netz befindlicher IT-Arbeitsplätze, funktionsfähig erstellte Softwareprodukte, tatsächlich erreichte Lastparameter und Netzwerkbandbreiten.
- Erfolgsziele der IT sind beispielsweise die Wirkung dieser Leistungen auf die Welt der Anspruchsgruppen (wie z. B. die durch Befragungen messbare Nutzerzufriedenheit), die Welt der IT-Services und IT-Produkte, erreichte Kostensenkungen durch IT-Einsatz in fachlichen Erstellungsprozessen, Produktivsetzung eines neuen Personalportals, Erreichen der gesetzten Verfügbarkeitsziele angebotener Software-Services usw.
- Finanzziele der IT sind Ziele, die mit Kennzahlen aus dem Bereich des internen und/oder externen Rechnungswesens arbeiten. Z. B. die erzielten Preise für eigene Leistungen, verrechenbare Kosten in der innerbetrieblichen Leistungsverrechnung, vereinnahmte Gebühren usw. im Verhältnis zu den Kosten der IT. Die Messung des Nutzens und die Kostenkalkulation werden in Abschnitt 4.5.2 und 4.5.3 näher dargestellt.

Sach- und Formalziele der IT

Die sonstigen Formalziele sind eine Gruppe von Zielen mit heterogenem Ursprung. Ein „harter Kern" sind Anforderungen aus allgemeinen gesetzlichen oder branchenspezifischen Regeln.

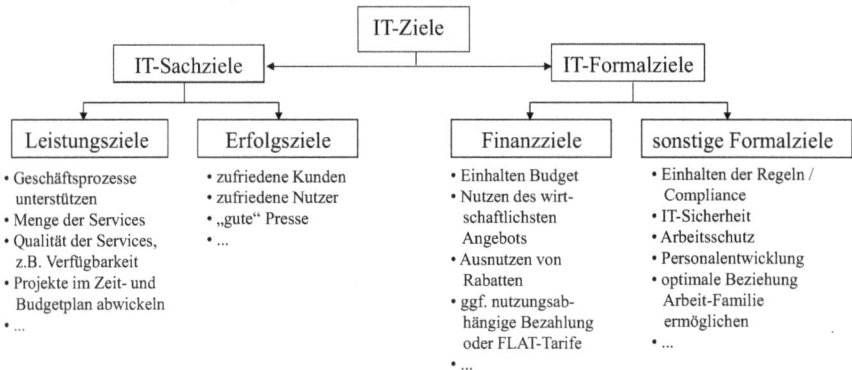

Abb. 3.1: Arten von Zielen in der IT

IT-Ziele dienen der Steuerung, aber oft auch zur Kommunikation

IT-Ziele haben nicht nur eine steuernde Funktion, sondern auch eine Orientierung gebende Wirkung. Die manchmal unvollständig und eher „politisch" wirkenden Ziel- und Strategiepapiere öffentlicher IT-Dienstleister und CIOs zeigen deutlich die eher kommunikative und informierende als die tatsächlich direkt steuernde Funktion dieser Zieldarstellungen. Wie nachdrücklich und mit welcher Priorität bei Zielkonflikten, z. B. dem des Beitrags der IT zur Haushaltskonsolidierung und dem gleichzeitigen Ziel der Ausweitung von eGovernment-Angeboten, einzelne dieser Ziele verfolgt werden, ist aus einer einfachen Liste nicht ersichtlich. Es bedarf hier einer weiteren Messbarmachung der

Zielgrößen, wie es z. B. in einem deutschen Bundesland das Ziel der Einsparung von 40 Millionen Euro im IT-Haushalt gegenüber dem Vorjahr gab und gleichzeitig für den weiteren Ausbau des eGovernment-Angebots ein Betrag von x Millionen Euro extra bereitgestellt wurde. Tatsächlich sind solche weiteren Informationen über Zielgrößen oder Zielkorridore nötig. Eine hier sicher häufig sehr sprechende Quelle ist die Finanzplanung. Neben ihr gibt es im Hintergrund veröffentlichter Dokumente weitere Papiere oder Absprachen, die letztlich die Ziel- und Strategieformulierungen erst vervollständigen.

Die „Zielgeber" für den IT-Bereich sind:

- Personen: An wessen Bedarfen/Ansprüchen sollen sich die Ziele der IT ausrichten? Dies wäre ein sehr banales Thema, wenn nur die Betriebsleitung via Betriebsziele der IT Aufgaben gibt. Praktisch sind aber häufig mehrere Zielgeber für Sach- oder Formalziele in der IT-Welt vorhanden. Diese Zielgeber sind „Anspruchsgruppen". Daher beschäftigt sich der Abschnitt 3.1.2 näher mit ihnen.

- Die IST-Situation der IT. Sie ist vor allem durch die Ressourcen, Abläufe und Services bestimmt. Diese bestimmen die Zielfindung mit, weil sie Stärken und Schwächen haben und damit Veränderungsbedarf völlig ohne das Zutun der Anspruchsgruppen in sich tragen. Um einen systematischen und benchmarkfähigen allgemeinen Beurteilungsmaßstab für die Veränderungsbedürftigkeit der IST-Situation zu finden kann man „Reifegradmodelle" verwenden, sie werden in Abschnitt 3.1.3 vorgestellt.

> *IT-Zielfindung benötigt Info über die IST-Situation und die Ziele der Anspruchsgruppen*

Nachdem diese beiden Gruppen von Voraussetzungen für eine Zielbildung geklärt sind, folgen dann in Abschnitt 3.2 Gedanken zur Zielbildung.

3.1.2 Anspruchsgruppen – Zielgeber der IT

Die IT ist ein Managementbereich, der von zahlreichen, teils kooperativ mit dem IT-Bereich zusammen arbeitenden, teils konfliktär und teils völlig neutral handelnden Anspruchsgruppen beeinflusst wird.

> *Definition IT-Anspruchsgruppen*

Definition IT-Anspruchsgruppen

IT-Anspruchsgruppen (im Folgenden: Anspruchsgruppen, englisch „Stakeholder") sind alle betriebsinternen oder betriebsexternen Akteure, die Einfluss auf die Entscheidungen des IT-Managements ausüben können, ohne selbst Teil der IT-Leitung zu sein.

IT-Manager haben ihr Handeln daher – je nach Situation und Art des Betriebes und der anstehenden Entscheidungen und Services – mit einigen oder allen Anspruchsgruppen abzustimmen oder zumindest den Einfluss der Anspruchsgruppen in ihre Überlegungen einzubeziehen. Die wichtigsten IT-relevanten Anspruchsgruppen sind:

> *Handeln der IT muss teils mit Anspruchsgruppen abgestimmt werden*

Tab. 3.1: Anspruchsgruppen der IT[36]

Kategorie	Beispiele
betriebsintern	• Betriebsleitung und Eigentümer • Konzernleitung, Oberbehörde • IT-Nutzer und hausinterne Kunden • Eigene Beschäftigte der IT • Organisationsbereiche, Innenrevision, Controlling • Gremien (Betriebs-/Personalrat, IT-Beiräte usw.)
rechtlich, hierarchisch, moralisch	• Konzern und Konzernrichtlinien • IT-Planungsräte usw. im öffentlichen Bereich • Rechnungshöfe und Instanzen für IT-Sicherheit
wirtschaftlich	• Wettbewerber • Kaufinteressenten • Partner in Einkaufs-, Produktions- oder Vertriebskooperationen • Personal-Leasing-Agenturen
gesellschaftlich	• Staat • Parteien, Lokal- und Industriepolitiker • Verbraucherschützer • Gewerkschaften • Medien • …
Anwaltsgruppen und Angreifer	• Lobbies, z. B. Wirtschaftsverbände, Datenschützer, Umwelt-schützer, politische Parteien • Grundstücksnachbarn (Geräusche Klimaanlage …) • Hacker und (Wirtschafts-) Spione • …

Typische Konflikte mit dem IT-Bereich

Aus der Interaktion mehrerer Personen innerhalb der gleichen Anspruchsgruppe oder zwischen den Anspruchsgruppen ergeben sich typische Konflikte für eine IT: Sofern diese groß genug sind – das sei mal für die nachfolgenden Beispiele unterstellt – wirken sie sich auch bis auf die Zielebene aus. Einige davon sind:

Konkurrenz der Fachbereiche

• Konkurrenz von Fachbereichen um IT-Ressourcen: Diese Konflikte können auf verschiedene Weise bis auf die Zielebene des IT-Managements Auswirkungen haben: Z. B. ist bei Plattformfragen ein Architekturthema der IT berührt. Die Frage ist, ob Plattform A, Plattform B oder, am besten kleinteiliger, überhaupt keine Plattform die Infrastruktur prägen sollte. Ähnlich könnte die Höhe des betriebsweiten IT-Serviceniveaus betroffen sein. Diese Konflikte lassen sich oft lösen, indem entweder ein „Macht-wort" der Hausleitung gesprochen wird oder die Fachbereiche selbst über Budgets und/oder Verrechnungspreise an den Kosten der IT-Services beteiligt werden. Empfehlenswert ist es, diese Situation möglichst transparent für die um die IT-Ressourcen streitenden Bereiche zu gestalten, beispiels-

---

[36] Vgl. ähnliche allgemeine Tabelle in Thommen & Achleitner, 2009, S. 58

weise durch regelmäßige Besprechungsrunden mit den Vertretern der IT-Kunden, in denen auch die Ressourcensituation dargestellt wird. Alternativ oder ergänzend dazu kann ein, dem Multiprojekt-Management (siehe Abschnitt 5.5.2) ähnliches, Verfahren mit Regeln für die transparente und rationale Entscheidung zur Priorisierung von Vorhaben helfen

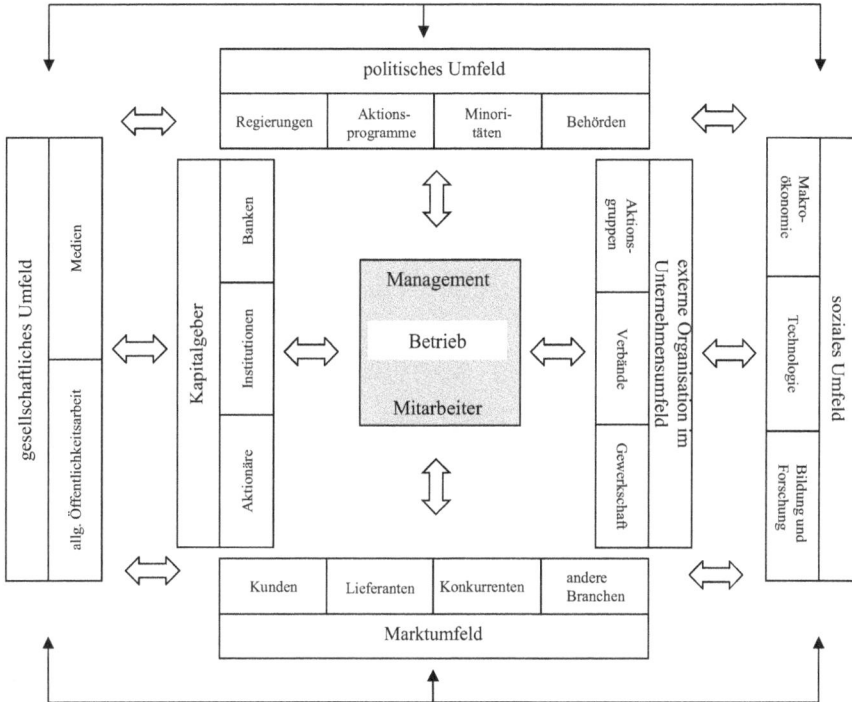

Abb. 3.2: Anspruchsgruppen der IT – logisch sortiert[37]

- Verweigerung der Zustimmung des Betriebs-/Personalrats bei zustimmungspflichtigen Zielen der Betriebsleitung, z. B. bei Verschlankung von Abläufen oder Wegfall durch manuelle Verfahren geprägter Arbeitsplätze zugunsten IT-unterstützter Verfahren. Dieser zielbezogene Konflikt zwischen zwei Anspruchsgruppen findet außerhalb der Kompetenz der IT statt, hier kann sie ggf. nur abwarten oder auf Bitten der Hausleitung ggf. alternative Varianten der IT-Strategie zur Umsetzung des Betriebsziels ausarbeiten. Zu unterscheiden ist diese Situation von dem Fall, bei dem Betriebs-/Personalräte auf ergonomische Mängel von IT-Lösungen oder der physischen Ausstattung von IT-Arbeitsplätzen hinweisen. Sofern die Gestaltung der Software selbst oder falsche Proportionen von Mobiliar (allgemei-

Konflikt mit Personal-/ Betriebsräten

---

[37] Verändert nach Oehlrich, 2013, S. 478

ne Ergonomie, die Forderung nach Barrierefreiheit für Behinderte usw.)
der Grund von Verweigerung der Zustimmung sind, kann die IT selbst ggf.
„handwerklich" nachhelfen. Falls es letztlich ein Stellvertreterkrieg gegen
die Betriebsleitung ist, sollte das IT-Management versuchen, schnell aus
der Schusslinie zu kommen

Betriebsleitung sieht IT • Die Mehrheit der Verantwortlichen in der Betriebsleitung hat keine expli-
nicht als „strategisch" an   ziten Ziele für die IT und sieht die IT nicht als „strategische", sondern nur als
sehr handwerkliche Ressource. Dies kann z. B. bei der im Leitungsbereich
oft sehr wenig IT-affinen Denkweise in einigen Behörden der Fall sein[38].
Hier hat die IT das Problem, nicht nur relativ „machtlos" und ohne Unterstützung für ehrgeizige Ziele zu sein. Sie wird außerdem eher noch von anderen Bereichen Steine in den Weg gelegt bekommen und sich selbst für
Kleinigkeiten abmühen müssen.

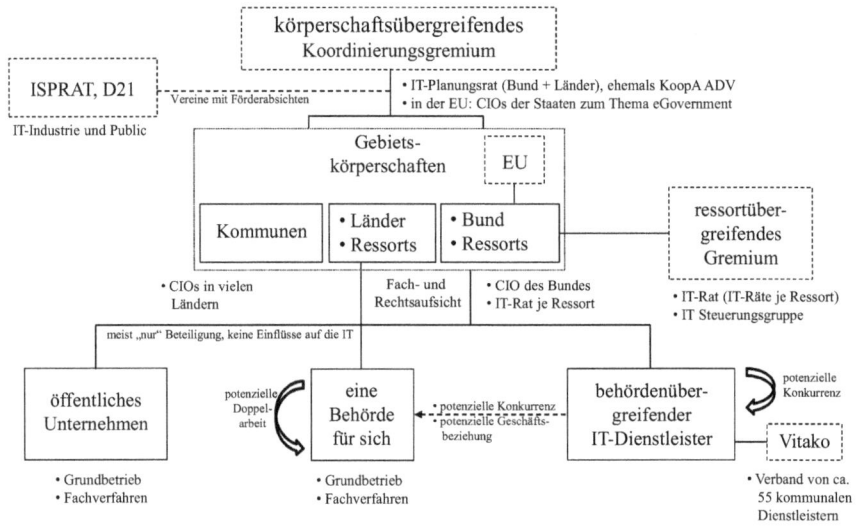

Abb. 3.3: IT-Gremien und Dienstleister in Bund und Ländern[39]

Verwirrende Vielfalt von   Eine Besonderheit des Öffentlichen Sektors in Deutschland ist die Vielzahl
Gremien mit Beschlüssen   von Abstimmungsgremien oberhalb der Ebene eines einzelnen IT-Bereichs in
unklarer Verbindlichkeit   einer Behörde oder einem öffentlichen Unternehmen. Wie auf Bundes- oder

---

[38]   Dies soll eine sachliche Beschreibung der Situation sein. Tatsächlich haben einige Bundes-
und Landesbehörden, bis hinauf in Ministerien, das Thema IT „entdeckt" und erarbeiten sich
strukturiert Strategien, konsolidieren die IT-Welt usw. Daneben gibt es aber gleichzeitig immer noch die „alte Welt" rückständiger Behördenleitungen

[39]   Situation in Deutschland, 2013. Legende: ISPRAT und D21 sind Kooperationsgremien Staat –
IT-Industrie, VITAKO ein Branchenverband der öffentlichen IT-Dienstleister, EU = Europäische Union

Landesebene „IT-Räte" Empfehlungen aussprechen oder sogar auf dem „einer-für-alle"-Weg auch IT-Softwareprodukte erstellen lassen, kann es in privat-wirtschaftlichen Konzernen betriebsübergreifende Gremien z. B. auf Ebene des Konzerns geben. Die Beschlüsse dieser Gremien sind entweder direkt oder indirekt, gelegentlich auch gar nicht verbindlich für den einzelnen Betrieb. Daher bedarf es einer genauen Situationsanalyse und ständigen Beobachtung des Geschehens durch die IT-Leitung, um den Einfluss auf die eigenen Ziele, Services und Arbeitsweisen zu erfahren.

Wenn man die Interessen der Anspruchsgruppen auf die Management-Objekte der IT bezieht, ergibt sich eine teilweise Entzerrung der Interessenlage der jeweiligen Anspruchsgruppen. Die nachfolgende Abbildung 3.4 zeigt eine Zuordnung. Die Erkenntnis aus dieser Darstellung ist, dass der IT-Bereich über die gesamte Wert-schöpfungskette seiner Managementobjekte hinweg Anspruchsgruppen hat, die teilweise speziell nur bei Entscheidungen über Teile der IT-Wertschöpfungskette Einfluss nehmen wollen. Bei anderen Themen sind sie gar nicht präsent. Z.B. interessieren sich Betriebsräte i.d.R. nicht für die Fachlichkeit von neuen IT-Anwendungen, und auch nicht für die Server im Rechenzentrum. Sehr wohl aber für die Tische und Stühle der Beschäftigten und die Gardine am Fenster. Bei bestimmten anderen Themen kommt es wiederum zu einer „Ballung", wenn meh-rere Anspruchsgruppen am gleichen Managementobjekt Interesse haben.

Interesse der Anspruchs-gruppen ist auf unter-schiedliche Objekte gerichtet

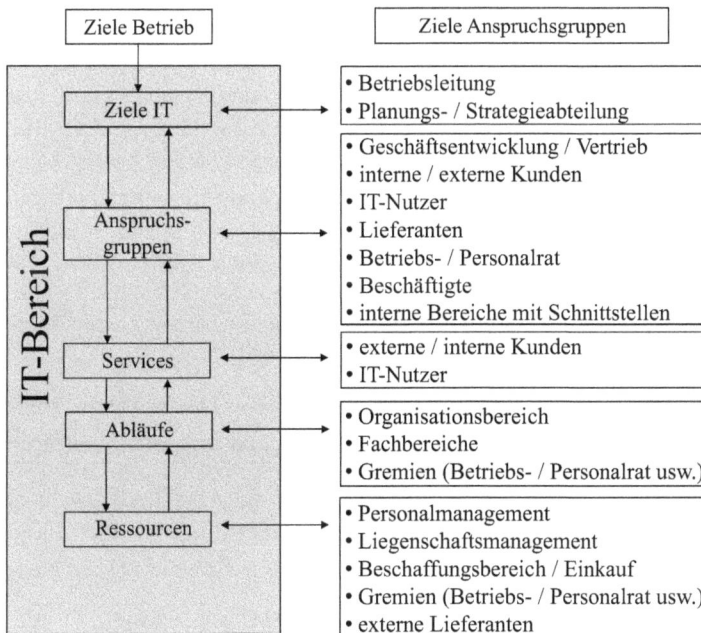

Abb. 3.4: Interessenbereiche der IT-Anspruchsgruppen

3.1.3   Exkurs: Reifegrad und Reifepotenzial der IT

Reifegradmodelle
drücken Erwartungen aus

Betriebliche Ziele – sofern aus ernsthaften Steuerungsabsichten gebildet – beziehen sich auf zukünftige, im Augenblick der Zieldefinition noch nicht vorhandene bzw. (noch) nicht sicher in der Zukunft fortdauernde Zustände oder Ereignisse[40]. Hintergründe solider Zielbildung können neben produkt- oder ertragsorientierten Kundenwünschen auch Erwartungen bezüglich der Qualität der IT und ihrer Managementobjekte selbst sein.

Um Qualitätszustände und -erwartungen an die IT – seien sie von außen oder intern gebildet – auszudrücken, bieten Reifegradmodelle strukturierte Ansätze. Die Idee, IT-Managementobjekte mit „Reife"-Konzepten zu beurteilen, stammt IT-historisch vermutlich aus der Softwareentwicklung und wurde später auf andere IT-Management-Objekte übertragen[41]. Es gibt inzwischen sicher über 100 veröffentlichte Reifegrad-Ansätze mit unterschiedlicher Ausrichtung und Breite des Anwendungsbereichs, aber keine allgemeingültige „offizielle" Definition. Hier soll eine eigene verwendet werden:

Definition
Reifegradmodell

Definition IT-Reifegradmodell[42]
Reifegradmodelle sind Konzepte, die für einzelne oder mehrere Managementobjekte (z. B. Ziele des Betriebs, IT-Abläufe, IT-Services, IT-Sicherheit) eine wertende Betrachtung in mehreren Qualitäts-(Kompetenz-)Stufen zuordnen, Verfahren zur Messung und Darstellung der erreichbaren Qualitätsstufen vornehmen und ggf. auch Zertifizierungsverfahren zur Dokumentation der erreichten Stufen haben. Reifegradmodelle implizieren eine wertende Komponente, die dem Erreichen einer höheren Reifestufe auch ein dahinter liegendes höheres Fähigkeits- und Kompetenzniveau des Managements zurechnen und diese Wertung entweder aus vergleichender Beobachtung von typischen Fällen, einem aus der Sache heraus entwickelten gewünschten Weg oder einfach systematischem Durchspielen aller Möglichkeiten gewinnen.

Reifegradmodelle
unterstellen
Erreichbarkeit des
Maximums

Reifegradmodelle konzentrieren sich auf erreichte und, aus Sicht des unterstellten Reifemodells, maximal erreichbare Zustände. I.d.R. wird das Umfeld des IT-Bereichs (Branche, Geschäftsmodell, „Reife" der Betriebsleitung und des Gesamtbetriebs) nicht berücksichtigt. So gesehen sind Reifegradmodelle idealisierte Maßstäbe. Deren mehr oder weniger große Abweichung von den real machbaren und sinnvollen Ansprüchen muss kritisch hinterfragt werden, um das auf die IT-bezogene Ergebnis ihrer isolierten Betrachtung richtig in

---

[40]   Der Fall, dass man Ziele definiert, die man schon erreicht hat, wird hier ausgeblendet

[41]   Vgl. hierzu und zum folgenden Wendler, 2012; Röglinger & Kamprath, 2012

[42]   Vgl. ähnlich Hanschke, 2013, S. 53

den betrieblichen Kontext einordnen zu können. Die Absicht des Einsatzes von Reifegradmodellen könnte es sein ...

- den Wert und die Wichtigkeit des IT-Bereiches gegenüber den Anspruchs-gruppen zu verdeutlichen, z. B. den Wert für das Erreichen der finanziellen Geschäftsziele oder den Beitrag der IT zu hochwertiger Qualitätsarbeit
- die hohe Güte des IT-Managements darzustellen und mit „Schulnoten" oder ähnlich zu verstehenden Kategorien zu bewerten
- die Verlässlichkeit, Sicherheit, Wiederholbarkeit und Kundenorientierung der IT zu dokumentieren
- einen definierten Bezugspunkt (Ausgangslage und Ziel-Zustand) für die Zielbildung zu haben.

Reifegradmodelle sind durch folgende Merkmale gekennzeichnet:

Merkmale von Reifegradmodellen

- Das IST-Potenzial der IT und ihre Grenzen
- Den faktischen IST-Zustand
- Den Bedarf einzelner der Anspruchsgruppen nach „Reifung" der IT
- Den Wunsch des IT-Managements nach „Reifung" des eigenen Bereichs
- Den Wunsch der Beschäftigten in der IT nach Fortentwicklung ihres Ar-beitsbereichs.

Grundsätzlich ist der Einsatz „selbstgestrickter" Reife-Betrachtungen bis hin zu umgangsprachlichen und „aus dem Bauch heraus" gebildeten Verfahren möglich. Es gibt auch tatsächlich sehr viele kaum bekannt gewordene, selbst-gestrickte Verfahren von IT-Bereichen oder weitgehend unbekannte Modelle von kleinen IT-Anbietern. Wenn man einen „objektiveren" Eindruck der Er-gebnisse auf Anspruchsgruppen haben will, empfiehlt sich aber der Einsatz eines am Markt bekannteren Reifegrad-Modells, sofern seine Zielrichtung auch der zu untersuchenden Sicht auf die IT entspricht. Die Modelle kann man danach einteilen, welches Management-Objekt sie zum Gegenstand ihrer Rei-febetrachtung machen ...

Selbst gemachte Reifegradmodelle möglich

- die Ziele der IT und ihre Stellung zu den Betriebszielen selbst
- die Services (Produkte) der IT
- die Abläufe der IT.

Einige der bekanntesten Reifegrad-Modelle führt die Tabelle 3.2 an.

Verschiedene Reifegradmodelle

Viele Reifegradmodelle beurteilen die Reife von Prozessen, weil sie bei „rei-fen" Prozessen auch das Erreichen der beabsichtigten Qualität von Manage-ment- oder Erstellungsprozessen unterstellen. Das eigentliche Produkt der Tätigkeit untersucht keines der vorgestellten Reifegradmodelle, dieses würde teilweise eine sehr tiefe fachliche Analyse des untersuchten IT-Bereichs und der Erwartungen der IT-Nutzer benötigen.

Reifegradmodelle prüfen meist die Prozessreife

Tab. 3.2: Übersicht einiger bekannter Reifegradmodelle IT

Namen	Stufen	Managementobjekte
CMMI	• initial • managed • quantitatively managed • optimized	• Produktentwicklung • Einkauf Hard- und Software • Serviceerbringung
COBIT	6 Stufen	Prozesse
Core Infrastructure Organization Modell der Fa. Microsoft	• einfach • standardisiert • rationalisiert • dynamisch	Infrastruktur (1) Datacenter, (2) Device Deployment and Management, (3) Identity and Security Services sowie (4) IT Process and Compliance
ISO 15504	6 Stufen: „unvollständig", „durchgeführt", „gesteuert", „etabliert", „vorhersagbar" , „optimierend"	anfänglich nur Softwareentwicklung, später sind auch Betriebsprozesse hinzugekommen[43]
OPM3 Organization Project Management Maturity Model	Projektmanagement	Projekte

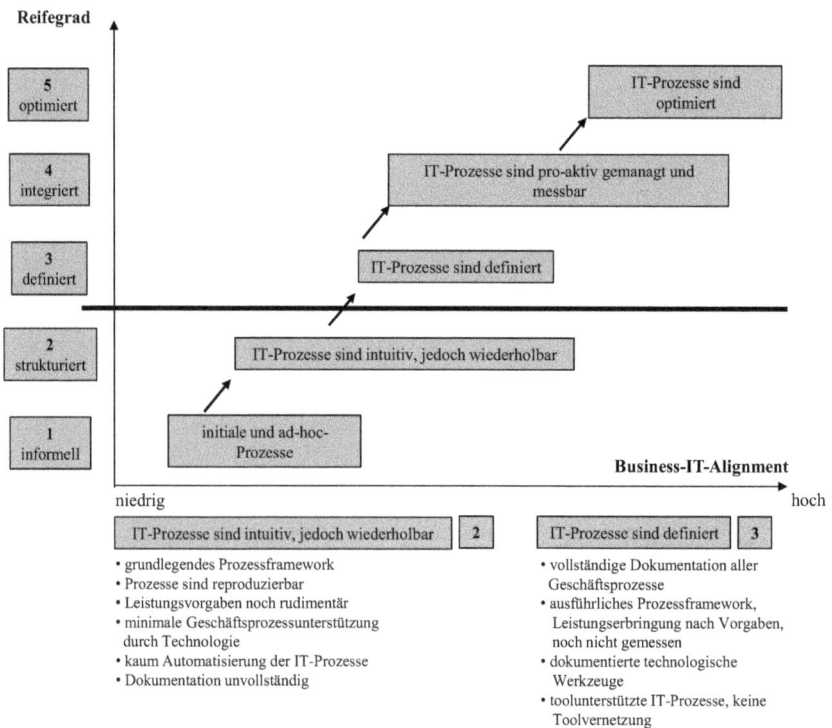

Reifegrad

5 optimiert

4 integriert

3 definiert

2 strukturiert

1 informell

IT-Prozesse sind optimiert

IT-Prozesse sind pro-aktiv gemanagt und messbar

IT-Prozesse sind definiert

IT-Prozesse sind intuitiv, jedoch wiederholbar

initiale und ad-hoc-Prozesse

Business-IT-Alignment

niedrig   hoch

IT-Prozesse sind intuitiv, jedoch wiederholbar **2**	IT-Prozesse sind definiert **3**
• grundlegendes Prozessframework • Prozesse sind reproduzierbar • Leistungsvorgaben noch rudimentär • minimale Geschäftsprozessunterstützung durch Technologie • kaum Automatisierung der IT-Prozesse • Dokumentation unvollständig	• vollständige Dokumentation aller Geschäftsprozesse • ausführliches Prozessframework, Leistungserbringung nach Vorgaben, noch nicht gemessen • dokumentierte technologische Werkzeuge • toolunterstützte IT-Prozesse, keine Toolvernetzung

Abb. 3.5: Bsp. IT-Controlling: Prozess-Reifegrade[44]

---

[43] Höhn et al., 2009

[44] Johansen & Goeken, 2007, S. 239

Jenseits der Reifegrad-Betrachtung gibt es weitere – sachlich meist sehr fokus-
sierte – Möglichkeiten, die Qualität des IT-Managements zu beschreiben und
hieraus Ziele abzuleiten. Hierbei lässt sich unterscheiden zwischen Ansätzen,
die ihren Beurteilungsmaßstab von außen durch normsetzende Prüfinstitute
bzw. Zertifizierer beziehen, und solchen, bei denen sich die IT im Betrieb
selbst die Maßstäbe setzt. Neben expliziten „Reifemodellen" gibt es u.a. die in
der nachfolgenden Tabelle aufgelisteten externen Zertifizierer:

Reifegradmodelle und Qualitätsbetrachtungen sind teils sehr ähnlich

Tab. 3.3: Mögliche Zertifizierungsziele einer IT

Qualitatives Ziel	Erläuterung/Verfahren/Norm
Sicherheit (Grundschutz IT-Sicherheits-zertifizierung)	nach Vorgaben des Bundesamtes für Sicher-heit in der Informationstechnik (BSI)
vollständig dokumentierte Abläufe	Din ISO 9000
Herstellerspezifische Produkt-Zertifikate	eine grobe Übersicht der Hersteller, die Zerti-fikate anbieten, ist z. B. in WIKIPEDIA unter dem Stichwort „Liste der IT-Zertifikate" zu finden

Darüber hinaus gibt es betriebsintern definierte, durch Fragebögen messbar
gemachte Bezeichnungen für IT-Managementzustände (z. B. Schulzensuren
für Zufriedenheit der IT-Kunden) , die als Ziele definiert werden können (z. B.
mindestens „befriedigend" für die Arbeit des IT-Service Desk bei jährlichen
Zufriedenheitsbefragungen). Sie benötigen teilweise kein sehr ausdifferenzier-
tes, extern vorgegebenes Reifemodell, sondern schauen einfach auf „nackte"
Tatsachen, z. B. das mitarbeiterorientierte Management (Mitarbeiterzufrieden-
heit, Fluktuationsquote), das „schlanke" Management der IT usw. und legen
ihre Soll-Werte selbst fest, z. B. „Mitarbeitszufriedenheit mindestens „gut".
Hierin mag man dann auch, als Ausgangsbasis für die Zielbildung, einen gut
und objektiv festgestellten IST-Zustand sehen.

> **Definition Schlankes IT-Management/Lean IT-Management**[45]
> Lean Management ist ein Führungs- und Organisationskonzept, das sich
> durch besonders effiziente Gestaltung der Aufbau- und Ablauforganisation
> der Querschnittsprozesse, hier vor allem der Steuerungsprozesse, auszeich-
> net. Als Kennzahl ausgedrückt, bezeichnet es einen IT-Bereich mit relativ
> geringen Kosten für die IT-Steuerung (Querschnittsprozesse).

Definition schlankes IT-Management

Gründe der strukturierten Reifegrad-Betrachtung mit extern definierten oder
geeigneten internen Maßstäben könnten sein …

Extern getriggerte Gründe für Einsatz Reifegrad-modell

- die Statusmessung der IST-Situation zur besonders begründeten Beantra-gung zusätzlicher IT-Budgets, die zur Weiterentwicklung dienen sollen
- die „objektive" Bestätigung des Erreichens gesetzter Rcife-Ziele

---

[45] Vgl. Hanschke, 2013, S. 66

- der Vergleich des Entwicklungsstandes der eigenen IT mit dem Zustand anderer IT-Bereiche im gleichen Betrieb, im Konzern, in der Branche usw.
- das Akzeptanzmanagement oder die besondere Motivierung eigener Beschäftigter zur Mitarbeit bei der IT-internen Organisationsentwicklung.

Unklar, ob man höchste Reifegrade anstreben sollte oder nicht

Für sich allein betrachtet, liefert die Reifegrad-Beurteilung der IT keine vollständige und abschließende Aussage über den Handlungsbedarf, weil bei Einstufungen auf tieferen als den maximal möglichen Reifegraden nicht erkennbar wird, ob diese maximalen Reifegrade aufgrund der Rolle der IT im Betrieb überhaupt erreicht werden können oder sollen. Daher wäre die Ergänzung der IT-Reifegrad-Beurteilung um eine Reifegrad-Beurteilung des ganzen Betriebs bzw. seines Geschäftsmodells und evtl. der Branche sinnvoll. Erst dann lässt sich sagen, ob der Abstand zu einem theoretisch maximalen Reifegrad extern definierter Reifegradmodelle ein tatsächliches Defizit des IT-Managements darstellt oder eher zu den durch die IT nicht veränderbaren „Charaktereigenschaften" des Betriebs/des Geschäftsmodells gehört. Die nachfolgende Tabelle enthält Vorschläge für solche Reifegrad-Stufen.

Tab. 3.4: Reifegrade der Betriebsleitung aus IT-Sicht

Reifestufen	Erläuterung
Betriebsleitung sieht IT als strategische Ressource. Organisatorisch und auf Ebene der Ressourcen findet die IT optimale Unterstützung im Rahmen der Möglichkeiten des Betriebs	ideale Situation für einen IT-Bereich, der sehr ehrgeizig ist
Betriebsleitung sieht IT punktuell als wichtige strategische Ressource, z. B. bei IT-Projekten. Anderen Leistungen der IT gegenüber ist sie gleichgültig oder sieht sie als selbstverständlich an	IT-Leitung muss ggf. für das „Standing" und die Bedarfe des IT-Betriebs werben
Betriebsleitung ist gegenüber der IT gleichgültig	IT bewegt sich im „Nirwana"
Betriebsleitung sieht IT nicht als strategisch wichtig an und überlässt sie sich selbst	schwierige Lage für die IT

IT-Leitung kann IT-Reifegrad der Betriebsleitung evtl. beeinflussen

Selbst wenn man den „Reifegrad" der Betriebsleitung kennt, bleibt die Frage offen, inwieweit dieser veränderlich ist und durch die IT-Leitung beeinflusst werden kann. Kann es eine strategisch denkende IT-Leitung durch geschicktes Agieren schaffen, die Betriebsleitung näher an die IT heran zu bewegen? Wo sind die absoluten Grenzen der Potenziale im Geschäftsmodell[46]? Kann es technologische Innovationen mit Nutzen für die Fachbereiche oder die IT selbst geben, die die Sachlage von einem Tag zum nächsten ändern?

Wertbeitrag der IT muss immer wieder neu erarbeitet werden

Diese Fragen sind auch vor dem Hintergrund der IT-Rolle und der Einschätzung zu sehen, ob der Wertbeitrag der IT über mehrere Jahre stabil bleibt oder sich verändern wird. Es gibt in der Literatur hierzu branchenspezifische Befra-

---

[46] Zur Diskussion um den Begriff „Geschäftsmodell" selbst siehe Weiner et al., 2010, S. 16 f.

gungen und eher programmatische Diskussionen ohne feste Datenbasis[47]. Ohne allzuviel prophetischen Wagemut zu zeigen, kann man folgende Aussage wagen: Der Wertbeitrag einer IT im Betrieb ist zeitabhängig und wird von der Ausgangslage im Betrieb, dem Geschäftsmodell des Betriebs, technologischen Innovationen, branchenspezifischen Treibern und gesellschaftlichen Entwicklungen beeinflusst. Vermutlich wird es ein Nebeneinander von Branchen mit noch aufsteigendem Potenzial geben, solchen an der Sättigungsgrenze der Bedeutung und solchen mit dem Abstieg zur „Commodity", d.h. zu einem weniger erfolgskritischen internen Dienstleister.

Die Abbildung 3.6 zeigt ein Portfolio, das diese Einordnung aus Sicht der Betriebsleitung vornimmt.

Portfolio der Reife der Betriebsleitung

IT bietet großes Potenzial für Geschäftsmodell	zu Unrecht unterschätzte IT		zu Recht hoher Status der IT, hoher Nutzen
IT hat für Geschäftsmodell mittleres strategisches Potenzial			
Geschäftsmodell benötigt keinen strategischen Beitrag der IT	zu Recht wenig beachtete IT		zu Unrecht hoher Status der IT, kaum Nutzen
	Geschäftsleitung sieht in IT kein Potenzial	Geschäftsleitung sieht in IT mittleres Potenzial	Geschäftsleitung sieht in IT sehr großes Potenzial

Abb. 3.6: Reifepotenzial der IT nach betrieblichen Gegebenheiten

3.1.4   IT-Ziele aus Betriebszielen ableiten

Das Ableiten von IT-Zielen und -Strategien aus Betriebszielen und -strategien wird in der englischsprachigen Literatur mit dem auch in deutschsprachigen Ländern häufig nicht übersetzten „business-IT alignment" beschrieben. Die „Ableitung" von IT-Zielen setzt zum einen voraus, dass es überhaupt Betriebs-

Business-IT Alignment

---

[47]   Vgl. Johannsen & Goeken, 2007, S. 7 ff. mit weiteren Quellangaben

ziele gibt. Im Folgenden wird der Begriff „Betriebsziele" großzügig interpretiert und hierin alles subsumiert, was an wichtigen Vorgaben und Erwartungen durch die Betriebsleitung (Unternehmensleitung, Behördenleitung) auf die IT wirken könnte. Die Herkunft dieser Ziele kann tatsächlich auch eine der anderen Anspruchsgruppen sein, sofern sich ihre Ansprüche durchgesetzt haben bzw. die Betriebsleitung diese direkt „durchroutet" oder die Erwartung hat, dass das IT-Management in eigenem Ermessen diesen Zielen folgt.

Banalität, sich nach Betriebszielen zu richten

Eigentlich ist es eine Banalität[48] und keine neue Erkenntnis über Managementfragen, dass sich die IT – wie alle anderen Querschnittsfunktionen auch – nach dem Bedarf der Betriebs-(Geschäfts-)ziele richten sollte. Aus dieser einfachen Erkenntnis folgt jedoch nicht, dass es für den IT-Bereich immer einfach ist, diese Beziehung herzustellen. In einem Ausmaß, wie es andere betriebliche Querschnittsfunktionen meist nicht kennen, hat die IT nicht selten Klärungsbedarfe, welche denn die sie betreffenden „Geschäftsziele" sind und in welchem Ausmaß sie selbst dazu beitragen soll, diese zu erfüllen. Aus diesem Grund soll hier etwas detaillierter beschrieben werden, was „Betriebsziele" sind. Sie sind alternativ oder ergänzend …

Betriebsziele sind mission oder vision statements oder Leitbilder

- schriftlich niedergelegte „Ziele", ggf. auch „Visionen" im Sinne von „vision statements" oder „mission statements" sowie „Leitbilder"
- meist eine Sammlung oder ein System mehrerer Betriebsziele. Wenn sich Betriebsziele widersprechen oder mögliche IT-Ableitungen daraus nicht widerspruchsfrei möglich sind, muss geklärt werden, welche Variante, welche Priorität oder welcher Kompromiss zwischen widersprüchlichen Zielen gelten soll
- teilweise oder gar nicht schriftlich dokumentierte, in erheblichen Teilen nur mündlich tradierte oder an vielen Stellen verteilt dokumentierte Ziele. Geschäftsziele müssen manchmal von unteren Hierarchieebenen selbst „konstruiert" bzw. aus Wünschen und erteilten Aufträgen erschlossen werden, wenn die Betriebsleitung diese nicht von sich aus explizit dokumentiert. Die IT hat dann mit mehreren, evtl. nicht widerspruchsfreien, zumindest um IT-Ressourcen konkurrierenden Fachbereichs-Zielen und -strategien zu tun. Die Klärung dieser Widersprüche liegt dann oft bei ihr selbst
- manchmal von mehreren Instanzen, nicht nur der Betriebsleitung, Mit-definierte Ziele. Eine, den Blick auf die Zielgeber öffnende, Betrachtung nutzt den Begriff der „Anspruchsgruppen" (Stakeholder, vgl. Abschnitt 3.1.2), um die Inhalte, Facetten und das Zustandekommen von Betriebs-(Geschäfts-) Zielen näher zu betrachten.

---

[48] Vgl. Dernbach, 2003, S. 15 f.

Strategie	Geschäftsstrategie	IT-Strategie

(figure)

Facharchitektur, Informationsmodell, Arbeitsplatz- und Lokationsmodell

Anwendungen, Daten, Systeme, Netzwerk, System-migration

Geschäftsarchitektur — IT-Architektur / IT-Infrastruktur

• Kunden
• Produkte
• Prozesse/Abläufe mit Fachverfahren und Quer-schnittsverfahren
• Ressourcen
• Governance mit Festlegen der Zuständigkeiten, Regeln und der Steuerung

• IT-Nutzer und IT-Kunden
• IT-Services inkl. IT-Projekte + produktive Anwendungen
• IT-Abläufe
• IT-Ressourcen inkl. Infrastrukturen
• IT-Governance

Architektur / Projekte / Betrieb

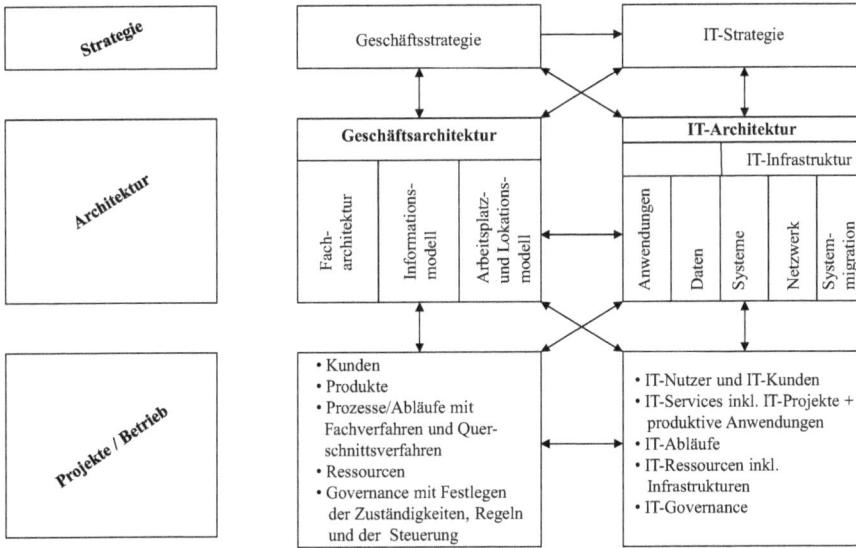

Abb. 3.7: Ableitung IT-Strategien aus Betriebsstrategien[49]

Diese Sicht muss noch weiter differenziert werden, denn es gilt:

- Nicht zu jedem Betriebsziel gibt es ein IT-Ziel
- Es kann IT-Ziele geben, die oberflächlich betrachtet von keinem einzelnen Betriebsziel direkt abgeleitet wurden.

Nicht immer 1 : 1 Ableitung von IT-Zielen

Das „Ableiten" von IT-Zielen aus Betriebszielen findet häufig in der „Grauzone" dazwischen statt, ist also keine rein mechanische, sondern manchmal auch eine kreative Übung. Ursachen für mögliche Unterschiede der Perspektive zwischen IT-Management und Betriebsleitung sind:

Ziele ableiten oft kreative Aufgabe

- In Betrieben ohne IT-Vorstands-/Leitungsmitglied werden Betriebsziele und -strategien auf einer anderen Managementebene festgelegt als die IT-Ziele und -Strategien. Inwieweit auch Rückkoppelungen stattfinden können, z. B. die Ideen der IT auch die Entwicklung der Betriebsstrategien beeinflussen, hängt von der Interaktion dieser verschiedenen Ebenen und Bereiche ab (vgl. Gedanken zur IT-Reife der Betriebsleitung in Abschnitt 3.1.3). Festzuhalten bleibt, dass im besten Fall nicht nur eine einseitige Beeinflussung in Richtung der IT gibt, sondern die IT auch die Betriebsleitung beeinflussen kann[50].
- Der IT-Bereich ist ein Handlungsfeld, dessen Leistungen neben der täglichen Erbringung von Services größtenteils durch mittelfristige (ca. 2 bis

IT ist im Kern Mittelfrist-Geschäft

---

[49] Verändert aus NRW, 2006, S. 13

[50] Vgl. Dernbach, 2003, S. 19

3 Jahre) oder sogar langfristige (mindestens ca. 5 Jahre) Horizonte für wesentliche Änderungen geprägt sind. Betriebliche Handlungsbedarfe sind oft kurzfristiger und verlangen von der IT nicht selten schnelle Entscheidungen und Aktionen, die dann im Ergebnis Kraft nehmen z.B. für den Aufbau und das Zusammenhalten homogener, flexibler und fortschreibungsfähiger Infrastrukturen oder dem Vermeiden eines Gerätezoos. Diese Schnellschüsse können, meist als „quick & dirty"-Ansätze, weder in architektonischer Hinsicht noch hinsichtlich der IT-internen Effizienz optimal sein. IT ist im Kern optimal für standardisiertes Massengeschäft und da, wo man vorab vom Bedarf nach Flexibilität weiß und daher entsprechende Voraussetzungen schaffen kann, um genau diese Flexibilität zu ermöglichen

- Weitere Fliehkräfte sind die Egoismen von Fachbereichen[51]. Wenn die Betriebsleitung keine integrierende Funktion wahrnimmt, dient eine inhouse-IT oft faktisch mehreren Herren und muss einen Weg auch durch die Befindlichkeiten anderer Querschnittsbereiche finden, um mehrere Seiten gleichzeitig und „gerecht" mit den benötigten Services zu bedienen
- Begriffe „Ziel" und „Strategie" müssen klar abgegrenzt werden
- Einige weitere, zumindest Verständnis-Probleme sind begründet aus der begrifflichen Unklarheit in der Literatur und dem tatsächlichen Sprachgebrauch. Sie bestehen darin, dass – nicht ausreichend zwischen „Ziel" und „Strategie" – sowohl auf Ebene des Betriebs wie auf Ebene der IT unterschieden wird. Ziele sind Angaben über künftig zu erreichende oder – gegen die „Schwerkraft" von Problemen – zu haltende aktuelle Zustände. Die Wege dahinzukommen sind Strategien. Einzelne Software- oder Hardwareprodukte zu haben (zu erstellen oder zu kaufen) können eigentlich nie „Ziel" der IT sein, sondern nur Teil einer Strategie. Wenn ein Fachbereich nun unbedingt das Produkt xy haben will (z. B. weil die Konkurrenz es auch hat oder es Branchenstandard ist), dann wird die Einführung dieses Produkts – hinreichende „Flughöhe" dieser Aufgabe vorausgesetzt – zur IT-Strategie, nicht zum Ziel. Das Ziel ist vermutlich weiterhin die Zufriedenstellung des Fachbereichs und das Einhalten von Service Levels
- Scheinbar vorausgesetzt wird, dass ALLE IT-Ziele aus Geschäftszielen und NUR aus Geschäftszielen abgeleitet werden müssen. Tatsächlich gibt es Ziele von außen, denen sich auch eine Betriebsleitung nicht entziehen kann und die praktisch in die IT hineinwirken, ob sie nun in der expliziten Betriebsstrategie stehen oder nicht. Beispiel: Es dürfte nur wenige explizite Zielkataloge von Betrieben geben, in denen alle als Formalziele geltenden Regeln enthalten sind. Die IT-Bereiche kämpfen aber nicht selten an der sehr irdischen Front auch kleinteiliger Herausforderungen und bilden daher

---

[51] Nach Angaben der Befragten in der Deloitte Studie „Strategieumsetzung. Haben Sie das Thema im Griff?" aus dem Mai 2010 sind 44% der Initiativen aus Bereichen und Funktionen ihres Betriebes NICHT aus der Betriebsstrategie abgeleitet

manchmal Ziele und Strategien, die auf der Ebene des Gesamtbetriebs nicht nötig oder zu kleinteilig wären. Hier geht es dem IT-Bereich nicht anders als den anderen Querschnittsbereichen und auch der Fachebene.

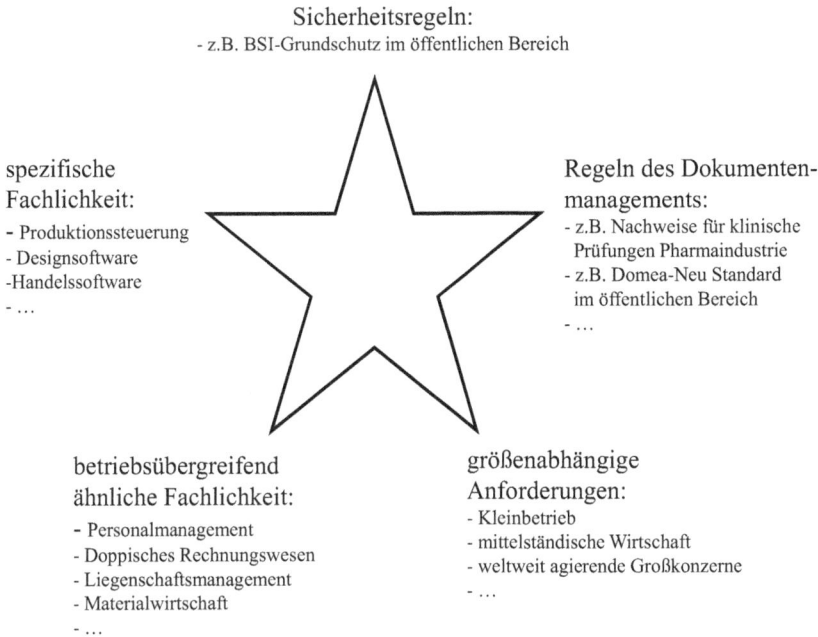

Sicherheitsregeln:
- z.B. BSI-Grundschutz im öffentlichen Bereich

spezifische
Fachlichkeit:
- Produktionssteuerung
- Designsoftware
-Handelssoftware
- ...

Regeln des Dokumenten-
managements:
- z.B. Nachweise für klinische
  Prüfungen Pharmaindustrie
- z.B. Domea-Neu Standard
  im öffentlichen Bereich
- ...

betriebsübergreifend
ähnliche Fachlichkeit:
- Personalmanagement
- Doppisches Rechnungswesen
- Liegenschaftsmanagement
- Materialwirtschaft
- ...

größenabhängige
Anforderungen:
- Kleinbetrieb
- mittelständische Wirtschaft
- weltweit agierende Großkonzerne
- ...

Abb. 3.8: Regeln mit Einfluss auf Formalziele der IT

Aus dem Gesagten ergibt sich, dass der IT-Bereich nicht nur aus den formal als „Betriebsziele" geltenden Quellen, sondern aus allen Quellen der innerbetrieblichen Willensbildung inklusive eigenen „kreativen" Ideen und sogar externen Quellen für die Formalziele seine IT-Ziele und IT-Strategien bildet. Es gibt IT-Ziele, die ...

IT-Ziele haben viele Quellen

1. direkt aus explizit vorliegenden Betriebszielen abgeleitet sind. Dies fällt natürlich besonders leicht, wenn die Geschäftsziele die IT-bezogenen Ziele direkt selbst benennen, z. B. den Aufbau elektronischer Kanäle zu Kundensegmenten, elektronische Einkaufsplattformen, Automatisierung des Bestellablaufs, ein Personalportal usw.

2. direkt aus schriftlich gefassten betrieblichen Strategien oder Maßnahmen abgeleitet sind, ohne Rücksicht auf das Verständnis bzw. die Klarheit der vermutlich dahinter stehenden Betriebsziele: Dies ist z. B. dann der Fall, wenn Fachbereiche große IT-Projekte, z. B. Plattformen beauftragen, ohne dass dies selbst direkt ein Betriebsziel ist. Die Fachbereiche haben hier eine Betriebsstrategie, nämlich diese Fachverfahren einsetzen zu wollen, und die IT wird sich diese internen Großaufträge gut zu machen selbst

auf die Fahnen schreiben. Eventuell sucht sie von sich aus nach Synergien zwischen verschiedenen Fachbereichen, die sich selbst trotz naheliegender Zusammenarbeitspotenziale nicht direkt kontaktieren

3. nur indirekt, mittels Interpretation durch die IT, aus Betriebszielen, betrieblichen Strategien oder Maßnahmen abgeleitet wurden. Hier gibt es viele Varianten, häufig vorkommende Fälle sind: (1) Extern gesetzte Regeln, die als Formalziel des Betriebs unterstellt werden können. Der Betrieb hat auf eine ermüdende Auflistung verzichtet, anerkennt diese aber sowie den Handlungszwang der IT. (2) Es gibt Anspruchsgruppen, die ihre Wünsche an der Hausleitung vorbei direkt „durchrouten". Die IT hat dann aus Sicht der Betriebsleitung ohne Notwendigkeit der Rückkoppelung mit der Betriebsleitung selbst zu entscheiden …

4. weder Betriebszielen noch betrieblichen Strategien entsprechen, seien sie explizit oder durch Analyse gewonnen. Dieser, der Vollständigkeit halber erwähnte, Fall wird nicht weiter betrachtet, weil es hier von bloßer Egomanie des IT-Managements bis hin zur Korruption eine Vielzahl von Fallvarianten ohne großen Erkenntnis-, aber eventuell großem Unterhaltungswert gibt. Die Abwehr solcher Zieldefinitionen ist Aufgabe der IT-Governance, des IT-Riskomanagements, der betriebsweiten Governance, der Innenrevision und des Controllings. Aber jenseits des Unsinnigen kann es gerade besonders wertvoll sein, wenn der IT-Bereich der Betriebsleitung Ideen nahebringt, die dem Betrieb nützlich und von niemandem vorher als machbar und sinnvoll erkannt wurden.

Die Abbildung 3.9 zeigt, wie die „wahren" Zusammenhänge sein können. Zu erwähnen sind auch folgende Aspekte von Beziehungstypen:

Ein IT-Ziel kann zu keinem, einen oder mehreren Betriebszielen gehören

- Ein IT-Ziel kann zu keinem, einem oder mehreren Betriebszielen gehören
- Eine IT-Strategie kann zu einem oder mehreren IT-Ziel(en) gehören
- Eine Betriebsstrategie kann ein oder mehrere IT-Strategien „bedienen", z. B. kann „Automatisierung" im Bereich IT sowohl dem Betriebsziel der Effizienz/Haushaltskonsolidierung wie auch dem Ziel der Beschleunigung von Abläufen und der Verbesserung von Kundenkontakten dienen
- Es gibt Betriebsziele zu IT-Themen, für die keine IT-Strategie des IT-Bereichs nötig ist. Das Ziel ist z. B. durch Kräfte von außen erreichbar und die innerbetriebliche Verantwortung hierfür liegt gar nicht beim IT-Bereich (z. B. im Bereich der für Außenkommunikation verantwortlichen Presse- und Kommunikationsabteilung. Sie verantwortet die Verträge mit dem Internet- und eMail-Provider). Maßnahmen des IT-Bereichs sind daher nicht nötig (z. B. Bekämpfung von SPAM-Mails, da dies der Provider für Internet-Dienste in seinen SLAs stehen hat)
- Es gibt trotz des immer stärker alle betrieblichen Belange unterstützenden IT-Bereichs immer noch viele Betriebsziele, zu denen mangels IT-Bezug auch kein IT-Ziel gebildet werden muss (z. B. Design und Marktpositionierung von realen Produkten in der Güterwirtschaft).

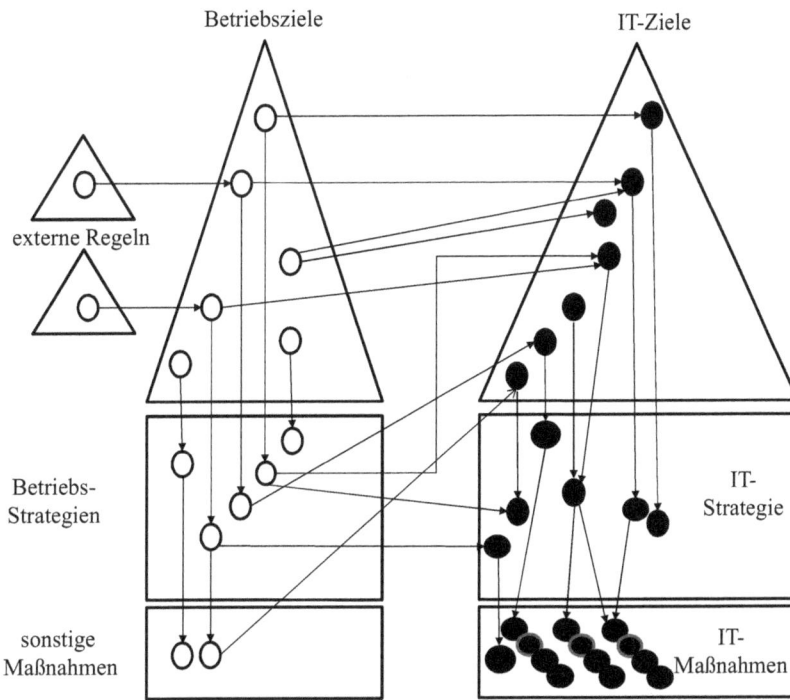

Abb. 3.9: Beziehungen Betriebs- und IT-Ziele und -Strategien

Abstimmungen von Betriebszielen mit IT-Zielen sind neben den sachlichen Inhalten auch von folgenden Aspekten gekennzeichnet: Der Mit-Verantwortung der Betriebsleitung für den betrieblichen Nutzen der IT: Der IT-Verantwortliche ist für IT verantwortlich, nicht für mehr. Selbstverständlich sollte er sein Bestes tun, um die Geschäftsziele zu verstehen und auch Rahmenbedingungen außerhalb der IT im Sinne einer optimalen IT-Unterstützung der Geschäftsziele zu beeinflussen. Letztlich ist aber die Betriebsleitung in der Pflicht, darauf aufzupassen, dass der IT-Bereich geschäftswichtige Themen richtig verstehen und mit Nutzen für den Gesamtbetrieb umsetzen kann. Hierzu gehört, die betrieblichen Prozesse und andere organisatorische Voraussetzungen zu schaffen, um IT-Lösungen bestmöglich wirken zu lassen und sich in wichtige Entscheidungen auch aktiv einzubringen. Dem Liegenschaftsmanagement würde man ja auch nicht allein die Standortwahl überlassen, sondern seitens der Betriebsleitung an Entscheidungen angemessen mitwirken. Dasselbe tut auch in weiteren IT-Themen Not: Hierzu zählen die (1) Priorisierung der IT-Unterstützung für konkurrierende interne IT-Kunden, (2) die Bestimmung des für den Betrieb nötigen IT-Sicherheitsniveaus bzw. der tragbaren Risiken, (3) gewisse Standardisierungsfragen (z. B. bei ERP-Plattformen), die (4) Betriebs-Governance mit Bestimmen der Verantwortlichkeiten in gemeinsamen Vorhaben von IT und Fachbereichen in Projekten (z. B. das Ersteller-Besteller-

Betriebsleitung hat Mitverantwortung für die IT-Ziele

Prinzip sowie Eskalationswege und die „Schuldfrage" bei Scheitern) sowie die (5) Höhe des IT-Budgets[52].

Zu konkrete Betriebsziele können hinderlich sein

Die Vorgabe explizit dokumentierter IT-Ziele durch die Betriebsleitung ist ein scheinbar besonders „bequemer" Fall für die Zielbildung der IT. Problematisch kann es aber werden, wenn die Vorgabe der Betriebsleitung tatsächlich in zu konkret beschriebenen Maßnahmen besteht. Ein sehr schönes, wenn auch nicht auf die IT bezogenes Beispiel steckt in einer Erinnerung des Autofabrikanten Henry Ford[53]: „Wenn ich meine Kunden nach ihren Wünschen gefragt hätte, dann hätten sie mir gesagt, dass sie gern stärkere Pferde für ihre Kutschen hätten". Wenn der Autopionier Henry Ford nur stur im Sinne eines eng gefassten „Business-IT-Alignment" an diesen Wünschen orientiert gewesen wäre, dann hätte er vielleicht Pferdezüchter oder einer der ersten Gentechniker werden müssen oder „trimm-dich"-Geräte für Pferde konstruiert. Den Quantensprung von Pferdekutschen zum Auto als Fortbewegungsmittel hätten dann vermutlich andere Hersteller maßgeblich vorangetrieben. Auf IT-Verhältnisse übertragen: Eine Betriebsleitung, die beispielsweise „schnellere Prozessoren" in die Betriebsziele schreibt, obwohl sie lediglich eine höhere Performance und als Teil der Performance eine höhere Geschwindigkeit IT-unterstützter Abläufe möchte, hat sicher nicht das Bestmögliche getan, um die Fähigkeiten des IT-Managements zur Verbesserung der IT-Services zu nutzen[54]. Gleichzeitig wäre es gut, aber nicht ausreichend, wenn sie mit dem Finger auf die schlechte Organisation der Fachprozesse zeigt und dort Verbesserungen einfordert, um so Geschwindigkeitsvorteile zu erzielen. „Handwerklich" könnten die IT-Kunden folgendes einfordern:

- Die Zahl der benötigten Mausklicks oder die Länge der Navigationswege zwischen häufig benutzten Schaltflächen zu vermindern
- Die benötigte Zeit für das Hochfahren der Rechner durch schlankere Betriebs-IT zu reduzieren oder nur bedarfsweises Aktivieren der beim Booten besonders langsamen Software vorzusehen usw.
- Falls noch nicht geschehen: Individuellere Nutzerprofile mit unterschiedlich langen Ladeprozessen beim Hochfahren zuzulassen
- Die Zahl der benötigten Anmeldevorgänge bei IT-Nutzern mit Gebrauch mehrerer Anwendungen durch ein Identity Management zu reduzieren usw.

---

[52]   Nähere Begründungen für IT-Themen, in die sich die Betriebsleitung unbedingt aktiv einbringen sollte, geben Ross & Weill, 2012

[53]   Zitiert nach Hanschke et al., 2013, S. 1

[54]   Wahr ist aber auch: Ein IT-Leiter, der erst einmal ganz andere Wege gehen will als dem IT-Laien in der Betriebsleitung vorschwebt, geht ein gewisses Risiko ein, hierfür erst einmal kein Budget zu bekommen und bei Schwierigkeiten der Umsetzung revolutionärer Ideen seinen Job zu verlieren … Ford – der ja Selbständiger war - hatte einfach mehr Freiheit und das Glück des Gelingens noch dazu

offen	außerordentlich	ideal
	Außerordentliche Anlässe führen oft zu „kreativen" Betriebs-strategien, diese sind dann aber nicht selten - unsystematisch - unvollständig	Eine ergebnisoffene, kreative Strategiearbeit mit guter metho-discher Fundierung ist vermutlich die Ausnahme
	„unordentlich"	ordentlich
festgelegt	Seitens der Betriebsleitung von den Bereichen eingeforderte Strategiepapiere sind nicht selten - unsystematisch - wenig kreativ Weil der Ersteller die Arbeit als „lästige Pflicht" empfindet	Strategiearbeit im Zuge jährlicher Planungsprozesse ist häufig gut Strukturiert, aber nicht selten wegen der Routine auch wenig kreativ

inhaltlich

unstrukturiert ← ——— methodisch ——— → strukturiert

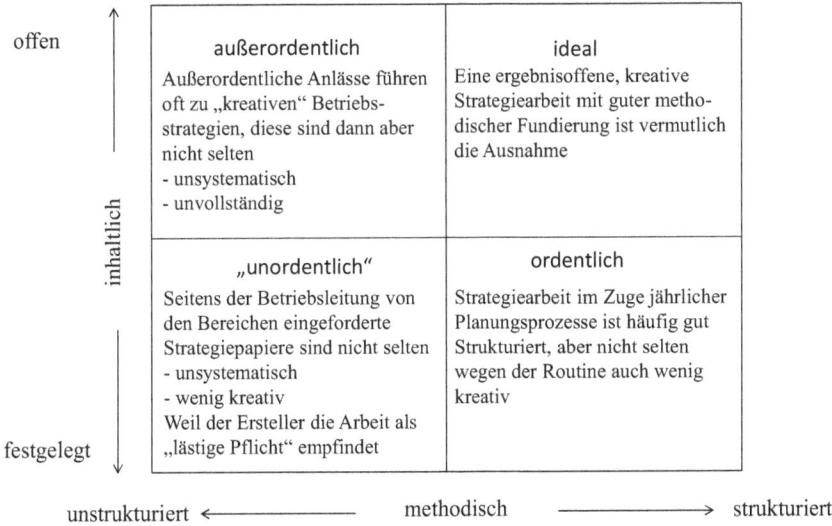

Abb. 3.10: Gründe für Qualitätsunterschiede in Betriebszielen[55]

Aus dem Gesagten lässt sich ableiten, dass strategische IT-Leiter auch den Mut haben sollten, wie übrigens auch andere Manager, „out-of-the-box" zu denken und der Betriebsleitung IT-Lösungen anzubieten, die sie selbst so nicht von sich aus gefordert hätten. Das bloße „Ableiten" von IT-Zielen aus den Be-triebszielen reicht nicht.

„Out-of-the-box"-Denken gefordert

Falls Betriebsziele aus Sicht der IT zu schwammig und uneindeutig sind, kann evtl. ein Blick in die Strategien des Betriebs helfen. Dort können genauso An-satzpunkte für IT-Ziele (und -Strategien) gefunden werden. Sie sind gewisser-maßen eine Hilfe bei der Interpretation und/oder Konkretisierung des Gemein-ten. Umgekehrt sind Ziele, für die der Betrieb selbst keine Strategie und keine Maßnahme formuliert hat, eventuell nicht ganz so wichtig … oder rein zu Kommunikationszwecken gedacht.

Die IT-interne Funktion zur Analyse und Aufnahme der Geschäftsanforderun-gen heißt auf Serviceebene (im ITIL-Sprachgebrauch) „Demand Management" (Anforderungsmanagement). Dieses umfasst allerdings auch wesentlich kon-kretere und kleinteiligere Anforderungen als die hier betrachteten Ziele. Daher wird es in Abschnitt 5.2 bei einzelnen IT-Services separat vorgestellt.

Demand Mangement dient der systematischen Erfassung von Wünschen

Ein der Logik der bisherigen Darstellung entsprechender systematischer Weg, alle Bereiche mit Anregungen für IT-Ziele und IT-Strategien „abzuklopfen", wäre es, die „Hühnerleiter" der Managementobjekte von oben nach unten ab-zuschreiten und jeden Bereich hinsichtlich seiner Anforderungen an die IT zu

IT-Ziele können wie „Parallelwelt" aussehen

---

[55] Verändert nach Eberl et al., 2012, Abb. 1-1

überprüfen. Die nachfolgende Tabelle 3.5 skizziert das Vorgehen. Je nach Art der Betriebsziele und der sachlichen Nähe des Geschäftsmodells zu IT-Themen ist die Formulierung von IT-Zielen (und -Strategien) ein „kreativer Akt", der optisch die IT-Ziele und -Strategien, je nach Qualität der Betriebsziele und der Beschreibungsform, wie eine Parallelwelt dastehen lässt. Die IT-Leitung muss in diesen beiden Welten leben und sie zusammenhalten, niemand ist dafür mehr verantwortlich als sie.

Tab. 3.5: Betriebsziele und möglicher Beitrag der IT

Management-Objekt des Betriebs	Möglicher Beitrag der IT
Ziele	Alle IT-Ziele, die für die Betriebsleitung den Beitrag der IT zum Erreichen der Betriebsziele nützlich erscheinen lassen (ermittelt durch Analyse von Betriebszielen und -strategien oder Befragen der IT-Kunden im Demand Management, siehe Abschnitt 5.2)
Kunden	IT-Services für externe Kunden: • Hoher Umsatz bei externen Kunden • Hoher Ertrag , … IT-Services für externe und interne Kunden: Erfüllen der Erwartungen, Zufriedenheit Corporate Identity, Marketing, …
Weitere Anspruchsgruppen	• Erfüllen der Erwartungen, Zufriedenheit • Vermeiden von oder Abstimmen über IT-Werkzeuge, die mitbestimmungspflichtig sind • „Beweissicherung", Archivierung
Produkte	• IT bietet bezahlte Services für externe Kunden • IT bietet Kommunikationskanal zu externen Kunden • IT bietet Services für interne Kunden
Prozesse	• Ermöglicht bestimmte Prozessabläufe • Beschleunigt Prozessabläufe • IT „erzwingt" Prozesse • IT öffnet elektronische Kommunikationskanäle
Ressourcen	• IT bietet Plattformen für Ressource „Information" • IT ersetzt Personal • IT kostet selbst Geld

Keine Normen oder quasi-Standards für Darstellung IT-Ziele

Für die Darstellung von IT-Zielen und Maßnahmen gibt es keine Normen oder am Markt etablierte Quasi-Standards, vermutlich überwiegt in der Praxis die reine Textform. Eine für den IT-betrieblichen Tagesgebrauch taugliche Darstellung von Zielen ist eine hierarchische Darstellung von Ober- und Unterzielen in den Handlungsbereichen der IT, Abbildung 3.11 zeigt ein Beispiel.

anforderungsgerechte IT-Projektleistungen	Die IT als kritischer / strategischer Erfolgsfaktor für Leitung und Bereiche	zukunftsorientierte und bedarfsgerechte Bereitstellung des IT-Grundbetriebs

ergebnisorientiertes und prioritätsgerechtes Handeln	kundenorientiertes und wirtschaftliches Handeln

hohe Zufriedenheit der Projektauftraggeber und der Nutzer	professionelles Service-Level und Risiko-management	Einbindung als gleichberechtigter Partner bei strategischen und org. Fragen	hohe Zufriedenheit der internen Kunden	professionelles Service-Level-Management
Einhalten von Budgets und Terminen	professionelles IT-Projekt-Management sowie Einhalten der Standards für Projektarbeit	Verbesserung der Zusammenarbeit zwischen IT u. FB	Verfügbarkeit der Systeme mindestens in Höhe der versprochenen Mindestwerte	ständige Optimierung der Stabilität, Effizienz und Leistungs-fähigkeit
Qualitätsvereinbarungen einhalten	ständige Weiter-entwicklung des techn. und architekton. Niveaus	Mitwirken an internationalen IT- Standards und Strategien	Einhalten gesetzlicher Standards zu Datenschutz und Datensicherheit auf bundeseinheitl. Niveau	proaktive Zusammenarbeit mit den Verantwortlichen für Organisation und Datenschutz
		überzeugungsstarke Vertretung in IT-Fragen gegenüber anderen Behörden, Verbänden u. Instituten	gute Erreichbarkeit und transparente Information	Weiterentwicklung der Standards / Regelwerke + offene Darstellung der Möglichk. und Grenzen der IT

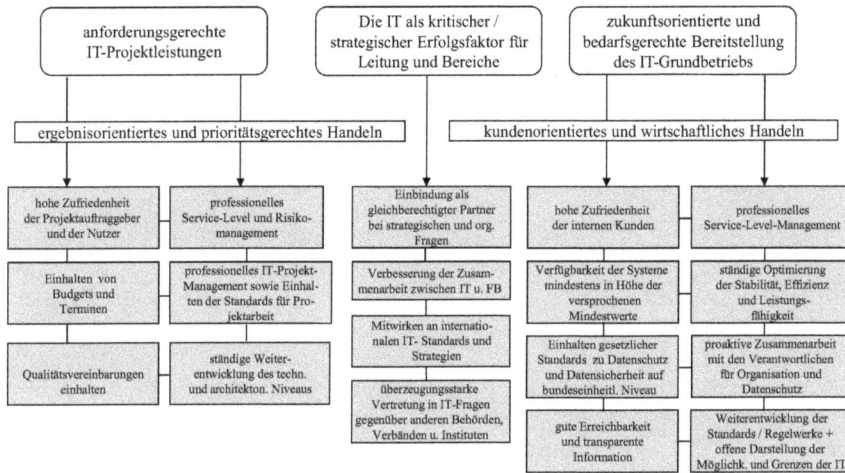

Abb. 3.11: Beispiel IT-Ziele einer Behörde

Das Beispiel enthält eine Aufgliederung in drei Gruppen von Zielen:

- Ziele, die sich auf die Sicherstellung und Qualität des IT-Grundbetriebs aller laufenden IT-Verfahren beziehen. Inhaltlich sind dies meist technische, organisatorische, personelle und finanzielle Ziele
- IT-Ziele, die die Erstellungsleistungen (d.h. IT-Projekte) für neue IT-Verfahren beinhalten. Sachlich sind hier organisatorische Themen wie Projektmanagementmethoden und -abläufe, Qualitätsmanagement, sowie personelle (z. B. Kapazität, sehr gute Projektleiter) und finanzielle Themen von Interesse
- IT-Ziele für die IT-übergreifende Beratung der Betriebsleitung und der Fachbereiche bzgl. IT-relevanter Fragestellungen und die aufbau- sowie ablaufbezogene Gestaltung des eigenen IT-Bereichs. Diese Zielkategorie kann auch „egoistische" Absichten des IT-Bereichs beinhalten. Der IT-Bereich möchte sowohl in der Sache etwas bewirken als auch seine Rolle, die diese Wirkung erst ermöglicht, stärken.

Die nachfolgende Abbildung 3.12 enthält den Weg der Entwicklung von Zielen eines IT-Bereiches.

Das Vorgehen besteht in einer Reihe von Schritten, die …

(1) mit der Analyse der Situation allgemein und der Betriebsziele, -strategien und dazugehörenden Maßnahmen im Besonderen beginnen und dann

(2) IT-Ziele und IT-Strategien festlegen und IT-Maßnahmen durchführen. IT-Ziele können sich auf das „Halten" einer Situation (z. B. gleichbleibend hohes Serviceniveau) oder auf Änderungen beziehen. Es kann in beiden Zielarten einfach umzusetzende IT-Ziele geben. Diese können über „weiter so"-

Strategien direkt zu „weiter so"-Maßnahmen führen. Wo immer aber längerfristige Planungen oder komplexe Maßnahmenbündel nötig sind oder nichttriviale Entscheidungssituationen über alternative Maßnahmen auftreten, müssen für Änderungs- oder Bestandsziele …

Mehrere Schritte zur Bestimmung von IT-Zielen

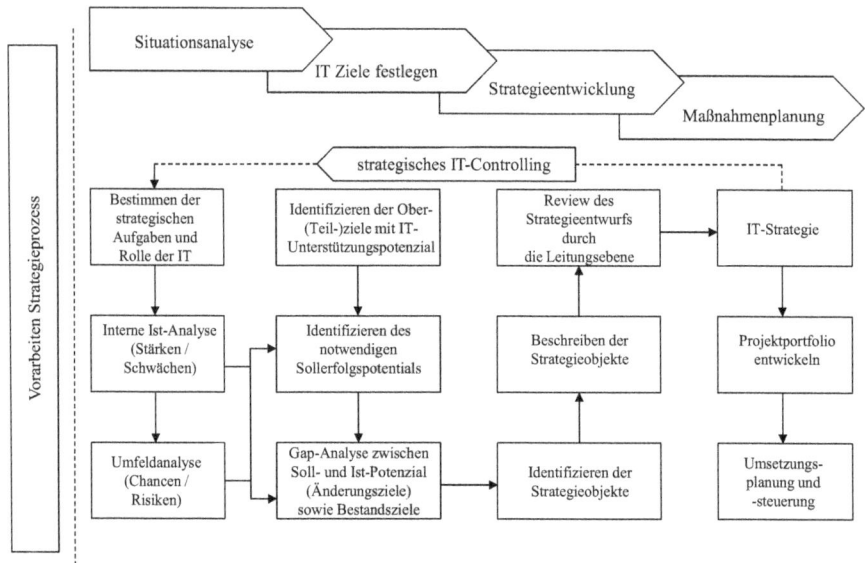

Abb. 3.12: Ziel- und Strategiefindung im Überblick[56]

(3) neue IT-Strategien ausgearbeitet und dann ggf. neue IT-Maßnahmen ergriffen werden.

Darstellung IT-Ziele benötigt auch zugehörige Strategien, Maßnahmen und Erfolgskennziffern

Diese Beschreibung des Ablaufs gibt einen groben Überblick. Der in Abbildung 3.12 enthaltenen Darstellung fehlt noch die Information darüber, wie der Erfolg von Strategien und ggf. ihnen zugeordneten Maßnahmen ermittelt werden kann. Diese Lücke füllt ein Beispiel in Abbildung 3.13, in der den Strategien geeignete Kennzahlen mit Zielwerten zugeordnet werden.

Fehler bei der Bildung von IT-Zielen

Mögliche Fehler bei der Bildung von IT-Zielen und/oder Strategien sind:

- Die IT-Ziele/IT-Strategien konzentrieren sich zu oft ausschließlich auf Applikationen und vergessen dabei den IT-Grundbetrieb. Die IT-Infrastruktur „hinkt" grundsätzlich hinter den Anforderungen durch neue Applikationen hinterher. Dies liegt in der Natur der Sache. Dennoch sollte auch die Modernisierung der IT-Infrastruktur geplant und systematisch – gestärkt durch Zielsetzungen – erfolgen[57]

---

[56]   Verändert nach Hofmann & Knoll, 2012, S. 60

[57]   Dernbach, 2003, S. 19, 25/26 und 30 f.

		Strategie	Messgrößen	Ziel-Wert
Finanzen		• Reduzieren der Administrationskosten • Installieren eines effizienten Controllingsystems	• Anteil von Administrationskosten • Anteil von zentral kontrollierten IT-Kosten	5 % 90 %
Kunden	strategische Ziele	• Steigern der Kunden-zufriedenheit • Reduzieren der Kosten	• Kundenzufriedenheitsindex • % der IT-Kosten	80 60 %
Abläufe, IT-Architekturen		• Erhöhen des Grades der IT-Standardisierung • Definieren eines Standard-prozeßmodells	• Anzahl der verschiedenen Elemente der IT-Architektur • Anzahl der Kernprozesse	Reduktion um 50 % 8
Beschäftigte		• Entwickeln von Prozess- und Beratungskompetenzen • Erhöhen der Mitarbeiter-zufriedenheit	• Anzahl der Beschäftigten • Zufriedenheitsindex	5 75

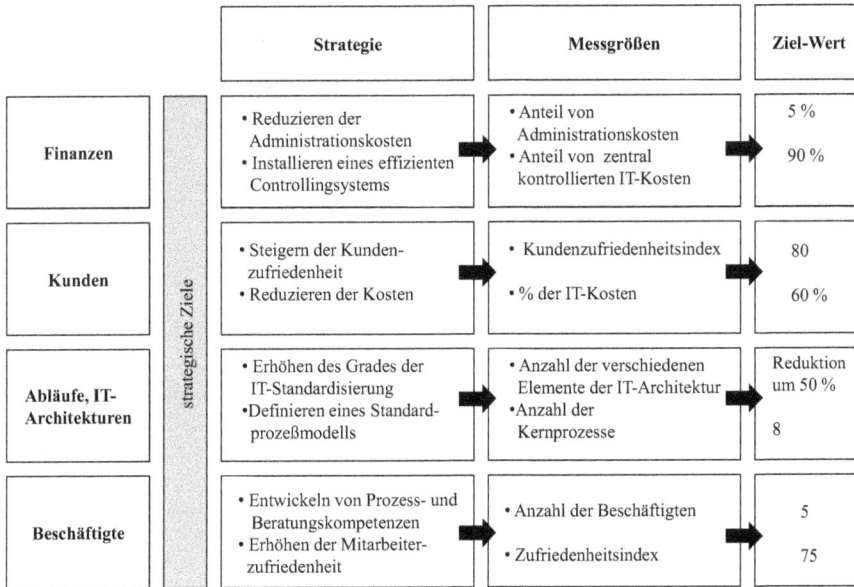

Abb. 3.13: Ziele, Messgrößen, Kennzahlen (KPIs)[58]

- Zur Entlastung des IT-Managements werden wichtige Funktionen extern beauftragt, die man später schwer oder gar nicht wieder zurückholen kann, z. B. die Fähigkeit IT-Konzepte zu erstellen. Dies behindert die IT dahingehend, dass künftig nicht mehr ohne externe Hilfe die Planung der eigenen Anwendungswelt weiter vorangetrieben werden kann
- Unterschätzung des Aufwands und der benötigten Anstrengungen, um die IT mehrerer zu konsolidierender Bereiche kulturell und organisatorisch zusammenzuführen. Oft kann man im Öffentlichen Bereich vollzogene Zusammenschlüsse der IT sehen, die anschließend in ihrer Leistungsfähigkeit aus Sicht der Kunden nachlassen. Dies führt teilweise direkt oder indirekt dazu, dass sogar verschmolzene IT-Dienstleister teilweise wieder aufgelöst werden oder Zuständigkeiten abgeben müssen (z. B. bei einigen IT-Landesdienstleistern in Deutschland).

Im Unterschied zu anderen Funktionen, wie z. B. dem Liegenschaftsmanagement, sind die IT-bezogenen Probleme beim Konsolidieren und Gewinnen von Synergieeffekten in Summe vielfältiger, manchmal komplexer und bis zum Erreichen des Ziels auch mit mehr eigenem Gestaltungsbedarf verbunden als bei Miete oder Kauf eines Geschäftsgebäudes. Hieraus resultiert auch ein höherer Erklärungsbedarf. Je nach Branche und Art der durch IT zu unterstützenden Geschäftsprozesse ergeben sich Anforderungen, nicht nur durch die fachlichen Geschäftsabläufe, sondern auch durch Anforderungen u.a. an die ...

IT-Management hat hohen Gestaltungsbedarf bei Konsolidierungsvorhaben

---

[58] Abbildung freundlicherweise von Hrn. Winfried Badke bereitgestellt

- Managementqualität (z. B. hoher versus niedriger Dokumentations- und Begründungsaufwand),
- Organisationskultur (z. B. „laissez-faire" bei der Nutzung dienstlicher IT, „bring your own device"-Einstellung versus strikte Kontrolle und Sanktionen bei Privatnutzung),
- anderen beteiligten internen Instanzen (insbesondere Organisationsabteilungen und fachlichem Projektmanagement),
- branchenspezifischen Anforderungen an IT-Personal und umgekehrt, Anforderungen von Beschäftigten an die Branche,
- branchenspezifischen Angeboten von Software-, gelegentlich auch Hardwareherstellern und IT-Dienstleistern sowie
- branchenspezifischen Regeln und Standards (z. B. Grafikanforderungen, Ausdehnung der Revisionssicherheit auf alle Geschäftsabläufe, Ausfallsicherheit, Qualitätsanspruch der Kunden).

Darstellung IT-Ziele benötigt auch zugehörige Strategien, Maßnahmen und Erfolgskennziffern

Letztlich ist also die Tatsache, dass ein „Business Alignment" stattfinden muss, banal, manchmal aber ist in Summe die korrekte Ausrichtung an den Anforderungen des Betriebs nicht leicht. Umgekehrt kann auch eine besondere Leistung des IT-Managements darin bestehen, über den „Gartenzaun" der eigenen Branche zu sehen und Methoden oder Lösungen aus anderen Arbeitswelten oder gar dem Konsumentenmarkt zu übernehmen (z. B. ausschließlich für firmeninterne oder professionelle Zwecke gedachte social networks wie Yammer, auf Konsumenten zielenden Produkte wie Apple Apps).

3.2   IT-Strategie bestimmen

3.2.1   Übersicht

Definition IT-Strategie

Ein sehr oft gebrauchtes Adjektiv zur Kennzeichnung eines professionellen IT-Managements lautet „strategisch". Hiermit ist zunächst einmal eine an den IT-Zielen orientierte logisch-rationale Planung von IT-Maßnahmen gemeint. Genauer sagt es die hier vorgeschlagene Definition von IT-Strategie:

Definition IT-Strategie
IT-Strategie ist die Planung für den effizientesten Weg der Erreichung von IT-Zielen, wenn diese Planung für einen längeren Zeitraum (> 1 Jahr) und mehrere Sachverhalte (also nicht nur für den Einzelfall) gilt. IT-Strategien sind für Folgeentscheidungen relevante Festlegungen, die für alle Management-Objekte des IT-Bereichs je nach Anforderungen des Ziels getroffen werden können: Kunden, Produkte/Services, Abläufe, Qualität, Hardware/Software und Ressourcen. Aus Strategien lassen sich Maßnahmen(-bündel) mit messbarem Beitrag zum Erfolg der Maßnahme ableiten. „Maßnahmen" können ein Tun oder Unterlassen beinhalten. Der Beitrag der Strategie zum Erreichen des Ziels sollte messbar sein.

Diese anspruchsvolle Definition von IT-Strategie trifft nicht immer den All-
tagsgebrauch des Begriffes. Es werden auch wenig anspruchsvolle Planungen
manchmal „Strategie" genannt. Umgekehrt fällt es manchem schwer, auch das
planvolle Unterlassen als Strategie zu bezeichnen.

IT-Strategien im Sinne der strengen Definition sind Teilmengen der Planungen   *IT-Strategien sind Teil-
zur Umsetzung von IT-Zielen. Sie sind hauptsächlich von der Bedeutung des   mengen aller
erwarteten Ergebnisses für die Ziele des Betriebs geprägt. Der Aufwand einer   IT-Planungen*
explizit strategischen Planung „rechnet" sich – ökonomisch betrachtet – nur
bei gleichzeitig komplexen Anstrengungen, die angestrebten Ziele zu erreichen. Gemäß dieser Definition gibt es natürlich auch nicht-strategische Planungen (z. B. tägliche bzw. wochen- und monatsbezogene Personaleinsatz-
und Produktionsplanungen).

Tab. 3.6: Einander nicht ausschließende „Strategieschulen"[59]

Lfd. Nr.	Strategieschule	Kurzbeschreibung: Strategie wird verstanden als …
1	Design	Konzeption einer zukünftigen Ausprägung
2	Erkenntnis	Erkenntnisprozess wie z. B. „gelernte Lektionen"
3	Konfiguration	Festlegung mit Parameterwerten, die von Zeit zu Zeit verändert werden können/müssen. Der Betrieb bleibt stabil, durchläuft aber Transformationen
4	Kultur	Teil der Unternehmenskultur
5	Lernende	Teil der kontinuierlichen Verbesserung
6	Macht	als festgezurrte Abstimmung zwischen Beteiligten
7	Planung	stringente Planung
8	Positionierung	Verbesserungsvorhaben für Positionierung des Strategieplaners
9	Umwelt	ein Reflex auf Umwelt-(Markt-)Ereignisse
10	Unternehmer	Vision zum Erschließen neuer Märkte und besserer Möglichkeiten für eigene Services und Marktpräsenz
11	Ressourcen-orientiert	effizienteste Kombination der Ressourcen

Einer isolierten Maßnahme, ohne Blick auf die Ziele der IT sowie die IST-
Gegebenheiten, wie z. B. der Dauer und Komplexität der Umsetzung, kann
man nicht ohne Weiteres ansehen, …

- ob sie einzeln oder in Kombination mit anderen eher „strategisch" oder
  Tagesgeschäft ist
- ob sie als Strategie in Form einer High-Level Planung schriftlich verfasst
  sein sollte oder nicht.

---

[59] Verkürzt und verändert aus Eberl et al., 2012, Kap. 1.2

IT-Strategien können direkt auf Vorgaben von außen bezogen sein

IT-Strategien müssen sich nicht unbedingt an expliziten Zielen der IT oder des Betriebs orientieren, sondern können sich auch auf z. B. formale Vorgaben von außen beziehen (gesetzliche Anforderungen, Regeln der Branche oder des Geschäftslebens u. ä.). Allerdings kann man diesen externen Vorgaben unterstellen, dass sie stillschweigend in den Katalog der formalen IT-Ziele übernommen wurden.

Das Adjektiv „strategisch" ist in Mode

Das Eigenschaftswort „strategisch" ist derzeit im IT-Bereich ein ähnlich inflationär genutztes Modewort wie im Bereich der Politik das Wort „Gerechtigkeit" sowie die sicher irgendwann den Zeitläufen zum Opfer fallenden Modebegriffe „Nachhaltigkeit" und „Globalisierung". Es meint oft mehr „wichtig" als „schwierig zu beplanen". Nur wenn es auch eine „Nicht-Strategie" in der IT gibt, macht es überhaupt Sinn, diesen Begriff zu benutzen. Es gibt vier größere Kategorien von möglicherweise nicht-strategischen Maßnahmen:

Vier Arten von Nicht-Strategie

1. Maßnahmen, die aufgrund ihrer niedrigen „Flughöhe" und des Sachthemas nicht zu vorhandenen Strategien passen, und/oder mit denen auch keine Festlegungen für später präjudiziert werden. Das Verhalten ist ausdrücklich „spontan" und kleinteilig. Zwar kann die Festlegung, so zu verfahren, durchaus einer strategischen Festlegung entsprechen (zugunsten höherer Flexibilität nicht langfristig gleichartig handeln zu müssen), dennoch ist die Einzelhandlung damit nicht-strategisch. Hierzu gehört z. B. die ausnahmsweise Einrichtung eines Einzel-PCs für einen Fachwissenschaftler, der Bezug einer austauschbaren Ware durch einen nicht besonders günstigen Anbieter, die Verlängerung der Zeit bis zum Einsetzen des automatischen Bildschirmschoners usw.
2. Eine Maßnahme ist sehr kurzfristig und verlangt wenig Vorbereitung, Planung und Abstimmung mit anderen Handlungsbereichen
3. Bestimmte Maßnahmen sind GEGEN eine strategische Festlegung, z. B. FÜR eine Software, die den softwarearchitektonischen Festlegungen widerspricht. Sofern diese Flexibilität nicht zu den Zielen gehört, ist das ein eindeutiger Fall von nicht-strategischer Maßnahme. Jede GEGEN eine festgelegte Strategie stattfindende Maßnahme ist NICHT-strategisch, jedoch nicht „strategieneutral"
4. Nichtstun. Nichtstun kann auch „strategisch" sein, z. B. das absichtliche Auslassen von prophylaktischen Maßnahmen gegen den Eintritt oder gegen die Folgen eines als tolerierbar eingestuften Risikos wie Stromausfall oder andere IT-Notstände. Es gibt allerdings auch nicht-strategisches Nichtstun ...

Nicht-strategisches Verhalten ist nicht per se schlecht oder nicht-zielbezogen. Es ist einfach nur nicht Teil eines in expliziten oder impliziten Strategien geplanten Vorgehens.

20% bis 40% der Betriebe komplett ohne explizite IT-Strategie

Schon in mittelgroßen IT-Bereichen kann die Zahl an Zielen, aufzulösenden Zielkonflikten, Diskussionen über Strategien und daraus abzuleitenden Entscheidungsbedarfen schnell eine beachtliche Komplexität annehmen[60]. Da die

---

[60] Bei drei Zielen gibt es drei mögliche Zielbeziehungen, bei 6 Zielen schon 15, und bei 10 Zielen schon 45. Bei n Zielen bestimmt sich die Zahl der Beziehungen durch die Formel $(n-1) * n/2$. Die

Strategiearbeit ja auch Aufwand bedeutet, gibt es IT-Bereiche, die mit der Aussage kokettieren, dass es „die beste IT-Strategie sei, keine zu haben"[61]. Viele Betriebe behaupten auch tatsächlich, dass sie keine explizite IT-Strategie haben, wenn auch die Umfragen kein klares Bild zeigen, wieviele das sind: Zahlen schwanken zwischen ca. 20% und 40%, d.h. 60% bis 80% der Betriebe haben eine explizite IT-Strategie[62]. Strategiebildung und -fortschreibung ist letztlich auch ein Aufwand, der sich „rechnen" muss. Gemeint ist hier tatsächlich aber nur eine explizit festgelegte Strategie, denn tatsächlich praktizierte Strategien kann es auch dort geben. Welche Gründe also sprechen eher dafür eine explizite IT-Strategie zu entwickeln? Es sind:

- Die Betriebsleitung verlangt eine explizite IT-Strategie, dies dürfte bei einer besonders hohen Erklärungsbedürftigkeit der Entscheidungen des IT-Managements gegenüber der Leitung wahrscheinlich sein[63]

  Gründe für explizite IT-Strategien

- Eine explizite Strategie erleichtert es gegenüber den Anspruchsgruppen, das Verhalten der IT-Leitung zu erklären und plausibel erscheinen zu lassen. Größere Zusammenhänge können dargestellt und damit Argumentationslast von Einzelentscheidungen genommen werden
- Dezentrale Entscheidungsstrukturen. Bei Abstimmungsbedarf innerhalb des IT-Bereichs (z. B. zwischen großen IT-Abteilungen mit unterschiedlichen Schwerpunkten, seien es verschiedene kundenorientierte Anwendungswelten (Sparten) oder die Beziehung zwischen IT-Rechenzentrum, IT-Entwicklungsbereich und dem IT-Service Desk) sind geeignete IT-Strategien der Weg, Gemeinsamkeiten festzuschreiben und jedem Beteiligten Leitplanken für seine dezentralen Entscheidungen mitzugeben
- Hoher Priorisierungszwang aufgrund zu geringer Ressourcen. Frage der Wichtigkeit und der Dringlichkeit von Maßnahmen. IT-interne Transparenz- und Begründungszwänge im Management-Team
- Die lange Bindungswirkung von technologischen und/oder finanziellen Mittel oder hohe Abstrahlwirkung von IT-Investitionen
- Heterogene IT-Landschaften mit der Frage, ob und wie sich die Komplexität reduzieren ließe.

Und welche Gründe könnten eher gegen explizite IT-Strategien sprechen?

Gründe gegen explizite IT-Strategien

- Relativ isolierte Anwendungen oder kein Integrationsvorteil und -bedarf
- Geringer und kaum entwicklungsfähiger Stellenwert der IT im Betrieb

---

Zahl der Zielbeziehungen und damit der Management-Komplexität nimmt bei größerer Zahl von Zielen überproportional zu

[61] Lixenfeld, 2013

[62] Gadatsch et al., 2013, berichten davon, dass über 23% Betriebe OHNE IT-Strategie sind, Witte (2010) dagegen von ca. einem Drittel

[63] Das Einfordern von IT-Strategien durch die Betriebsleitung ist vermutlich kein selbstverständliches Phänomen: Witte (2010) berichtet von einer Befragung unter ca. 400 IT- und nicht-IT-Managern der DACH-Länder, in der 60% der Betriebe nicht danach fragen, wie die IT zur Verbesserung der geschäftlichen Ziele eingesetzt werden kann

- Geringer Entscheidungs- und Begründungsbedarf, eventuell „eingeschlafe-ne" Betriebskulturen oder geringe Gestaltungskompetenz
- Gefahr, wegen der Strategie angegriffen zu werden
- Pflegeaufwand, eine schriftliche Strategie fortzuschreiben.

Zu den Inhalten von IT-Strategien lassen sich drei Fragen stellen:

1. Wie grenzen sich die Inhalte der Strategien von den Zielen ab? Wie gren-zen sich „normale" Planungen von Strategien ab?
2. Was sind (typische) Inhalte in IT-Strategien? Wie lässt sich das ganze Spektrum möglicher Strategien systematisch darstellen?

Zweck-Mittel-Beziehung von Zielen und Strategien

Die Beziehung von Strategien zu den Zielen ist eine Zweck-Mittel-Beziehung (siehe Abbildung 3.14). Am Thema selbst, z. B. „Einführung von ITIL", kann man zunächst nicht erkennen, welches Oberziel diese Maßnahme verfolgt: Soll langfristig Geld gespart werden? Soll „nur" die Transparenz durch Einführen eines Standards für Serviceprozesse erhöht werden? Einfacher ist natürlich, wenn eine Maßnahme gleich mehrere Ziele bedienen kann, z. B. Virtualisieren von Servern, um langfristig Geld zu sparen, den „Gerätezoo" zu verkleinern, um die Komplexität zu reduzieren, die IT-Sicherheit zu erhöhen usw.

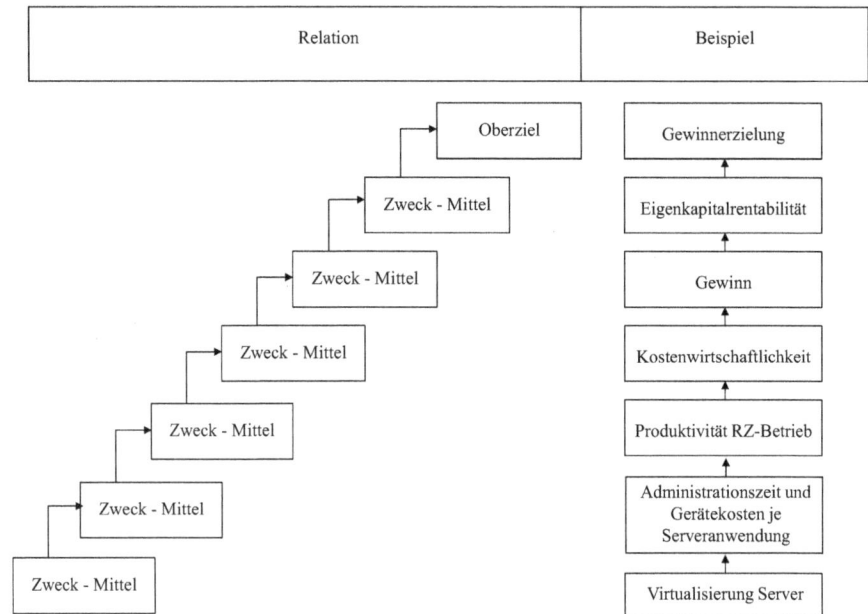

Relation	Beispiel
Oberziel	Gewinnerzielung
Zweck - Mittel	Eigenkapitalrentabilität
Zweck - Mittel	Gewinn
Zweck - Mittel	Kostenwirtschaftlichkeit
Zweck - Mittel	Produktivität RZ-Betrieb
Zweck - Mittel	Administrationszeit und Gerätekosten je Serveranwendung
Zweck - Mittel	Virtualisierung Server

Abb. 3.14: Zweck-Mittel-Beziehungsleiter[64]

---

[64] Verändert nach Welge & Al-Laham, 2008, S. 207

3.2.2 Managementobjekte der IT-Strategiebildung

Da „IT-Strategie" ein Akt des Gestaltenwollens im IT-Management ist, sollte die Zusammenstellung von strategischen Themen weniger der Intuition als der systematischen Sichtweise unterliegen. Wenn man das potenzielle „Strategie-angebot" einer IT betrachtet, betrifft es alle Managementobjekte. Daher ist auch eine Auffächerung über alle Managementthemen sinnvoll. Konkret vorliegende Strategien einzelner IT-Bereiche sind häufig nur diejenigen Ausschnitte des IT-Managements, in denen man besondere zielbezogene Aktivitäten koordinieren und festlegen möchte. Eine ganzheitliche und systematische Betrachtung ist selten zu sehen, denn sie bedeutet Mehraufwand und enthält vermutlich einige Banalitäten und Selbstverständlichkeiten, z. B. bei den Formalzielen. Als außenstehender Analyst sieht man daher in vorliegenden Strategiepapieren eher „Flickenteppiche" mit Schwerpunkt auf den Zielen, die gerade „politisch" besonders wichtig sind und weitere Anstrengungen der Umsetzung beinhalten. Bestandsziele und von der Ebene des Betriebs vorgegebene Formalziele werden häufig nicht erwähnt.

IT-Strategien sollten systematisch gebildet werden

Eine alle Managementobjekte abdeckende systematische Übersicht der IT-Strategien enthält die Abbildung 3.15. In ihr sind die Themenbereiche von IT-Strategien organisiert anhand der auch in Balanced Scorecards verwendeten Wertschöpfungskette vom Kunden (Anspruchsgruppen) über die IT-Produkte, die Organisation bis hin zu den Ressourcen und der IT Steuerung.

Strategiethemen nach Wertschöpfungskette sortiert

Kunden	Produkte	Organisation	Ressourcen	Steuerung
• Demand Management und Service-Level-Management • IT-Kommunikation und IT-Marketing	• Produkt-/Leistungs-Servicekatalog • Produkt- / Service-Portfoliomanagement • Qualitäts- und IT-Sicherheitsmanagement	• Aufbauorganisation und IT-Betriebsprozesse • IT Governance und IT-Rolle • IT-Projektmanagement	• Beschaffung und Vertrags- und Vendorenmanagement • Personalmanagement • Architekturmodell/ Bebauungsplan und Hardware-/Softwaremanagement	• IT-Strategie • IT-Controlling • Budgetierung, Sachhaushalts- und Personalhaushaltsplanung

Abb. 3.15: Systematische Kategorien für Themen IT-Strategien

Die Inhalte sind – sortiert nach Managementobjekten der IT – folgende Gegenstände möglicher Teil-Strategien (angegeben ist jeweils ein Verweis auf spätere Abschnitte des Buches mit Details zu den fachlichen Inhalten):

Verweis auf Detaildarstellung in späteren Abschnitten

- Aufbau und Betrieb eines Demand Management (s. Abschnitt 5.2)
- IT-Kommunikation und Marketing
- Erstellen eines Produkt- bzw. Servicekatalogs (s. Abschnitt 5.1)

- IT-Qualitäts- und Sicherheitsmanagement
- IT-Servicemanagement (s. Abschnitt 5.3)
- IT-Portfoliomanagement (s. Abschnitt 5.5.2 Multi-Projektmanagement)
- IT-Governance (s. Abschnitt 4.2)
- Aufbauorganisation (s. Abschnitt 4.4)
- Ablauforganisation (s. nicht-Projekte 5.3., Projekte 5.5)
- Rollen von IT-Beschäftigten (s. Abschnitt 6.5.2)
- Operative IT-Querschnittsprozesse (s. Kapitel 6)
- IT-Architekturmodell (s. Abschnitt 4.1)
- Beschaffung (s. Abschnitt 6.4)
- IT-Strategie selbst
- IT-Controlling (s. Abschnitt 4.5)
- IT-Budgetierung (s. Abschnitt 4.5.6)

IT-Strategien als „Alignment"-Themen

Die Darstellung der IT-Strategien kann auf verschiedenem Wege erfolgen. Zum einen lassen sich IT-Ziele entlang der Management-Objekte der IT organisieren und gleichzeitig eine Zuordnung der IT-Maßnahmen machen, dies beinhaltet die nachfolgende Abbildung 3.16. Hier fehlen zwar die Meta-Ziele wie „Wirtschaftlichkeit" oder „Komplexitätsreduzierung" und konkrete Messgrößen für den Erfolg („KPIs"), diese lassen sich aber ergänzen.

Abb. 3.16: Business Alignment – Beispiel Managementobjekte[65]

IT-Strategien: Ziel, Maßnahme(n) und KPI

Alternativ dazu sind einfache Listenformen denkbar oder dreidimensionale Darstellungen mit den Dimensionen: Ziele – Strategien – Maßnahmen – KPIs, wie sie die Tabelle 3.7 zeigt.

---

[65] Freundlicherweise durch Hrn.Wolfgang Hildebrand bereitgestellt, 2012

Aufstellungen dieser Art haben zwar ordnenden und strukturierenden Charakter und sind jeweils für einen individuellen Betrieb „logisch", allerdings fehlt ihnen eines: Ein Anspruch der Allgemeingültigkeit der Zuordnung zu den Ebenen „Ziel", „Strategie" und „Maßnahme": Es gibt Management-Konzepte, die mal Strategie und ein anderes Mal Maßnahme sein können. Dies sei am Beispiel „Notebooks als IT-Standardarbeitsplatz" verdeutlicht:

Keine allgemeingültige Zuordnungs-Logik konkreter Ziele zu Strategien möglich

- Wenn ein Betrieb durch sein Geschäftsmodell darauf angewiesen ist, dass viele Beschäftigte außerhalb fester Arbeitsplätze Kundenkontakte haben und einen Großteil ihrer produktiven Arbeitszeit dort oder auf Reisen dahin verbringen, ist eine mobile IT-Ausstattung zwingend, vermutlich schon durch die Betriebsstrategie, vorgegeben und bringt die IT dazu, als IT-Ziel eine „optimale mobile Ausstattung" abzuleiten und als Teil-Strategie dahin die erforderlichen mobilen Endgeräte bereitzustellen
- Wenn ein Betrieb eigentlich keinen Bedarf an mobilen Arbeitsplätzen hat, aber die Geschäftsleitung oder der hierzu ermächtigte IT-Bereich sich von einem Teil des „Gerätezoos" befreien und das Management der Hard- und Software verschlanken möchte (IT-Ziel „Komplexitätsreduzierung", IT-Strategie „Gerätevielfalt eindämmen durch Standardarbeitsplatz"), dann könnte er Notebooks statt Desktops bereitstellen.

Tab. 3.7: Listenform Ziele-Strategien-Maßnahmen

Nr.	IT-Ziel	Strategien	Maßnahmen	KPI
1	Mobilität der Mitarbeiter unterstützen	Notebooks als IT-Standardarbeitsplatz	Beschaffung und Rollout Notebooks	90% Abdeckung im Jahr x
2		Zugriff auf Firmendaten und Anwendungen von außerhalb ermöglichen	VPN einrichten SecureID als Zugangssicherung	100% umgesetzt
3		Verschlüsselung mobiler Datenträger	Beschaffung und Rollout	100% umgesetzt
4	IT effizient betreiben	Transparenz von Kosten und Nutzen der IT haben	Fachkonzept einer Kosten-Leistungsrechnung in der IT beauftragen	abgenommes Fachkonzept
...	...	...	...	...

3.3   Operative Wege der IT-Zielfindung und Strategiebildung

Alternative Wege der
Strategiefindung

Für das Finden und Festlegen von IT-Strategien gibt es mehrere alternative und in Kombination gangbare Wege unterschiedlicher Reichweite. Diese sollen nachfolgend kurz skizziert werden.

TOP-Down Ziel- und Strategiebildung

Dieser Ansatz ist der schon in Abschnitt 3.1.4 ausführlich diskutierte „lehrbuchhafte" Weg und beinhaltet die logische Ableitung von IT-Zielen aus vorhandenen Betriebszielen. Die Abbildung 3.17 zeigt das Vorgehen schematisch.

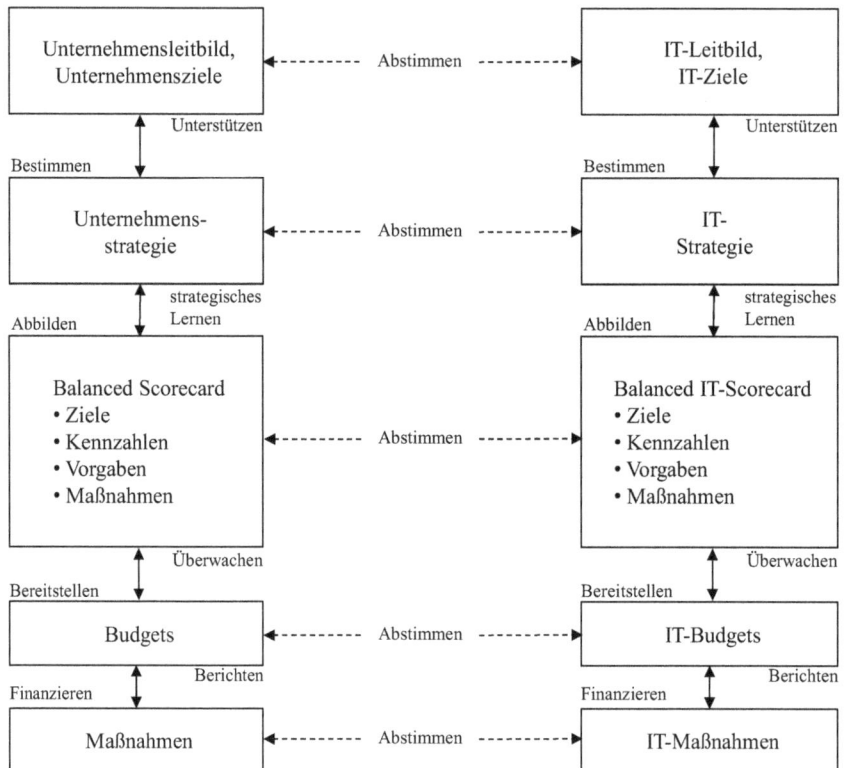

Abb. 3.17: Ableiten der IT Ziele aus Betriebszielen[66]

---

[66]   Schmidt, 2010, S. 76 Abb. 2.3.7/1

Der Weg setzt voraus, dass die Betriebsleitung bzw. die als Kunden der IT auftretenden Bereiche hinreichend klare explizite wie implizite Ziele gesetzt haben und diese möglichst vollständig das für die IT relevante Themenspektrum abdecken. Darüber hinaus sollten mögliche Zielkonflikte und Unklarheiten begrenzt und, im Dialog mit der Betriebsleitung, klärbar sein. Falls an diesen Voraussetzungen Zweifel bestehen, wäre es in einer vertrauensvollen Betriebskultur eventuell möglich, der Betriebsleitung die Empfehlung zu geben, die Betriebsziele mit professioneller Unterstützung ausarbeiten zu lassen. Anzustreben ist, dass die übergeordneten Betriebsziele für alle Fach- und Querschnittsbereiche so klar und detailliert formuliert werden, dass diese Bereiche (einschließlich der IT) ihre Bereichsziele nahtlos daran anknüpfen können. Dies setzt voraus, dass die Betriebsleitung über die Betriebsziele einen konstruktiven und kompetenten Dialog mit den Bereichen des Hauses führt.

Keine allgemeingültige Logik konkreter Ziele zu Strategien und Maßnahmen

Besonders gut ist es, wenn bei diesem Dialog über die Betriebsziele gleich auch inhaltlich über die Bereichsziele gesprochen werden kann. Falls dies nicht vollumfänglich möglich ist, kann man diesem Vorgehen Elemente der nachfolgend beschriebenen Methode beimischen.

Ziele und Strategien als Antwort auf Stärke-Schwäche-Analysen

Eine eigene – wahlweise systematische oder punktuelle – Stärke-Schwäche-Analyse oder Reifegradbeurteilung aller IT-Strategie-Themenfelder ist ergänzend angeraten, sofern auf dem zuvor beschriebenen Weg der „Ableitung" seitens der Betriebsleitung nicht genügend Impulse für die IT-Ziele und IT-Strategien kommen oder ergänzend eigene Erkenntnisse aus IT-betrieblichen Erfahrungen dafür sprechen, den IT-Bereich näher auf Verbesserungsbedarfe zu untersuchen. Inwieweit die Stärke-Schwäche-Betrachtung auch betriebliche Gegebenheiten betrachtet, ist eine Frage des Anspruchs der IT auf ihren Gestaltungsbeitrag und evtl. auch der Durchsetzungsfähigkeit gegenüber dem Betrieb mit eventuell aus den Erkenntnissen folgenden Vorschlägen für Maßnahmen, sinnvoll ist es allemal. Gleichermaßen ist die intensive Betrachtung von Stärken und Schwächen innerhalb der IT gemeint, diese ist auf jeden Fall ein Muss. Die Vorgehensweise ist in Abbildung 3.18 anhand aller Themenbereiche für IT-Strategien skizziert.

Stärken-Schwächen-Analyse für den Betrieb gleich mit?

Die Bottom-Up Strategiebildung

Das „Ableiten" von IT-Zielen und Strategien, mit oder ohne Stärke-Schwäche-Analyse oder Reifegradbeurteilung, ist ein TOP-Down-Vorgehen der Ziel- und Strategiebildung. Denkbar ist es, diesen Weg durch eine Bottom-Up Analyse zu ergänzen. Diese ist keine Alternative, aber eine Anreicherung der beiden erstgenannten Wege und kann, muss aber nicht unbedingt zu Strategie-Ideen führen. Denkbar ist auch, dass sie in Ideen für Maßnahmen „steckenbleibt". Sie hat aber den Vorteil, die IT-Praktiker von „unten" sowie deren Erkenntnisse über Verbesserungsbedarfe mitzunehmen. Dieser Bottom-Up-Ansatz kann von den IT-Komponenten (Architekturelementen), IT-Management-Themen oder IT-Architekturprinzipien ausgehen.

Erfahrungen und Bedarfe „von unten" in die Strategiefindung einfließen lassen

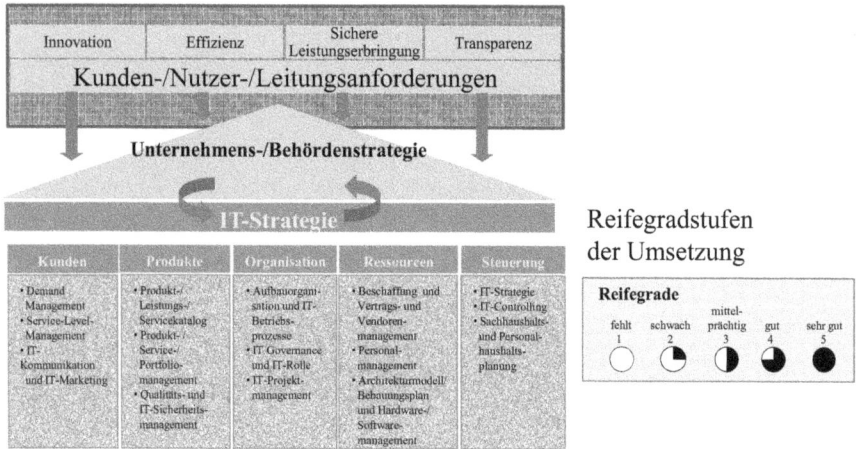

| Innovation | Effizienz | Sichere Leistungserbringung | Transparenz |

Kunden-/Nutzer-/Leitungsanforderungen

Unternehmens-/Behördenstrategie

IT-Strategie

Kunden	Produkte	Organisation	Ressourcen	Steuerung
• Demand Management • Service-Level-Management • IT-Kommunikation und IT-Marketing	• Produkt-/Leistungs-Servicekatalog • Produkt-/Service-Portfolio-management • Qualitäts- und IT-Sicherheits-management	• Aufbauorgani-sation und IT-Betriebs-prozesse • IT Governance und IT-Rolle • IT-Projekt-management	• Beschaffung und Vertrags- und Vendoren-management • Personal-management • Architekturmodell/ Bebauungsplan und Hardware-/Software-management	• IT-Strategie • IT-Controlling • Sachhaushalts- und Personal-haushalts-planung

Reifegradstufen der Umsetzung

Reifegrade

fehlt	schwach	mittel-prächtig	gut	sehr gut
1	2	3	4	5

Abb. 3.18: Stärke-Schwäche-Analyse je IT-Themenbereich

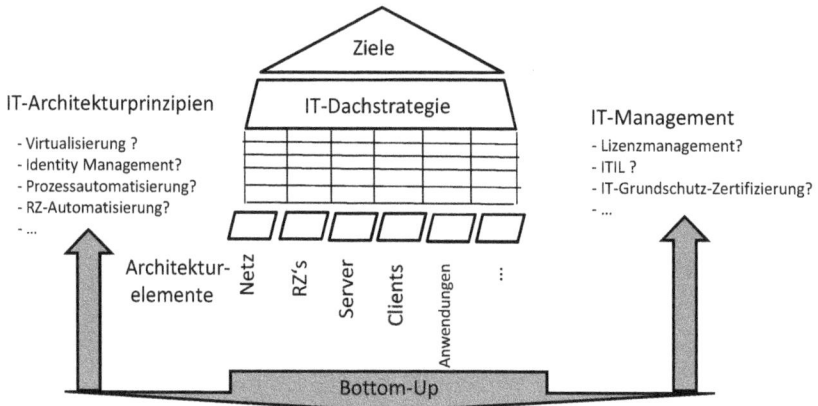

Ziele

IT-Architekturprinzipien

IT-Dachstrategie

IT-Management

- Virtualisierung ?
- Identity Management?
- Prozessautomatisierung?
- RZ-Automatisierung?
- ...

- Lizenzmanagement?
- ITIL ?
- IT-Grundschutz-Zertifizierung?
- ...

Architektur-elemente: Netz, RZ's, Server, Clients, Anwendungen, ...

Bottom-Up

Abb. 3.19: Segmente einer Bottom-Up-Strategie

Selektive Betrachtung aller Kombinations-möglichkeiten

Eine systematische und vollständige Untersuchung aller sich ergebenden Kombinationen dieser Dimensionen scheint nicht sinnvoll, wohl aber die se-lektive Sammlung von komponentenbezogenen Fragen der IT-Infrastruktur (IT-Architektur, d.h. Hardware und Software) an Architekturprinzipien und Management-Themen.

3.4 Entscheiden über Ziele, Strategien und Maßnahmen

Ziele können sich sachlich widersprechen und/oder indirekt dadurch, dass die benötigten Strategien und Maßnahmen einen Anspruch auf die gleichen Ressourcen, z. B. Zeit, Geld und benötigtes Personal erheben. Daher sind oft Entscheidungen über die Rangfolge von Zielen und daraus abgeleiteten Strategien nötig, weil nicht alles gleichzeitig gemacht werden kann.

Zielwiedersprüche in der Sache oder indirekt durch Ressourcenbedarf

Ein glatter Durchlauf oder einfaches Zuordnen sind Ziel- und Strategiefindungsprozesse meist nicht, sondern eher Abstimmungsprozesse mit gegenseitigem Abgleich der Wahrnehmung von Herausforderungen, Gegebenheiten, Maßnahmenbündeln, Fristen, Risiken usw.

- Primäre Priorisierung: Die primäre Priorisierung ist die Anordnung der Ziele nach Wichtigkeit hinsichtlich ihres Inhalts. Nicht-konkurrierende Ziele, z. B. Verbesserung des IT-Netzes oder Workflowunterstützung durch Anwendungssoftware, können parallel nebeneinander stehen bleiben. Aber konkurrierende Ziele, z. B. Verbessserung des Nutzerkomforts oder Steigerung der IT-Sicherheit, müssen evtl. sehr konkret ausformuliert werden
- Sekundäre Priorisierung: Sie zieht mögliche Strategien zur Umsetzung der Ziele in Betracht. Es mag sein, dass eine IT-Strategie zwei Ziele befördert, z. B. den Netzausbau sowohl die Performance/Nutzerzufriedenheit wie auch die IT-Sicherheit (z. B. Ausfallsicherheit, Erkennen von Endgeräten) erhöht, während bei bisher gleichrangigen und sich sachlich nicht grundsätzlich widersprüchlichen Zielen einander in der Sache widersprechen mögen. Dann sind sachliches Feintuning in den Grenzen der Strategien oder eine sekundäre Priorisierung nötig. Beispielsweise kann die Plattformstrategie mit der Strategie der schnellstmöglichen Bedienung von Fachbereichen mit Softwareanpassungen in Konflikt geraten, weil man eventuell zugunsten eines drängelnden IT-Kunden für einige weitere IT-Kunden Unannehmlichkeiten, wie die Migration der Plattform auf ein neues Release, in Kauf nehmen muss. Das Ganze mag sich noch mit weiteren IT-Strategien mischen, wie der generellen Releasestrategie usw.
- Tertiäre Priorisierung: Mehrere Ziele und Strategien mögen aus sachlicher Perspektive friedlich und nutzbringend nebeneinander denkbar sein. Spätestens bei Zugriff auf begrenzte Geld- oder Sachmittel oder dasselbe Personal treten aber Konflikte und damit der Zwang auf, Entscheidungen über die Reihenfolge der Umsetzung zu treffen.

Nachfolgend wird über die Ursachen der Zwänge zu Prioritätsentscheidungen nicht weiter eingegangen, weil der Schwerpunkt der Betrachtung auf den inhaltlichen Apekten der Ziele selber liegen soll. Für die sachliche Entscheidung über die primäre Priorisierung lassen sich Meta-Regeln formulieren. Die nachfolgende Tabelle 3.8 zeigt Beispiele hierfür.

Meta-Regeln der Entscheidung über Zielkonflikte in der IT

Tab. 3.8: Mögliche Metaregeln zur Priorisierung von IT-Zielen

Zielkategorie	Problem	Priorisierungsvorschlag (Zufallreihenfolge)
Geschäftsziele	Sachliche Widersprüche	• Sachziele mit hohem Nutzenpotenzial vor solchen mit niedrigem • Sachziele mit zwingendem Charakter vor solchen ohne externen Zwang • Strafbewehrte Formalziele vor solchen ohne Strafe • Sachziele vor Formalzielen • Externe Kunden vor internen • interne „Großkunden" vor „Kleinkunden" • …
	Widersprüche der Fachbereiche	• Prioritätensetzung durch die Leitung • Höhe des zu erwarteten Nutzens • Reihenfolge aufgrund externen Sachzwangs, z. B. Gesetze, Fehlfunktionen …
IT-Ziele	Sachliche Widersprüche	• Verfügbarkeit von Ressourcen (geeignetes Personal, Geldmittel) • Sachliche Vernetzung
	Widersprüche der IT-Bereiche	• IT-Grundbetrieb vor Neuentwicklungen • Neuentwicklung mit gesetzlichem Zwang vor „freiwilligen" Vorhaben • Maßnahmen mit Kundenwirkung vor solchen mit ausschließlich interner Wirkung

Kein Standardmodell der Strategiefindung mit Alleinstellungsmerkmal

Es gibt eine Reihe teils firmenspezifischer, teils universell einsetzbarer Vorgehensmodelle der Ziel- und Strategiefindung in IT-Bereichen. Diese Verfahren sind nicht themenspezifisch, also auch nicht IT-spezifisch, sondern allgemeine Vorgehensweisen zur Sammlung von Vorschlägen und – mehr oder weniger – erzwungener Integration. Folgende Beispiele hierfür sind nennenswert:

• Business Systems Planning, BSP (Fa. IBM)[67]
• das Strategic Alignment Model, SAM [68]
• Syntegration (Malik, Hochschule St. Gallen)

Es ist, trotz des oft gehörigen Eigenlobs mancher Anbieter, nicht erkennbar, dass es am Markt ein besonders erfolgreiches Vorgehensmodell der Strategiefindung mit Alleinstellungsmerkmal gibt. Ein Standardmodell ist nicht in Sicht. Die Vorgehensweisen als solche sind allesamt "mit Wasser gekocht" und unterscheiden sich teils nur in Nuancen oder in ihrer Schwerpunktsetzung (Prozesse, Infrastruktur usw.) voneinander. Vermutlich haben die teils unbewusste Einbeziehung der betrieblichen Besonderheiten, die Sorgfalt und Art der Durchführung und die persönliche Kompetenz der Ersteller einen großen Einfluss auf die Qualität der Ergebnisse. Die Methode selbst wird allein nur ein Teil des Erfolgs sein.

---

[67] Schmidt, 2010, S. 76; Wikipedia „IT-Architektur"

[68] Schmidt, 2010, S. 77

Die Gliederung einer Strategieausarbeitung könnte, auf der obersten Darstellungsebene, die in der Tabelle 3.9 genannten Abschnitte enthalten.

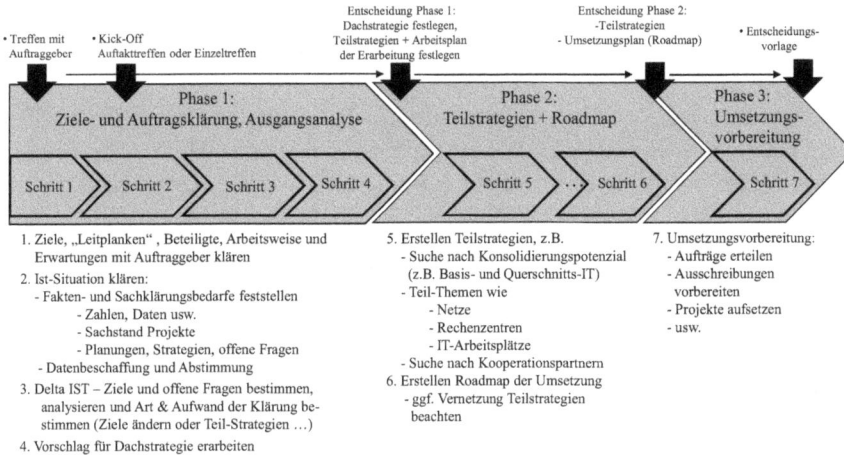

Abb. 3.20: Generischer Ablauf zum Erstellen einer IT-Strategie

Tab. 3.9: Mögliche Gliederung einer expliziten IT-Strategie[69]

Nr.	Thema
1	Auftrag und Ansatz der Strategiearbeit (systematisch oder punktuell)
2	Anforderungen durch Betriebsstrategie • Geschäftsleitung • Fachbereiche • Querschnitt • externe Regeln
3	Umweltsituation • Geschäftsumwelt • IT-Umwelt (Technik und Märkte) • interne IT-Nutzer
4	IT-IST-Situation mit Stärken und Schwächen je IT-Thema in den Kategorien Kunden, Produkte, Prozesse, Ressourcen (IT-Infrastruktur, Personalressourcen, Finanzen) und Steuerung
5	Bedarfe und Herausforderungen
6	Lösungsansätze (strategische Optionen)
7	Auswahl und ggf. Priorisierung der Lösungsansätze
8	Umsetzungsplanung und Maßnahmen
9	Erfolgskriterien

Das Ergebnis von Ziel- und Strategieplanungen kann man einer Qualitätskontrolle unterwerfen, z. B. einer Erfolgskontrolle der aufgrund von IT-Strategien

Qualität der IT-Strategie prüfen

---

[69]　　Vgl. alternativen Vorschlag in Wintersteiger & Tiemeyer, 2013, S. 53

eingeleiteten Maßnahmen. Es gibt hier keine Verfahren, die weit verbreitet oder gar zu einem quasi-Standard geworden sind. Die grundsätzliche Schwierigkeit der Erfolgsmessung einer Strategiebildung ist die, dass man nicht einfach, unbesehen vom Erfolg oder Misserfolg der Maßnahmen, wieder auf die Strategie zurückschließen kann. Die ganze Kette möglicher Ursachen ist abzuprüfen, um ein klares Bild über die Qualität der Strategie zu gewinnen:

1) Sind die richtigen Strategien aus den Zielen abgeleitet worden? Passte die Strategie überhaupt zu den Zielen und zur Situation oder war sie aufgrund falscher Vorannahmen schon falsch gewählt? War sie zwar richtig gewählt, aber „handwerklich" schlecht gemacht?

2) Sind die richtigen Maßnahmen aus den Strategien abgeleitet worden? War die Strategie richtig, die Maßnahmen aber falsch gewählt?

3) Hat es andere Ziele und zugehörige Strategien gegeben, die sich selbst bzw. deren Maßnahmen unbemerkt nachteilig auf die betrachteten Strategien ausgewirkt haben? Waren Strategie und Maßnahmen für sich betrachtet richtig und gut, hat es aber andere konfligierende Strategien und Maßnahmen gegeben?

4) Ist die Umsetzung der Maßnahmen für die Strategien „handwerklich" gut gewesen oder hat das Management der Maßnahmen Schwächen gezeigt?

Empfehlungen für die IT-Strategiebildung

Die hier aufgelisteten „logischen" Möglichkeiten, warum IT-Strategien scheitern – gleich aus welchen Gründen – führen zu folgenden „globalen" Empfehlungen für die IT-Strategiearbeit:

- IT-Strategien sollten möglichst positiv mehreren Zielen gleichzeitig dienen können. Dies sollte verprobt sein. Die Freiheit von schädlichen „Nebenwirkungen" auf scheinbar neutrale Ziele sollte möglichst geprüft werden. Dies vermindert die Wahrscheinlichkeit dafür, später zu entdecken, dass sich doch irgendwo die Dinge „beißen"
- Die der Strategie unterstellte Ausgangslage sollte sorgfältig untersucht bzw. ganz sicher als „richtig" eingestuft werden können
- Die Strategien sollten möglichst einfach und mit wenigen Maßnahmen umzusetzen sein. Je mehr Maßnahmen zwingend erfolgreich sein müssen, damit eine Strategie greift, desto höher ist die Wahrscheinlichkeit für einen Misserfolg[70].

Nachfolgend werden jetzt alle diejenigen Fachthemen und Abläufe betrachtet, die das IT-Management benötigt, um sachlich-inhaltlich leitungsbezogene Fragen und ggf. Verbesserungsbedarfe finden zu können.

---

[70] Eberl et al. (2012) weisen darauf hin, dass ein ganz einfaches mathematisches Phänomen die Erfolge der Strategieumsetzung beeinflusst: Wenn der Erfolg einer Strategie darin besteht, dass nicht nur eine, sondern mehrere Maßnahmen Erfolg haben müssen, dann wird es bei größer werdender Anzahl benötigter Maßnahmen zunehmend unwahrscheinlich, dass eine Strategie erfolgreich ist. Ist die Erfolgswahrscheinlichkeit jedes einzelnen Projekts von z. B. 10 Maßnahmen 90%, dann beträgt die Wahrscheinlichkeit dafür, dass alle 10 erfolgreich sind, nur ca. 0,35% (errechnet sich aus $0{,}9^{10}$).

4 Leitungsunterstützende Querschnittsprozesse

4.1 IT-Architekturmanagement

4.1.1 Überblick

Fälschlicherweise wird der Begriff der „IT-Architektur" gelegentlich mit IT-Strategie gleichgesetzt, obwohl es außer der IT-Architektur mehrere andere Managementobjekte für die Strategie eines IT-Bereichs gibt. Neben „IT-Governance" (siehe Abschnitt 4.2) ist „IT-Architektur" daher wohl der erklärungsbedürftigste Begriff des IT-Managements.

Begriff „IT-Architektur" wird oft mit „IT-Strategie" gleichgesetzt

Abb. 4.1: Architektur-Modellpyramide[71]

---

[71] Verändert n. Keller, 2007, S. 22 und Dern, 2006, S. 6

Architektur = „logische Blaupause"

„Architektur" als solche meint im allgemeinen Sprachgebrauch „logische Blaupause der Konstruktion"[72]. Meinungs- oder Darstellungsunterschiede gibt es beim Inhalt: Es finden sich Definitionen, nach denen „IT-Architektur" einen sehr großen Bedeutungsumfang von lichten Höhen (Unternehmensarchitektur – IT-Architektur) mit sogar „weichen" Anteilen bis hin zu sehr hardwarenahen Aspekten hat. Die Gefahr solch weitläufiger Begriffsbildungen ist ein Begriffskarussell, in das auch andere weitläufige Begriffe (z. B. Unternehmensarchitektur, Governance, IT-Controlling usw.) einbezogen sind – und damit (neben einer beginnenden Begriffsverwirrung wegen unscharfer Grenzen zu benachbarten Konzepten) ein weiter Weg, bis man das Niveau praktisch brauchbarer Hinweise erreicht. Manche Autoren grenzen den Architektur-Begriff ein, indem sie darauf hinweisen, auf was er sich bezieht. Beispiele sind:

- Anwendungs-/Applikationsarchitektur: Konzeption fachlicher Lösungen für eine spätere IT-Umsetzung, Beschreibungs-Bausteine „Funktionalität" und „System-Design"[73]
- Plattform(-architektur): In den Kategorien Betriebssysteme, Anwendungs-Software, Laufzeitumgebung, Hardware
- Datenbank-Architektur
- Informations- und Daten-Architektur: Synonym Datenmodell, d.h. logischer Zusammenhang der Daten und Festlegung aller datenbezogener Parameter wie Feldlänge, Genauigkeit, Gültigkeit usw.
- Netzwerk-Architektur
- Rechner-Architektur: Gemeint ist hier zumeist das Innenleben eines Arbeitsplatz-PCs mit den Hauptkomponenten Zentralprozessor, Arbeitsspeicher, Massenspeicher, Schnittstellen usw.
- Sicherheitsarchitektur: Gemeint ist oft das Zusammenspiel von organisatorischen und technischen Maßnahmen – im weitesten Sinne – zur IT-Sicherheit auf einem gewünschten Niveau
- …

Es gibt viele IT-Teilarchitekturen

Diese Eingrenzungen sind hilfreich, weil das Gemeinte klar umrissen wird. Der Grund für die starke Ausdehnung ist, dass das Wort „Architektur" wie ein Adjektiv die Art der Beschreibung beliebiger IT-Objekte bezeichnet. „Architektur" heißt, dass die Hard- oder Softwarebauteile gesucht, deren Struktur und Zusammenwirken sowie die „Schweißnähte", d.h. Schnittstellen, aufgezeigt und die Systemwirkung vieler Komponenten beachtet werden sollen. Es gibt daher nicht DIE IT-Architektur eines Betriebes, sondern „nur" die architekturmäßige Betrachtung der Kleinteile und ihres Innenlebens („Maus-Architektur") über die Rechner- und die Netzarchitektur bis hin zur kompletten Hardware-Architektur und ergänzend über die Software-Architektur bis hin zur IT-Gesamtarchitektur:

---

[72] Verändert n. Dubey, 2011, S. 111; Dern, 2006, S. 30

[73] Wintersteiger, 2006, S. 54

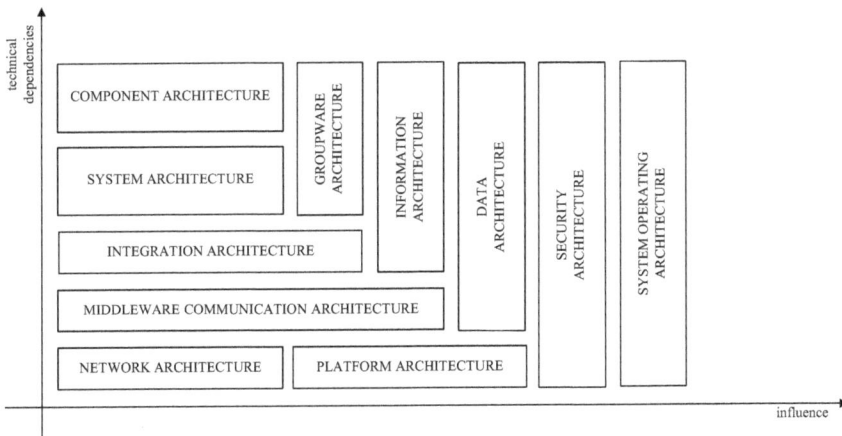

Abb. 4.2: Anteile der IT-Architektur[74]

Definition IT-Architektur(-management)

IT-Architektur bzw. IT-Architektur-Management ist eine umfassende Bezeichnung für eine strukturierte Betrachtung und ganzheitliche Steuerung
der IT-Infrastruktur mit Hardware (Netze und Netzwerktopologie, Server,
Endgeräte, Schnittstellen) und Software bis hin zur Daten- und Anwen-
dungssicht in der IT sowie der unmittelbar hiermit zusammenhängenden
Managementbereiche der IT.

Definition
„IT-Architektur"

Wenn man die IT-Gesamtarchitektur – d.h. das Gesamtportfolio aller Architekturelemente – anspricht, ist die Bezeichnung oft nur „Architektur", während
sinnvolle Segmente, z. B. alle für eine bestimmte große Anwendungswelt wie
das Rechnungswesen oder die Fachsparte xy des Betriebs verwendeten Architekturelemente, als „Architekturdomäne" bezeichnet werden.

Strategische Fragen des Architekturmanagements sind:

Strategische Fragen an
das IT-Architektur-
management

- Welche Themen/Managementobjekte sollen in das IT-Architekturmanage-
  ment des Betriebs einbezogen werden, welche Themen bleiben außen vor?
- Wie sind Entscheidungsprozesse des IT-Architekturmanagements?
- Welche Ziel-IT-Infrastruktur sollte der Betrieb haben? Welche Plattformen,
  Schnittstellen, usw. sollen künftig eingesetzt werden?
- Sollte es Unter-Gruppierungen von Architekturkomponenten, d.h. Archi-
  tekturdomänen, geben und wenn ja, welche?
- Welche Gestaltungsprinzipien sollen für weitere Infrastrukturentscheidun-
  gen gelten, seien es einzelne Komponenten oder größere Systeme?

---

[74] Matthes, 2011, S. 11

Abb. 4.3: Karikatur IT-Architektur[75]

Definition Geschäfts-
architektur

KEIN Bestandteil der IT-Architektur ist die IT-Aufbaustruktur. Die „Andock-
stelle" der IT-Architektur ist die „Unternehmens- bzw. Geschäftsarchitektur":

Definition Unternehmens-/Geschäftsarchitektur
Der Begriff Unternehmens-/Geschäftsarchitektur wird in der Literatur praktisch nur im Zusammenhang mit Erklärungen zur IT-Architektur verwendet. Er konzentriert sich dann oft auf die IT-relevanten Aspekte des Betriebes und bezeichnet (a) die aus Sicht der IT eventuell IT-unterstützungs-
fähigen Geschäftsprozesse des Betriebs, die (b) Regeln der Entscheidung
und der Zuständigkeit – „Governance" genannt – sowie (c) die Kommuni-
kationsbeziehungen und Aufbaustruktur. Die unter (a) genannten prozess-
bezogenen Anteile der Geschäftsarchitektur sind Teil aller Geschäftsprozesse, also auch solcher ohne IT-Bezug. Mit Schwerpunkt auf einer
Darstellung der Abläufe bei der Wertschöpfung wird der Begriff „Geschäftsmodell" benutzt[76]. Er bezeichnet im weitesten Sinne die seine Da-
seinsberechtigung ausmachenden Merkmale. Bei privatwirtschaftlichen
Betrieben sind das die „Marktnische" zum Geldverdienen, der Zugangswege zum Kunden, der Produkte und der Zielpreise sowie der wesentlichen
Arbeitsabläufe und wichtigen Ressourcen.

---

[75]   Bergner, 2013

[76]   „Geschäftsmodell" ist im weitesten Sinne eine Beschreibung der Geschäftsidee und der logischen Zusammenhänge zwischen ihren Komponenten, nicht jedoch der Wettbewerbssituation.
Es gibt keine einheitliche Definition von „Geschäftsmodell" in der Literatur, vgl. Gabler Wirtschaftslexikon, Stichwort „Geschäftsmodell", www.wirtschaftslexikon.gabler.de, 25.12.2013

Die Beziehung zwischen der IT-Architektur und der Geschäftsarchitektur ist keineswegs einseitig: Geschäftsarchitekturen können generell in hohem Maße von der IT beeinflusst und von ihren Möglichkeiten getrieben sein[77]. Dies ist naturgemäß in der IT-Branche („primäre IT-Industrie") und in Branchen mit IT-lastigen Geschäftsprozessen (z. B. Vertrieb über das Internet bei Internet-Händlern, Online-Banken und Online-Börsen, usw.) ausgeprägter zu beobachten als bei Betrieben mit Geschäftsmodellen, die weniger IT-affin sind.

Das IT-Architekturmanagement hat mehrere Aufgaben. Es dient der … Aufgaben des Managements der IT-Architektur

- Schaffung von Transparenz und Bewusstheit über die vorhandene hardwaretechnische Infrastruktur, über die Binnenstruktur der Software sowie die Hard- und Softwareschnittstellen
- Herstellung von Transparenz über betriebsweit nötige eingesetzte Datenmodelle (Betriebs-Stammdaten im Querschnitts- und Fachbereich)
- Bestimmen eines betriebsspezifischen geeigneten Niveaus, auf dem die technische Standardisierung und Vereinheitlichung sowie Entscheidungsregeln Sinn machen und durchzuhalten sind. Hierbei auch Berücksichtigen der Veränderungsbedarfe und -freiheiten („Flexibilität")
- Entwurf und Dokumentation von Referenz- und Zielarchitekturen (u.a. in Bebauungsplänen) und einer Planung zur Umsetzung (Roadmap)
- Durchführen der Arbeiten zur Implementierung der Zielarchitektur
- Fortschreibung der Zielarchitektur
- Erleichtern der internen Kommunikation sowie der leichteren Einarbeitung eigener Beschäftigter oder Dritter (Dienstleister).

Auf die betriebliche Situation übertragene Architekturmodelle tragen das Potenzial in sich, Ziel-Architekturen zu werden und damit den Standard zu setzen. Das „Thema Standard" stellt sich im Bereich des IT-Managements in vielfältiger Weise (s. auch Abbildung 4.5): Betriebliche IT-(Architektur-) Standards sind etwas, das man bewusst „herbeimanagen" muss. Ohne diese bewusste Standardisierung besteht die Gefahr, dass sich recht bald, aus folgenden Gründen, eine unübersichtliche Situation einstellt: Architekturmodelle sollen Standards sein

- Bedarfsträger für IT-Fachanwendungen kommen zu unterschiedlichen Zeitpunkten auf die IT zu mit der Bitte nach neuen IT-Systemen oder Änderungen laufender Verfahren. Hieraus können, neben zeitbedingten Ressourcenkonflikten, vor allem verpasste Gelegenheiten für die Abstimmung vereinheitlichungsfähiger und/oder -bedüftiger Stammdaten, Abläufe (wiederverwendbare Gleichteile, SOA) und gemeinsamer Plattformen entstehen

---

[77] Vgl. Beispiele in Osterle & Jordan, 2010

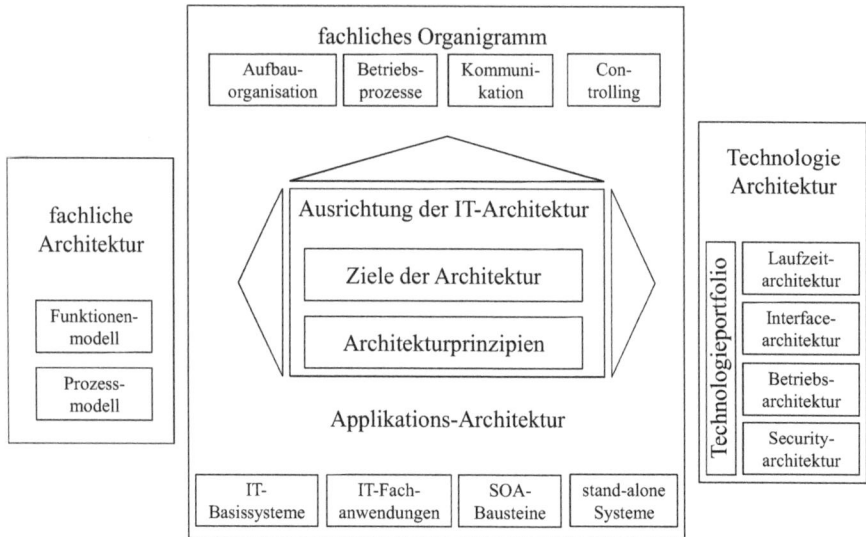

Abb. 4.4: Geschäfts- und IT-Architektur in einem Bild[78]

- Die Mehrkosten für flexible und stärker skalierungsfähige Systeme will keiner der einzelnen IT-Kunden allein bezahlen, erst recht nicht den zeitlichen Mehraufwand u.a. für Abstimmungen über organisatorische und fachliche Vereinheitlichung komplexer Fachthemen. Wenn die IT oder die Betriebsleitung keinen Anlauf nehmen zu betriebsweit sinnvollen IT-Architekturen, entstehen fast automatisch fragmentierte IT-Landschaften. Diese sind in Summe meist teurer und risikoreicher zu betreiben als die mit dem Einmal- und Daueraufwand einer Optimierung der IT-Architektur hergestellten, bewusst durchstrukturierten Situationen

Manche IT-Produkte tragen das Potenzial des Standards für andere Architekturelemente in sich

- Anbieter von Hard- und Software transportieren mit ihren Produkten auch mehr oder weniger Festlegungen für Architekturelemente, z. B. Schnittstellen sowie zunehmend auch Arbeitsabläufe, Begrifflichkeiten, Entwicklungswerkzeuge und Managementkonzepte. Dies fällt besonders auf, wenn in einem IT-Bereich verschiedene Welten gleichzeitig betrieben werden, z. B. die „blaue" IBM Hardware mit DB 2 Datenbanken und andere z. B. Sun Solaris und Oracle-Datenbanken. Natürlich kann man Hardware- und Software trennen – in der Software die Datenbankschicht vom Rest usw. – dennoch bleiben letztlich starke praktisch wirksame Unterschiede, wie z. B. die reduzierte Möglichkeit des Einsatzes der gleichen Personen in beiden technischen Welten usw., erhalten.

---

[78]   Aus Tiemeyer, 2013c, S. 97

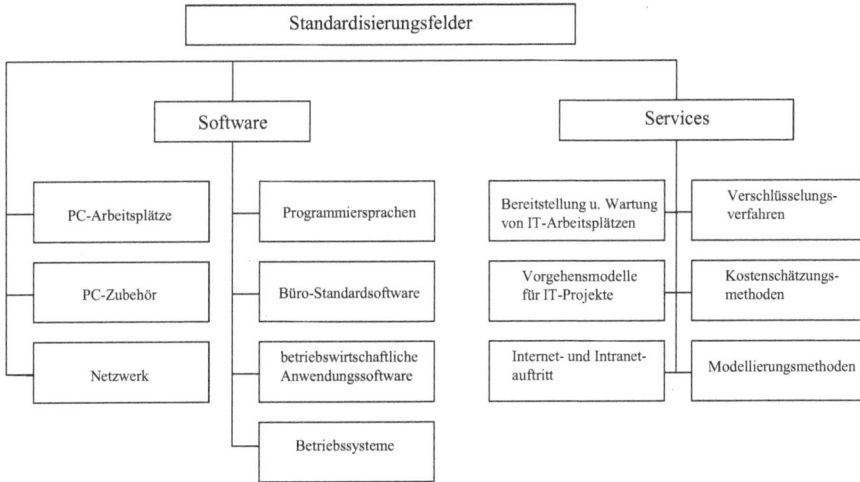

Abb. 4.5: Standardisierungsbereiche Architekturkomponenten[79]

Standardisierung ist der Feind der Einzelplatzoptimierung: Der Entscheidungs-hintergrund von fragmentierten IT-Landschaften ist oft eine Strategie der Einzel-falloptimierung im Sinne des „best-of-the-breed". Dieser ist, mit der Brille der gesamtbetrieblichen Effizienz betrachtet, oft ein falscher Ansatz. Allerdings ist Effizienz nicht alles – es kann immer Fälle besonders hoher und zeitlich unab-weisbarer Bedarfe nach besonders hoher Effektivität geben. In weiser Voraussicht dieser Situationen sollte sich das IT-Architekturmanagement verständigen zu …

Standardisierung ist Feind der Einzelfalloptimierung

- ggf. sinnvoll abgegrenzten Segmenten der Architektur, d.h. Architektur-domänen mit jeweils gesonderten Architekturprinzipien,
- regelmäßigen Abstimmungen über die Fortschreibung des Architektur-ansatzes, am besten verzahnt mit einer Planung des IT-Portfolios
- einer „Gnaden-Regel" für Anträge zu Gewährung von Ausnahmen gegen-über festgelegten architektonischen Prinzipien.

Erfolgreiches Architekturmanagement – so eine Meinung[80] – hat damit den Charakter einer Mischung zwischen strategischen und operativen Aspekten, zwischen Dogma und Flexibilität.

Architekturmanagement zwischen Dogma und Flexibilität

Ein IT-Architekturmanagement, das auf „der grünen Wiese" startet und ge-wachsene IT-Infrastrukturen vorfindet, kann in vielen IT-Bereichen wegen …

Geschäftsarchitekturen mittelfristig nicht stabil

- des Mittel- bis Langfristcharakters der Entwicklung von IT-Infrastrukturen
- der sich teilweise schnell bewegenden Unternehmensdatenmodelle

---

[79] Gadatsch & Mayer, 2006, S. 85

[80] Leicht verändert aus Dern, 2006, S. 13

Unterteilung in Plattformen	Unterteilung in Business Cluster (Auszüge …)

Vertrieb		Filiale	Bank-automat	online	…		Geschäfts-partner

Abwicklung — Unterstützung

Steuerung

Konto ZV | Kredit | WP | …

Sicher-heiten

HR

Melde-wesen | Risiko | SAP FI/CO | … | IT

➢ Aufbrechen der IT-Landschaft in vier Plattformen entlang der Kernprozesse des Finanzinstituts: Vertrieb, Steuerung und Abwicklung (hier Beispiel Retail)
➢ Ergänzt um querschnittliche betriebs- und bankfachliche Funktionen in der Unterstützungsplattform

➢ Definition von Business Clustern in Anhängigkeit der Geschäftsmodelle und der beinhaltenden Fachfunktion
➢ Verbinden der Plattformen und Business Cluster über Daten- und Integrationsstruktur

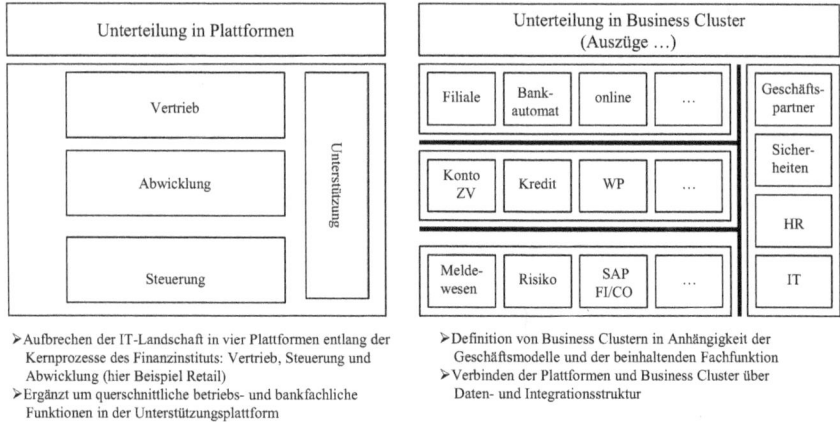

Abb. 4.6: Verteilung der Anwendungswelten auf Plattformen[81]

- der Dynamik der Kundenbedarfe für neue oder geänderte Fachverfahren
- der Nutzerwünsche z. B. nach neuen Endgeräten wie Smartphones
- diese nicht auf einen Schlag und auf Dauer optimal auf die Geschäftsarchitektur ausrichten, da die Geschäftsarchitektur selbst auf teilweise mittelfristig nicht vorhersehbare Weise beweglich ist.

Entwicklungsstufen des UAM

Idealtypisch kann man verschieden hohe Entwicklungsstufen des Geschäftsarchitekturmanagements (Synonym: Unternehmens-Architekturmanagements, UAM) mit der Verzahnung zur IT unterscheiden (siehe Abbildung 4.7):

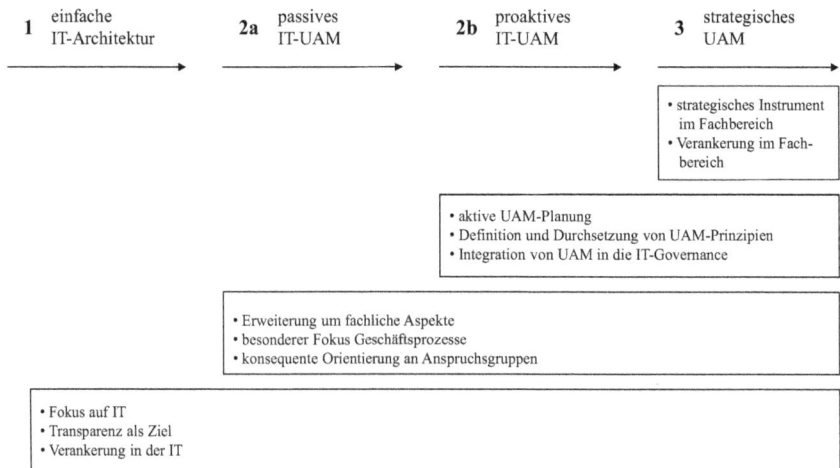

1 einfache IT-Architektur   2a passives IT-UAM   2b proaktives IT-UAM   3 strategisches UAM

- strategisches Instrument im Fachbereich
- Verankerung im Fachbereich

- aktive UAM-Planung
- Definition und Durchsetzung von UAM-Prinzipien
- Integration von UAM in die IT-Governance

- Erweiterung um fachliche Aspekte
- besonderer Fokus Geschäftsprozesse
- konsequente Orientierung an Anspruchsgruppen

- Fokus auf IT
- Transparenz als Ziel
- Verankerung in der IT

Abb. 4.7: Stufen Unternehmensarchitekturmanagement (UAM)[82]

---

[81]   Keuper et al., 2010, S. 106

[82]   Aier et al., 2012, S. 18

- Die erste Stufe „einfache IT-Architektur"
- Stufe 2: passives (a) und proaktives (b) UAM
- Stufe 3: strategisches Unternehmens-Architekturmanagement.

Wie bei allen Stufenmodellen und auch der „Reife"-Betrachtung enthalten diese Modelle einen Soll-Anspruch bzw. eine wertende Komponente, die eine Entwicklung in Richtung der höchsten Stufe nahelegt. Ob diese Entwicklung auch möglich und im Rahmen der Gegebenheiten sinnvoll ist und welche besonderen Schwierigkeiten (wie z. B. malade Ausgangs-Infrastruktur, geringes Budget, Widerstände in der Betriebsleitung oder bei den Nutzern) hierbei zu überwinden sind, bleibt außer Betracht.

UAM-Modelle geben Entwicklungs-Maximum ohne Rücksicht auf deren Realisierbarkeit vor

Nachfolgend sollen die größten Gegenstandsbereiche des IT-Architekturmanagements ohne wertende Aussagen dargestellt werden.

4.1.2   Softwarearchitektur

Übersicht
Software ist ein „dynamischerer" Teil der IT-Objektwelt als die IT-Hardware. Auch auf Software kann man den – im Bereich IT ursprünglich ausschließlich für die Hardwarekomponente „Zentralprozessor" gebrauchten – Architektur-Begriff und den im Architektur-Gedanken enthaltenen Anspruch auf ganzheitliche Betrachtung der Strukturierung sowie der bewussten und optimierenden Gestaltung anwenden. Da Individualsoftware eines Betriebs maßgeblich – zumindest mehr als normalerweise die Hardware – zu dem Geschäftserfolg und der Corporate Identity beitragen kann und ihre betriebsspezifische Vorbereitung meist wesentlich aufwendiger ist, als der Einbau neuer Hardware, stellt sie auf jeden Fall einen wichtigen Betrachtungsgegenstand des strategischen IT-Managements dar.

Software ist der dynamische Teil der IT-Architekutr

> **Definition Softwarearchitektur**
> Die Softwarearchitektur beschreibt strukturelle Anforderungen an die innere und äußere Gestaltung von Software. Sie enthält einerseits eine Beschreibung der Softwarekomponenten, Schnittstellen und ihrer Beziehung miteinander, andererseits auch die anzuwendenden Design- und Entwicklungsregeln, vgl. IEEE Norm 1471-2000. Zwecke der Steuerung von Softwarearchitekturen können, einzeln oder in Kombination, die bessere Wartungsmöglichkeit, Flexibilität, Mehrfach-Nutzbarkeit, Update-Fähigkeit, Sicherheit und Transparenz der Software sein. Als Folge dieser Verbesserungen sind reduzierte Kosten und eine verbesserte Qualität zu erwarten.

Definition Software-architektur

Software-Architekturen lassen sich u.a. anhand folgender häufiger Beschreibungsmerkmale von Architekturmustern charakterisieren:

- Modularisierung von Softwarefunktionen in Bausteinen
- Hierarchie von Softwarekomponenten/Modulen
- Kapselungsmöglichkeit von Funktionen auf verschiedenen Ebenen („Schichten")

- Zusammenfassung versus Verteilung von Daten.

Ein immens wichtiges, wenn auch „banales" Merkmal betrachteter Software ist die Kompatibilität mit Betriebssystem(version)en und Laufzeitumgebungen.

Fragen an das Softwaremanagement

Typische strategische Fragestellungen an das Softwaremanagement sind:

- Welche Metaregeln des Software-Architekturmanagements sollen gelten? Welche Zuständigkeiten, Verfahrensweisen, Beschreibungsstandards? Metaregeln des Softwarearchitekturmanagements sind Festlegungen z. B. zu der Frage, ob es überhaupt gemeinsamer Festlegungen über Softwarearchitekturen bedarf oder alle Softwareentwicklungen und softwarebezogenen Entscheidungen im diskontinuierlichen Modus von Terminen anstehender Einzelfälle gelöst werden sollen. Eine weitere organisatorische Frage wäre, wer zu welcher Gelegenheit mit welcher Bindewirkung Regeln für Softwarearchitekturen erstellt, aktualisiert und durchsetzt.
- Wer sollte Verantwortung für die Software-Architektur tragen? Eine Einzelperson oder ein Gremium? Sollten die verantwortlichen Softwarearchitekten kommerzielle Angebote der Zertifizierung[83] wahrnehmen?

Frage nach Niveau der Flexibilität

- Welches Niveau der Flexibilität (Anpassungs- und Änderbarkeit), Wartungsmöglichkeit und Performance benötigt die Software? Dies ist ganz wesentlich eine Frage der Dynamik der geschäftlichen Anforderungen und Prozesse. IT-Bereiche in eher statischen Geschäftsmodellen mit sehr vorhersehbaren Änderungen, die sich evtl. nur im Bereich von Parametern abspielen, sind in einer anderen Lage als Betriebe, bei denen plötzliche Bedarfe nach neuen Softwareanwendungen oder tiefe Änderungen in bestehenden Anwendungen auftreten

Frage nach Entwicklungsstandards

- Welche Softwarestandards werden für Eigenentwicklungen gesetzt (Programmiersprachen, Entwicklungsumgebung(en), Laufzeitumgebung(en), Schichtenmodell, Komponenten, usw.)? Werden für Anwendungsbereiche bestimmte Softwareprodukte als Standard(-plattform) „gesetzt" – wenn „ja", für welche? – oder wählt man bei neuen Entscheidungslagen völlig frei nächste Produkte aus? Software-Standards für Entwicklungsarbeiten können sehr pauschale, aber auch sehr feinteilige Regeln sein. Eine weit verbreitete Architektur-Regel im weitesten Sinne ist die Festlegung der Software-Sprache. Programmiersprachen sind letztlich nichts anderes als eine Festlegung von Regeln der Syntax alternativer Befehlswörter zur Festlegung von Algorithmen und Datenstrukturen. Dazu kommen ggf. Hilfsprogramme zur Fehlersuche, zum Erzeugen ausführbarer Dateien sowie Bibliotheken fertiger Softwarebausteine. Der Zweck der Festlegung von Programmiersprachen und Entwicklungsumgebungen kann einerseits technisch getrieben sein, aus dem Gesichtspunkt der Kompatibilität oder der Ermöglichung bestimmter Eigenschaften der Anwen-

---

[83] Zertifizierungsmöglichkeiten in derzeit drei Stufen der Expertise durch Kurse, die das in Deutschland gegründete International Software Architecture Qualification Board (iSAQB e.V.) lizensiert hat, www.isaqb.org

dung (z. B. interne Rechengenauigkeit), andererseits aus dem Blickwinkel der Kompatibilität zu einem quasi-Branchenstandard (z. B. der Berichtssprache XBRL – einem XML-Derivat – für die deutsche Bankenindustrie)

- Können für bestimmte fachliche Bausteine immer gleiche Softwarebausteine im Sinne der „Serviceorientierten Architektur" (SOA) eingesetzt werden? Spielen da die Fachbereiche mit, wie lange bleiben fachlich gleiche Abläufe und Datenmodelle auch wirklich gleich? Übersteigt der Nutzen des SOA-Ansatzes die Kosten und Mühen seiner Einführung? Arbeiten die Fachbereiche oder der querschnittliche Organisationsbereich in die gleiche Richtung oder trägt der IT-Bereich allein die Last des im SOA-Ansatz liegenden Harmonisierungsversuches?

Serviceorientierte Architektur

Antworten auf einige dieser grundsätzlichen Fragen versuchen „Architekturmuster", d.h. Software-Design-Entwürfe auf sehr hoher Abstraktionsebene zu geben. Einige von ihnen werden nachfolgend durch eine systematische Auflistung in Tabelle 4.1 mit Stichworten vorgestellt.

Tab. 4.1: Software-Architekturmuster

Architekturmuster	Ansatz	evtl. strategische Bedeutung
Verteilte Systeme	Client-Server	Lastverteilung zentral-dezentral, Belastung Netz bei „fat client" geringer belastet als bei „thin client". Sicherheit des Client bei „Thin Client" höher
	Peer to Peer (P2P)	Grundidee: Gleichberechtigte Computer in einem sich selbst organisierenden Netz stellen Dienste zur Verfügung oder nehmen sie auch an. Verschiedene technische Ansätze im Detail
	Serviceorientierte Architekturen	Funktionale Gleichteile arbeiten unter der Oberfläche verschiedener Fachanwendungen. Hohe Ausfallsicherheit und Lastverteilung möglich, allerdings wegen vieler Beteiligter auch eine gewisse Intransparenz
Interaktive Systeme		Diese Systeme versuchen besonders die technische Realisierung der Interaktion von Nutzer und IT-System zu optimieren
Adaptive Systeme[84]		Adaptivität ist eine „Selbstlernfähigkeit" der Software und soll z. B. bei Datenfilterung eine höhere Ressourceneffizienz und schnellere Ergebnisse erzeugen
Andere Muster	Schichtenmodelle	Ebenen der Software werden „sauber" gekapselt und getrennt
	Domänenansatz	Themenspezifisch optimierte Programmiersprachen (z. B. XBRL für die Bankindustrie), Musterarchitekturen usw.

---

[84] Hier gibt es eine unübersichtlich große Zahl von Mustern, deren tatsächliche Anwendung im betrieblichen Bereich vermutlich noch nicht sehr groß ist

Schichtenmodelle und
Serviceorientierte
Architektur (SOA)

Einige der vermutlich am weitesten verbreiteten oder diskutierten Architekturmuster, Schichtenmodelle und Serviceorientierten Architekturen, werden in nachfolgenden Abschnitten vorgestellt.

Typische Kategorien für softwarearchitektonische Festlegungen verschiedener Tragweite sind in der Tabelle 4.2 enthalten.

Tab. 4.2: Bsp. für Festlegungen der Softwarearchitektur[85]

Nr.	Festlegung	Erläuterung
1	Anwendungen horizontal skalierbar	möglichst Nutzen der gleichen Software für den gleichen Zweck
2	Berechtigungskonzept und durchgehendes Rollenmodell zentral hinterlegt oder in jeder Software einzeln	soll ein Identity Management den Zugriff Berechtigter auf alle Softwareprodukte mit nur einem Passwort ermöglichen?
3	Bereitstellen Benutzerschnittstelle im Web-Browser	Dateneingabe und -austausch über das Web möglich
4	Kapselung, Komponentenstruktur, Serviceorientierung	Wiederverwendbare Komponenten
5	Kaufen, vor Customizen, vor selber machen	Risiken vermeiden und Aufwände vorab berechenbar machen
6	keine Umgehungslösungen. Probleme werden innerhalb einer Anwendung gelöst	keine Workarounds mit unbekannten Folgeproblemen bei künftigen Anwendungen
7	Plattformen für Anwendungsbereiche festlegen	Nutzen des integrierten Datenmodells, der Schnittstellen und zukünftigen Erweiterungen
8	Programmiersprache(nwelt)	
9	Redundanzfreiheit	
10	Schichtenmodelle, z. B. 3-Tier (Drei-Schicht) Architektur	schreibt die Trennung von Ebenen in der Software vor, meist Daten(bank-)ebene, Funktionsebene und Benutzerschnittstelle
11	Referenzarchitektur festlegen	enthält einige der oben genannten Architekturmerkmale
12	Serviceorientierte (modulare) Architektur	

Kein Thema der Softwarearchitektur im engeren Sinne sind allgemeine betriebswirtschaftliche Fragen des Softwaremanagements (z. B. die Beschaffung, Lizenzverwaltung) und die überwiegend operativen Aufgaben des Releasemanagements. Diese werden daher in Abschnitt 6.2. behandelt.

Exkurs: Schichtmodelle der Softwarearchitektur

„Schichten" in der Softwarearchitektur sind hierarchisch-funktionelle Kapselungen der Software. Zweck ist eine leichtere Wartung und Austauschbarkeit

---

[85]   Architektur-Festlegungen für die IT eines deutschen Bundeslandes; Architekturprinzipien Schweizer Bundesbahnen in Kummer & Ryts, 2010, S. 157

sowohl von Softwaremodulen wie auch von Hardware, wenn die Schichten eine verschiedene Nähe zur Hardware haben. Die einzelnen Schichten sind durch Schnittstellen miteinander verbunden, im Idealfalle sind die Schnittstellen der Schichten untereinander standardisiert.

Verwendet man die Schichten-Sicht zunächst auf einzelne Anwendungen, dann kann man Folgendes sagen: Zum Einsatz kommen oft Zweischichten- oder Dreischichten („3-tier") Architekturen. Beide können in Client-Server-Hardwarearchitekturen abgebildet werden (siehe Abbildung 4.10 im nächsten Abschnitt dieses Kapitel, Thema „Hardwarearchitektur"). Möglich sind aber auch noch weitere Schichten, die nachfolgende Tabelle 4.3 zeigt fünf. *(Randnotiz: 2-tier und 3-tier Architektur)*

Tab. 4.3: Bsp. Software-Schichten und Hardware-Abbildung

Softwareschicht	Hardware	Ort der Hardware in C/S-Architektur
Präsentationsschicht	Mobiler oder stationärer IT-Arbeitsplatz	dezentral
Steuerungsschicht		dezentral (fat client) oder zentral (thin client)
Geschäftslogikschicht		dezentral (fat client) oder zentral (thin client)
Datenzugriffsschicht	z. B. Datenbankmanagement-system	zentral
Datenschicht	z. B. Datenbanken	zentral

Die Schichten-Sichtweise kann man auch für die gesamte Software-Anwendungslandschaft verwenden, dann resultieren Bilder mit einer noch größeren Zahl an Schichten (und Modulen). Auf jeden Fall sind dann auch das/die Betriebssystem(e), ein internes Netz und evtl. Zugänge zu externen Netzen ergänzend in die Gesamtdarstellung aufzunehmen. *(Randnotiz: Mehrschichten-Architektur)*

Exkurs Serviceorientierte Architektur

Der Wunsch von IT-Verantwortlichen, IT-unterstützte fachliche Abläufe in verteilten Systemen durch Software-Gleichteile bedienen zu können, wird durch das Konzept der Serviceorientierten Architektur ausgedrückt:

Definition Serviceorientierte Architektur, SOA[86]
Der Begriff „Serviceorientierte Architektur" bezeichnet einen organisatorisch-technischen Gestaltungsanspruch für Geschäftsabläufe mit möglichst hohem Ausmaß an Gleichteile-Standardisierung durch gekapselte IT-Anwendungsbausteine unterstützen zu können. *(Randnotiz: Definition Serviceorientierte Architektur)*

---

[86] Ähnlich Heuermann & Tomenendal, 2011, S. 148

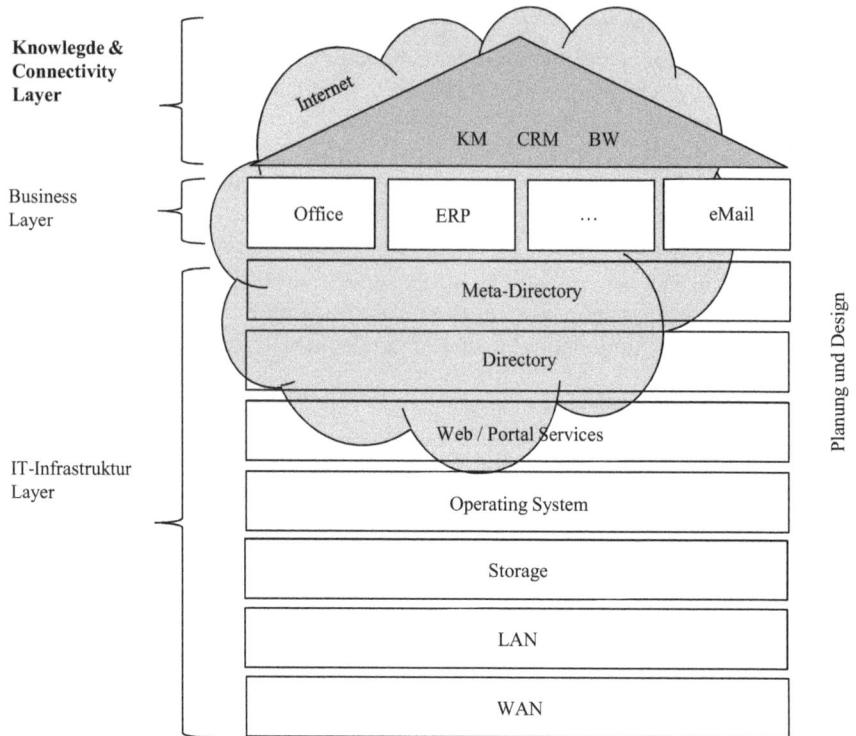

Abb. 4.8: Schichtenmodell Anwendungslandschaft[87]

Der tatsächliche Nutzen der Entwicklung von SOA-Bausteinen setzt voraus, dass die fachlichen Arbeitsabläufe auch ein hohes Maß an Gleichartigkeit haben und auch künftig behalten werden. Dies ist letztlich eher eine Aufgabe der für die fachlichen Prozesse Verantwortlichen und nicht des IT-Bereichs.

Gründe für
SOA-Architekturen

Mögliche strategische Gründe der Wiederverwendung sind:

- Sparen von Entwicklungskosten für die Software-Abbildung der im Baustein enthaltenen Funktionalität. Dieser Spareffekt tritt nicht bei der ersten Anwendung, sondern erst bei mehrfacher Nutzung in verschiedenen Anwendungen auf. Initial ist mit höheren Aufwendungen zu rechnen, weil die SOA-Komponenten ggf. sorgfältiger designt werden müssen als herkömmliche Software-Bausteine
- Sparen bei der Pflege und Weiterentwicklung, weil die Dokumentation der Software und diese selbst bei Änderungen nur einmal angefasst werden müssen und es leichter ist, Sachkompetenz für einen einzigen Softwarebaustein vorzuhalten als für mehrere verschiedene

---

[87]   Verändert aus Tiemeyer, 2013b, S. 96

- Festschreiben von Zuständigkeiten in der IT für bestimmte im Baustein enthaltene IT-Funktionalität (die Fach-Hoheit verbleibt im Fachbereich). Dieser Aspekt ist sicher eher die Folge einer innerhalb des IT-Bereichs erfolgenden organisatorischen Regelung der Alleinzuständigkeit als die Konsequenz einer originären Festlegung auf den technischen SOA-Ansatz. Jedoch kann und sollte die SOA-Idee in IT-Bereichen mit Software-Entwicklungsarbeiten einen Anlass bieten, organisatorische Zuständigkeitsfragen im IT-Bereich exklusiv zu regeln
- Festschreiben auch des „Datenmodells" im SOA-Baustein. Dies ist sicher eine ungewöhnliche Betrachtung, aber in Fällen des Wildwuches an Begriffen und Konzepten durchaus ein ergänzender Vorteil.

Besonders prominente Beispiele für den hohen Nutzen von SOA-Architekturen sind die, im Öffentlichen Bereich Deutschlands im Rahmen der eGovernment-Initiativen vom IT-Planungsrat beauftragten Komponenten z. B. für Bezahlvorgänge im Internet als Teil behördlicher Kontakte zu Bürgern und Wirtschaft. Hier gibt es zahlreiche Software-Anwendungen von Kommunen und Landesbehörden, die potenzielle Nutzer der Bezahlfunktion sind. Der Schwachpunkt ist hier – wie wohl analog auch in vielen Betrieben der Privatwirtschaft zu befürchten – die mangelnde Durchsetzung dieser Komponenten als allein zulässiger Baustein, weil theoretisch jede Gebietskörperschaft (Bund, Länder, Kommunen) weiterhin für sich das Recht beanspruchen könnte, doch wieder ihre eigene Software zu entwickeln oder zu kaufen. Dies ist eine nicht untypische Situation, IT-Bereiche sind meist allein viel zu schwach, SOA-Architekturen zu erzwingen und zu bewahren. *[Randnotiz: SOA sind schwer durchzusetzen]*

Ein IT-Bereich kann i.d.R. nicht im Alleingang serviceorientierte Architekturen beschließen, da die Hoheit über die fachlichen Prozesse in den Fachbereichen oder im Querschnittsbereich liegt. SOA sind zuerst serviceorientierte Facharchitekturen, d.h. harmonisierte, fachliche Abläufe, und erst in zweiter Linie serviceorientierte IT-Softwarebausteine. Wenn die Fachbereiche sich nicht auf die Harmonisierung sehr ähnlicher Prozesse und das Gleichhalten identischer Prozesse verständigen, gibt es keine Möglichkeit für fachliche Gleichteile in der Anwendungssoftware. Nur für die technischen IT-Prozesse unter der Oberfläche der fachlichen Präsentationsschicht kann der IT-Bereich allein bestimmen, da sie ja im Hoheitsbereich der IT selbst liegen. *[Randnotiz: SOA sind mehr Aufgabe des Organisationsbereichs als der IT]*

Exkurs Software-Plattformen

Der Einsatz von Softwareprodukten, die man als „Plattform" setzt und damit den möglichen „Zoo" an Anwendungen verkleinert und den verbleibenden Rest auf einen Anker hin ausrichtet, hat praktisch eine große Bedeutung für das IT-Management. Dennoch gibt es keinen sehr großen Bedarf nach einer sehr scharfen Definition von „Plattform", darauf deuten die nur gelegentlichen Definitionsversuche in der Literatur hin.

Definition Plattform
und Portal

Definition Software-Plattform und Portal

„Plattform" ist eine Software, die ein relativ breites funktionales Spektrum abdecken kann, mehrere interne Komponenten enthält und bewusst dazu eingesetzt ist, einen Zoo an alternativen Produkten zwecks Reduzierung der technischen Heterogenität zu verhindern. Plattformen können mehrere verschiedene fachliche Anwendungen, eine Programmiersprache, Bibliotheken, eine Datenbank, eine Laufzeitumgebung usw. und interne Schnittstellen zwischen den eigenen Komponenten enthalten.

„Portale" sind mächtige Anwendungen, die den personalisierten Zugriff auf viele, auch sachlich heterogene Fachanwendungen sowie ggf. den Zugang zu separaten Diensten (intern und extern) sowie eine Stammdatenverwaltung für die Nutzer bieten.

Softwareplattformen sind
auch eine Form der SOA

Das im SOA-Ansatz liegende Streben nach funktionalen Gleichteilen mit fachlichen Abläufen lässt sich mit geeigneten Produkten von der Mikro- auf die Makroebene heben und als ganze Software-Plattform zum Standard erklären. Hier ist der Vorteil der Wiederverwendung i.d.R. zwar nicht immer auf alle Bestandteile der Plattform bezogen, sondern auf den „Kern" der Anwendung (z. B. die SAP Basis), eine zugrundeliegende Datenbank und das (Stamm-) Datenmodell. Dennoch werden meist damit auch sehr viele funktionale, zumindest technische Gleichteile eingesetzt. In den Querschnittsbereichen der Betriebe wirkt der Plattform-Gedanken deshalb besonders stark, weil es eine Schnittmenge gemeinsamer Stammdaten gibt (z. B. Personaldaten, Adressdaten, Anlagegüter), die die Verwendung eines in dieser Schnittmenge identischen Datenmodells und eines gemeinsamen Systems nahelegen. Überall da, wo es bei Fachbereichen Ähnlichkeiten gibt, können Plattformen eventuell den gleichen Argumentationsvorteil ausspielen. Darüber hinaus bringen Plattformen oft vorkonfigurierte Abläufe (Workflows) mit, die im Falle der Passung zu den Bedarfen des Betriebs einen Startvorteil bei der Implementierung gegenüber völlig neu erstellten Systemen bedeuten.

Datenbanken und
DataWarehouse als
„Plattform"

Eine besondere Frage der Wahl von Plattformen ist die Wahl der Datenbank(en) oder der Data-Warehouse-Architektur für die betrieblichen Anwendungen. Es sollte möglichst versucht werden, nur eine Datenbanksoftware, und diese mit möglichst wenigen Versionsständen, im Einsatz zu haben. Zwischen DB 2 von IBM und Oracle liegen nicht nur technologische Unterschiede, es ist auch praktisch schwierig, IT-Personal aus der einen Datenbankwelt in der anderen tätig werden zu lassen, und umgekehrt. Wenn es nicht gelingt, die Fach- oder Querschnittsverfahren auf der gleichen Datenbankplattform unterzubringen und gleichzeitig aber ein hoher Bedarf an gemeinsamer Datennutzung (z. B. für ein zentrales Berichtswesen) vorhanden ist, sollte man an eine, in der nachfolgenden Abbildung 4.9 skizzierte, Data Warehouse – Architektur mit Business Intelligence (BI) Software als gemeinsamer Reportingschicht aller Anwendungen denken. Hier kann man die Reportingschicht der einzelnen Fachverfahren teilweise ersetzen durch die meist sehr ausgeprägten Analyse- und Darstellungsmöglichkeiten von BI-Tools.

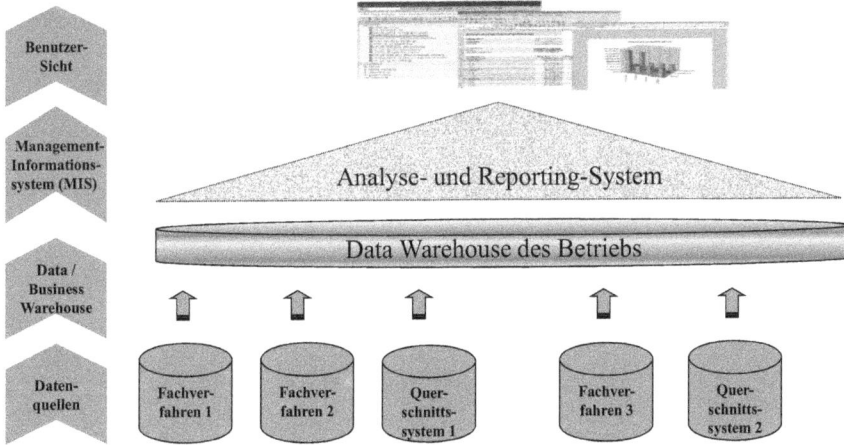

Abb. 4.9: Architektur Data-Warehouse und BI-System

Die Vorteile einer Software-Plattform wirken sich nicht nur unmittelbar bei technischen Erstellungs- und Betriebsleistungen aus, sondern evtl. auch in „weichen" oder operativen Querschnitts-IT-Managementthemen wie Personal(entwicklungs-) Management, Betriebsabläufen (z. B. Wartungsterminen), dem Vertrags- und Lizenzmanagement und ggf. dem Wissensmanagement.

Vorteile einer Software-Plattform

Diese möglichen Vorteile beim Einsatz einer Plattform erkauft man evtl. mit einer relativ starken Abhängigkeit vom Softwarehersteller (diese wäre ggf. allerdings auch bei alternativen kleinteiligeren Lösungen gegeben) sowie seine Release- und Lizenzpolitik. Außerdem kann eine Plattform auch in Widerspruch zu einer „best-of-the-breed" Strategie der Fachbereiche bei der Auswahl ihrer Fachanwendungen geraten, so dass es innerbetrieblich schwer ist, diesen Architekturansatz durchzubringen.

4.1.3 Hardwarearchitektur

Die Hardwarearchitektur beschreibt die haptisch greifbaren materiellen Groß- und Klein-Bauteile der IT:

Definition Hardwarearchitektur(en)management
Der Begriff „Hardwarearchitektur" beschreibt sowohl den Aufbau eines einzelnen physischen IT-Gerätes anhand der Darstellung seiner Komponenten wie auch der gesamten Hardwarelandschaft mit den Geräten und ihren Schnittstellen untereinander. Das Management der Hardwarearchitektur ist das Steuern der gestalterischen Entwicklung dieser Gerätelandschaft zwecks Optimierung von Funktionalität und Leistung sowie des Verhältnisses von Kosten und Leistung.

Definition Hardware-architekturmanagement

Strategische Anforderungen an das IT-Management der Hardwarearchitektur können sein …

- die ausreichende Leistungsfähigkeit und Ausfallsicherheit für den geplanten Einsatzzweck
- die leichte Skalierungsfähigkeit
- die Flexibilität im Einsatz und im Austausch von Bauteilen und in der Verbindung zu neu dazukommenden Komponenten
- leichte Bezugsmöglichkeit ohne Abhängigkeit von einzelnen Herstellern
- die hohe Kompatibilität untereinander und leichte Nutzbarkeit durch die eingesetzte Software
- IT-Sicherheit, z. B. ggf. die Fähigkeit zum Failover (unterbrechungsfreie Übernahme des Service bei Ausfall einer Komponente)
- der geringstmögliche Einsatz von funktional gleichen Geräten verschiedener Hersteller und verschiedener Bauarten (Vermeiden eines Geräte-„Zoo's")
- Ziel- und Regelvorgabe für dezentrale Entscheidungsträger
- …

Herausforderung produktspezifischer Hardwarekenntnisse

Im Vergleich zu anderen Querschnittsfunktionen, wie z. B. zum Liegenschaftsmanagement, das ja auch eine Vielzahl von Hardwarekomponenten kennt (wie z. B. Gebäude, Grundstücke, Arbeitszimmer, Waschbecken, Toiletten, Dachziegel und Wandfarbe), erschließt sich manchmal die Kenntnis von IT-Hardwarekomponenten nicht so leicht aus dem privaten Erfahrungskontext, obwohl viele IT-Nutzer in den Betrieben auch privat mit Arbeitsplatzcomputern ausgestattet sind. Dies kann folgende Gründe haben:

- Bestimmte IT-Hardware gibt es als Gerätekategorie praktisch nur im betrieblichen Einsatz. Beispiele: Der gesamte Bereich des schnurgebundenen Netzbetriebs der Vernetzung, Archivierungssystem mit Bandsicherung, physikalische Server, Klimaanlagen und unterbrechungsfreie Stromversorgung (USV) in Rechenzentren, usw.

Private Nutzererfahrung reicht nicht zum Verständnis des IT-Managements

- Im betrieblichen Einsatz kommen für bestimmte Hardwarekomponenten körperlich getrennte Geräte zum Einsatz, wo im privaten Bereich logische Geräte ausreichen (z. B. Server, die im betrieblichen Kontext oft physikalisch getrennte Geräte, nämlich „Server" genannte spezielle Computer sind, im privaten IT-Gebrauch aber nur logische Server mit zudem wenig anspruchsvollen Funktionen)
- Die Bedeutung, Nutzungsarten, architektonischen Eigenschaften und Funktionen von Softwareprodukten ändern sich in kurzer Zeit erheblich, so dass das Management dieser Geräte neues Nachdenken und ggf. andere – nicht selten organisatorisch-technische – Managementkonzepte benötigt. Große und kleine Beispiele: Durch leistungsfähige PCs wurden Client-Server Architekturen und sehr rechenintensive Anwendungen möglich, die einen Teil der IT-Intelligenz weg von den zentralen Großrechnern der Computer-Frühzeit auf die Arbeitsplatzrechner nach dezentral verlagerten. Mittlerwei-

le können XITRIX und andere Produkte/Architekturen wiederum den größten Teil der IT-Leistung zentral anbieten und Multifunktionsdrucker mit Kopierer, die auch Faxe versenden, scannen und eMails absetzen (Berechtigungskonzept, Druckerkonzept), Verschlüsselungssoftware mit der Frage, wer im Betrieb hinterher noch die von ausgeschiedenen Kollegen verschlüsselten Dateien wieder lesbar machen kann usw.

Die geschilderte Situation führt dazu, dass ein IT-Management auch intelligentes und selbst gestaltendes (im Gegensatz zum bloßen Kauf von Dritten) „Gerätemanagement" im weitesten Sinne ist und das logische Konzept hierfür mit dem anspruchsvollen Begriff „Architektur" adelt.

IT-Bereiche legen meist kaum selbst (noch) handwerklich Hand an das technische Innenleben von Massen-Hardware im betrieblichen Bereich (PCs, Notebooks usw.). Reparaturen und Pflegemaßnahmen werden schon ab einer geringen Schwelle an externe Dienstleister, nicht selten den Verkäufer der Hardware, vergeben. Dies ist anders als bei manchem IT-Freak, der sich privat eventuell einen Desktop mit Design-Gehäuse und allen Innereien selbst zusammenstellt und die Teile auch selbst einbaut. Vielmehr interessieren sich IT-Bereiche mehr für die Auswahl von Komplett-Geräten und der Auswahl des zugehörigen Wartungspaketes mit bezahlbaren Service Levels. Die richtige Bestimmung und zukunftssichere Vorhersage der Nutzerbedarfe, die Bestimmung der benötigten Mindest-Leistungsfähigkeit ihrer Komponenten sowie Art und Gestaltung ihrer Schnittstellen untereinander ist jedoch in sehr hohem „handwerklichen" Maß durch das IT-Management selbst zu leisten.

IT-Bereiche vergeben i.d.R. Hardware-Reparaturen an Dienstleister

Es gibt viele Bestimmungsfaktoren für die Hardware-relevanten Architekturmerkmale, die wichtigsten sind:

Merkmale der Hardware-Architektur

- Anzahl der zu versorgenden Standorte, innerhalb der Standorte zu versorgende Liegenschaften, innerhalb der Liegenschaften zu versorgende Räumlichkeiten, IST-Zustand und absehbare Änderungen
- Anzahl der zu versorgenden IT-Nutzer, relevant ist sowohl die aktuelle IST-Anzahl wie auch die Größenordnung der absehbaren Änderungen
- Die Ansprüche der zu betreibenden Anwendungslandschaft mit den speziellen Erfordernissen dieser Anwendungen, wie z. B. Last, Speicherbedarf, benötigte Geräte zur Dateneingabe und Datenausgabe, Aufbewahrungsdauer der Daten. Hierbei sind jeweils der IST-Zustand wie auch absehbare Änderungen von Interesse
- Zu bedienende Kommunikationsschnittstellen nach innen und nach außen
- Anforderungen der Softwareanwendungen an die Architektur der Hardwarekomponenten
- Dienstleistungs-/Serviceniveaus (u.a. zeitliche Dauer der täglichen Verfügbarkeit, Antwortzeit-Verhalten)
- Sicherheitsniveau(s) für Systemkomponenten, erwartbare Angriffe und Gefährdungen.

Tab. 4.4: Objekte der Hardware-Architektur

Begriff	Bedeutung Strategie-Relevanz
Arbeitsplatz-Rechner	strategisch ist u.a. die Frage, ob Mobilgeräte oder Desktops zum Einsatz kommen sollen und ob ein für alle Beschäftigten im Betrieb oder im Konzern (bei Behörden: Im Ressort oder Bundesland) gleicher Standard-PC eingesetzt werden soll
Bebauungsplan	geeignete Form der Übersicht aller Komponenten und deren Schnittstellen in der IT-Infrastruktur (Software und Hardware)
Client-Server-Architektur	„thin" oder"fat" Clients? Virtuelle Server, virtuelle Clients? Welche Clients (auch Smartphone?) sind zulässig und werden benötigt?
Clusterbildung	sind aus Gründen der Herstellung von Hochverfügbarkeit, der Ausfallsicherung, der Lastverteilung usw. Bündelungen von Hardware sinnvoll?
Netz	Fragen sind z. B.: Welche Netze externer Provider nutzt man? Gibt es ein oder mehrere, evtl. gegeneinander abgeschottete interne Netze? Kann/soll das IT-Netz auch die Stromversorgung für VoIP-Telefonie anbieten?
Schnittstellen	gibt es Standard-Schnittstellen und wenn ja, welche? Diese Frage ist teilweise verknüpft mit der Frage, ob es Software-Plattformen gibt, oder nicht
Speicher	strategische Fragen sind z. B., ob man den Speicher (und evtl. Anwendungen) aus der Cloud bezieht oder nicht? Technisch sehr aufwändig bzw. der Standards wegen sehr abstimmungsintensiv sind Langzeitspeicher-Systeme. Gibt es einen Langzeitspeicher oder speichern alle Anwendungen in ihrem eigenen System?
Virtualisierung	Virtualisierung ist zwar kein ganz neues Thema, aber in erstaunlich vielen IT-Bereichen noch nicht vollständig umgesetzt. Man kann (1) Server, (2) Clients (Endgeräte), (c) Netze und (d) ganze Rechenzentren virtualisieren

Enge Verknüpfung von Software- und Hardware-architektur

Software- und Hardwarearchitektur sind teilweise eng miteinander verknüpft, manchmal kommen sogar Abhängigkeiten von einzelnen Herstellern hinzu. „Klassisch" ist der grundsätzliche Wunsch vieler IT-Bereiche, die Software- und Hardwarewelt möglichst unabhängig voneinander und unabhängig von einzelnen Herstellern zu betreiben und ggf. fortentwickeln zu können. Dies kollidiert in der Realität manchmal mit dem sehr hohen Aufwand und dem Risiko des technischen Scheiterns, wenn der IT-Bereich neue und eigene Wege geht, um Lösungen an den Herstellerempfehlungen vorbei oder außerhalb der, schon von anderen IT-Betreibern ausgetesteten, Pfade zu gehen. Gleichzeitig widerspricht dies praktisch oft dem Plattform-Gedanken, der (leider) auch die Bindung des IT-Bereichs an den Hersteller der Plattform und die von ihm innerhalb der Gewährleistungskonditionen erlaubten und unterstützten Hard- und Software mit sich bringt. Dennoch gibt es erhebliche Freiheitsgrade in der Art der technischen Hardware-Umsetzung architektonischer Software-Anforderungen. Als Beispiel zeigt die Abbildung 4.10 verschiedene Varianten der Umsetzung von Client-Server-Architekturen.

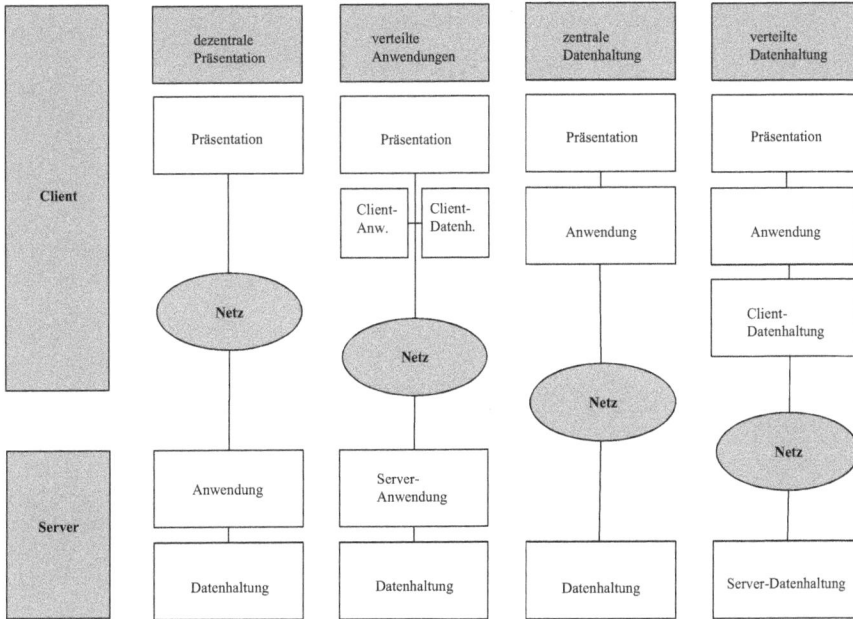

Abb. 4.10: Varianten von Client-Server-Architekturen[88]

4.1.4 Architekturmodelle

Einige, wenn auch „banale", Anforderungen an die Architektur einer Gesamt-IT oder einzelner Elemente (Anwendungslandschaft, Netzwerk usw.) kann man letztlich immer aus der betrieblichen Strategie und der wiederum daraus abgeleiteten IT-Strategie folgern. Manche Strukturen des Betriebs determinieren zumindest Örtlichkeiten und innerhalb bestimmter Bandbreiten auch technische Lösungen. So geben die betrieblichen Liegenschaften dem IT-Netz eine Heimat, oder die hohen Mobilitätsanforderungen von häufig auf Dienstreisen befindlichem Personal erzwingen andere Lösungen für den Standard-IT-Arbeitsplatz als diejenigen von stationär eingesetzten Bibliotheksangestellten. Der mobile Vertriebler erhält vermutlich ein netzwerkfähiges Notebook mit schnurlosem Zugriff auf ein betriebliches Netzwerk (eventuell nicht auf das ganze, aber einen bestmöglich gesicherten Teil desselben), der Beschäftigte in der Bibliothek erhält ein Desktop-Gerät mit schnurgebundenem Zugriff usw.

„Banale" und nicht-banale Anforderungen an Architektur

Daneben gibt es eine große Bindungswirkung durch die schon vorhandene IT-Infrastruktur. Sie ist kein „Ziel" der Architekturplanung, aber es ist meist ein Nebenziel, die weiter benötigten und nicht einer geplanten Änderung unterworfenen Teile der Architektur nicht zu verlieren.

---

[88] Tiemeyer, 2013b, S. 106

Ablauf Architektur-
planung

Eine generische Darstellung der Architekturplanung zeigt die Abbildung 4.11.

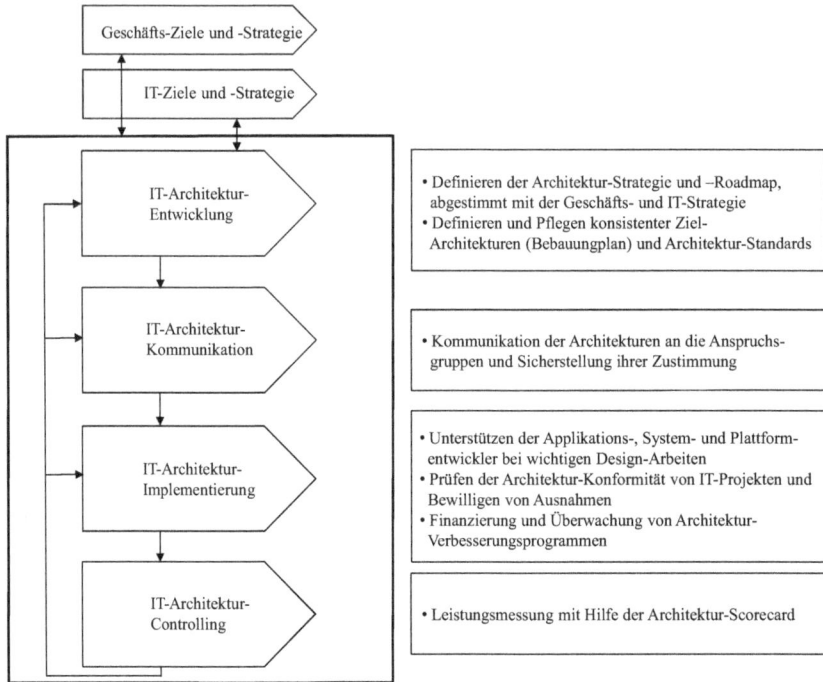

Abb. 4.11: Einfache Darstellung Entwicklung Architekturplanuug[89]

Architekturplanung ist
Zusammenwirken und
mittelfristige Arbeit

Da die Architekturplanung viele Zuständigkeiten innerhalb der IT betrifft, bedarf sie des Zusammenspiels vieler Verantwortlicher und des Durchhaltens über mehrere Jahre. Um in größeren IT-Bereichen mit erheblichem Arbeitspotenzial in diesem Bereich das Architekturmanagement nachhaltig zu gestalten, kann man die Rolle eines IT-Architekten oder eines Architekturteams mit zeitanteilig arbeitenden Linienverantwortlichen einrichten. Die folgende Abbildung 4.12 zeigt das Zusammenspiel dieses Architekten und von Architekturteams mit anderen Beteiligten beim Entwickeln der IT-Architektur.

---

[89]   Leicht verändert aus Murer, 2010, S. 111

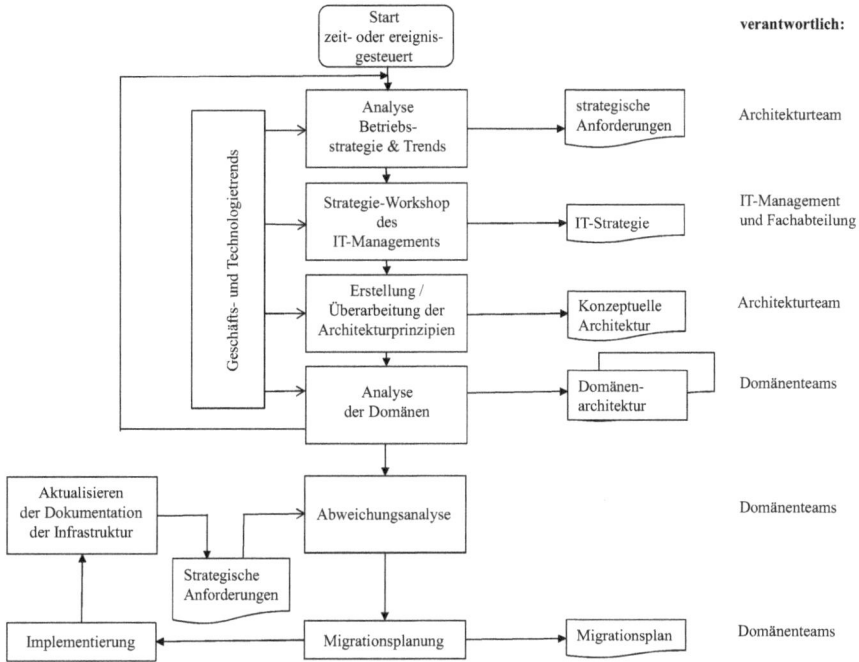

Abb. 4.12: Architekturplanung und Verantwortung[90]

4.1.5   Standard-Architektur-Rahmenmodelle

Übersicht

Ähnlich wie IT-Prozesse mit ITIL einen quasi-Standard allein für Begriffe und generische Konzepte haben (vgl. Kapitel 5), gibt es auch im Themenfeld IT-Architektur einen „Markt" für Standardmodelle: „Markt" heißt hier Nachfrage der IT-Praktiker nach praxistauglichen Rahmenmodellen, und interessierte Anbieter, die Konzepte weiterentwickeln und ihr Geld durch Schulungsangebote mit und ohne Zertifikate, entgeltliches Betreiben vereinsähnlicher Interessentengruppen und Buchverkäufe verdienen.

Mehr als 54 Architekturmodelle veröffentlicht

Es gibt mehr als 54 veröffentlichte Architektur(rahmen)modelle unterschiedlichen Alters und unterschiedlicher Ausrichtung. Untereinander sind sie teilweise „verwandt" und daher ähnlich. Die nachfolgende Tabelle 4.5 zeigt eine auszugsweise, in Anlehnung an Matthes[91] vorgenommene, Sortierung.

---

90   Tiemeyer, 2006b, S. 92

91   Matthes, 2011, S. 43 ff.

Tab. 4.5: Beispiele Architektur-Rahmenwerke[92]

Kunden	Rahmenwerk
Staat	• FEAF (Federal Enterprise Architecture Framework)
	• NIH (National Institute of Health Architecture Framework)
	• NISTQGEAF (Queensland Government Enterprise Architecture Framework)
	• SAGA (Standards und Architekturen für eGovernment Anwendungen), Öffentlicher Sektor Deutschland, Ebene Bund
Militär	• AGATE (Atelier de Gestion de l'Architecture)
	• DoDAF (Department of Defense Architecture Framework)
	• NAF (Nato Architectural Framework)
	• …
Privat-betriebe	• CIMOSA (Computer Integrated Manufacturing Open System Architecture)
	• …
…	• …

Große Anzahl Architekturmodelle aus den USA

Die Liste der in Tabelle 4.5 erwähnten Rahmenwerke ließe sich sicher auch über die Stückzahl von 54 hinaus fortsetzen, wenn auch nur firmenintern verwendete und nicht für Außenstehende publizierte Frameworks bekannt wären.

Besonders auffällig ist, dass ein sehr großer Teil der Architekturmodelle aus den USA kommt, sogar mehrere aus dem Öffentlichen Sektor. Manche haben vermutlich nur eine sehr geringe Verbreitung und sind höchstens lokal bzw. in der Herkunftsbehörde bekannt.

Das im deutschsprachigen Raum vermutlich bekannteste Modell, TOGAF, soll im nachfolgenden Abschnitt kurz vorgestellt werden.

TOGAF

TOGAF sehr weit verbreitet und aggressiv beworben

Ein besonders intensiv vermarktetes und relativ weit verbreitetes Architekturmodell ist TOGAF[93] (the Open Group Architecture Framework). Die Inhalte dieses Ansatzes sind zwar TOGAF-spezifisch benannt, ähnlich wie auch bei anderen Architekturmethoden, Prozessmodellen (z. B. ITIL) und Governance-Modellen (z. B. CoBIT) vermittelt TOGAF aber weniger gänzlich neue Erkenntnisse – weder organisatorisch noch technisch – als den Rahmen eines Standards mit Begriffsdefinitionen und dem Angebot, Schulungskurse mit und ohne Zertifikat zu besuchen. Die inhaltliche Lösung von Detail-Architekturfragen verbleibt aber, nach wie vor, bei den Architekten selbst. TOGAF hilft jedoch, mögliche Verständigungsprobleme und Vorgehensfragen schneller zu bewältigen und bietet einen Standardablauf des Architekturmanagements.

---

[92] Informationen aufbereitet nach Matthes, 2011, S. 39 ff.

[93] TOGAF ist ein Akronym und steht für The Open Group Architecture Framework

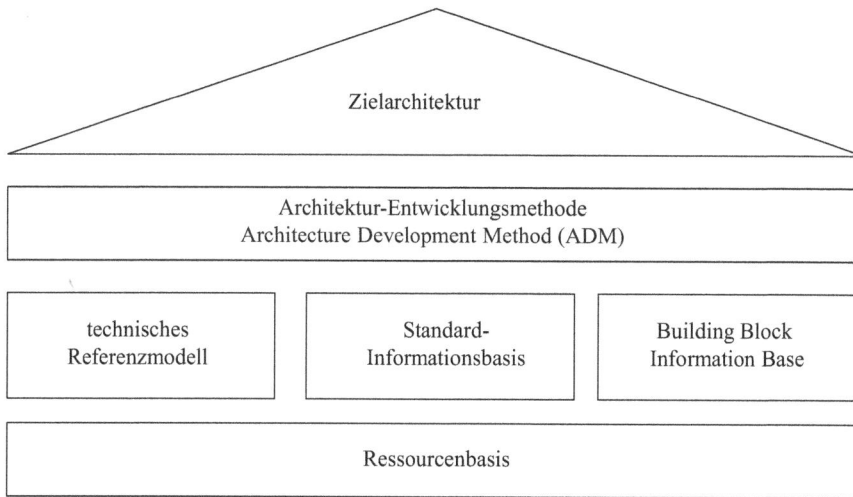

Abb. 4.13: Elemente des TOGAF-Ansatzes[94]

Das TOGAF-Modell enthält neben „harten" Aspekten der technischen Archi-   TOGAF enthält auch
tektur auch die Themen Kostenkontrolle, Innovation, höhere operative Effi-   „weiche" Themen
zienz, Perfomance usw.

Neu, im Sinne von „AHA"-Effekten, dürften die grundsätzlichen Aussagen
dieses Modells nicht sein, vielmehr ist sein eventueller Mehrwert in einer Begriffsvereinheitlichung, dem Bereitstellen eines groben Vorgehensmodells,
dem Mut zu einem ganzheitlichen Angehen des Themas Architekturmanagement und dem Ziehen einer Grenze zwischen Architekturmanagement und
kleinteiligem Detailmanagement zu sehen.

Für TOGAF werden Zertifikatskurse im deutschsprachigen Raum angeboten.   Zertifikatskurse TOGAF

Typische Probleme des Architekturmanagements einer IT sind:

- Architekturplanungen eines als Stab organisierten Architektenteams werden von dezentralen Entscheidungsträgern in der IT nicht akzeptiert, sondern als Planungen „am grünen Tisch" und fern ab der Arbeitsebene betrachtet. Die Lösung für dieses Akzeptanz- und Praktikabilitätsproblem
  kann sein, die Fachleiter für Entwicklung und Betrieb als temporär zusam-
  menwirkendes Architektenteam zu etablieren und damit die Praktiker selbst
  zu den Gestaltern der IT-Architektur zu machen
- Architekturplanungen erstrecken sich bei größeren Infrastrukturen meist
  über längere Zeiträume, z. B. fünf oder zehn Jahre. Grund dafür ist u.a.,
  dass ohne Vorhandensein besonderer Ablöse-Zwänge die wirtschaftliche

---

[94]   Dubey, 2011, S.113

Laufzeit von „Altanlagen" möglichst voll ausgenutzt werden sollte. Außerdem hat eine IT neben dem laufenden Betrieb, ohne besonders dringenden Anlass, oft nicht genügend Kraft, die erhebliche zusätzliche Energie für Arbeiten zugunsten des architektonischen Umbaus aufzubringen. Je länger aber in die Zukunft geplant wird, desto mehr steigen die Unwägbarkeiten im positiven (z. B. überraschende technische Neuerungen) wie auch im negativen Sinne (weiterer Wildwuchs), so dass die Planung selbst zwischendurch überholt bzw. am besten revolvierend angelegt werden muss. Da sich in dem langen Zielzeitraum die Umgebungsbedingungen und die Anforderungen geändert haben mögen, ist es denkbar, dass die Ziel-Architektur auch – hoffentlich nicht dramatisch – verändert werden muss

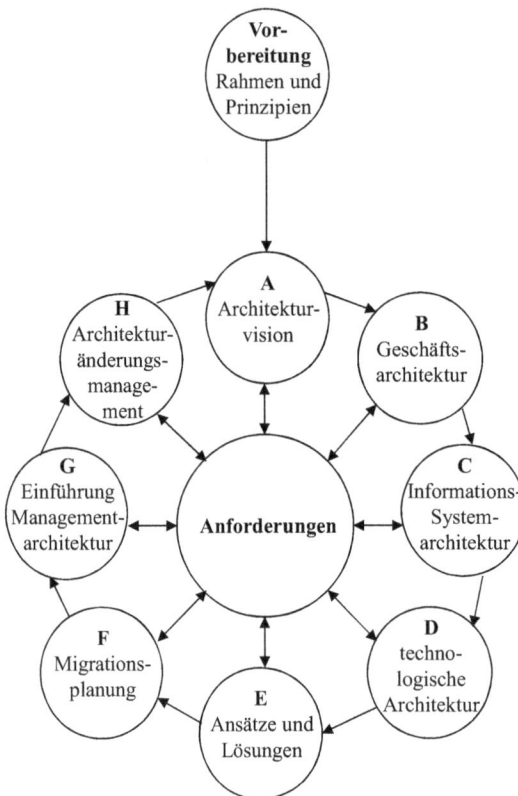

Abb. 4.14: Methode Architekturentwicklung TOGAF-Modell[95]

Probleme Architektur-
management

- Die Ausgangslage eines IT-Bereichs vor Einführung eines zentralen IT-Architekturmanagements ist es oft, dass es nicht nur eine IST-IT-Architektur gibt,

---

[95]   Aus: IT-NRW, 2006, S. 12; Tiemeyer, 2013b, S. 141

sondern mehrere Architekturen[96]. So haben manche Betriebe gleichzeitig eine in sich geschlossene IBM-Landschaft und Produkte aus einer anderen Hersteller-Welt.

Die nachfolgende Tabelle 4.6 enthält eine Auflistung von Themen-/Kategorien des Hardware-Architekturmanagements.

Themen des Hardware-Architekturmanagements

Tab. 4.6: Beispiele für Festlegungen der IT-Architektur

Nr.	Festlegung	Kommentar
1	Client-Server Strategie	das Thema ist schon älter …
2	Virtualisierung von Servern	das Thema ist schon älter …
3	Virtualisierung von Endgeräten	das Thema ist jünger …
4	Etagen- statt Arbeitsplatzdrucker	Logistik-/Akzeptanzthema …
5	Thin Client Lösungen	z. B. mit XITRIX möglich. Erhöht Last auf Netz, verringert Angreifbarkeit der Clients
6	Notebook für alle statt Mischung von Desktops/ mobilen Leihgeräten	
7	eine Standardschnittstelle statt vieler einzelner Schnittstellen	auch das Umgekehrte kann manchmal Sinn machen …
8	nur Server der Marke xy einsetzen	
9	die Begriffswelt des Architekturmodells xy als interner Standard	… oder einen eigenen Standard entwickeln und festlegen
10	Nutzen eines eigenen LANs, Netz für VoIP ertüchtigen	
11	Erstellen und Pflegen eines „Bebauungsplanes"	IT-Bebauungspläne zeigen die Komponenten und Schnittstellen der Infrastruktur
12	…	

4.1.6 Bewertung IT-Architekturmanagement

Das Etablieren eines engagierten IT-Architekturmanagements ist die „Antwort" einer IT-Leitung auf die in typischen IT-Bereichen zwangsläufig gegebene Gefahr des Wildwuchses an Hardware-Infrastrukturen, unübersichtlichen IT-Anwendungslandschaften und eines ineffizienten „Zoos" an Geräten und Softwareprodukten.

IT-Architekturmanagement trägt in sich den Anspruch einer zumindest teilweisen Komplexitätsreduzierung und Standardisierung. Obwohl das Thema schon seit einigen Jahren „auf dem Markt" der IT-Managementliteratur zu

Architekturmanagement trägt zur Komplexitätsbeherrschung bei

---

[96] Sprechweise und Architekturverständnis von Dern, 2006, S. 2/3

finden ist, kann man – seriöse Messungen liegen nicht vor – wahrnehmen, dass die gefühlte Heterogenität der IT-Architekturen in den Betrieben nicht wesentlich abgenommen hat. Themen wie „serviceorientierte Architekturen" (SOA) sind keine reine Hype-Veranstaltung gewesen, die praktische Umsetzbarkeit dieser architektonischen Leitideen hat jedoch manchmal deutliche Grenzen. IT-Architekturmanagement ist der stete Kampf des Sisyphos gegen die „Entropie" der IST-Architektur. Ursachen dieser Entropie sind ...

- starke Softwarehersteller, die sich teilweise einer Standardisierung widersetzen und eigene, mit anderen Herstellern inkompatible, Standards setzen
- die unterschiedlichen Fristen (Erscheinungstermine, Wartungszyklen und Abkündigungstermine, eigene Softwareerstellungsvorhaben) von Betriebssystemen sowie Datenbanken und Fachsoftware, d.h. innerhalb der Anwendungslandschaft
- die unterschiedliche Fristigkeit von schnellen Fachanforderungen an Hard- und Software gegenüber den teils wesentlich längeren Ersatzzyklen der schon vorhandenen IT-Infrastruktur
- der schiere Umfang von IT-Verfahren, die das ganze fachliche Spektrum eines Betriebs abdecken.

Architekturmanagement macht Kompromisse

Das IT-Architekturmanagement kann daher, außer bei einem Start auf der „grünen Wiese" und absolut stabilen Innen- und Außenbeziehungen (also eher utopischen Randbedingungen), nicht alle Architekturthemen eines IT-Bereichs bis in das Detail regeln und an diesen Regeln auch stur festhalten. Gelungenes Architekturmanagement benötigt vielmehr eine gesunde pragmatische Sicht für das Machbare und Sinnvolle in der speziellen betrieblichen Umgebung mit dem „Bremsklotz" der vorhandenen Infrastruktur und den immer neuen fachlichen Anforderungen der IT-Kunden. IT-Architekten müssen daher auch etwas kompromissfähig sein.

Diese Selbstbescheidung ist sehr gerechtfertigt: Allein die komplette architektonische Beschreibung von mittelgroßen und größeren IT-Bereichen ist schon ein Ding der praktischen Unmöglichkeit[97]. Während der Beschreibung können sich Randbedingungen ändern und die für IT-Infrastrukturen typische Zeitspanne über fünf bis sieben Jahren (Ersatzzeitraum) ist so lang, dass sich zwischendurch einige Änderungen der Zielarchitektur ergeben werden.

---

[97] Vgl. Dern, 2006

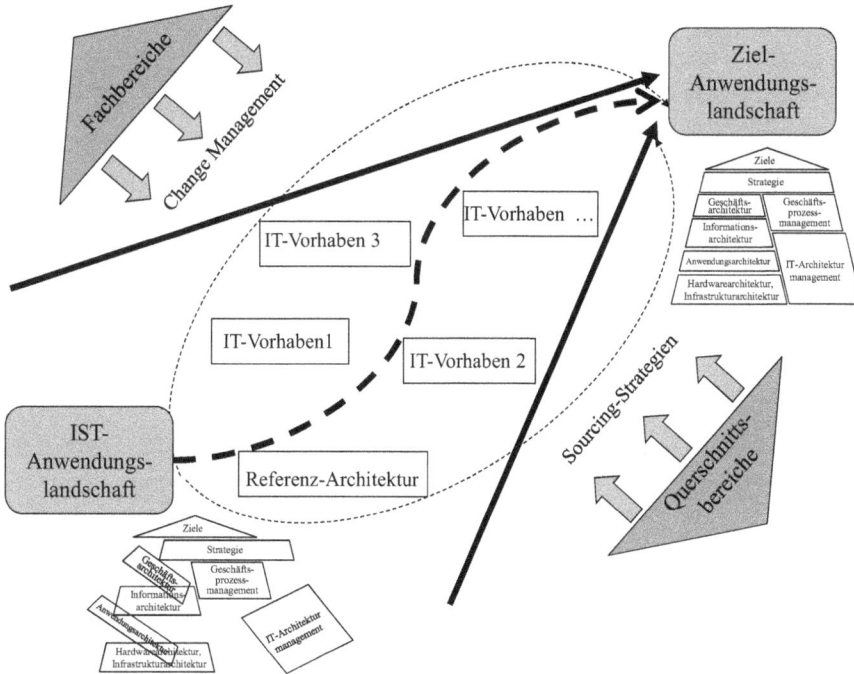

Abb. 4.15: Software-Architekturmanagement als Zeitreise[98]

IT-Architekturmanagement kann damit meist ein gutes Mittelmaß sein zwischen den Extremen eines völlig unkoordinierten und eventuell für den Einzelfall optimalen, aber in der Gesamtsicht zu einem Flickenteppich führenden Verhalten, und einem Architektur-Korsett, das zu eng und unflexibel ist für die Bedarfe der IT-Kunden und der technischen Weiterentwicklung und daher laufend weitreichende Anpassungen benötigt.

Architekturmanagement muss Extreme vermeiden

Diese extremen Pole legen die Empfehlung nahe, dass beim Etablieren eines Architekturmanagements langsam und vorsichtig, von oben nach unten, das geeignete Maß von Regelungen gefunden werden muss. Das Vertrauen, der durch die Regeln beschränkten IT-Entscheider, der IT-Beschäftigten und ggf. der bei laufenden Anwendungen und IT-Neuvorhaben betroffenen IT-Kunden in den Nutzen des Architekturmanagements, muss erst begründet und dann gefestigt werden[99]. Denkbar sind z. B. folgende Ansätze:

- Dokumentation der IT-Architektur (Hardware und Software) als obligatorischer Bestandteil jedes Änderungs- oder Neuerstellungsvorhabens, anlassbezogene Fortschreibung und periodische Überprüfung der Gesamtdoku-

Dokumentation Architektur als Grundlage des Architekturmanagement

---

[98] Nach einer Idee aus der Abbildung in Dern, 2006, S. 297

[99] Vgl. Murer, 2010, S. 130

mentation. Dieser Vorgang kann „schlank" organisiert werden, wenn man relativ einfache Mindeststandards definiert, die nur im Ausnahmefall (z. B. bei selbst erstellter Software, besonders sicherheitskritischen oder änderungsanfälligen oder mehrfach-nutzungsfähigen Komponenten) durch anspruchsvollere Maßstäbe abgelöst werden

- Festlegen einer oder mehrerer Hardware- und Software-Plattformen für bestimmte Domänen, Anwendungsbedarfe außerhalb dieser Domänen bleiben befreit vom „Plattformzwang"
- Eröffnen der Möglichkeit von Ausnahmen für Soft- und Hardwareentscheidungen, die nicht den Festlegungen des geltenden Architekturmodells unterliegen sollen. Diese Ausnahmen bedürfen allerdings einer besonderen Entscheidung und werden auch besonders dokumentiert.

Zum IT-Architekturmanagement gibt es einige veröffentlichte Referenzmodelle, sie entstammen teilweise unterschiedlichen Zeitabschnitten der IT-Entwicklungen und werden nicht alle gepflegt. Besonders „lebendig", d.h. werblich aktiv, sind die Anbieter des von der „OPEN GROUP" lizenzierten TOGAF.

4.2   IT-Governance und Compliance

4.2.1   Überblick

Der Begriff „Governance" ist ein in den letzten Jahren auch im deutschen Sprachraum gebräuchlich gewordener Sammelbegriff für eine Reihe von Aufgabenzuweisungs-, Regelsetzungs- und Kontrollfunktionen.

Definition IT-Governance

Definition IT-Governance
IT-Governance ist eine Zielsetzungs- und Steuerungsfunktion der IT. Der Begriff ist auf oberster Abstraktionsebene und umfasst die Abgrenzung von Aufgaben zwischen IT und anderen betrieblichen Instanzen (Betriebsleitung, Querschnittsfunktionen, Fachbereiche), Regeln und Kompetenzen zur Entscheidungsfindung, Rollen und Verantwortlichkeiten. IT-Governance umfasst auch alle Verfahrensweisen zur Kontrolle der Einhaltung und Ausübung der Regeln. Sie sollte sich – wie alles im Betrieb – an der Geschäftsstrategie orientieren. Inhalte der IT-Governance sind der auf Regelverletzungen gerichtete Teil des Risikomanagements (Compliance[100], Internes Kontrollsystem IKS) und die zur Performance-Kontrolle nützlichen Teile des IT-Controllings.

---

[100] Man kann auch noch mehr Managementbereiche in „Compliance" hinein definieren, z. B. „Performance Management" durch Fröhlich & Glasner, 2005, S. 29

IT-Governance ist ein Teil der Governance des gesamten Betriebs und damit auch der Steuerung des Betriebs. Der Wert dieses Kunstwortes „Governance" – abgeleitet aus dem Französischen „gouverner" – besteht nicht nur darin, eine begriffliche Zusammenfassung verschiedener Teilaspekte des organisatorisch-regulativen Geschehens zu leisten, sondern darin, den Anspruch auf ganzheitliche Steuerung zu begründen. Die IT-Leitung soll Aufgaben(abgrenzungen), Berechtigungen, Rollen- und Kompetenzzuweisungen, Risikomanagement und Kontrollen usw. möglichst „aus einem Guss", abgeleitet aus den Zielen und Aufgabenzuweisungen des Betriebs, setzen und deren Einhaltung kontrollieren. Besondere Handlungsfelder sind[101]:

IT-Governance Teil der Gesamt-Governance

- Rolle(n) und Kompetenzen der IT innerhalb des Betriebs: Ausgehend von der Aufbaustruktur der IT selbst (vgl. Abschnitt 4.4) sind hiermit alle Schnittstellen zu anderen Querschnittsfunktionen, wie z. B. Beschaffung (Abschnitt 6.4), dem allgemeinen Controlling des Betriebs und dem IT-Controlling, dem Personalbereich und vor allem natürlich den betriebsinternen Bestellern gemeint
- Rollen und Kompetenzen innerhalb des IT-Bereichs: Gemeint sind hier vor allem die den Rollen zugeordneten „kritischen" Handlungsbedarfe zur Aufrechterhaltung der IT-Sicherheit sowie der Regeln und Mechnismen, hierüber Kontrolle ausüben zu können (z. B. Berechtigungskonzepte) und Fehlverhalten zu verhindern. Details zu einer Beschreibung der generellen Rollen von IT-Beschäftigten in Abschnitt 6.5.2
- Regeln innerhalb der IT und damit auch eine Funktion, die dem Controlling und der Innenrevision in der IT logisch vorgeschaltet ist. Eine Ableitung hieraus ist das Management der verbindlichen Vorgaben, Leitfäden, Dienstanweisungen usw.
- Das Interne Kontrollsystem (IKS) zur Prüfung der Einhaltung (Compliance) derjenigen Teilmenge an Regeln, die zwingend für die Korruptionsabwehr und die ordnungsgemäße Abwicklung finanzieller und anderer direkt geschäftskritischer Abläufe sind.

IT-Governance bewegt sich im Spannungsfeld vieler Akteure sowie betriebsin- und -externer Einflussfaktoren. Sie muss praktikable Regelungen zwischen den Anspruchsgruppen sowie innerhalb vorhandener Strukturelemente schaffen.

IT-Governance im Spannungsfeld vieler Akteure

---

[101] Verändert nach Grohmann, 2003, S. 19

Einfluss-faktoren	Verhalten der Personen	Leistungsprogramm (Güter/ Dienstleist.)	Kundenstruktur	Geografie / Regionen
	Kooperation / Lieferantenstruktur	Betriebsgröße	Informations-technologie	Konkurrenz-situation
	Entwicklungsstadium	technologische Dynamik	Fertigungs-technologie	gesellschaftlich-kulturelle Bedingungen

IT-Abläufe   **IT-Governance** - internes Kontrollsystem - IT Compliance   IT-Controlling

Struktur-eigenschaften	Arbeitsteilung	Koordination	Konfiguration	Entscheidungs-delegation	bindende interne Regeln + Gesetze

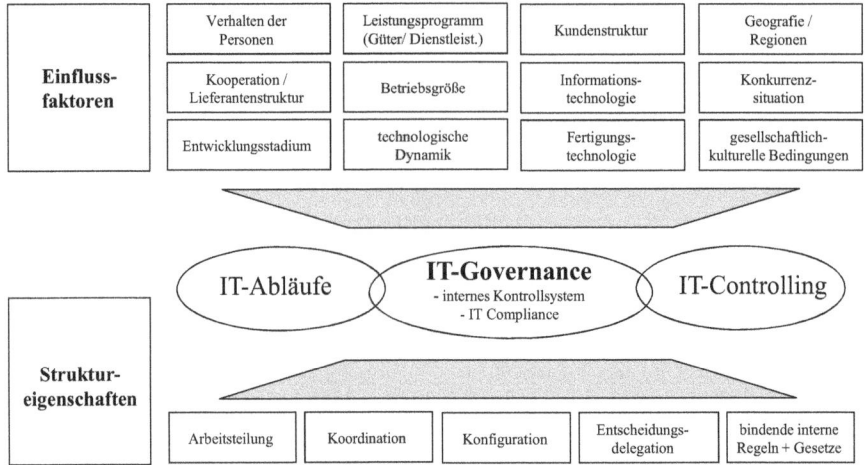

Abb. 4.16: Einflussfaktoren/Struktureigenschaften IT-Governance[102]

IT-Governance muss betriebsspezifisch angepasst werden

Daher kann sie meist nicht als weitgehend fertige Vorlage von anderen Betrieben kopiert werden, sondern muss betriebsspezifisch – evtl. orientiert an Rahmen-konzepten – und sachlich abgestimmt mit anderen Elementen des betrieblichen Managements ausgeprägt werden. Eine Darstellung der mit der Compliance verbundenen Begiffe ist in der nachfolgenden Abbildung 4.17 enthalten.

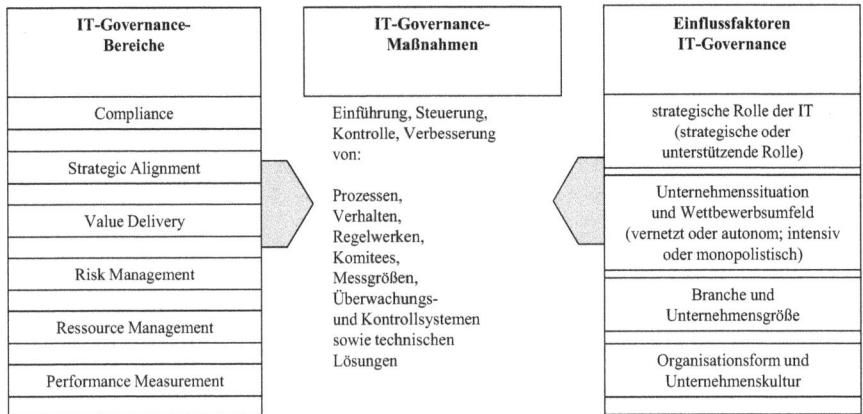

IT-Governance-Bereiche	IT-Governance-Maßnahmen	Einflussfaktoren IT-Governance
Compliance	Einführung, Steuerung, Kontrolle, Verbesserung von:	strategische Rolle der IT (strategische oder unterstützende Rolle)
Strategic Alignment		
Value Delivery	Prozessen, Verhalten, Regelwerken, Komitees, Messgrößen, Überwachungs- und Kontrollsystemen sowie technischen Lösungen	Unternehmenssituation und Wettbewerbsumfeld (vernetzt oder autonom; intensiv oder monopolistisch)
Risk Management		
Ressource Management		Branche und Unternehmensgröße
Performance Measurement		Organisationsform und Unternehmenskultur

Abb. 4.17: Bereiche und Verknüpfungen IT-Governance[103]

---

[102] Leicht verändert nach Maicher & Schwarze, 2003, S. 59

[103] Verändert aus Baumöl, 2012, S. 13

Ein wichtiger Teilaspekt der Governance ist das Compliance-Management:

Definition Compliance(-management)
Compliance-Management ist die auf Einhalten gesetzter zwingender Regeln der IT gerichtete Steuerungsarbeit. Kernelement sind Prozesse im Bereich finanzwirksamer Tätigkeiten, wie z. B. Beschaffung, Rechnungslegung, Geräteverwaltung usw. Compliance ist ein Begriff, der die Einhaltung gesetzter – interner wie externer – Regeln schlechthin und manchmal auch den Grad dieser Einhaltung bezeichnet.

Definition Compliance

Das Einhalten der Compliance kann mit einem speziell zu diesem Zweck gedachten „Internen Kontrollsystem" überprüft werden:

Definition Internes Kontrollsystem
Das Interne Kontrollsystem (IKS) ist die Gesamtheit der Grundsätze, Verfahren und Maßnahmen, die (1) die Betriebsleitung zum Erreichen der geplanten Effektivität und Effizienz, (2) zur Ordnungsmäßigkeit der Rechnungslegung und (3) zur Einhaltung der maßgeblichen rechtlichen Vorschriften angeordnet hat[104].

Definition Internes Kontrollsystem

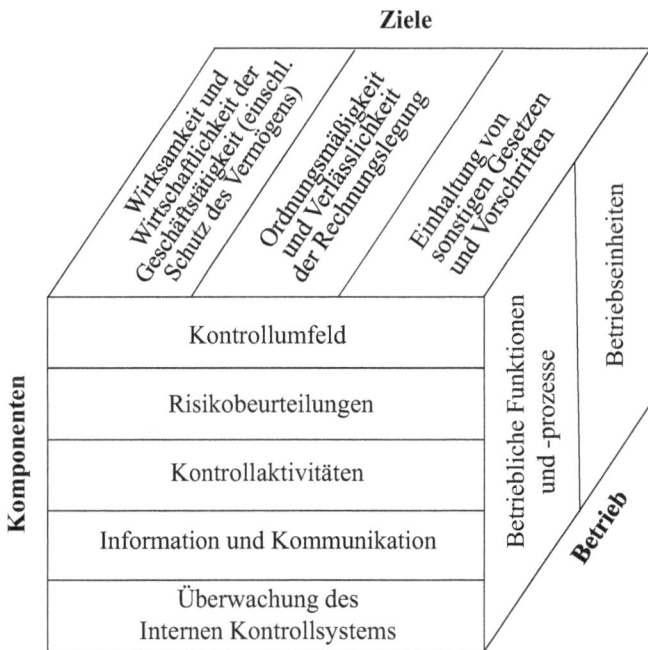

Abb. 4.18: Überwachungsmaßnahmen eines IKS[105]

---

[104] Vgl. ähnlich Darstellung in Bungartz, 2012, S. 23

[105] Leicht verändert aus Institut der Wirtschaftsprüfer e.V. (IDW), IDW PS 261, Tz. 34

Beispiele für Elemente eines Internen Kontrollsystems sind ...

- klare Regeln, wer was und in welcher Höhe an Mitteln freigeben darf bzw. gegenüber Dritten welche Verpflichtungen eingehen kann („Unterschriften-regelung") und unter welchen begleitenden Regeln dies zu geschehen hat
- zwingende Vorschrift des Vier- oder Mehr-Augen-Prinzips für bestimmte Genehmigungen und Unterschriften, abgestuft nach Risiko
- Rollen- und Personentrennung für bestimmte Funktionen, z. B. Trennung des Bestellers und Erstellers, Trennung der Bedarfsanforderung von der Auftragsvergabe
- ggf. das Rotationsprinzip, das einen regelmäßigen Wechsel der Personen in bestimmten Funktionen vorsieht
- Einhalten von Passwort- und Zugangsregeln für kritische Bereiche
- Sicherheitsüberprüfungen von Mitarbeitern.

Gründe für ein Compliance-Management

In Behörden sind mit der Innenrevision Personen speziell zur Kontrolle der Regeleinhaltung aller internen Bereiche beauftragt. Anteilig sind in der Privatwirtschaft hier Controller oder in der Rolle von Innenrevisoren auftretende Personen bis hin zu explizit „Compliance-Beauftragte" genannten Spezialisten tätig. Es gibt viele Gründe für das dauerhafte Einrichten eines Compliancemanagements, zu ihnen zählen u.a. ...

- Schutz der IT-gestützten geschäftlichen Aufgaben und Abläufe vor zufälligem oder durch doloses Verhalten bewirktem Datenverlust
- Schutz vor Korruption und erkennbaren Frühformen von Rechtsbrüchen
- Schutz vor absichtlichen oder unabsichtlichen sanktionsbewehrten Regelbrüchen des Betriebs gegenüber Gesetzen, Verordnungen, Standesregeln, Verträgen, Vereinbarungen mit innerbetrieblichen Partnern usw.
- Befolgen direkter rechtlicher Vorgaben, die z. B. materiell das Einrichten eines Risikomanagements, einer Innenrevision oder eines Compliancemanagements vorschreiben
- Schutz vor Subkulturen jenseits der tolerierten Betriebskultur
- Verhindern von Günstlings-, Vettern- und Parteibuchwirtschaft
- Verhindern von vermeidbarer einseitiger Abhängigkeit von bestimmten Lieferanten
- ...

Referenzmodelle spielen in der IT-Governance eine große Rolle

Ein praktisch wichtiges Werkzeug für die Einführung einer auch prüfungsfesten IT-Governance ist die Kenntnis von Referenzmodellen aus allen Bereichen der IT. Sie kann man als Ausgangsbasis benutzen, um daraus für die innerbetriebliche Gestaltung der Verantwortung und die Prüfung der Einhaltung ggf. wichtiger Anregungen zu gewinnen oder gar eines dieser Modelle, ggf. in Kombination mit anderen, zu der „Blaupause" der Gestaltung eines betriebsindividuellen Governance-Ansatzes zu machen.

Tab. 4.7: Relevante Regeln für IT-Bereiche[106]

Regelbereich	Regel	Erläuterung Schutzzweck
Sicherheit	IT-Grundschutzhandbuch des BSI	betrifft Behörden-IT
	SigG Signaturgesetz (deutsch)	beweissichere digitale Unterschrift
	ISO 17799	Geschäftsinformationen
	BDSG Bundesdatenschutzgesetz	personenbezogene Daten
	2002/58/EU Richtlinie der EU	personenbezogene Daten
	95/46/EU Richtlinie der EU	Daten
Finanzen	KonTraG, Gesetz zur Kontrolle und Transparenz	Transparenz, insbesondere auch der Risiken
	GDPdU Digitale Betriebsprüfung	
	Sarbanes-Oxley-Act[107] (SOX), 2002 erlassenes US-Bundesgesetz	mit Wirkung auf alle Unternehmen, deren Wertpapiere an amerikanischen Börsen gehandelt werden
	MaRisk Mindestanforderungen Risikomanagement	Kreditinstitute

Tab. 4.8: Referenzmodelle für serviceorientiertes IT-Management[108]

Modell	betrifft	Verweise/Erläuterung
ITIL	IT-Serviceprozesse	s. teilweise in Abschnitt 5.4 ff.
COSO	ganzen Betrieb und damit auch ganze IT	s. Abschnitt 4.2.2
ISO/IEC 17799	ganzen Betrieb und damit auch ganze IT	
ISO/IEC 15504	ganzen Betrieb und damit auch ganze IT	
CMM/CMMI	Produktentwicklung, Produkteinkauf, Serviceerbringung	
EFQM	Qualitätsmanagement	Total Quality Management
ISO 9000, 9001	Qualitätsmanagement	
COBIT 4.1	ganzen Betrieb und damit auch ganze IT	s. Abschnitt 4.2.2

Eigentlich bedarf es gar nicht der vielen – oft nur Selbstverständlichkeiten nennenden oder die nachvollziehbare, vollständige und dokumentierte Gestaltung fordernden – Rechtsquellen und Normen, weil das wohlverstandene Eigeninteresse eines IT-Bereiches zu einer ausreichenden Governance führen sollte: Ohne bürokratisches Übertreiben, mit Augenmaß und möglichst nicht als Solitär in einer sonst intransparenten organisatorischen Landschaft, sondern

Pragmatische Gründe sprechen für ein IKS

---

[106] Vgl. Johansen & Goeken, 2007, S. 16

[107] Benannt nach den Autoren Paul Sarbanes und Michael Oxley

[108] Hochstein & Hunziker, 2003, S. 48; Johansen & Goeken, 2007, S. 24/25

eingebettet in die Struktur des Betriebs. Sonderegger (2010) erläutert das anhand von fünf Prinzipien der Bank Credit Suisse. Hier wird eine Veränderung zu einer Variante mit sechs Prinzipien vorgestellt, siehe Abbildung 4.19:

- Prinzip 1: Generell die richtigen Governance Strukturen und Prozesse schaffen: Eine Art „Metaprinzip", das nichts weiter besagt, als dass allgemeine Regeln für Verantwortlichkeiten und das Zusammenspiel betrieblicher Leistungserbringer und Überwacher in eine, zu den Spezifika des Betriebes (Branchen, Rechtsform des Betriebs, Unternehmens-/Behördenkultur, usw.) passende, Übersetzung gebracht werden müssen. Hier sind vor allem die Zuständigkeiten und Arbeitsweisen der Bereiche Organisation, Revision, Controlling, Rechnungswesen und Beschaffung mit dem Bereich der IT abzustimmen und ggf. fortlaufend aufeinander anzupassen
- Prinzip 2: Im Einzelfalle Aufgaben von IT und Fachbereich klar definieren: Hier sind Fragen wie die exakte Festlegung von Zuständigkeiten im Ersteller – Besteller – Verhältnis der IT zu Kunden und IT-Nutzern gemeint, z. B. die Frage der Herkunft des IT-Budgets, der Zulieferpflichten und -qualitäten (IT-Kunden liefern Fachkonzepte, fachliche Abläufe und Bereitschaft zu Tests, IT liefert IT-Konzepte, IT-Umsetzungsarbeit, IT-Tests und Betrieb neuer Verfahren)

Alle Bereiche des Betriebs müssen Besteller-Rolle übernehmen

- Prinzip 3: Die Fachbereiche, der Querschnittsbereich, die Betriebsleitung und die als IT-interne Kunden handelnden IT-Kollegen in die Pflicht nehmen: Alle müssen gegenüber dem IT-Bereich als Ersteller ihre Besteller-Rolle möglichst konsequent wahrnehmen und Bedarfe explizit formulieren, die gewünschte Qualität auch unter Berücksichtigung der Kosten verantwortungsvoll festlegen und gemeinsam mit den leistungserstellenden IT-Bereichen ihre Planungen abstimmen. Je nach Änderungshäufigkeit sind regelmäßige Vorfeld-Informationen über sich hinreichend konkret abzeichnende künftige Vorhaben für die IT-Planung wertvoll
- Prinzip 4: Die drei vorgenannten Prinzipien sind beinahe wertlos, wenn das höhere Management sie nur aufschreibt oder von anderen fordert, aber nicht selbst vorlebt. Jedes Governance-System lässt sich tunneln, wenn Entscheidungsträger sich von den Regeln ausnehmen und über kurz oder lang auch bei anderen Personen, beginnend mit ihren unmittelbaren Günstlingen, für sich Ausnahmen in Anspruch nehmen. Dieses Phänomen ist nicht nur in Familienbetrieben, sondern auch in manchen bundesdeutschen Behörden leider verbreitet. Wenn dann die Chefebene nicht wenigstens den Überblick hat und durch praktisches Eingreifen schädliches Verhalten unterbindet, sind tatsächlich aufgrund der schlechten Vorbildwirkung dysfunktionale Zustände zu erwarten. Ein Beispiel hierfür mag die wohl eher aus Prestigedenken heraus erfolgende Ausstattung von vielen Personalräten bei Bundesbehörden mit Smartphones sein

Volle Transparenz

- Prinzip 5: Volle Transparenz bieten. Hier sind die benötigten Eigenschaften des internen Rechnungswesens (z. B. Kosten-Leistungsrechnung mit Leis-

tungsverrechnung), der Zuständigkeit von Verantwortungsträgern sowie der Dokumentation von Prozessen und Regeln in der IT zu nennen
- Prinzip 6: Effektivität und Effizienz ständig steigern und System auf neue Herausforderungen anpassen: Dieses letzte Prinzip ist eine dynamische Komponente, sie fordert bei gleichen Aufgaben eine ständige Verbesserung von Effektivität und Effizienz. Wenn neue Herausforderungen für die Governance auftreten, sollte daraufhin das System ggf. fortentwickelt werden.

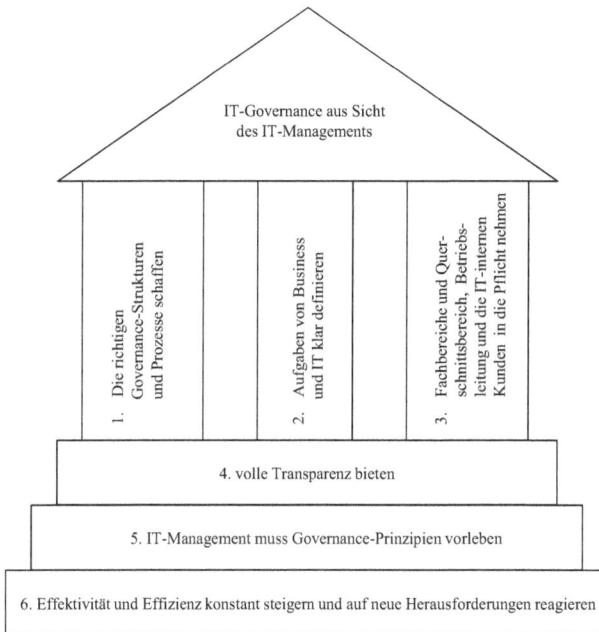

Abb. 4.19: Sechs Prinzipien für die IT-Governance[109]

Praktisch besonders relevante Handlungsbereiche für die IT-Governance sind:

Festlegen von Rollen und Abläufen

- Festlegen von Rollen mit Berechtigungen und Berechtigungsausschlüssen, z. B. Administrator-Rechte, Zeichnungsrechte (wer darf was wann genehmigen, unterschreiben, usw.), Kontroll- und Überwachungsaufgaben der Linienverantwortlichen sowie spezieller Bereiche wie IT-Controlling, Compliance-Beauftragte, Innenrevision, externe Prüfer
- Festlegen von Abläufen und Verfahrensregeln in besonders sensiblen Bereichen, insbesondere bei allen geldnahen Vorgängen wie Beschaffung und Vertragsmanagement (vgl. Abschnitt 6.4), Geräte- und Verbrauchswaren-

---

[109] Verändert nach Sonderegger, 2010, S. 31

lager, Genehmigung von Sonderausstattungen (z. B. hochwertige Endgeräte für „VIP" des Betriebs) sowie Einsatz und Controlling Externer

- Passwort-Regeln (Bildungsart und Änderungen), Regeln des Passwort-Schutzes (Weitergabe und Ausschluss), Regeln der Protokollierung von Zugängen zu Anwendungen, usw.
- Interne und externe Firewalls
- Die Revisionssicherheit oder umgekehrt ausgedrückt die Regeln für das Löschen und Aufbewahren von Daten. Dies betrifft einerseits Fachdaten der IT-Kunden, hier sind allerdings im Idealfall die Regeln weitgehend von den Fachbereichen selbst gemacht und die IT setzt diese Regeln nur um. Andererseits ist der IT-Bereich auch Eigentümer eigener Daten und hat viele Anwendungen mit teils hoch wichtigen und schützenswerten Daten, z. B. Konfigurationseinstellungen, Berechtigungen, Passwörter, Verbindungsdaten und Transaktionsprotokolle (Log-Protokolle usw.). Für den Bereich IT selbst sind die evtl. schützenswerten Daten zu identifizieren und je nach Art und Medium Regeln und Medien der Aufbewahrung und Datensicherung festzulegen.

In IT-Bereichen gibt es sehr viele Regeln verschiedener Art

IT-Governance beeinflusst oder setzt die IT-weit geltenden Regeln und Abläufe. Deren Anzahl – explizite wie implizite – kann sehr groß sein. In Abbildung 4.20 sind die für eine Bundesbehörde verwendeten wesentlichen „Typen" von IT-internen Anweisungen aufgezeigt und anhand der Wertschöpfungskette sortiert. Die Detaildichte überrascht besonders dann, wenn erstmals bisher nur mündlich tradierte oder gar nur von Einzelpersonen gekannte Regeln – z. B. im Rahmen einer Sicherheitszertifizierung oder bei der Einführung eines Qualitätsmanagement-Systems – schriftlich aufgezeichnet werden.

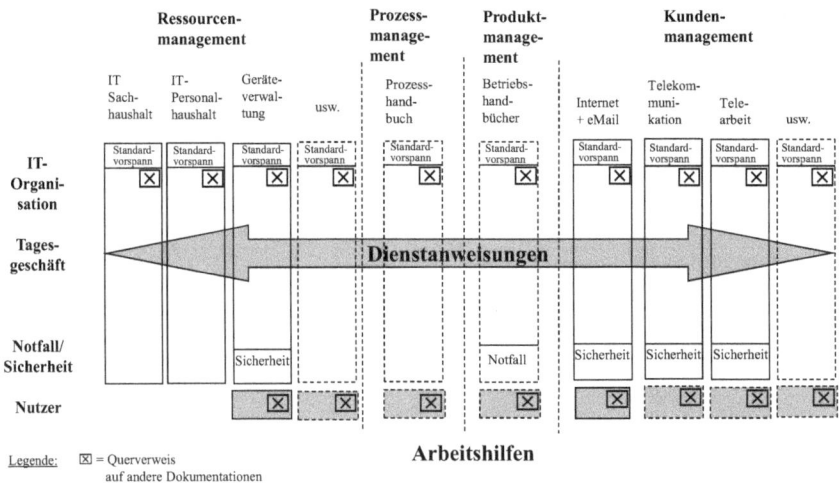

Abb. 4.20: Übersicht strukturierte Welt der IT-Anweisungen usw.

Weil die Gestaltung von IT-Governance-Ansätzen konzeptionell aufwendig ist, können eventuell Rahmenwerke zur IT-Governance eine Starthilfe bei der stimmigen Gestaltung betriebsspezifischer Regeln sein. Daher werden im folgenden Abschnitt 4.2.2 einige der aktuell verwendeten größeren Modelle mit Vor-/Nachteilen kurz vorgestellt. Sie sind allesamt keine Maßanzüge, die man von der Stange kauft (das wäre ja auch ein Widerspruch in sich selbst!), sondern „Templates", die man an die eigenen Anforderungen anpassen muss.

allgemeine Prüfmodelle   IT-spezifische Prüfmodelle   IT-Prozessmodelle

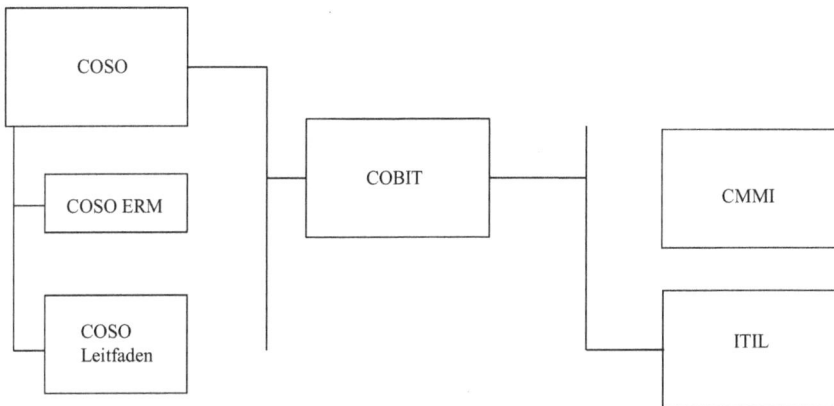

```
┌─────────────┐
│    COSO     │────────────┐
└─────────────┘            │
       │              ┌──────────┐                ┌──────────┐
  ┌──────────┐        │          │                │          │
  │ COSO ERM │────────│  COBIT   │────────┐       │   CMMI   │
  └──────────┘        │          │        │       │          │
       │              └──────────┘        │       └──────────┘
  ┌──────────┐                            │       ┌──────────┐
  │   COSO   │                            └───────│          │
  │ Leitfaden│                                    │   ITIL   │
  └──────────┘                                    └──────────┘
```

Abb. 4.21: Überblick Governance Referenzmodelle

Für ein strategisches IT-Management stellen sich bei der Entscheidung, ob man ein vorhandenes Governance-Modell verwendet oder komplett auf eigene Gestaltungsideen der IT-Steuerung setzt, folgende Fragen:

Fragen an ein eigenes Governance Modell

- Welche Bereiche innerhalb der IT sollen besonders „gehärtet" werden?
- Bis zu welchem Grad müssen die härtungsbedürftigen Bereiche gesichert werden? Welche externen oder internen Instanzen könnten Interesse an einer Überprüfung der Governance-Maßnahmen haben? Was verlangen diese Instanzen, was verstehen sie vom operativen IT-Geschäft jenseits der Fragen ihrer Prüfungskataloge?
- Bieten die vorhandenen Governance-Modelle genau in den gewünschten Bereichen überhaupt Lösungen an? Welche Teile aus dem Governance-Modell benötigt man nicht?
- Wie hoch ist der voraussichtliche Aufwand, das generelle Modell an die eigenen Anforderungen anzupassen bzw. auf sie anzuwenden?
- Ist abschließend eine Zertifizierung des Governance-Ansatzes nötig? Welches Governance-Modell wird in der eigenen Branche typischerweise verwendet und von außenstehenden Anspruchsgruppen (Wirtschaftsprüfern,

Rechnungshöfen) erwartet/geschätzt? Wie läuft eine Zertifizierung ab, für wie lange gilt ein Zertifikat?

Referenzmodelle erleichtern Start bei eigenem Modell

Die eigenständige Gestaltung eines ganzheitlichen IT-Governance-Ansatzes ist eine anspruchsvolle Aufgabe, die durch das Benutzen eines Referenzmodells als Startpunkt für betriebsspezifische Anpassungen deutlich erleichtert werden kann. Voraussetzung ist allerdings, dass man den eigenen Bedarf an Schwerpunkten und Detailtiefe genau kennt und ggf. vorhandene Methoden für die eigenen Zwecke passend macht, um einerseits das Ziel einer wirksamen Governance zu erreichen, andererseits aber nicht durch unnötige Bürokratie den IT-Bereich behindert.

Nachfolgend sollen die für eine IT-Steuerung wichtigsten Governance-Modelle kurz vorgestellt werden.

4.2.2   Governance-Modelle

COSO

Das COSO-Modell[110] ist ein allgemeines Referenzmodell und Standard für das interne Kontrollsystem des gesamten Betriebs, nicht nur speziell für die IT:

Erläuterung COSO

Erläuterung COSO

Speziell als Rahmenmodell für die Prüfung des internen Kontrollsystems (IKS) in Betrieben wurde 1992 das COSO-Modell der gleichnamigen US-amerikanischen privatwirtschaftlichen Organisation publiziert. Anlass waren Finanzskandale in den USA. COSO „bedient" die ab einer Mindestgröße des Unternehmens nach Regelwerken vorgeschriebene jährliche Prüfung des internen Kontrollsystems[111]. COSO ERM (Enterprise Management Framework) ist eine in 2004 veröffentlichte Ergänzung mit einer weit gefassten Definition des betrieblichen Risikomanagements, eine neuere Erweiterung wurde im Mai 2013 vorgelegt.

Die Verwendung von COSO als Ausgangsbasis für eine betriebsindividuelle Gestaltung des internen Kontrollsystems kann eine strategische Entscheidung des Betriebs sein. Ähnlich wie die Nutzung anderer Rahmenkonzepte (Bsp.:

---

[110] Das COSO Modell wurde 1992 erstmals vom gleichnamigen COSO - Komitee (Committee of Sponsoring Organizations of the Treadway Commission) veröffentlicht. Das COSO-Komitee ist ein US-amerikanischer Verein zur Förderung ethischen Verhaltens in der Wirtschaft und wird von den größten US-amerikanischen Prüferverbänden unterstützt

[111] „Kontrollsystem" ist die gebräuchliche deutsche Übersetzung von „control system". Das deutsche Wort „Kontrolle" beschränkt sich inhaltlich auf den Akt des Nachprüfens. COSO meint jedoch Steuern UND Überwachen damit, also mehr als nur „Kontrolle". Wie bei Bungartz (2012, S. 47) wird hier jedoch auch weiter die das Gemeinte verengende, deutsche Übersetzung wegen ihrer allgemeinen Verbreitung benutzt

ITIL) im IT-Bereich kann der Einsatz von COSO vier ergänzende oder alternative Gründe haben: Nutzen eines anerkannten Rahmenkonzepts, um …

- eine höhere Akzeptanz bei Wirtschaftsprüfern oder Stakeholdern für das Interne Kontrollssystem zu finden. In den USA wird das COSO-System von großen Prüf-Organisationen unterstützt, es ist ein quasi-Standard
- Fehler oder Auslassungen schon in der Grundarchitektur des eigenen Systems zu vermeiden
- einen schnelleren Start des Einführungsvorhabens möglich zu machen und ggf. COSO-spezialisierte Fachleute einsetzen zu können
- von der Fortentwicklung des COSO-Ansatzes zu profitieren und ggf. anerkannte Schnittstellen für angrenzende Themen, z. B. ein Internes Kontrollsystem auch in der IT, zu bekommen.

Wegen der Bedeutung des amerikanischen Marktes für viele deutschsprachige Firmen und mangels entsprechend verbreiteter alternativer Standard-Systeme ist COSO das bedeutendste generische Governance Modell auch im deutschsprachigen Raum. COSO betrachtet separat drei Sphären von Risiken:

COSO am weitesten verbreitetes allgemeines Governance Modell

- Operationale Risiken. Hierzu gehören auch IT-Risiken und die anderer Querschnittsprozesse, zuvörderst aber Risiken aus den Geschäftsprozessen
- Finanzberichterstattung
- Compliance

Die bis 2013 geltenden COSO-Versionen waren stark auf den Bereich der Finanzberichterstattung konzentriert, eine im Mai 2013 vorgestellte und ab Dezember 2013 geltende neue Version ist breiter angelegt. Unabhängig davon konnte und kann COSO als Rahmen für den ganzen Betrieb und seiner Teilbereiche verwendet werden. COSO betrachtet die fünf folgenden Komponenten:

COSO Version von 2013 breiter angelegt als frühere

- Kontrollumfeld (ethische Werte im Unternehmen, z.B. ein Ethikkodex, Achten auf fachliche Kompetenz der Beschäftigten usw., Führungsstil der Betriebsleitung usw.)
- Risikobeurteilung
- Kontrollaktivitäten
- Information und Kommunikation
- Überwachung.

Die „Philosophie" und die Komponenten des COSO-Modells finden sich weitgehend inhaltsgleich bei Wirtschaftsprüfern in den DACH-Ländern wieder.

COBIT

COBIT ist ein mit COSO auf Betriebsebene kompatibles, besonders weit bekanntes Rahmenwerk speziell der IT-Governance:

Erläuterung COBIT

Erläuterung COBIT

COBIT (Control Objectives for Information and Related Technology, aktuell Version 5.0) ist ein 1993 erstmals veröffentlichtes Prüfmodell mit Referenz auf generische IT-Prozesse. Es ist ein prüfungsorientierter Ansatz, der von dem amerikanischen Prüfungsverband ISACA[112] (Information Systems Audit and Control Association) und dem ITGI (IT Governance Institute) entwickelt wurde. Neuere Versionen von COBIT sind praktisch auch ein Top-Down-Steuerungsmodell geworden (COBIT 5.0 aus 2012). COBIT versteht sich als Bindeglied zwischen COSO und rein prozessorientierter Ansätze der IT-internen Steuerung wie ITIL.

COBIT ist top-down

Der Top-Down – Ansatz von COBIT folgt dem hier in diesem Buch schon vorgestellten logischen Schema der Ableitung von IT-Zielen aus den Betriebszielen und dann der IT-Abläufe wiederum aus den IT-Zielen. Insofern ist nachvollziehbar, dass die amerikanischen Prüfverbände COBIT teilweise nicht nur als ein Prüfinstrument im engeren Sinne, sondern als ein Hilfsmittel der strategischen Neuausrichtung der IT sehen. Zu fragen ist natürlich unabhängig von dieser Meinung, ob es ein Verdienst von COSO ist, dieser schon vor Erscheinen von COSO vorhandenen Erkenntnis zu folgen und ob das hybride COSO tatsächlich einen Mehrwert über die aus verschiedenen Quellen gesammelten Checklisten hinaus hat und ein gutes Stimulanz für das IT-Management zur Gestaltung des eigenen Steuerungsmodells sein kann.

COBIT ist Hybrid

COBIT ist selbst ein „Hybrid", weil bei seiner Entwicklung viele Referenzmodelle aus verwandten Managementbereichen wie Revision und Qualitätsmanagement integriert wurden und versteht sich selbst als lernender „best practice"-Ansatz. Die Kernbereiche der Governance sind aus Sicht von COBIT ...

- die strategische Ausichtung der IT auf die Geschäftsziele
- der Wertbeitrag der IT für den Betrieb
- das Ressourcenmanagement
- das Risikomanagement
- das Performance Management.

CoBIT ist prozessorientiert und betrachtet 34 kritische IT-Prozesse mit zugeordneten Aktivitäten und Maßnahmen[113], die in folgende Kontrollbereiche (Kontrollzwecke) aufgeteilt sind:

1. Planung und Organisation der IT (10 Prozesse)
2. Beschaffung und Implementierung (7 Prozesse)

---

[112] 1967 in den USA gegründeter, in vielen Staaten mit lokalen Vereinen (u.a. ca. 2.000 Mitgliedern in Deutschland) vertretener, Dachverband für Wirtschaftprüfer, IT-Leiter und andere IT-nahe Berufe, voller Namen: Information Systems Audit and Control Association

[113] Vollständige Liste siehe Anhang 8.3

3. Bereitstellung und Unterstützung (13 Prozesse)
4. Überwachung und Evaluierung (4 Prozesse).

COBIT beschreibt diese IT-Prozesse anhand folgender Merkmale:

- Prozessziele
- wesentliche Aktivitäten
- wesentliche Messgrößen.

Wenn man die vier Kontrollbereiche und die 36 Prozesse in eine Matrix bringt, dann kann man übersichtlich darstellen, für welche Prozesse zu welchem Kontrollzweck Messgrößen definiert sind bzw. welche Schritte zur Feststellung des Zustands im geprüften IT-Bereiches unternommen werden sollen.

COBIT kennt 4 Kontrollbereiche und 36 Prozesse

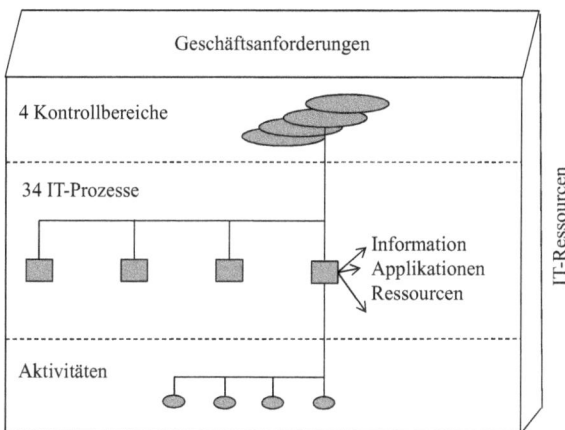

Abb. 4.22: Das Datenmodell von COBIT[114]

Eine aus Sicht des Betriebs interessante andere Verwendungsform dieser Matrizen ist es zu zeigen, wo COBIT Kontrollziele hat, die den für Compliance-Prüfungen verwendbaren COSO-Komponenten entsprechen. Die nachfolgende Abbildung 4.23 zeigt anhand des Beispiels Kontrollbereich „Planung und Organisation" diese Beziehung.

---

[114] Verändert aus Johannsen & Goeken, 2007, S. 55

Legende: - PO = Planning & Organization - P = primär (starker Zusammenhang mit COSO) - S = sekundär (schwächerer Zusammenhang mit COSO) IT-Prozess Bezeichnung		Kontroll-umgebung	Risiko-bewertung	Kontroll-aktivitäten	Information/Kommunikation	Überwachung
PO 1	Definition eines strategischen Plans für die IT		P		S	S
PO 2	Definition der Informationsarchitektur			P	P	
PO 3	Bestimmung der technologischen Richtung		S	P	S	
PO 4	Definition der IT-Prozesse, der IT-Organisation und Beziehungen (Rollen, …)	P			S	S
PO 5	Management der IT-Investitionen	P				
PO 6	Kommunikation von Zielsetzungen und Richtung des Managements	P			P	
PO 7	Personalmanagement	P			S	
PO 8	Qualitätsmanagement	P		P	S	P
PO 9	Beurteilung und Management von IT-Risiken		P			
PO 10	Projektmanagement	S	S	P		S

Abb. 4.23: COBIT Kontrollbereich PO (Plan and Organize)[115]

COBIT ist vermutlich bei vielen IT-Prüfern explizit oder implizit im Einsatz

Die weite Verbreitung, die der COBIT-Ansatz nach Angaben der ISACA gefunden hat, ist letztlich nicht verwunderlich, weil größere privatwirtschaftliche Betriebe mit den Betriebsprüfungen und Behörden seitens der Rechnungshöfe gelegentlich auch Prüfungen ihrer IT zu erwarten haben. Daher ist es ein guter Rat, die Prüfpunkte des COBIT-Ansatzes auch im eigenen IT-Controlling zu berücksichtigen.

CoBIT ergänzt das separate Governance-Modell VAL IT[116] in der Version 2.0 (Value of IT-Investments). Es soll besonders die Abläufe für das Erzielen eines möglichst hohen geschäftlichen Nutzens betrachten und verwendet dazu die Management-Prozesse „Werte-Governance", „Portfolio-Management" und „Investitionsmanagement".

Capability Maturity Model Integration, CMMI
Im Gegensatz zu COSO und COBIT ist das CMMI-Modell (Capability Maturity Modell Integration) kein ganzheitlich alle Aspekte des IT-Managements umfassendes Rahmenmodell:

---

[115] Aus Johannsen & Goeken, 2007, S. 104

[116] Der Namen der aktuellen Version ist "Enterprise Value: Governance of IT Investments, The Val IT Framework 2.0", Herausgeber ist das US-amerikanische IT Governance Institute, Zahlreiche Broschüren und Darstellungen mit unterschiedlichen Niveau befinden sich auf den Seiten www.isaca.org/Knowledge-Center/Val-IT-IT-Value-Delivery-/Pages/Val-IT1.aspx

> **Erläuterung CMMI**
> In erster Version wurde das CMMI im Jahr 1991 auf Veranlassung des US-Verteidigungsministeriums von dem Software Engineering Institute der Carnegie Mellon University als Verfahren zur Reifebeurteilung von Softwareerstellungsprozessen herausgegeben. 2007 und 2009 erschienen weitere CMMI-Referenzmodelle für Akquisitionen und IT-Services. Grundlage der Beurteilung in den Referenzmodellen sind „Ziele" und „bewährte Praktiken" in „IT-Prozessgebieten".

Erläuterung CMMI

CMMI ist allgemein wegen seines theoretisch abgeleiteten Reifegradmodells für IT-Vergleichszwecke nutzbar. Berichten zufolge sind die Referenzmodelle bei Softwareentwicklungsfirmen zur Beurteilung der Entwicklungsprozesse in Gebrauch[117]. Im Gegensatz zu COSO und COBIT decken die CMMI-Referenzmodelle nur einen Teil der IT-Managementobjekte ab.

CMMI Reifegradmodell

4.2.3 Bewertung IT-Governance und Referenzmodelle

Der Begriff „IT-Governance" ist – in und außerhalb der IT – ein wertvoller Hinweis darauf, dass die Gesamtheit von Regeln und Strukturen auf einander abgestimmt und – gemessen am Bedarf der Regelungsinhalte – auch lückenlos und hinsichtlich der wichtigen Kontrollaufgaben stimmig sein sollten.

Da die IT – aus dem Blickwinkel anderer Bereiche einschließlich der Betriebsleitung – oft ein relativ intransparenter oder teilweise unverständlicher Bereich ist, empfiehlt es sich für eine IT-Leitung, sich selbst „nackig" zu machen und die IT-internen Regeln, Verantwortlichkeiten und Verfahrensweisen möglichst klar, offen für Dritte und nach bekannten Standards zu gestalten. Dies legt unbedingt die ernsthafte Beschäftigung mit dem Thema IT-Governance und die Einführung eines internen Kontrollsystems nahe. Dies nicht nur deshalb, weil ein Nebenziel der IT-Bereiche meist auch das Erfüllen von Erwartungen externer wie interner Prüfinstanzen ist, sondern weil diese Prüfansätze sinnvolle und im Sinne der „gelernten Lektionen" bereits verdichtete Erkenntnisse vieler IT-Bereiche gesammelt haben. Es ist also effizient, die eigenen Erfahrungen mit der Kenntnis von Prüfpunkten Externer anzureichern.

Empfehlung freiwilliger Transparenz

Dies heißt aber nicht, dass COBIT bereits die Ultima Ratio an Erkenntnissen und Wertungen eines IT-Managements in sich trägt. Beispiele für mögliche Verbesserungsbedarfe sind schnell zu finden: Auch wenn das Thema „Qualität" als Prozess in COBIT abgebildet ist, den Wert der Eigenschaften von eingesetzten IT-Produkten berücksichtigt der Ansatz nicht ausreichend. Au-

COBIT hat Schwächen

---

[117] Jacobs, 2013, Enzyklopädie der Wirtschaftsinformatik, http://www.enzyklopaedie-der-wirtschaftsinformatik.de

ßerdem ist im praktischen Leben des IT-Managements die Qualität der Zusammenarbeit mit dem Beschaffungsbereich, dem Personalbereich und in einem dynamischen Umfeld darüber hinaus mit einem fachlichen Projektmanagement, einem Organisationsbereich usw. sehr wichtig. Von den eigentlichen IT-Kunden und der Leitung des Betriebs ganz zu schweigen. Diese Sichtweise findet sich nur unzureichend im Prüfungsansatz und würde bei einer isolierten Prüfung nur des IT-Bereichs eventuell zu einer verzerrten Sichtweise und Beurteilung führen.

Ausdrücklich positiv ist an COBIT das Berücksichtigen des strategischen Anspruchs und vieler „weicher" Gesichtspunkte für ein gutes IT-Management.

Schlussfolgerung für das IT-Management

Zusammengefasst sind als Ergebnis der Beschäftigung mit dem Aspekt der IT-Governance folgende Erkenntnisse festzuhalten: Eine gutes IT-Management sollte …

- eine professionelle IT-Strategie haben, die laufend fortgeschrieben und auch tatsächlich umgesetzt wird
- Verfahren für eine möglichst lückenlose, gleichzeitig aber auch pragmatische und möglichst effiziente Erfassung und Steuerung aller steuerungsbedürftigen Abläufe und Risiken des IT-Bereichs etablieren
- ein angemessenes Niveau von Rechteabgrenzungen zwischen Beschäftigten der IT und Instanzen im Betrieb anstreben
- ständige Bereitschaft für eine angemessene Weiterentwicklung und Anpassung der Regeln an veränderte Situationen und Bedrohungen zeigen. Ein internes Kontrollsystem sollte regelmäßig überprüft und selbst angepasst werden, weil es sonst schnell veralten kann. Bei jeder Änderung von betrieblichen Prozessen kann es schon unstimmig werden und bedarf eventuell der Veränderung[118]
- das Setzen und konsequente Vorleben geeigneter ethischer Standards durch die IT-Leitung einfordern. Dies soll neben der Leistungsstimulation u.a. auch die Eindämmung von Günstlingswirtschaft und nachteiliger Wirkungen von informellen Netzwerken, die letztlich alle formellen Regeln „tunneln" könnten, bewirken.

So wie andere Managementobjekte auch lässt sich für die IT-Governance eine Reifebeurteilung durchführen. Die Abbildung 4.24 ist ein Beispiel für eine Stufenskala von Reifegraden und Beurteilungsmaßstäben.

---

[118] Vgl. Bungartz, 2012 , S. 431

IKS Reifegrad	Merkmale des einzelnen IKS-Reifegrades
Stufe 5: optimiert	• Ausgeprägtes Kontrollbewusstsein im ganzen Unternehmen • weitgehende Automatisierung der Kontrollaktivitäten • Integriertes IKS, Revisions- und Risikomanagementsystem
Stufe 4: überwacht	• IKS-Grundsätze und Richtlinien sind detailliert dokumentiert • Laufende Aktualisierung der Kontrollen • Regelmäßige Überwachung der Kontrollen
Stufe 3: definiert	• IKS-Grundsätze und Richtlinien sind dokumentiert • Kontrollen sind in die Prozesse integriert + dokumentiert • Nachvollziehbarkeit der Prozesse ist gegeben
Stufe 2: wiederholbar	• interne Kontrollen sind vorhanden, aber nicht standardisiert • Kontrollen sind personenabhängig und nicht dokumentiert • fehlende Information, Kommunikation und Schulung
Stufe 1: initial	• Unstrukturiertes Kontrollumfeld im Betrieb • interne Kontrollen sind kaum oder nicht vorhanden • vorhandene Kontrollen sind nicht verlässlich

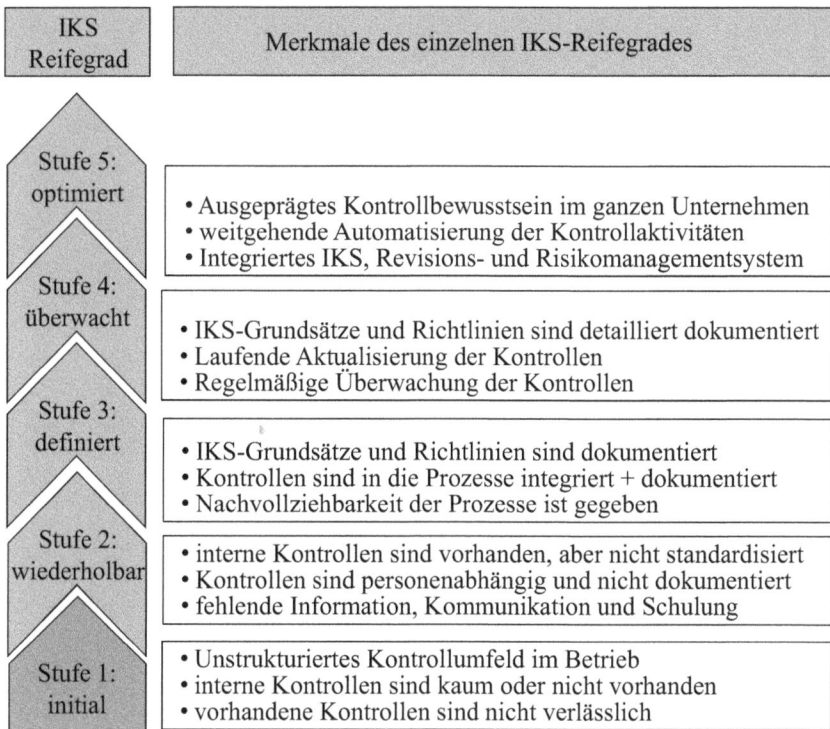

Abb. 4.24: Reifegrade eines IKS nach CMMI[119]

4.3 Qualitäts- und Sicherheitsmanagement

4.3.1 Überblick

Ein vermutlich hinter allen Umsetzungaufgaben der meisten IT-Bereiche stehendes Ziel ist es, …

• Leistungsversprechen gegenüber IT-Kunden und IT-Nutzern sowie
• plausible Ansprüche des erweiterten Kreises von Anspruchsgruppen und
• die vom Gesetzgeber und anderen Regeln setzenden Instanzen verlangten Leistungen der IT zum Datenschutz und der IT-Sicherheit

zu erfüllen. Unter diese sehr weite Überschrift gehören das Qualitäts-, Risiko- und Sicherheitsmanagement sowie der Datenschutz, die deshalb hier in einem gemeinsamen Kapitel dargestellt werden.

---

[119] CMMI-Reifegradmodell, vereinfacht und verändert aus Bungartz, 2012, S. 437

Qualitätsmanagement
umgreift alle Eigen-
schaften von IT-Services
und IT-Prozessen

Der weitestgehende Begiff unter den genannten ist das Qualitätsmanagement. Mit etwas gutem Willen kann man alle positiven und negativen Erwartungen und Ereignisse sowie die zu ihrer Erreichung oder Vermeidung nötigen Maßnahmen als Teil des „Qualitätsmanagements" verstehen. Aus diesem Grund wird das Qualitätsmanagement hier als erstes vorgestellt.

Tab. 4.9: Begriffserläuterungen und Abgrenzungen

Begriff	Anspruchsgruppen	Zweck(e) und Aufgabe(n)
Qualitäts-management	IT-Nutzer, IT-Kunden , IT-Leitung	• Erwartungen der Kunden und Nutzer an Services kennen • Einhalten von Leistungsversprechen • Herstellen von Services mit beabsichtigter Art und Güte
Risiko-management	• IT-Nutzer und Kunden • Betriebsleitung • Externe Prüfer	• Vermeiden untragbarer materieller wie immaterieller Schäden • Die Wahrscheinlichkeit des Risikoeintritts und die möglichen Folgen verringern • Dokumentations- und Aktivitätspflichten erfüllen
Sicherheits-management	• IT-Nutzer und Kunden • Personen und Institutionen, deren Daten elektronisch vorgehalten werden	• Wenn machbar Schadensmöglichkeit komplett ausschließen • Die Wahrscheinlichkeit eines Schadenseintritts und die mögliche Schadenshöhe verringern • IT-Sicherheitbeauftragter
Datenschutz-management	• Personen, deren personenbezogene Daten gespeichert werden	• Schutz personenbezogener Daten, interner wie externer • Datenschutzbeauftrager

4.3.2   Qualitätsmanagement

Übersicht
Eine der schillernsten und daher sachlich schwer bestimmbaren Begriffe im allgemeinen betriebswirtschaftlichen Vokabular ist „Qualität(-smanagement)", daher ist eine Definition besonders nötig:

Definition
Qualitätsmanagement

Definition IT-Qualität(-smanagement)
IT-Qualität ist (1) einerseits durch die Erwartung von Anspruchsgruppen an die Eigenschaften von IT-Services bestimmt, (2) andererseits durch die Erwartungen der IT-Leitung an alle Management-Objekte des IT-Bereichs. Sofern mehrere Anspruchsgruppen unterschiedliche Erwartungen haben oder die Erwartungen aus objektiven technischen, wirtschaftlichen oder organisatorischen Gründen heraus gar nicht erfüllbar sind, sollte Qualität die machbare, sinnvolle und aus Sicht der betrieblichen Notwendigkeiten heraus bestimmte „normalisierte" Erwartung sein. Qualitätsmanagement (QM) ist das Verfahren zur Abklärung und Entscheidung über Erwartun-

gen, die Priorisierung und Umsetzung von Maßnahmen zur Qualitätsveränderung und die Steuerung des Qualitätsmanagements selbst.

Die mögliche strategische Bedeutung eines guten Qualitätsmanagements liegt darin, die Aufgaben der IT und die Erwartungen an die IT aus Sicht der Anspruchsgruppen möglichst genau zu erkennen und die Leistung der IT, seien es Services für die Kunden oder interne Abläufe, entsprechend zu steuern.

Qualitätsmanagement hat nicht das Ziel, eine besonders hohe Leistung zu fördern, sondern genau die Leistung zu erstellen, die die Kunden und die IT-Nutzer gemäß abgestimmter Erwartungen benötigen. Ergebnis eines guten Qualitätsmanagements ist also ein relatives Leistungsniveau und eine möglichst hohe Passung zu dem Erwarteten.

> Qualität ist genau die erwartete Leistung, nicht unbedingt die Bestleistung

Einige Bestandteile eines Qualitätsmanagements wird jeder IT-Bereich haben, ob diese nun ausdrücklich „Qualitätsmanagement" genannt werden oder als integraler Bestandteil sonstiger informeller oder formeller Steuerungsinstrumente gesehen werden. Die Grenze zwischen „etwas Qualitätsmanagement" (bzw. einem „impliziten" Qualitätsmanagement) und einem systematischen expliziten Qualitätsmanagement sind manchmal sehr fließend.

Worauf es letztlich tatsächlich ankommt, ist die gelebte Kultur eines IT-Bereichs einschließlich seiner Leitung, auch auf eigene Produkte und das eigene Verhalten angemessen kritisch zu sehen, Verbesserungsvorschläge von IT-Kunden, IT-Nutzern und eigenem IT-Personal einzufordern und konstruktive Verbesserungsvorschläge, gleich in welcher Form und aus welcher Hierarchiestufe, zuzulassen. Geprüfte und nützliche Verbesserungsvorschläge sind umzusetzen.

> Qualität hat auch etwas mit gelebter Kultur zu tun

Der formelle Aspekt des Qualitätsmanagements ist an folgenden Merkmalen zu erkennen:

- Das Einrichten von Stelle(n) mit expliziter Rolle als Qualitätsmanager
- Im Umfang der mit „harten Kennzahlen" hinterlegten Qualitätsmessung
- Der formalen Orientierung an einem Qualitäts-Referenzmodell
- Der formalen Zertifizierung eines Qualitätsmanagement-Modells.

Da die Kenntnis des Erwarteten die Ausgangsbasis jedes Qualitätsmanagements ist, behandelt der nächste Abschnitt dieses Thema.

Anforderungen an die Qualität erheben

Erkenntnisse über die Anforderungen an die Qualität können aus u.a. folgenden Quellen gewonnen werden:

> Quellen der Erkenntnis über Qualitätserwartungen

- Periodischen Anforderungsanalysen und Zufriedenheitsbefragungen (siehe kompletten Fragebogen Zufriedenheitsmessung im Anhang Kap. 8.2)
- Service Level Agreements und Auswertung von Beobachtungen zur Erfüllung von Service Level Agreements

- Aufträgen der Betriebsleitung
- Den Kontakten zu IT-Nutzern und IT-Kunden, z. B. in Form von Gesprächen des Service Desks mit Nutzern, Statistiken des Service Desks oder des Demand Managements über die Zahl, Art, Wiederholfrequenz, Bearbeitungsdauer usw. von Anfragen
- Beschwerdestatistiken und Eskalationen
- Den sonstigen Beobachtungen, Erkenntnissen und ggf. ad hoc beauftragten Analysen der eigenen Beschäftigten im IT-Bereich.

Viele mögliche Folgen von Qualitätsmängeln

Unpassende Qualität von IT-Services und der dahinter stehenden Managementobjekte kann sich auf verschiedene Weisen auswirken, hauptsächlich sind als Folge …

- die Unzufriedenheit der IT-Nutzer und IT-Kunden
- die Unzufriedenheit der Betriebsleitung
- die Unzufriedenheit der eigenen Beschäftigten
- unnötige Kosten

zu erwarten. Beispiele für Qualitätsmängel mit der Folge von Mehrkosten enthält die folgende Tabelle 4.10. Der Unzufriedenheit von IT-Nutzern und IT-Kunden liegen – formal betrachtet – meist Lücken zwischen Qualitätserwartungen und gelieferter Leistung zugrunde. Das Feststellen dieser Lücken beschreiben detailliert einige der im Qualitätsmanagement von Dienstleistungen allgemein gebräuchlichen Modelle, z. B. die sogenannten „Gap" (Lücken)-Modelle[120].

Tab. 4.10: Quellen von Zeit- und Geldverschendung in der IT[121]

Nr.	Problem	Erläuterung
1	physische Transportwege sehr lang	sehr große Liegenschaften und geografisch verteilte Liegenschaften betroffen
2	Technikverliebtheit	Lösungen am Bedarf vorbei, „unbezahlte" Übererfüllung
3	Überbestände und überflüssige Funktionen	IT-Aufwand ohne betrieblichen Nutzen
4	überlange Reaktions- und Bearbeitungszeiten	Verärgern von Kunden und Lieferanten, Verpassen „günstiger Gelegenheiten", Verzögern nachgelagerter Arbeitsschritte, „Zeit ist Geld"
5	Unterbrechungen von Abläufen	schlechte Abläufe, ggf. ungeplante Personalausfälle
6	unvorhergesehene Ausfälle und Defekte	außerordentliche Schadensfälle alltägliche Defekte
7	zu stark zentralisierte IT	verzögerte Entscheidungsgänge, sachferne Entscheidungen, Demotivieren von kompetenten Mitarbeitern

[120] Gute und kompakte Übersichts-Darstellung von Bruhn, 2013, S. 79 ff.

[121] Zusammenstellung aus mehreren Quellen, verändert aus Dahm & Mohos, 2012, S. 97

Besonders einschlägige und direkte Hinweisgeber auf die Qualität der Arbeit in einem IT-Bereich sind in der Tabelle 4.11 genannt:

Tab. 4.11: Dem Qualiätsmanagement zugängliche IT-Leistungen

Leistungsmerkmal	Qualitätsaspekt
Einhalten Budget, Zeit und funktionelle Zusagen	Management-Qualität
Fehler in selbst erstellter IT-Software	Fehler nach Fehlerklassen, z. B. „fatale Fehler", Störungen der fachlichen Nutzbarkeit, ergonomische Nachteile. Maßstab nicht erfüllte funktionale Zusagen
Lösungsquote und Lösungsgeschwindigkeit	Kompetenz Service Desk und Hotline
Servicezeiten IT-Service-Desk und Erreichbarkeit IT-Hotline	Netto- oder Bruttoarbeitszeiten
Verfügbarkeitszeiten IT-Anwendungen	Netto- oder Bruttolaufzeiten
Zufriedenheit der Nutzer	

Aus den genannten Quellen und weiteren Indikatoren kann das IT-Management die erwarteten Eigenschaften von IT-Leistungen sowie die tatsächliche Leistung ermitteln. Die ISO 14598 enthält einen strukturierten Vorschlag der Vorgehensweise, siehe Abbildung 4.25.

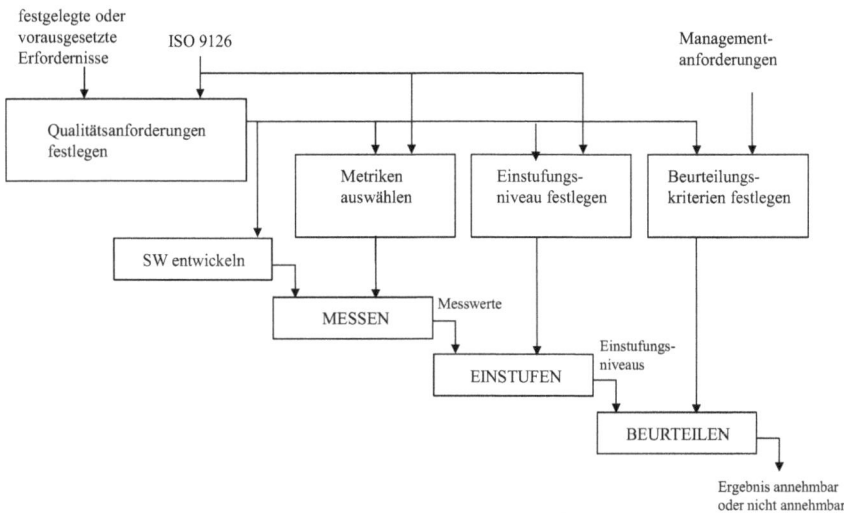

Abb. 4.25: Vorgehen Festlegen Qualitätsniveau nach ISO 14598[122]

Hinweisgeber auf Qualitäsprobleme

Empfehlung freiwilliger Transparenz

---

[122] Nehfort, 2006, S. 449

Weitere Konzepte und Referenzmodelle zum Qualitätsmanagement zu kennen kann für das IT-Management aus zwei Gründen interessant sein: Einerseits geben Referenzmodelle Ideen für die Gestaltung eines auf den eigenen Betrieb zugeschnittenen Vorgehens, anderseits wünschen manchmal auch die Anspruchsgruppen ein explizites Qualitätsmanagement, ggf. sogar eine Qualitätszertifizierung, und begrüßen die Nutzung marktgängiger allgemeiner Konzepte. Daher geht der folgende Abschnitt hierauf kurz ein.

Konzepte des Qualitätsmanagements

Wie andere Managementbereiche auch kennt das Qualitätsmanagement einige sogar mit Normen hinterlegte ganzheitliche Managementkonzepte. Die nachfolgende Tabelle 4.12 zeigt einige davon.

Tab. 4.12: Konzepte des Qualitätsmanagements für die IT

Qualitätsmanagementkonzept	Ausrichtung, Stärken/Schwächen
DIN-Normfamilie 9001 ff. generell	geprüft wird eigentlich nur die Dokumentation der Qualitätsprozesse, nicht die Qualität der IT-Services selbst
EFQM (European Foundation of Quality Management)	sehr generisches und ganzheitliches Konzept, passt auf den Betrieb als Ganzes besser als nur auf einen Teilbereich wie die IT
ISO/IEC 25000 mit vielen Unternormen. Software product Quality Requirements and Evaluation (SQuaRE)[123]	
ISO/IEC 9126 in vier Teilen	Software Engineering, prüft die Produktqualität von Software, nicht (wie die DIN-9000er Normen) die Erstellungsprozesse
Kontinuierlicher Verbesserungsprozess (KVP)	„bodenständiges" und überall praktizierbares Verfahren, entspricht dem Total Quality Management-Ansatz (TQM)
Six Sigma	anwendbar bei standardisierten IT-Serviceprozessen mit hoher Frequenz[124]

Der Erkenntniswert einer Norm liegt oftmals nicht in der fachlichen Überraschung, wie man es machen könnte, sondern in der relativen Vollständigkeit der Situationsbeschreibung und dem Vorschlag von Kennzahlen, die auch in anderen Betrieben im Einsatz sind und daher ein Potenzial für Benchmarking bieten. Neu im Sinne von „überraschend" sind das Thema „Qualität" und Qualitätsmanagement als solches für die meisten IT-Bereiche sicher nicht: Jeder IT-Bereich hat ein Qualitätsmanagement, denn er wird – wie gut oder schlecht

---

[123] Deutschsprachige Norm ist aktuell (12/2013) noch beim deutschen Normenausschuss in Bearbeitung, www.nia.din.de/projekte/DIN+ISO%2FIEC+25000/de/136443377.html

[124] Dahm & Mohos, 2013, untersuchten die Frage der Nützlichkeit anhand einer Feldstudie mit 5 teilnehmenden IT-Bereichen teils großer Firmen

auch immer – die Leistungsmenge und -güte steuern. Die Unterschiede zwischen gutem und schlechtem Qualitätsmanagement bestehen darin, …

- ob und in welcher Art, z. B. als Service Level Agreements, systematisch Festlegungen über die von IT-Kunden und anderen Anspruchsgruppen erwartete Qualität von IT-Leistungen einbezogen sind
- welche IT-Leistungen und Erwartungen einbezogen und systematisch unter Beobachtung sind
- ob und wie konsequent tatsächlich auf Basis dieser Erkenntnisse ständig an dem Halten erreichter guter Qualitätsniveaus gearbeitet wird und verbesserungswürdige Managementobjekte auch tatsächlich verbessert werden
- ob es ein explizit dokumentiertes Qualitätsmanagement gibt oder nicht und
- ob ein explizit definiertes System sich an Referenzmodellen orientiert (z. B. Six Sigma oder an der DIN ISO 9000 Familie) und ob diese Implementierung zertifiziert ist oder nicht.

Für ein IT-Management stellt sich die Frage, ob sich ein explizites Qualitätsmanagement und die Einführung und ggf. Zertifizierung anhand eines der marktgängigen Konzepte lohnen. Die Antwort hierauf muss wiederum die Erwartungsfrage berücksichtigen. Hierzu folgender Gedanke: IT-Leistungen in Betrieben sind Dienstleistungen für Kunden, die meist nur einen Teil der Eigenschaften dieser Leistungen – die an der Nutzer-Schnittstelle sichtbaren – kennen und daher darüber hinaus oft kein klares Gefühl dafür haben, welche Kosten oder Gefahren mit ihnen im „Backoffice" der IT verbunden sind. Diese Situation kann am Beispiel der Bereitstellung von standardisierten Arbeitsplatzcomputern verdeutlicht werden: Der IT-Nutzer sieht natürlich den PC und den Bildschirm bzw. das Notebook sowie die laufende Software. Die Vorkonfiguration des Computers, das Aufspielen von Patches, das Lizenzmanagement, die IT-Geräte-Anlagenbuchhaltung usw. sieht er nicht und hat i.d.R. auch keine Vorstellung von dem damit verbundenen Aufwand. Der Kunde hat auch i.d.R. daran kein Interesse. Ein Qualitätsmanagement der IT-internen Abläufe profitiert gegenüber dem Kunden nicht direkt von einem Qualitätsmanagementsystem. Das System dennoch einzuführen macht aber dann eventuell Sinn, wenn die IT-Leitung gegenüber den eigenen Beschäftigten oder dem Personal-/Betriebsrat ein „Erzwingungsmittel" für mehr Standardisierung und interne Qualitätskontrolle benötigt. Indirekt profitiert dann eventuell ja auch der Kunde bzw. IT-Nutzer davon.

Gründe für Einführen eines Qualitäts-managementsystems

Umgekehrt ist es im Falle strittiger Beurteilung von Situationen „ an der Kundenfront" eventuell hilfreich, von außen kommende Maßstäbe einzusetzen. Dies leistet z. B. für die Qualität neuer Softwareprodukte die ISO 9126. Die Abbildung 4.26 zeigt die in dieser Norm vorgeschlagenen Beurteilungskriterien. Eine Empfehlung ist es, ggf. ähnlich mit dem Service Desk und anderen Schnittstellen zum IT-Kunden zu verfahren.

Hinweis auf Kennzahlen des Qualitätsmanage-ments

Hilfreich können hier auch die aus den im Abschnitt 4.2.2 vorgestellten Governance-Modellen stammenden Kennzahlen sein. Im Anhang 8.1 sind für einige Managementobjekte der IT Kennzahlenvorschläge mit Eignung auch für die Qualitätsmessung enthalten.

Für IT-Zufriedenheitsbefragungen gibt es noch keine Norm. Bei Bedarf nach Mustern von Außenstehenden bieten sich professionelle Befragungsinstitute an. Im Anhang 8.2 ist das „selbst gestrickte" vollständige Beispiel eines modularen Zufriedenheitsfragebogens für IT-Nutzer und IT-Kunden abgebildet.

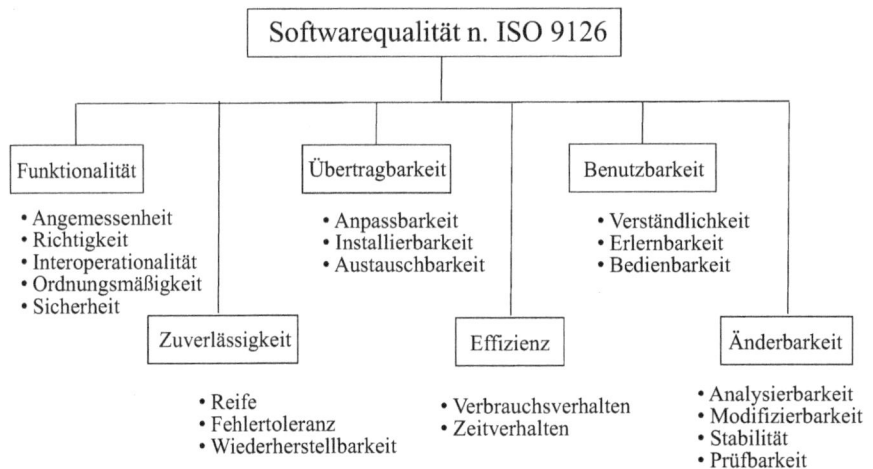

Softwarequalität n. ISO 9126

Funktionalität	Übertragbarkeit	Benutzbarkeit
• Angemessenheit	• Anpassbarkeit	• Verständlichkeit
• Richtigkeit	• Installierbarkeit	• Erlernbarkeit
• Interoperationalität	• Austauschbarkeit	• Bedienbarkeit
• Ordnungsmäßigkeit		
• Sicherheit		

Zuverlässigkeit	Effizienz	Änderbarkeit
• Reife	• Verbrauchsverhalten	• Analysierbarkeit
• Fehlertoleranz	• Zeitverhalten	• Modifizierbarkeit
• Wiederherstellbarkeit		• Stabilität
		• Prüfbarkeit

Abb. 4.26: Kriterien der Softwarequalität nach ISO 9126

Bewertung Qualitätsmanagement

Anwendungsbereiche und Beziehungen des Qualitätsmanagements

Das IT-Qualitätsmanagement kann alle Managementobjekte des IT-Bereichs, darunter natürlich auch die Services, die selbst erstellten IT-Anwendungen und die IT-Projektarbeit verbessern helfen. Im praktischen Einsatz ist es besonders eng verknüpft mit …

- der Leistungserbringung gegenüber dem IT-Nutzer und dem IT-Kunden
- den Abläufen in standardisierungsfähigen Bereichen, d.h. den ITIL-fähigen Serviceabläufen wie dem Service Desk, dem Service-Level-Management, dem Produktmanagement
- dem Controlling der Prozesse.

Qualität = erforderliche, nicht maximale Güte

Oft wird im Alltagsverständnis mit „Qualität" eine besonders hohe Güte von IT-Services verbunden. Da eine besonders hohe Güte aber oft mit besonders hohen Kosten verbunden ist, sollte ein kostenbewusstes IT-Management die Qualität so steuern, dass die berechtigten und bezahlbaren bzw. bezahlten Kundenerwartungen erfüllt werden, aber auch nicht mehr. Ein etwas abgenutzter Spruch[125] wäre: „Kein Mercedes, wo es auch ein VW tut". Da, wo eine Übererfüllung leicht und ohne wesentliche Kosten denkbar und mit einem Nutzenanstieg verbunden ist, mag auch die Übererfüllung mit Augenmaß eingeschlossen sein, sofern sie nicht in der Sache reine Verschwendung ist.

4.3.3   IT-Sicherheit

Übersicht IT-Sicherheit

Mit der zunehmenden Nutzung von IT im privaten wie im betrieblichen Bereich ereignen sich leider auch zunehmend mehr Fälle von …

Thema „IT-Sicherheit" durch Schadensfälle getrieben

- Datenverlust durch unabsichtlichen Datenlöschungen, z. B. wegen Bedienfehlern, technischen Defekten, versehentlichem Verkauf der Datenträger, Vergessen und Liegenlassen (z. B. USB-Sticks mit Daten britischer Militärangehöriger, Verkauf gebrauchter PCs mit nicht vorher für eigene Zwecke gesicherten Daten), Veraltung von Datenträgern und -formaten usw.
- gezielten Angriffen Dritter auf vertrauliche Daten, um sich diese unberechtigt anzueignen (Beispiel: Flächendeckende eMail-Ausspähmaßnahmen der US-amerikanischen und vermutlich anderer Geheimdienste. Ausspähen der Hotelreservierungssysteme durch den britischen Geheimdienst, um gezielt Hotelzimmer von Diplomaten vor deren Kommen verwanzen zu können. Ca. 57% der deutschen Betriebe sehen bösartige Angriffe auf ihre IT-Sicherheit als realistische Gefahr[126]. Manche berichten in „Spitzenzeiten" von durchschnittlich mehreren hundert Angriffen pro Tag! Zerstörerische Angriffe auf Webseiten, versuchter Datendiebstahl oder Datenzerstörung durch Trojaner und andere Schadprogramme sind für eine Mehrzahl der Attacken verantwortlich, aber auch „konventionelle" Methoden des Datendiebstahls („verseuchte" USB-Sticks verschenken, gezielt Notebooks entwenden, legaler Ankauf ausgesonderter Datenspeicher ohne vollständige Datenlöschung, usw.) sind eine reale Gefahr
- Streuwirkungen datenzerstörender oder verfälschender doloser Angriffe, z. B. der „Conficker" Wurm, der in 2008 erstmals auftrat und weltweit über eine Millionen Computer infizierte, oder der sehr aufwendig konstruierte Stuxnet-Wurm, der gezielt auf bestimmte SIEMENS-Simatec S7 – Kraftwerkssoftware wirkt und in diesen Kraftwerken nur unter bestimmten Umständen Schäden verursachte[127]
- Versehentliche Verwendung falscher elektronischer Daten z. B. für amtliche Bescheide, Mitteilungen oder Forschungsergebnisse.

---

[125] „Abgenutzt", weil VW mittlerweile auch Automodelle im Hochpreissegment bietet

[126] Befragung von Managern in ca. 800 deutschen Firmen im Auftrag der BIKOM, 7. März 2012, www.bitkom.org/presse/74532_71432.aspx

[127] WIKIPEDIA, Stichworte „Conficker" und „Stuxnet", 31.12.2013

"IT-Sicherheit" ist Formalziel

Als Konsequenz aus diesen und weiteren sehr realen Gefahren hat sich das Thema IT-Sicherheit – ein Formalziel – als wichtiger Teil der Managementaufgaben eines IT-Bereichs etabliert und fordert erhebliche Aufmerksamkeit.

Hier die Definition:

Definition IT-Sicherheit

Definition IT-Sicherheit
Alle Maßnahmen und Vorrichtungen, die
- die Verfügbarkeit (auf Anwendungen/Daten kann in dem zugesagtem Zeitfenster und innerhalb zugesagter Fristen sowie an zugesagten Orten zugegriffen werden)
- die Vertraulichkeit (nur berechtigte Personen haben Zugriff) und
- die Integrität (Vollständigkeit und Korrektheit)
von Daten gegen Probleme durch technische Ursachen, menschliches Versagen und unberechtigte Eingriffe Dritter sicherstellen sollen.

IT-Sicherheit hat oft sehr hohe Priorität

Die Verbesserung der IT-Sicherheit ist in den letzten Jahren neben dem immer schon sehr hoch rangierenden Thema „IT-Budget" zu dem wichtigsten formalen Ziel vieler IT-Bereiche geworden und daher für sie strategierelevant. Oft haben die Betriebe selbst als Ganzes die IT-Sicherheit recht hoch in ihrem Zielkatalog verortet. Bei internet-basierten Geschäftsmodellen der Finanzindustrie und des Internet-Handels ist dies leicht erklärlich. Der Grund hierfür ist einerseits die zunehmende Bedeutung von IT-gestützten Abläufen und IT-basierten Datenbeständen für den Betrieb und andererseits die Zunahme von dolosen Angriffen oder Fehlern mit großem Schadenspotenzial[128]. Obwohl diese dolosen Angriffe nur einen kleinen Teil aller sicherheitsgefährdenden Ereignisse ausmachen, prägen sie den Eindruck einer stark bedrohten IT-Sicherheit doch ganz besonders nachhaltig.

Riesiges Spektrum möglicher Schadensereignisse

Das Spektrum der möglichen Schadensereignisse ist jedoch deutlich weiter: Es erstreckt sich von banalen IT-betrieblichen Fehlern aus Nachlässigkeit oder Unvermögen, Planungsfehlern mit der Konsequenz falsch dimensionierter IT-Systeme über technische Ausfälle bis hin zu mit hoher krimineller Energie vorgetragenen gezielten Angriffen. Die folgende Abbildung 4.27 gibt einen Überblick der betroffenen IT-Objekte und der Schadensereignisse.

---

[128] Sicher mischen sich hier Fälle mit großem und kleinem Schadenspotenzial, so dass wegen der hohen Dunkelziffer keine Zahl wirklich stimmen wird. Zeitler, 2008, berichtet z. B. von einer Studie des auf Sicherheitsfragen spezialisierten Ponemon-Instituts (http://www.ponemon.org/about-ponemon), die bei größeren Datenverlusten mit mehr als 2.500 verlorenen Datensätzen durchschnittlich 1,8 Millionen Euro Schaden errechnet

• Mangelhafter Zugriffsschutz
• Mangelhafte Revisionsfähigkeit
• Ungenügende Plausibilitätskontrolle
• Fehlerhafte Dateneingabe
• Mängel der Datensicherung
• Illegale Daten gespeichert
• ...

• Spontaner Hardware-Defekt		• Nachlässiges Verhalten
• Ausfall wegen Überlastung	**Daten**	• Unwissenheit
• Ausfall der Kühlung	Hardware ◇ Verhalten	• Überforderung
• Überspannungs-Schaden		• Angriffe Außenstehender
• Stromausfall	**Software**	• Angriffe Interner
• Wasserschaden		• ...
• Feuer, Hitze, Rauch, Staub		
• ...		

• Programmierfehler
• Fehler /Schwächen in gekaufter Software
• Falsche Softwarearchitektur
• Mangelhafte Wartbarkeit
• Schlechte Dokumentation
• ...

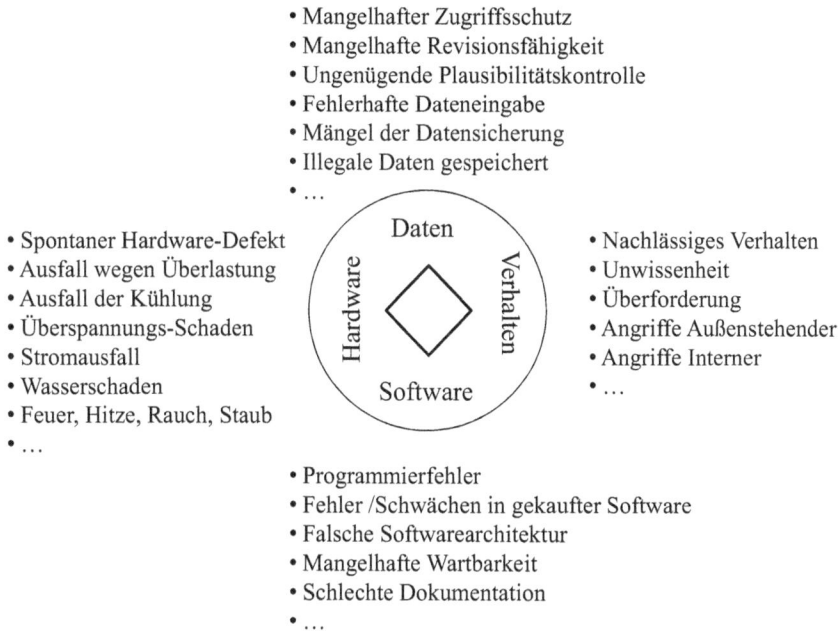

Abb. 4.27: Ursachen von IT-Sicherheitsproblemen

Die IT-Sicherheit wird durch eine Vielzahl von Szenarien und Ereignissen bedroht, u.a. durch ... *Viele Schadensszenarien durch verletzte IT-Sicherheit*

• unabsichtliche Fehler von IT-Nutzern und IT-Beschäftigten. Fehler passieren aufgrund von Nachlässigkeit, mangelnder Schulung oder Überforderung. Die Fehler der eigenen Beschäftigten sind in den meisten empirischen Untersuchungen die prozentual größte Bedrohungsart
• technisches Versagen bei Hardware oder Software. Hier sind verschiedenste Ereignisse denkbar, manchmal treten ganze Ketten von Ereignissen auf (z. B. Stromausfall – versagende USV – „unsauberes" und unvollständiges Herunterfahren von Servern; Staub in Rechenzentrum, verstopfte Klimaanlage, Überhitzung, Ausfall von Festplatten)
• Vorsatz bei Außen- oder Innentätern: Spektakuläre Fälle und Angriffe, dennoch bei der relativen Zahl von Fällen mit Schadenswirkung
• Naturereignisse und höhere Gewalt.

Zur tatsächlichen Häufigkeit einzelner Bedrohungsarten und der jeweiligen Schadenshöhe gibt es keine verlässlichen Zahlen, weil Betriebe meist keine Verpflichtung zur Meldung von Schadensereignissen haben und manchmal gute Gründe auch dafür sprechen, das Ereignis nicht an Dritte zu melden. Die vorliegenden Informationen stammen aus Befragungen mit – gemessen an der Gesamtzahl aller IT-Bereiche – kleinen Stichproben. *Keine verlässliche Statistik über Bedrohungsarten*

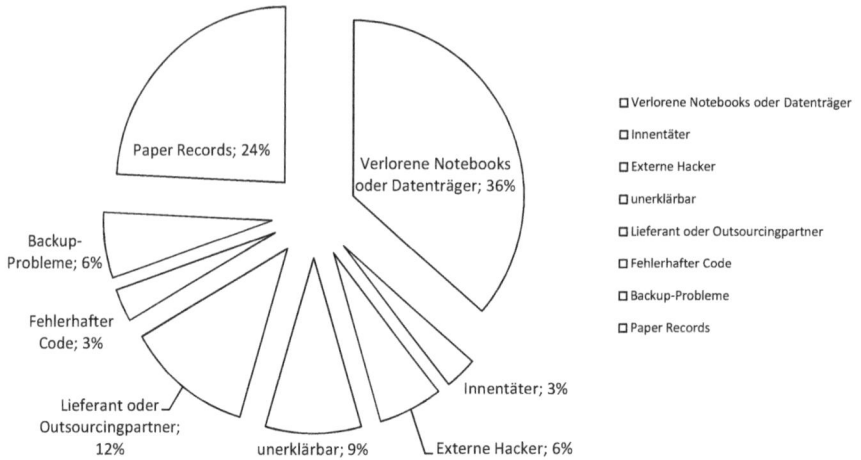

Abb. 4.28: Häufigkeiten Mängel der IT-Sicherheit[129]

Sicherheit ist immer relativ zum Bedrohungsszenario

Die Bedrohungen wirken auf Schwachstellen, gegen die evtl. noch keine oder nur unzureichende IT-Sicherheitsmaßnahmen ergriffen wurden. Da das Spektrum von Schwachstellen sehr groß ist, scheint es utopisch, jemals alle Risiken eines „normalen" IT-Betriebs und bei „normalem" Verhalten der IT-Nutzer in den Fach- und Querschnittsbereichen ausschließen zu können. Vielmehr bedarf es eines planvollen Herangehens an die dauerhafte Managementaufgabe, ein bezahlbares und den betriebsindividuellen Bedrohungsszenarien angemessenes Portfolio von Gegenmaßnahmen zu treffen. Je sicherheitsempfindlicher die Daten sind und je mehr die Verletzungen der IT-Sicherheit das Geschäftsmodell des Betriebs treffen können, desto höher müssen die Anstrengungen zur Vermeidung von Risiken und/oder zur Abmilderung der Folgen von Verletzungen der IT-Sicherheit relativ sein.

Maßnahmen zur Erhöhung der IT-Sicherheit

Vier Kategorien von IT-Sicherheitsmaßnahmen

Die Empfehlungen für Sicherheitsmaßnahmen fallen in vier Kategorien:

1. „Mitnehmen" aller IT-Nutzer, der Fachbereiche und aller die IT-Sicherheit beeinflussenden Querschnittsbereiche
2. Systematische und langfristige Portfolio-Steuerung, und hierbei den Überblick aller Maßnahmen für die Erhöhung der IT-Sicherheit behalten und diese ggf. im Portfolio-Management (mit)steuern lassen. Ggf. systematische Verankerung durch ein formell abgesichertes Gesamtsystem. Ggf. Sicherheitszertifizierung ausgewählter oder aller Bereiche der IT
3. Ggf. CERT (Computer Emergency Response Team) aufbauen, Kontakte zu Informationsgebern mit Hilfestellung im Schadensfall pflegen

---

[129] Zeitler, 19.3.2008

4. Technische Maßnahmen zur Beobachtung der Sicherheitslage und Umsetzung von Maßnahmen zur Verhinderung unerwünschten Verhaltens.

„Mitnehmen" der IT-Nutzer und IT-Kundenbereiche

IT-Sicherheit ist kein rein technisches Thema, weil sich einige Bedrohungsszenarien nicht nur gegen den IT-Erstellungsprozess in Rechenzentren oder dezentralen IT-Einheiten richten, sondern Schwachpunkte wo anders suchen: Bei den IT-Nutzern und den Daten aller Bereiche im Betrieb, zuvörderst den Daten der Fachbereiche und ggf. interessanter Querschnitts- und Stabsfunktionen wie Entwicklung, Treasury usw. Eine IT ist letztlich nicht für die von ihr verwalteten Daten der Fach- und Querschnittsbereiche zuständig. Sie kann das Gefahren- und das Schadenspotenzial bei Verlust und unberechtigtem Zugriff nicht so gut einschätzen wie die Eigentümer der Daten. Außerdem ist sie nicht disziplinarisch für das Verhalten der IT-Nutzer in den Fachbereichen verantwortlich. Zu beachten ist auch, dass in bestimmten Branchen wie z. B. der deutschen Bundesverwaltung sehr viele brisante und gleich „mundgerecht" für Dritte aufbereitete Daten auf konventionellem Wege – sprich „Durchstechereien" ranghoher Angestellter oder Beamter mit parteipolitischen, privaten oder wirtschaftlichen Interessen – in falsche Umlaufbahnen geraten. Vermutlich betreffen die gezielt herbeigeführten Verluste hier viel mehr und wichtigere Daten als die durch breit gestreute Angriffe auf die (technische) IT-Sicherheit oder durch zufällige technische Fehler. Bei allen Maßnahmen zur Verbesserung der Sicherheit von IT-Nutzern ist eines zu beachten: Viele Maßnahmen der IT-Sicherheit bedeuten eine Einbuße an Komfort beim IT-Nutzer oder verlangen aktives Tun (z. B. Verschlüsseln von Daten, Daten löschen, Datenträger verschließen, lange Passwörter benutzen). Hier wirken vermutlich direkte Weisungen des fachlichen Vorgesetzten mehr als noch so geschickt vorgebrachte Appelle eines Querschnittsbereichs wie der IT, in der manche Fachbereiche eher den „Knecht" des Betriebes sehen als eine interne Ordnungsmacht. Daher gibt es zwei Empfehlungen:

Verhalten der IT-Nutzer und der IT-Kunden ist Schwachstelle für Sicherheit

(a) Etablieren sogenannter „IT-Sicherheitsbeauftragter" als Instanz, ggf. auch eines Sicherheitsgremiums. Diese Stelle sollte nicht im IT-Bereich angesiedelt werden, sondern da, wo die organisatorische Macht sitzt: Im Organisationsbereich oder in dem größten der IT-nutzenden Bereiche. Die IT zeichnet weiter für die rein technische IT-Sicherheit verantwortlich, die Fachbereiche und anderen Querschnittsbereiche dagegen bestimmen z. B. über …

Instanz des IT-Sicherheitsbeauftragten

- die Art, den Umfang und die Aufbewahrungsdauer von Fachdaten
- Daten, die überhaupt nicht elektronisch gespeichert werden
- Daten, die nur lokal gespeichert werden
- das Berechtigungskonzept für Nutzer der Fachverfahren
- Vorschriften für IT-Nutzer zum Umgang mit Mobilgeräten

- Vorschriften für Nutzer beim Zugriff auf das Internet
- Vorschriften zur Verschlüsselung[130]
- Beobachtung von Angreifern, z. B. Computerhackern, potenzielles Interesse von politisch gut verdrahteten Mitbewerbern aus Staaten mit bekanntem IT-Angriffspotenzial (USA, China, Russland, Großbritannien, …)

(b): Ergänzend zu der Einzelperson des IT-Sicherheitsbeauftragten könnte auf Betriebsebene oder sogar je Fachbereich ein Gremium eingerichtet werden, das sich regelmäßig oder bei Bedarf mit der aktuellen Sicherheitslage sowie mit Maßnahmen zur Verbesserung der Sicherheit beschäftigt.

Systematische Verzahnung technischer und organisatorischer Schutzmaßnahmen

Diese technischen und organisatorischen Maßnahmen sind systematisch zu verzahnen und ständig zu verbessern.

Systematische Steuerung IT-Sicherheit

Die Einrichtung eines betriebsweit tätigen IT-Sicherheitsbeauftragten und das Mitmachen der IT-nutzenden Bereiche erzeugen, neben den Ideen aus dem IT-Bereich selber, Vorschläge für Maßnahmen der Verbesserung der IT-Sicherheit. Das Ergebnis dieses organisatorisch wichtigen Systems wird trotz allem Bemühen vermutlich lückenhaft und ein Flickenteppich sein, wenn man keine strukturgebende Methode ergänzt. Um die gesamte IT-Anwendungslandschaft und alle fachlichen Abläufe initial einmal systematisch abzuklopfen und den Aktualitätsgrad dieser Informationen gelegentlich aufzufrischen bedarf es eines Systems mit dem Anspruch der Vollständigkeit und der methodischen Absicherung. Hierzu drei Vorschläge:

IT-Grundschutz herstellen

(a) Das Bundesamt für Sicherheit in der Informationstechnologie (BSI) hat einen Verfahrensbausteinkasten entwickelt, der für den Öffentlichen Sektor einen starken Empfehlungscharakter hat und sich grundsätzlich auch für die Privatwirtschaft eignet. Er heißt „IT-Grundschutz"[131] und beinhaltet eine Reihe von Checklisten und Arbeitswerkzeugen, die teils öffentlich auf den Seiten des BSI zugänglich sind. Das Verfahren beinhaltet zunächst eine Erhebung des Schutzbedarfs der Anwendungen. Dieser Teil ist eine Schnittstelle zum Thema „Riskomanagement". Trotz teils „bürokratisch" anmutender Datenerhebungen und Dokumentationspflichten ist der Ansatz des BSI jedoch durchdacht und bei ggf. etwas schlankerer Anwendung sehr brauchbar. Daher die Empfehlung, sich ggf. an dieses Verfahren anzulehnen und einmal eine „Vollaufnahme" des Betriebs aus Sicht des IT-Grundschutzes machen

---

[130] Definition „Verschlüsselung": Verschlüsselung ist die Substitution von informationstragenden Zeichen durch (1) Codierung = Ersatz von ganzen Wörtern oder/und (2) Chiffrierung = Ersatz auf Ebene einzelner Buchstaben. Das Ergebnis sind Geheimschriften oder Chiffren

[131] www.bsi.bund.de/DE/Themen/ITGrundschutz/itgrundschutz_node.html

(b) Da das Thema „IT-Sicherheit" vermutlich aperiodisch zu einer Anzahl mehr oder weniger komplexer, mal technischer und mal organisatorischer und vermutlich oft gemischt organisatorisch-technischer Vorhaben führt, droht dem bereits mit vielen Themen beschäftigten IT-Management im Tagesgeschäft der Überblick verloren zu gehen. Daher sollte man ggf. die Maßnahmen zur Umsetzung von IT-Sicherheitsfragen einem Portfolio-Management aller IT-Umsetzungsmaßnahmen, besser sogar ggf. einem betriebsweiten Portfolio-Management, übergeben und ein separates Berichtswesen einrichten[132]

Maßnahmen IT-Sicherheit gehören in ein Portfoliomanagement

(c) Falls Anspruchsgruppen das besondere Bemühen des Betriebs im Thema IT-Sicherheit vermissen, könnte man eine IT-Sicherheitszertifizierung Grundschutz nach BSI-Standard anstreben. Für deutsche Behörden ist dies angeblich verpflichtend, jedoch haben dies tatsächlich bis 2013 nur einige wenige komplett gemacht. Schon bei mittelgroßen IT-Bereichen mit eigenen IT-Verfahren und ohne gute Dokumentation der IT-Landschaft ist dies ein aufwendiges Verfahren, daher ist vorher über eine Fokussierung des Ansatzes zu sprechen.

Zertifizierung IT-Sicherheit

Schicht 1: Übergreifende Aspekte

Schicht 2: Infrastruktur

Schicht 3: IT-Systeme

Schicht 4: Netze

Schicht 5: Anwendungen

1. Gebäude
2. Elektrotechnische Verkabelung
3. Büroraum
4. Serverraum
5. Datenträgerarchiv
6. Raum für technische Infrastruktur
7. Schutzschränke
8. Häuslicher Arbeitsplatz
9. Rechenzentrum
10. Mobiler Arbeitsplatz
11. Besprechungs-, Veranstaltungs- und Schulungsräume
12. IT-Verkabelung

Abb. 4.29: Schichten im Bausteinkatalog des IT-Grundschutzes[133]

Der Grundschutzkatalog nach BSI eignet sich auch grundsätzlich für die Privatwirtschaft: Er ist konkreter als die internationale ISO 27001 inklusive der weiteren zugehörigen ISO-Standards und gibt im Gegensatz zur ISO 27001 auch Vorschläge für das WIE der Umsetzung der Sicherheitsanforderungen. Mit COBIT, das kein spezielles IT-Sicherheitskonzept ist, ergeben sich Überschneidungen. Ergänzend ist es empfehlenswert, dass der IT-Bereich für seine

Der BSI IT-Grundschutz eignet sich auch für Privatwirtschaft

---

[132] Bis Ende 2013 bot das Bundesamt für Sicherheit in der Informationstechnologie (BSI) mit dem „GSTOOL" ein speziell für das IT-Sicherheitsmanagement gedachtes IT-Werkzeug des Programm-Managements an. Unter dem Stichwort „andere Tools" listet es auf seinen Internet-Seiten alternative Werkzeuge auf, www.bsi.bund.de

[133] BSI, 2012, S. 15

eigenen Zwecke parallel zum betriebsweit tätigen IT-Sicherheitsbeauftragten eigenes Personal und ggf. IT-Werkzeuge für IT-Sicherheitsfragen vorsieht und diese für die techniknahen Themen der IT-Sicherheit einsetzt.

CERT aufbauen und systematische Kontakte zu Hinweisgebern

CERT = computer emergency reaction team

Von außen kommende Bedrohungen der IT-Sicherheit sind Phänomene, gegen die der einzelne Betrieb und auch der IT-Bereich Hilfe von außen gut gebrauchen kann. Das Minimum an Hilfe sind konkrete Hinweise auf aktuelle und zeitnah kommende Bedrohungen, wie sie z. B. von frisch entdeckten Viren ausgehen. Um solchen Gefahren zu begegnen, richten manche Konzerne und auch große Behörden gelegentlich besondere Teams ein, deren englischsprachiger Namen „computer emergency reaction team" (CERT) in Fachkreisen umgangssprachlich geworden ist. Zweck eines CERT ist es, die Sicherheitslage ständig zu beobachten und beim Auftreten von Bedrohungen möglichst schnell konkrete Hinweise zur Bekämpfung geben zu können. Auch das Bundesamt für Sicherheit in der Informationstechnologie (BSI) hat ein CERT eingerichtet, es ist für alle Bürger und kleine Betriebe gedacht[134]. Dieses CERT bietet Informationen über aktuelle Sicherheitsupdates verschiedener Hersteller sowie die aktuelle Bedrohungslage. Analog hierzu gibt es verschiedene CERT-Verbünde der Bundesländer und großer Firmen[135]. Sie leisten Aufbauhilfe für neue CERTs, helfen sicher auch spontan eventuell Betrieben ohne CERT und sind damit neben den in ihm schon vertretenen Betrieben eine wertvolle Anlaufstelle für alle Betriebe in Not. Darüber hinaus haben auch viele IT-Hersteller CERTs, die sich speziell um Sicherheitsprobleme ihrer Produkte kümmern und Kommunikationslisten mit ihren Kunden bedienen. Es ist unbedingt empfehlenswert (aber auch schon sehr „handwerklich"), dass ein IT-Bereich Kontakte zu einem oder mehreren CERTs sucht und pflegt, um im Notfall auf Hilfe oder zumindest aktuelle Information zugreifen zu können.

Technische Maßnahmen

Es gibt eine Vielzahl hier nicht aufzuzählender technischer Maßnahmen, die die IT-Sicherheit erhöhen können. Sie fallen in u.a. folgende Kategorien:

- Werkzeuge zum Entdecken von Angriffen an der „Außenhaut" des Betriebs
- Werkzeuge zum Entdecken auffälligen Verhaltens im Netz oder von einzelnen Anwendungen
- Werkzeuge zum Unterbinden standardmäßig von Softwareherstellern ermöglichter Verhaltensweisen der Nutzer
- Werkzeuge zur Integritätsprüfung von Daten, zur Verschlüsselung von Daten oder zum Sperren von Hardwarezugriffen.

---

[134] www.buerger-cert.de

[135] http://www.cert-verbund.de/

Bewertung IT-Sicherheitsmanagement

Ein durchdachtes IT-Sicherheitsmanagement gehört zum Standard eines gut organisierten IT-Managements. Wenn es noch nicht vorhanden ist, sollte seine Einrichtung zu den Formalzielen der IT gehören. Die nachfolgende Abbildung 4.30 zeigt schematisch ein Gesamtsystem.

Gesamtsystem Sicherheitsmanagement

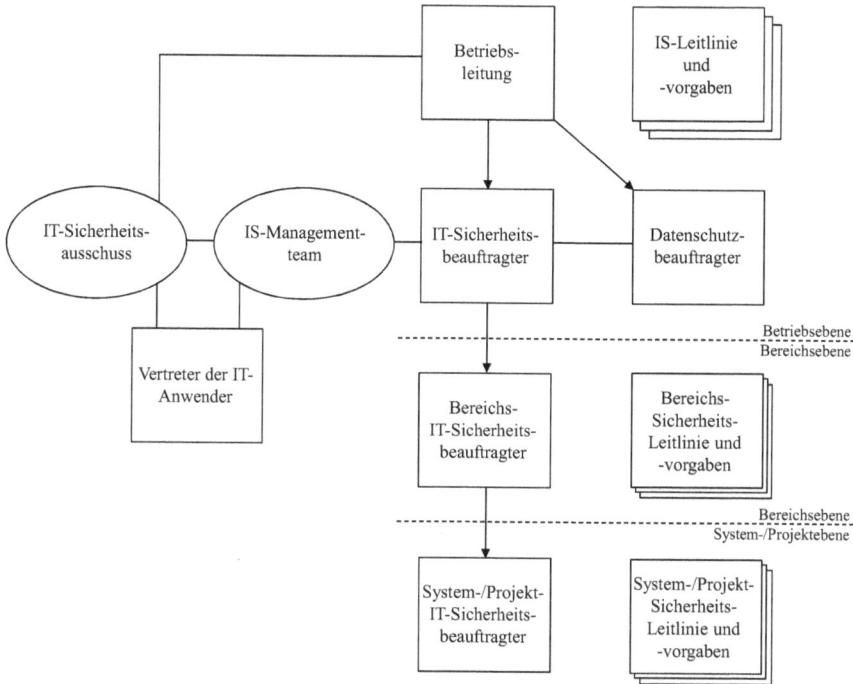

Abb. 4.30: Mögliches Gesamtsystem Sicherheitsmanagement[136]

Das erstmalige Aufsetzen eines solchen Systems erfordert[137] ...

Gesamt-Schutzbedarfsfeststellung

- das Erfassen der Systeme und Anwendungen und ihres Schutzbedarfs
- die Entwicklung einer Gefährdungsmatrix
- das Ermitteln und Bewerten der Schutzbedürftigkeit für jedes System in den Bereichen (a) Vertraulichkeit (b) Integrität (c) Verfügbarkeit.

Die maximale Schutzbedürftigkeit einer der einer Anwendung zugrunde liegenden vielen Hard- und Softwarekomponenten bestimmt den Gesamtschutzbedarf einer IT-Anwendung, da der größte Schwachpunkt die Angreifbarkeit des Gesamtsystems bestimmt!

Das schwächste Glied bestimmt die Gesamtschutzbedürftigkeit

---

[136] Verändert n. Hofmann, 2010, S. 323

[137] Nach dem Standard des IT-Grundschutzes vom BSI

Abb. 4.31: Karikatur IT-Sicherheit[138]

IT-Notfälle

Unabhängig vom Schutzbedarf der IT-Anwendungen sollten Regeln und Verfahrensweisen für vorhersehbare Notfälle des IT-Betriebsablaufes festgelegt und den IT-Beschäftigten bekanntgemacht werden. Benötigt werden insbesondere Pläne zur Fortführung der betrieblichen (Fach-)prozesse („Geschäftsfortführungspläne") und Pläne für die Situation in IT-Rechenzentren, insbesondere „Wiederanlaufpläne" und für die unmittelbare Notsituation Pläne zur Lebensrettung und Eingrenzung des Schadens. Folgende Kategorien von Notfällen sollten in diesem IT-Notfallhandbuch gesondert behandelt werden[139]:

- Flüssigkeitseinbruch in Betriebsräumen der IT
- Brandmeldung in Betriebsräumen der IT
- Instabile Energieversorgung in Betriebsräumen der IT
- Instabile Klimatisierung in Betriebsräumen der IT
- Bauschäden durch Unfall, Fremdeinwirken und Baumängel
- Gewaltsame Bedrohung von außen
- Hackerangriff und Virenverbreitung
- Pandemie (z. B. „Vogelgrippe")
- Angeordnete Liegenschaftsräumung (z. B. bei Bombendrohung).

Übung von Sicherheitsszenarien empfohlen

Die Schulung eines IT-Sicherheitsbeauftragten, eine allgemeine Sensibilisierung aller IT-Beschäftigten und spezielle Schulungen für bestimmte Funktionsträger, aber auch die Information und Sensibilisierung aller IT-Nutzer sowie gelegentliche Übungen von realistischen Notfallszenarien inklusive Stromausfall und Testen der Prozeduren zum Herunter- und Wiederanfahren des Rechenzentrums bzw. Übernahme des Betriebs gehören abschließend mit zu einem guten IT-Sicherheitsmanagement des Betriebes.

---

[138] Bergner, 2013

[139] Vgl. www.bsi.bund.de/DE/Themen/ITGrundschutz/ITGrundschutzSchulung/Webkurs1004/7_Notfaellebewaeltigen/4_Notfallhandbuch/Notfallhandbuch_node.html

4.3.4   Risikomanagement

Übersicht

Das Leben, auch in der IT, ist durch Unsicherheit und Risiken gekennzeichnet. Diese beiden Begriffe sind nicht synonym, sondern lassen sich unterscheiden: „Unsicher" und „Unsicherheit" beziehen sich auf Ereignisse, deren Eintritt (-swahrscheinlichkeit) nicht seriös geschätzt werden kann. Der Grund für die Einschätzung, es handele sich um ein „unsicheres" Ereignis, beruht darauf, dass das Ereignis extrem selten auftritt und dass daher keine auf Erfahrungen basierende Statistik der Eintretenswahrscheinlichkeit erstellt werden kann. Beispiel: Attentat 2001 auf das World Trade Center in New York und die darin untergebrachten Rechenzentren, Einschlag eines Meteoriten in das Rechenzentrum des Betriebs. Ein ergänzender Grund hier kann sein, dass es auch keine Zwangsläufigkeit aus technischen, organisatorischen oder menschlichen Gründen für das Ereignis gibt. Anders als „Unsicherheit" bietet ein „Risiko" einen zwingenderen Ansatz für das Handeln des Managements:

Definition IT-Risiko(management)[140]
Risiko ist eine nach Wahrscheinlichkeit des Eintritts quantitativ und nach Höhe der Schadensfolgen zumindest qualitativ bewertbare Bedrohung eines IT-Bereichs. Das Risiko beinhaltet eine unerwünschte Abweichung von äußeren oder inneren Ereignissen und Zuständen. Das Risikomanagement in der IT hat eine Schnittmenge mit dem IT-Sicherheitsmanagement.

Das IT-Management muss sich für Risiken und deren Bekämpfung interessieren, wenn der Nutzen der IT für den Betrieb, die IT-Sicherheit, die Zufriedenheit der Kunden, die Einhaltung finanzieller Rahmendaten, der Vermögensschutz und die Reputation des IT-Bereichs wichtig sind. Also eigentlich immer. Im Gegensatz zum IT-Sicherheitsmanagement und zum Qualitätsmanagement gibt es für die Einführung eines betriebsweiten Risikomanagements teilweise bindende – allerdings meist „weich" und ohne Vorgabe von Details – formulierte gesetzliche Regeln. Aber auch deren Einhaltung zwingt in bestimmten Betrieben den IT-Bereich direkt oder indirekt zu einem Risikomanagement[141]. Die Tabelle 4.13 listet einige dieser Quellen auf:

Risiko und Unsicherheit sind zwei paar Schuhe

Definition Risikomanagement

---

[140] Vgl. sehr ähnlich Königs, 2013, S. 10

[141] Eine Ausnahme sind einige Behörden oder private Betriebe, die spezielle Risikomanagement-Systeme vorschreiben. So gibt es mit CRAMM (Central Computing and Telecommunication Agency Risk Analysis and Management Method) in der aktuellen Version 5.0 ein in der NATO verwendetes Verfahren

Tab. 4.13: Gesetzliche Grundlagen mit Zwang zum Risikomanagement

Quelle/Pflicht	Erläuterung
KontraG (Gesetz zur Kontrolle und Transparenz in Unternehmen), Deutschland	Fordert von börsennotierten Aktiengesellschaften ein Risikomanagementsystem. Strahlt praktisch über einen Verweis in das Handelsgesetz auch auf GmbHs aus
Richtlinie MaRisk (Mindestanforderungen Risikomanagement) für Kreditinstitute	Richtlinie der deutschen Finanzdienstleistungsaufsicht. Fordert ein Risikomanagementsystem. Betrifft alle Kreditinstitute
Sarbanes-Oxley Act (SOX), US-Bundesgesetz. Gilt für alle in den USA an der Börse gehandelten Firmen	zwingt u.a. dazu, dass in den USA börsennotierte Firmen im Jahresbericht über die Wirksamkeit ihres internen Kontrollsystems berichten. Zwingt indirekt auch zu einem Risikomanagement

Sicherheit und Chance

Es gibt zwei Begriffe mit besonders enger Beziehung zum Begriff „Risiko":

- Unsicherheit: „Unsicherheit" beschreibt eine im Gegensatz zu „Risiko" nicht quantitativ bestimmbare Eintretenswahrscheinlichkeitn von Ereignissen oder Zuständen. Unsicherheit kann sowohl den Eintritt negativer wie auch positiver Situationen meinen. Der Grund dafür, keine Sicherheit zu haben, ist eventuell die Unkenntnis über alle Umstände und Entstehungsfaktoren der Situation und eventuell die extreme Seltenheit, die keine statistisch belastbare Auswertung bisheriger Ereignisse/Zustände zulässt. Im praktischen IT-Betrieb sind „Risiko" und „Unsicherheit" nicht immer sicher zu unterscheiden, daher werden im Folgenden unter „Risiko" auch evtl. Fälle in der Grauzone zur Unsicherheit erfasst
- „Chance": „Chancen" sind positive Ereignisse und Zustände. Positiv heißt, dass dem IT-Bereich die Gelegenheit für zusätzliche Reputation, zusätzliche Ressourcen, das Einsparen von Ressourcen bei gleicher Leistung oder zusätzliche nützliche Aufgaben zukommt. Der Begriff „Chance" ist nicht das genaue Gegenteil von „Risiko", weil es auch Chancen ohne Risiko und risikohaltige Ereignisse/Zustände ohne eine besondere Chance geben kann, z. B. ganz banale tägliche Anforderungen an IT-Tätigkeiten innerhalb vereinbarter Serviceniveaus. Wenn die IT z. B. für das gleiche Geld eine bessere Client-Hardware erhalten kann als geplant, dann ist das Preisrisiko – hier mit positivem Vorzeichen – einmal nett zu dem Betrieb gewesen und ein kluges IT-Management ergreift die Chance zur Steigerung der kostenlosen Kundenzufriedenheit beim Schopfe.

Spektakuläre IT-verursachte Schadensfälle

Eine unangenehme Konsequenz der zunehmenden Bedeutung von IT-Services ist, dass ohne IT manchmal gar nichts mehr (so richtig) läuft. Damit sind für den Betrieb existenzbedrohende Schadensfälle durch den Eintritt von IT-Risiken möglich. Es gibt einige teils spektakuläre wie auch tragische und für das Leben von Einzelpersonen fatale IT-Versagensmomente. Die Ursachen lagen sowohl in technisch-handwerklichen Details (Programmierfehler) als auch in falschen IT-Architekturen oder Fehlern im IT-Projektmanagement. Die Tabelle 4.14 listet einige dieser Groß-Schadensereignisse auf:

Tab. 4.14: Beispiele IT-Katastrophen[142]

Jahr, Ereignis und Wirkung[143,144]	Ursache
1971: US-Satellit Mariner 1: Kommt vom Kurs ab und muss gesprengt werden	Programmierfehler
1971: Französischer Satellit: Bringt versehentlich 72 Wetterballons zum Absturz	Programmierfehler führt zu irrtümlicher Selbstzerstörung
1987: Wall Street: Die Börsensoftware wickelte Verkaufsaufträge nicht schnell genug ab, dies verstärkt Panik des Marktes, Verlust an Aktienwert ca. 500 Milliarden $	
1988: US-Zerstörer Vincennes schießt ziviles iranisches Flugzeug mit über 200 Personen an Bord ab, alle Insassen sterben	das Flugabwehrsystem AE-GIS meldet versehentlich Kampfflieger, später wohl auch einen Angriffs-Sinkflug.
1996: Ariane 5 weicht beim Erststart stark vom Kurs ab und wird gesprengt. Schaden ca. 370 Mio. Euro	Programmierfehler führte zur falschen Umwandlung von Zahlenformaten
2004: Toll-Collect: Der Start des satellitengestützten Mautsystems verzögerte sich um 16 Monate, der Auftraggeber Bund klagt auf mehrere Milliarden € Schadensersatz	vermutlich durch politisch inspirierte Aufträge an unerfahrene Ersteller bedingte technische Probleme
2006: Fa. Schiesser (Unterwäsche): Probleme bei der Einführung der Software MOVEX, ein Jahr lang Chaos mit ca. 30 Mio. € Umsatzverlust, zuletzt Insolvenz	Projektmanagement, Softwareauswahl, mangelndes Rückfallszenario

Organisatorische Einbettung des Risikomanagements

Je nach Gegebenheiten des Betriebs kann das Risikomanagement organisatorisch alternativ …

- als integraler Teil eines IT-Sicherheitsmanagements oder
- eines weiter gefassten Qualitätsmanagements oder

---

[142] Chip-Online: Die größten Software-Desaster 1962–1999, http://www.chip.de/ bildergalerie/ Chronik-Die-groessten-Softwaredesaster-1962-2009-Galerie_36394802.html

[143] Internetseiten mit der Darstellung weiterer IT-Katastrophen sind z. B. in Quack, 2012, zu finden (selbst Treibstoff für Notstromaggregate ging während des Wirbelsturms Sandy aus, damit waren viele Notfallkonzepte des IT-Betriebs leider unzureichend, weil sie Versorgungssicherheit für Treibstoff voraussetzten)

[144] Neuere „kleine" Katastrophen der Bundesbehörden aus Deutschland sind z. B. die doppelte Vergabe von Steueridentifikationsnummern in ca. 164.000 Fällen (Bohsem, 2014) durch das Bundeszentralamt für Steuern oder die Probleme mit dem System „rvDialog" in der Deutschen Rentenversicherung (Schmergal, 2013). Zugrunde liegen diesem Desaster jahrelange vergebliche Bemühungen, zwei parallele IT-Systeme zur Rentenkalkulation zusammenzulegen

- als komplett separater Managementbereich
- ohne eigene Aufbau-Instanz als Querschnittsfunktion jeweils in IT-Projekten, im Bereich Betrieb usw.

Möglichkeiten der organisatorischen Verankerung des Risikomanagements

verortet werden. In der Aufbaustruktur finden sich sehr selten Abteilungen für IT-Risikomanagement, weil dies sich eher einem evtl. vorhandenem fachlichen Gesamt-Risikomanagement unterordnet oder sehr eng an Projekte oder Fragen der IT-Sicherheit angebunden werden kann. Unabhängig von der organisatorischen Ansiedlung empfiehlt sich für die IT aus fachlichen Gründen ein Risikomanagement in mindestens vier Aufgabenbereichen:

- Projektmanagement allgemein: Fallbezogene Einbettung in das Projektmanagement, ggf. insbesondere im Zusammenhang mit der Festlegung von Testfällen zum Vermeiden fataler funktionaler Störungen, den Anforderungen des Massentests, um Schwächen der Architektur und des Sizings aufzudecken, sowie der Rollout-Planung, um die Notwendigkeit und die Art von Rückfalllösungen besonders zu betrachten (mehr Details in Abschnitt 5.5 zum IT-Projektmanagment)
- Projektmanagement speziell der Softwareerstellung oder -migration: Sofern ein IT-Betrieb eigene Software erstellt oder größere Standard-Softwareprodukte mit zahlreichen Schnittstellen zu anderen Standard- oder Individualsoftwareprodukten betreibt
- IT-Betrieb: Hier lässt sich das Risikomanagement als Teil eines evtl. eigenständig etablierten IT-Sicherheitsmanagements verstehen, da das IT-Sicherheitsmanagement z. B. nach den Anforderungen des IT-Grundschutzes (siehe Abschnitt 4.3.3) zwingend eine Einschätzung aller IT-Anwendungen nach Kritikalität vorsieht
- Governance/Ethik/Korruptionsschutz: IT-Bereiche sind häufig durch ein hohes Beschaffungsvolumen mit entsprechend großem finanziellem Volumen gekennzeichnet. Das ist ein besonders exponierter Angriffspunkt für interne oder externe kriminelle Aktivitäten. Inzwischen sind in sehr vielen Betriebsformen sowohl öffentlicher wie privater IT-Bereiche Korruptionsfälle bekannt geworden und haben teilweise die Reputation des ganzen Hauses beschädigt[145]. IT-Bereiche von Kreditinstituten sowie von Aktiengesellschaften, die an US-amerikanischen Börsen notiert sind, werden durch den Betrieb aufgrund der für ihn bestehenden rechtlichen Pflichten ein Risikomanagement haben.

---

[145] Ein interessanter Fall ist in der deutschen Bundesanstalt für Finanzdienstleistungsaufsicht (BaFin) in 2006 aufgetreten: Hier wurden durch den IT-Leiter ca. 80 zur Veurteilung gekommene (tatsächlich aber vermutlich über 200) Fälle von Untreue und Betrug entdeckt. Der Täter stellte öffentlich dar, dass die Behörde es ihm besonders leicht gemacht hat, seine Taten zu begehen (Göggelmann, 2007). Der politisch gedeckte Vorgesetzte, die Innenrevision und andere hierfür verantwortliche Personen wurden aber nicht disziplinar zur Rechenschaft gezogen

Ablauf des Risikomanagements

Der generelle Ablauf des Risikomanagements ist wie folgt:

Ablaufschritte des Risikomanagements

- Identifizieren der Risikobereiche, der Einzelrisiken und der das Risiko ausmachen Ursache(n). Risiken können die IT an ganz unterschiedlichen Stellen treffen. Ein Stromausfall (seltener, größere Wirkung auf fast alles, teurere Auswirkungen wie Ausfallzeit, Hardware-Schäden usw. Zeit- und teilweise z. B. durch USV'en aufzufangen) hat andere Konsequenzen als schadhaft werdende Festplatten (häufig, relativ preiswert und so gut wie komplett aufzufangen), Personalausfälle in kritischen Bereichen (z. B. ein Projektleiter: Sehr unterschiedliche Schadenshöhe und Auswirkungen), ein Korruptionsfall (letztlich „nur" Geld und Vertrauen, der IT-Betrieb als solches geht weiter, sofern die Korruptionsstraftat nicht gerade mit einen betriebsnotwendigen IT-Dienstleister zu tun hat) oder ein insolvent werdender Lieferant, dem man eine Vorauszahlung für noch nicht gelieferte Ware geleistet hat. Im Sinne eines geschlossenen strategischen Managementsystems wäre es gut, als Ausgangspunkt die Ziele und Strategien der IT zu nehmen. Was gefährdet das Erreichen der Ziele und die Umsetzung der Strategien? Was gefährdet die Umsetzung von Strategien und/oder den operativen Betrieb? In welcher Weise sind mehrere auslösende und/oder bedingende Ereignisse verknüpft?

- Einschätzen der Eintretenswahrscheinlichkeit: Die Eintretenswahrscheinlichkeit des Risikos lässt sich umso besser einschätzen, je (a) bekannter die Ursachenkette ist und (b) je häufiger ähnliche Fälle im gleichen Betrieb oder in anderen Häusern vorkommen, (c) je öffentlicher die Schadensereignisse werden, (d) je bekannter die Präventivwirkung von Maßnahmen zur Verringerung des Risikoeintritts oder der Anfälligkeit ist. Das Ergebnis dieser Einschätzung ist eine Häufigkeitsverteilung. Die Abbildung 4.32 zeigt einige alternative Verfahrensweisen der Quantifizierung von Risiken und der Abschätzung von Schadenshöhen

Einschätzen der Eintrittswahrscheinlichkeit

- Einschätzen der Schadenswirkung und -höhe: Ähnlich wie bei der Schätzung der Eintretenswahrscheinlichkeit ist es hilfreich (wenn auch unschön), wenn das Risiko schon mehrmals eintrat und daher die Schadenshöhe bei gleichbleibenden anderen Umständen genau umrissen werden kann. Besser als Statistiken ist hier die individuelle Betrachtung der betroffenen Einrichtungen, Anlagen, Kosten z. B. für Ausfallzeiten, Reparaturen, Wiederinbetriebnahme, Kommunikation usw. Wenn die Kausalkette von Ereignissen bekannt ist und die Wirkungen auf den internen Bereich des Betriebs begrenzt bleiben, dürfte die Schätzung relativ leicht fallen, „weiche" – weil verhaltensbedingte – Kosten lassen sich z. B. spieltheoretisch analysieren. Geradezu unkalkulierbar werden die Kosten, wenn auch weit streuende Wirkungen außerhalb des Betriebs dazukommen. Was passiert, wenn Geschäftsgeheimnisse nach außen geraten oder die Arbeit von Sicherheitsbehörden (Militär, Polizei, Geheimdienste) betroffen ist?

Höhe der gesamten Schadenswirkungen oft schwer einzuschätzen

- Das Produkt „Schadenshöhe mal Eintretenswahrscheinlichkeit" lässt sich zur Berechnung eines mittleren Schadenswertes je Jahr verwenden. Der „value at risk" bezeichnet den maximal zu erwartenden Verlust
- Festlegen der Grenze(n), bis zu der ein Risiko entweder aufgrund geringer Schadenshöhe oder sehr geringer Eintretenswahrscheinlichkeit oder wegen des Faktors „dann ist alles egal" toleriert wird und Identifizieren der Risiken, die ohne die Planung besonderer Gegenmaßnahmen bleiben.

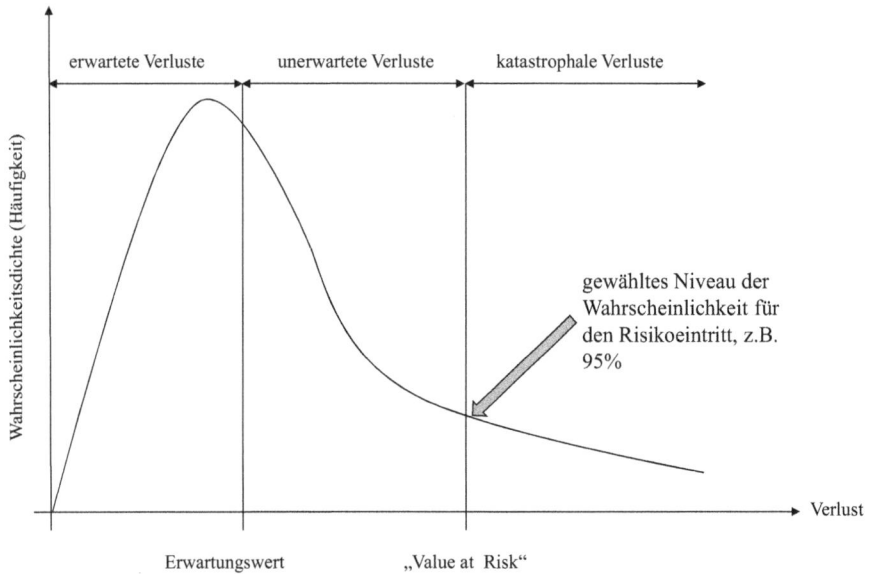

Abb. 4.32: Häufigkeitsverteilung des Risikoeintritts[146]

Tab. 4.15: Verfahren zur Quantifizierung von Risiken[147]

ohne Berücksichtigung von Wahrscheinlichkeiten	mit Berücksichtigung von Wahrscheinlichkeiten
• Korrekturverfahren • Mehr – Punkt – Verfahren • Sensitivitätsanalysen	• Semiquantitative Analyse • Schätzung mittels Kennzahlen • Simulative Risikoanalyse • Spieltheoretisch unter Einbezug des Verhaltens von Beteiligten • Monte-Carlo-Simulationen

Akzeptierte Risiken

Das Ergebnis der Bewertung von Risiken ist eine Einteilung in …

---

[146] Verändert nach Königs, 2013, S. 44

[147] Zusammengetragen aus Klüver & Klüver, 2011, S. 136, und Königs, 2013, S. 25 ff.

- „akzeptierte" Bagatell- und Kleinrisiken bzw. eine Bandbreite der Akzeptanz dieser Risiken, z. B. Verzögerungen im Service bei nicht-kritischen Fachanwendungen, Ausfall von Endgeräten wie Drucker, Scanner und Multifunktionsgeräten, deren Nutzung behelfsweise vorübergehend z. B. durch Ausleihen bei Kollegen oder etwas weitere Fußwege kompensiert werden kann. Weitere oft genannte „akzeptierte" Risiken sind ein kurzfristiger Stromausfall in peripheren Bereichen des Netzwerks und der Ausfall bestimmter Endgeräte (Drucker, Multifunktionsgeräte), sofern von deren Funktionieren nicht kritische Geschäftstätigkeiten wie z. B. fristgerecht versendete rechtswirksame Erklärungen (Rechnungen, Mahnungen, Angebotsschreiben) oder behördliche Maßnahmen (Widerspruchsbescheide, Genehmigungen oder Versagungen, mit Fristablauf verstreichendes Eingriffsrecht usw.) abhängen
- „akzeptierte" fatale Risiken mit sehr geringer Eintretenswahrscheinlichkeit und hohen Kosten für die Risikovermeidung oder Schadenseingrenzung, z. B. Flugzeugabsturz oder Raketenanschlag auf ein Rechenzentrum
- „nicht akzeptierte mittlere, große oder gar katastrophale Risiken", z. B. Totalausfall des IT-Rechenzentrums, längerfristiger Stromausfall in der Peripherie, nicht-Erreichbarkeit per Telefon, Datenverlust bei eMails oder registrierungspflichtigen Dokumenten, Eindringen Unbefugter in Datenbestände usw.

Die nachfolgende Abbildung 4.33 zeigt schematisch ein Raster zur Einteilung von IT-Risiken.

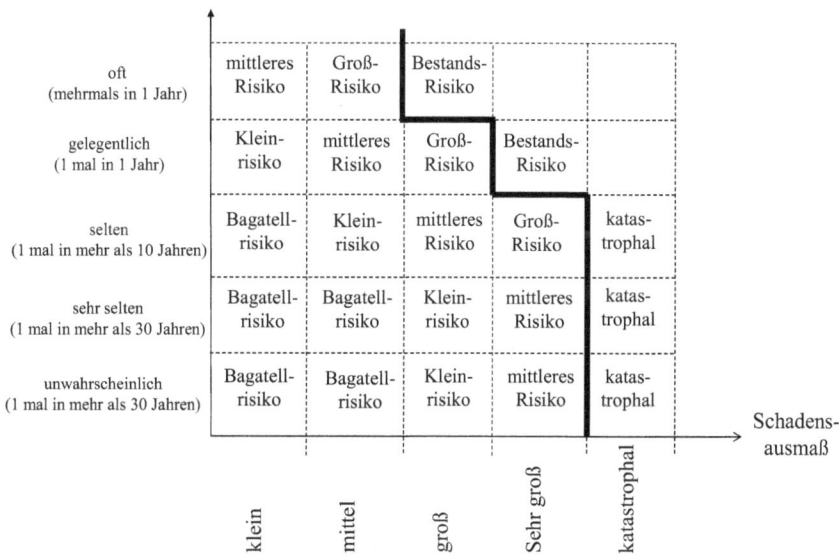

Abb. 4.33: Kategorien der Risikoerhebung und -bewertung[148]

---

[148] Leicht verändert aus König, 2013, S. 25

Kategorien von IT-Risiken

Wohltuend für einen IT-Bereich ist es, wenn nicht jedes erkannte Risiko als „nicht akzeptabel" beurteilt werden muss. Insbesondere bei erstmaligem Aufsetzen eines Risikomanagements sollte ein gesundes Augenmaß dafür sorgen, dass man sich auf die wirklich wichtigen und steuerbaren Risiken konzentriert. Mögliche inhaltliche Kategorien von Risiken sind;

- Kunden-/marktbezogene Risiken: Verlust an Zufriedenheit und Vertrauen, Verärgerung, zukünftige Übervorsicht bei Geschäftskontakten, usw. Konsequenz ist der Rückgang von Umsatz und Erträgen (Privatwirtschaft) oder von Vertrauen und Hilfsbereitschaft der Bürger (Behörden)
- Betriebliche Risiken: Betriebsstillstand, geringere Leistung oder Verzögerungen, Sachschäden, Qualitätsmängel, usw. Es resultieren Mehrkosten und Verzögerungen, die wiederum Folgewirkungen entfalten können
- Rechtliche Risiken: Strafrechtliche Strafen, Entzug von Zertifikaten und Zulassungen, Verlust von Rechten z. B. an Lizenzen und anderen Nutzungsrechten, usw.
- Direkte finanzielle Risiken: Verlust an Vorauszahlungen, direkte Vermögensschäden durch Vermögensstraftaten, Nachzahlungen, Kosten für Haftung, usw. in Gewährleistungsfällen bzw. wegen Nicht-Leistung
- Reputationsverlust aus allen der oben genannten Kategorien von Risiken. Je nach Art des Betriebs können die Reputationsschäden sogar die größten und nachhaltigsten Wirkungen sein
- Indirekte finanzielle Risiken aus allen schon genannten Typen von Schadensfällen inklusive der direkten finanziellen Risiken (z. B. durch Erhöhen von Versicherungsprämien).

Folge der Risiko-klassifikation

Folge der Klassifikation von Risiken als „nicht akzeptabel" ist es, sofort Maßnahmen zu planen und umzusetzen, um diese Risiken zu vermeiden oder die Folgen deutlich abzumildern. Für fatale Ereignisse wie nicht-tolerierbare Stromausfälle sind i.d.R. investive Maßnahmen, teilweise auch rein organisatorischer Art, zur Risikovermeidung, Eingrenzung der Eintretenswahrscheinlichkeit, Eingrenzung der Folgen des Risikos oder einfach auch nur des Erstellens von Handbüchern und Hinweisen für Verfahrensweisen beim Eintritt des Risikos (allgemeine Notfallhandbücher für den IT-Betrieb, „event actions guides" für einzelne Fachanwendungen usw.) empfehlenswert.

Maßnahmen der Risikovermeidung oder Schadensbegrenzung

Maßnahmen der Risiko-vermeidung

Da die Palette von möglichen Risiken die ganze Bandbreite von Management-Objekten der IT betrifft, ist auch die Zahl der möglichen Gegenmaßnahmen von Risikovermeidung bis Schadenseingrenzung sehr groß. Die nachfolgende Tabelle 4.16 listet einige typische IT-bezogene Risiken mit großer Schadenswirkung auf. Manche der dort aufgeführten Ereignisse können auch in Kombination auftreten, so können technische Angriffe auch zu technisch bedingten Ausfällen, seien sie durch den Angreifere geplant oder ungeplant, führen.

Tab. 4.16: „Klassische" Maßnahmen zur Risikovermeidung

Risiko	Maßnahme
Datendiebstahl	sehr strenges Berechtigungssystem und Hochsicherheitsregeln der Datenhaltung, Schutz vor Schadsoftware, gelegentliche externe Prüfungen, räumliche Zugangssicherung zu Systemen, Verschlüsselung, …
technischer Ausfall	redundante Auslegung, Ersatzgeräte, Daten-Backup, RAID-Systeme, Elimination von „single point of failure" Punkten …
fehlerhafte Verträge	Prüfung durch IT-externes Vertragsmanagement, langjährige Lieferantenbeziehung mit Vertrauensbasis
mangelnde Performance	ständiges Monitoring der Systeme
physische Gewalteinwirkung durch Feuer, Wasser, Staub, Explosionen …	Verursacher können die Technik, Menschen und Tiere sein. Aktive und passive Schutzsysteme und Notfallpläne
„Erpressung" durch Lieferanten	mehrere Lieferanten, Vorhalten eigener Kapazitäten, Vertrauenswürdigkeit als Kriterium der Lieferantenauswahl
technische Angriffe durch Viren, Trojaner, Würmer usw.	Maßnahmen zur Erhöhung der IT-Sicherheit (Virenschutzprogramme mit Aktualisierungen, Verbot des Herunterladens ausführbarer Programme an IT-Nutzer, usw.)
schwache Betriebsleitung, verantwortungsloses Verhalten der IT-Nutzer und Kunden	kein Kriterium eines klassischen Risikomanagements, dennoch reales Risiko. Diverse kommunikative Maßnahmen, Verdeutlichen der Risikoabgrenzung, Aufsetzen eines formalen Riskomanagement-Systems

Neben den in der Praxis aus rechtlichen Gründen geforderten „harten" Risikodarstellungen gibt es in vielen Quellen über Risikomanagement nicht erwähnte besondere Risiken für das IT-Management aufgrund „weicher" Faktoren und schlechtem Management im Gesamtbetrieb. Einige der wichtigsten sind in der nachfolgenden Tabelle 4.17 aufgelistet.

Besondere Risiken für die IT-Leitung

Bewertung Risikomanagement

Das operative IT-Management kennt aus dem Tagesgeschäft kleine oder große Defekte von Technik, menschliche Fehler eigener Beschäftigter und von IT-Nutzern, eventuell unliebsame Überraschungen mit Lieferanten, IT-Projekte mit vielen Unwägbarkeiten usw. Kurz gesagt: Der IT-Bereich ist ein Tummelplatz für Risiken jedweder Art. Daher besteht auf Dauer die Gefahr, sich nach glücklichem Bestehen vieler kleiner „Unfälle" an Risiken zu gewöhnen und ggf. leichtsinnig den ganzen Betrieb gefährdende Situationen zu dulden, ohne das Machbare an Vorsorge zu veranlassen. Deswegen ist es gut, wenn eine Auseinandersetzung mit dem Thema „Risikomanagement" zur Vermeidung unnötiger Risiken und zu Maßnahmen der Risikobegrenzung und Schadensverminderung führt. Es hilft dem IT-Bereich auch eventuell dabei, hierfür zusätzliche Aufmerksamkeit und Mittel von der Betriebsleitung zu erhalten.

IT-Bereich ist ein Tummelplatz für Risiken

Tab. 4.17: „Weiche" Risiken für die IT-Leitung

Risiko	mögliche Maßnahme(n)
Betriebsleitung unterstützt IT-Leitung nicht in ausreichendem Maße (materiell oder ideell)	• Nutzendarstellung IT verbessern • Unterstützung einfordern • Hintergründe herauszufinden versuchen • Verantwortungsklärung • IT-Marketing betreiben • Formelles Risikomanagement-Projekt aufsetzen
Nicht-Kooperation von anderen Querschnitts-bereichen wie z. B. Organisation	• Aufsetzen formeller Projekte • schriftliche Vorschläge und Aufforderungen setzen • Eskalation an Betriebsleitung
„Schatten-IT", d.h. die nicht dem IT-Bereich unterstehenden IT-Services in den Fach- und Querschnittsbereichen	• Verantwortliche der Schatten-IT in IT-Gesamtplanungen und Abstimmungen einbinden • Verantwortungsklärung • Schatten-IT beseitigen
Widerstreitende Interessen der Anspruchsgruppen	• Schriftliche Vorschläge und Aufforderungen setzen • Eskalation an Betriebsleitung
zu schnell wechselnde oder widersprüchliche oder unklare Anforderungen an die IT	• Multi-Projektmanagement • Abstimmung einer IT-Strategie als „Vehikel" der Klärung von Widersprüchen • Eskalation an Betriebsleitung

Schwäche aller Risiko-managementsysteme

Die Schwäche aller Risikomanagement-Verfahren liegt darin, dass …

- Risiken überhaupt erst erkannt werden müssen: Die meisten Risiken, die sofort auffallen, sind entweder häufig und „banal" oder relativ unwahrscheinlich. Manchmal tauchen in der Praxis des IT-Lebens Probleme auf, an die vorher niemand gedacht hat oder deren Eintretenswahrscheinlichkeit zu gering eingeschätzt wurde, um dagegen große Anstrengungen zur Risikovermeidung einzuleiten. Ein Beispiel aus der eigenen Erfahrung: Eine Wasserratte, die einem Rohrsystem folgte und letztlich mehrere hundert Meter weiter in einem Transformatorraum einen Kurzschluss auslöste. Das sind Gefahren, die im Vorhinein das IT-Risikomanagementsystem nicht für möglich gehalten hat
- die Schätzung der Eintretenswahrscheinlichkeiten von Risiken, die sehr selten auftreten oder erst in Kombination mit dem Eintreten eines oder mehrer anderer Risiken wirken, schwer ist
- die Wirksamkeit von Gegenmaßnahmen manchmal unter ebenfalls überraschenden Risiken leiden kann (s. Beispiel in Fußnote S. 160 mit Wirbelsturm „Sandy". Es zeigt, dass nach Verwüstung einer Stadt und Stromausfall auch kein Treibstoff für die Notstromaggregate mehr zu kaufen ist …).

Besondere Risiken für die IT-Leitung

Das strategische IT-Management muss zwischen den lästigen, aber verpflichtenden Arbeiten zur Risikodokumentation und anderen Formalpflichten und den echten operativen und strategischen Herausforderungen des Risikomana-

gements unterscheiden. Die Kunst besteht darin, die meist knappen Personalressourcen der tiefen Fachexpertise in betriebsspezifischen Sicherheits- und
Risikofragen nicht mit rein dokumentarischen Arbeiten zu blockieren, sondern
die Dokumentation (a) vollständig, aber auf einem angemessen Detailniveau
zu halten und (b) durch Personen erstellen zu lassen, die in dokumentarischen
Aufgaben Leidenschaft und gute Qualitäten haben und auch für Dritte verständlich schreiben können. Es ist niemanden damit geholfen, wenn die Si-
cherheits- und Risikoexperten für sich selbst ein Dritten gegenüber unverständ-
liches und nur Banalitäten enthaltendes Dokument fertigen und darüber hinaus
sich auch noch durch diese Tätigkeit bestraft fühlen. Daher sollte bei allen
Maßnahmen des Risikomanagements eine sorgfältige Abwägung des Nutzens
und des Aufwands stattfinden[149].

Tab. 4.18: Nutzen und nicht-Nutzen des Risikomanagements

Nutzen	Nicht-Nutzen
Bewußtmachen von Risiken	Übermaß an Dokumentationen, Auflisten von Banalitäten
Verschriftlichen von Gefahrenpotenzialen und Darstellen der darauf bezogenen Managementreaktionen (ein Tun oder geplantes Unterlassen)	Überdehnung des Risikobegriffs, alles und jedes wird zum Risiko, keine Filterfunktion des Risikomanagements, stattdessen ständiger „Alarmismus"
Verzahnung der Geschäftsrisiken mit IT-Risiken und umgekehrt aufzeigen	reine Panikmache oder Verweis auf Allerweltsrisiken
Mitverantwortung der Betriebsleitung lässt sich seitens IT als „Druckmittel" für Entscheidungs- und Haushaltsfragen nutzen	Vermeiden intelligenter Vorschläge der IT zur Reduzierung der IT-bezogenen Risiken und für kostenbewusste Maßnahmen der – Risikovermeidung – Reduzierung der Kosten bei Risikoeintritt

4.3.5   Schutz personenbezogener Daten

Neben einer Gefährdung der „allgemeinen" IT-Sicherheit sind insbesondere
personenbezogene Daten durch einen besonders eng kodifizierten Schutz der
nationalen Gesetzgeber mit einer großen Regelungsdichte bedacht worden.

Beziehung Datenschutz
zu IT-Sicherheit

Definition Datenschutz

Datenschutz ist der gesetzlich definierte Schutz personenbezogener Daten
gemäß Bundesdatenschutzgesetz (BDSG, Deutschland; Datenschutzgesetz
2000, Österreich, Bundesgesetz über den Datenschutz in der Schweiz[150]).
Schutzgegenstand sind die Daten unabhängig davon, ob sie elektronisch oder

Definition Datenschutz

---

[149] Das Gesagte gilt für das IT-Sicherheitsmanagement gleichermaßen

[150] Ergänzend gibt es weitere Rechtsquellen, in der Schweiz z. B. kantonale Datenschutzgesetze

nicht-elektronisch gespeichert werden. Datenschutzregeln enthalten Verbote der Speicherung, Regelungen zur Aufbewahrungsdauer, dem Zugriffsschutz, Gebote der Löschung, erlaubnisbedürftige Tatbestände sowie ggf. die zwingende Regel zum Bestellen eines Datenschutzbeauftragten.

Schutzgegenstand „informationelle Selbstbestimmung"

Schutzgegenstand ist letztlich das Recht der „informationellen Selbstbestimmung" als Persönlichkeitsrecht von natürlichen Personen (Individuen), d.h. Mitarbeitern des Betriebs wie auch von Personen außerhalb des Betriebs. Datenschutzrechte haben manchmal sehr direkte und teils kleinteilige Wirkung auf organisatorische Regelungen und IT-Leistungen, z. B. erzwingen sie bei bestimmten Daten mit Pflicht zur Löschung nach Fristablauf, einen Zeitstempel bei Posteingang bzw. nach Ende von Bearbeitungsgängen aufzubringen. Eingehende Papier-Post kann sollte nicht unterschiedslos gesannt werden, weil manche eingehende Daten eventuell personenbezogene Daten sind, die bei strenger Auslegung des Datenschutzrechts gar nicht gespeichert werden dürfen. Hier sollten entsprechende organisatorische Regeln durch die Fachbereiche bzw. Organisationsverantwortlichen gesetzt werden.

Datenschutz ist eingegrenzter als IT-Sicherheit

„Datenschutz" ist gemäß dieser Definitionen ein gegenüber dem Begriff der IT-Sicherheit stärker eingegrenzter Themenbereich. Aufgrund der gesetzlich erzwungenen und klar festgelegten Regeln ist Datenschutz ein Formalziel, sowohl des Betriebs als auch des IT-Bereichs.

Datenschutzbeauftragter

In Deutschland schreiben die §§ 4f und 4g des Bundesdatenschutzgesetzes grundsätzlich[151] die Bestellung eines fachkundigen internen oder externen Datenschutzbeauftragten vor, wenn der Betrieb (Behörde oder privatwirtschaftliches Unternehmen) mehr als 9 Personen („Köpfe", nicht „Vollzeitäquivalente") mit der Be- und Verarbeitung dieser Daten beschäftigt. Der Datenschutzbeauftragte muss sich um die Einhaltung des BDSG kümmern, einschlägige Beschwerden bearbeiten und eine Datenschutzdokumentation pflegen. Dieser Datenschutzbeauftragte wiederum unterliegt einer behördlichen Aufsicht, die weitgehende Kontrollrechte hat.

Datenschutz ist ein betriebsweites Formalziel mit großem Konfliktpotenzial

Da IT-Bereiche i.d.R. nicht die Eigentümer der Fachdaten, auch nicht der Personaldaten des Betriebs sind, haben sie auch nur Verantwortung für die Einhaltung datenschutzrechtlicher Regeln in ihren eigenen IT-Fachverfahren. Normalerweise dürfte dieser Anteil – bis auf Urlaubs- und Geburtstagslisten – relativ klein sein. Datenschutz ist daher meist kein besonders großes und „strategisches" Managementthema der IT. Es ist auch dringend empfehlenswert, dass der betriebliche Datenschutzbeauftragte kein Mitarbeiter der IT sein sollte. Dies dient weniger der Vermeidung unnötiger Risiken und Arbeitsaufwände

---

[151] „Grundsätzlich" heißt im Jargon der Juristen, dass es Ausnahmen gibt. Hier ist die Ausnahme, dass bei nicht-automatisierter Verarbeitung der personengebundenen Daten erst ab 20 Personen ein Datenschutzbeauftragter zu stellen ist

der IT als zur Stärkung der Rolle des Datenschutzbeauftragten gegenüber den Fachbereichen, die sich dieser Aufgabe oft nur ungern widmen[152]. Manche Sachziele der Betriebe, Unternehmen und Behörden unterscheiden sich hierin kaum, sind in heftigem Konflikt mit den Sachzielen. Die Durchgriffsmöglichkeiten der IT auf das Verhalten der eventuell unwilligen oder „tricksenden" Fachbereiche sind oft sehr gering. Hier haben Vertreter anderer Bereiche wie z. B. dem Organisationsreferat, einer Innenrevision oder einer Rechtsabteilung mehr Chancen zur Beeinflussung unwilliger Bereiche als die IT.

Das IT-Management ist gut beraten, in Betrieben ohne Datenschutzbeauftragten die Einrichtung ggf. anzuregen und mit einer fachkundigen und pragmatischen Person von außerhalb der IT besetzen zu lassen.

Folgende kleine Empfehlungen seien gegeben:

Empfehlungen zum Datenschutz

- Üblicherweise werden bei dem Übergang papiergestützter Verfahrung in neue elektronische Anwendungen an den Datenschutz(-beauftragten) Fragen gestellt, die vorher in der rein papierenen Arbeitswelt nicht oder nicht mit der gleichen Intensität aufkamen oder mit der gleichen Emotionalität diskutiert wurden. Falls es keinen Datenschutzbeauftragten in einem Betrieb gibt, stören die zunächst unbeantwortet bleibenden Fragen auch das IT-Projekt. Daher sollten IT-Projektleiter frühzeitig die Klärung dieser Rechtsfragen außerhalb ihres eigenen Kompetenzbereiches anregen
- Im öffentlichen Bereich Deutschlands gibt es eine vom Bundesdatenschutzbeauftragten herausgegebene Datenbank namens DATSCHA[153], in der die Datenschutzbeauftragten bzw. die für Datenschutz verantwortlichen Entscheider die Namen der personenbezogenen Daten beinhaltenden IT-Anwendungen auflisten können. Dies soll eine Hilfe und indirekte Ermahnung dazu sein, die Regeln des Datenschutzes einzuhalten und die Einhaltung angemessen zu kontrollieren.

4.4 Organisationsstruktur und organisatorische Schnittstellen

4.4.1 Übersicht

Die Prozessorganisation und die Aufbaustruktur stehen in enger Beziehung zueinander. Ideal ist es, wenn die Aufbaustruktur aus den Anforderungen der Prozessorganisation an Leistungsaustausch, Personalsteuerung (z. B. Leitungs-

Aufbauorganisation der IT sollte den Anforderungen der Abläufe folgen

---

[152] Der Datenschutz ist ein Formalziel, das oft mit den Sachzielen von Betrieben in Konflikt steht

[153] www.zivit.de/DE/ITLoesungen/Verwaltung/datscha/datscha_node.html

spanne), Kommunikation und Optimieren der Wertschöpfungskette abgeleitet ist und wenn aufbaustrukturelle Schnittstellen zu möglichst wenig Behinderungen für die Tagesarbeit führen. Umgekehrt sollten durch das Abstecken von formellen Verantwortungsbereichen die Steuerung des IT-Bereichs unterstützt und der Nutzen dezentraler Entscheidungskompetenz erschlossen werden. Die Aufbaustruktur umfasst sowohl die organisatorische Einbettung der IT in den Gesamtbetrieb wie auch die Binnenstruktur eines größeren IT-Bereiches. Im weiteren Sinne gehört zur Aufbaustruktur der IT auch die Frage, welche Instanzen aufbaustrukturelle Schnittstellen zu dem IT-Bereich haben und bei welchen Aufgaben der IT-Bereich mit diesen kooperiert.

Wichtige aufbauorganisatorische Schnittstellen der IT

Die wichtigsten Schnittstellen sind meist …

- die betriebsinternen Kunden
- andere IT-Bereiche im gleichen Betrieb, hierzu gehören auch die in den Fachbereichen selbst IT-Leistungen erbringenden Beschäftigten
- der Beschaffungsbereich
- der Bereich Finanzen/Budgetierung
- das fachliche Projektmanagement, mit und ohne eigene Instanz
- Organisation und Controlling.

Fragen an die aufbaustrukturelle Einbettung der IT

Der Zusammenhalt und die im Sinne der Aufgabenerfüllung sinnvolle Gestaltung der verantwortungsbezogenen aufbaustrukturellen Zusammenhänge ist eine Frage der Betriebs- und IT-Governance. Hierzu gehören die Fragen …

- wem berichtet die IT? Gibt es ein direkt für die IT verantwortliches Mitglied im Vorstand bzw. der Leitung des Betriebs, funktioniert diese Person auch als CIO? Oder ist die IT einem Zentralbereich untergeordnet und wird wie eine von vielen Querschnittsfunktionen geführt?
- Ersteller – Besteller – Beziehung: Inwieweit nehmen die Fachbereiche tatsächlich die Rolle eines Bestellers für ihre fachlichen Anwendungswünsche wahr? Erstellen sie selbst ihre Fach-IT oder beauftragen sie diese bei einem zentralen IT-Bereich? Gibt es ein dauerhaft eingerichtetes fachliches Projektmanagement?
- wer stellt das Budget für IT-Vorhaben der Fachseite? Werden diese Vorhaben aus einem zentralen IT-Budget gespeist oder müssen die Fachbereiche selbst ein Budget für IT-Aufgaben bereitstellen?

4.4.2   Aufbaustruktur und Schnittstellen der IT

Übersicht Aufgaben, Abläufe und Außen-Schnittstellen IT

Kritierien der Festlegung der Aufbaustruktur

Die Aufbaustruktur eines IT-Bereiches ist kein Selbstzweck, sondern sollte gemäß der Maxime „form follows function" von folgenden Gesichtspunkten abhängig gemacht werden:

- Den Aufgaben nach Art, Menge und der Höhe des Steuerungsbedarfs. Bei weitgehend statischen Aufgaben ist der Steuerungsbedarf geringer als in einem dynamischen Umfeld
- Dem Erbringungsmodell: Soll der IT-Bereich die benötigten Leitungen selbst erzeugen (hohe Fertigungstiefe) oder stützt man sich in Teilen oder weitgehend auf dritte Anbieter?
- Den Arbeitsabläufen in der IT selbst, die u.a. durch den Grad an Komplexität und Heterogenität sowie den sie teilweise mitbestimmenden IT-Werkzeugen geprägt sind. Die Leitungsspanne für Führungskräfte kann in der IT manchmal recht groß sein, z. B. 1:40 oder mehr, wenn es sich um sehr gut durchstrukturierte oder statische Servicebereiche in wenig dynamischem Umfeld handelt. Umgekehrt dürfte IT-Projektarbeit bei anspruchsvollen, neuen Anwendungen deutlich geringere Leitungsspannen bzw. eine mehrstufige fachliche Hierarchie erzwingen.

Die IT-Bereiche sind Querschnittsbereiche mit meist besonders intensiven Bezügen zu anderen Instanzen im Betrieb, daher ist die Art und Qualität der organisatorischen Schnittstellen besonders wichtig. Zu betrachten sind insbesondere …   *IT-Bereich ist Querschnittsbereich*

- die benachbarten fachlichen Aufgabenbereiche wie ein eventuell vorhandenes Allgemeines Projektmanagement und -controlling sowie der Organisationsbereich. Ein IT-Bereich, der sich auf seine IT-Kernaufgaben konzentrieren möchte, hat ein hohes Interesse daran, dass es eine gute Organisationsarbeit und starke Handlungsträger mit IT-affiner „Denke" in diesen benachbarten Instanzen gibt. Umgekehrt sind fehlende, in Behörden oft in Sachen Fach-Projekten lethargische oder gänzlich abstinente, Organisationsbereiche eine erhebliche zusätzliche Herausforderung für die IT-Arbeit und verlangen ggf. nach einem anderen organisatorischen Zuschnitt
- Ressourcen zuliefernde Bereiche, wie die Personalabteilung, Fortbildung, Allgemeiner Einkauf- bzw. ein Beschaffungs-/Vergabebereich, Haushalt und Finanzen
- die Art und Zahl der institutionalisierten Abstimmungsgremien für IT-Vorhaben und der Rolle des IT-Bereichs darin. Es ist eine Besonderheit der IT unter den Querschnittsfunktionen, dass es eine große Zahl von fachlichen Gremien mit anderen Instanzen und innerhalb der IT geben kann[154]:
  - IT Foren zur Abstimmung der Servicebedarfe mit den Fachbereichen
  - IT-technische Gremien, z. B. Architekturgremium
  - IT-Sicherheitsgremium/-beauftragter/Datenschutzbeauftragter/CERT
  - allgemeines Projekt-Portfoliomanagement
  - Lenkungsausschüsse für Einzelprojekte.

---

[154] Vgl. Maicher & Schwarze, 2003, S. 74 f.; Legende: SG =Sachgebiet

Tatsächliche Rolle der IT bestimmt sich aus Zusammenspiel mit anderen Bereichen

Die tatsächliche Rolle der IT im Betrieb bestimmt sich auch danach, wie das Zusammenspiel mit all diesen Instanzen und das Auftreten der IT in diesen Gremien ist. Kann sie hier Impulse geben und Dinge voranbringen, oder ist sie mehr oder weniger bloßer Befehlsempfänger und die anderen Instanzen sind die tatsächlichen Treiber mit Gestaltungskompetenz? Werden Impulse des IT-Bereichs als Machtgerangel wahrgenommen oder als fachliches Bemühen um eine Verbesserung der betrieblichen Gestaltungsbedarfe?

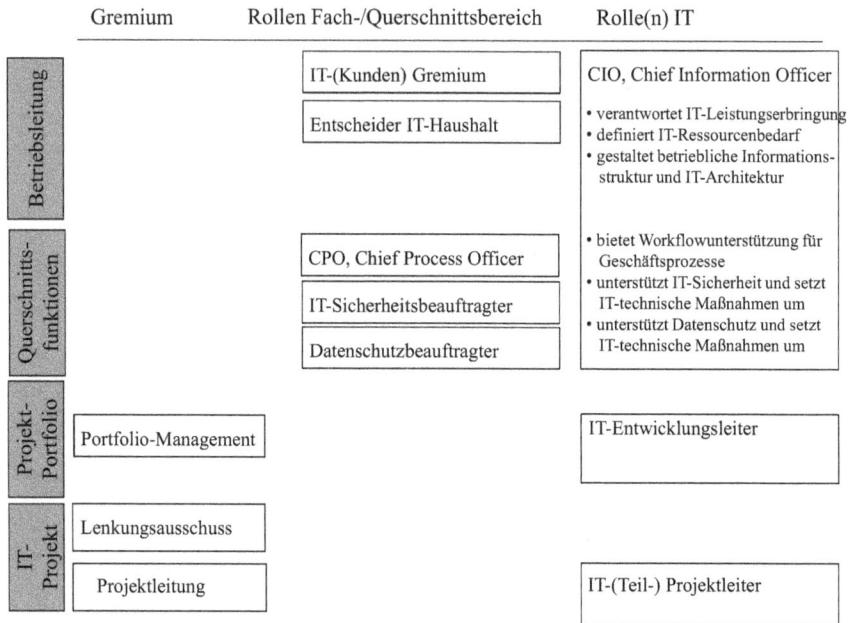

	Gremium	Rollen Fach-/Querschnittsbereich	Rolle(n) IT
Betriebsleitung		IT-(Kunden) Gremium	CIO, Chief Information Officer
		Entscheider IT-Haushalt	• verantwortet IT-Leistungserbringung • definiert IT-Ressourcenbedarf • gestaltet betriebliche Informations- struktur und IT-Architektur
Querschnitts-funktionen		CPO, Chief Process Officer	• bietet Workflowunterstützung für Geschäftsprozesse
		IT-Sicherheitsbeauftragter	• unterstützt IT-Sicherheit und setzt IT-technische Maßnahmen um
		Datenschutzbeauftragter	• unterstützt Datenschutz und setzt IT-technische Maßnahmen um
Projekt-Portfolio	Portfolio-Management		IT-Entwicklungsleiter
IT-Projekt	Lenkungsausschuss		
	Projektleitung		IT-(Teil-) Projektleiter

Abb. 4.34: Mögliche Rollenverteilung IT-Fachbereich[155]

Varianten der Aufbaustruktur einer IT

Varianten der Aufbaustruktur einer IT

Vor dem Hintergrund einer Festlegung von Aufgaben, Abläufen und organisatorischen Schnittstellen kann die Aufbaustruktur der IT auf verschiedene Art und Weise als Instanz in die Aufbaustruktur des Betriebs eingebettet sein:

1. Als zentrale Einheit (z. B. Abteilung) mit Unter-Bereichen. Je nach Sprechweise und Größe können die Unterbereiche Referate, Gruppen, Unterabteilungen, Units, usw. sein.
2. Sowohl zentral wie dezentral. Hier werden zentral z. B. Rechenzentrumsleistungen erbracht, während in den Fachbereichen die Entwicklung, Inbetriebnahme und Betreuung der Fachverfahren stattfindet
3. Nur dezentral.

---

[155] Nach einer Idee aus Sonderegger, 2010, S. 40

Die nachfolgende Abbildung 4.35 zeigt die genannten Alternativen.

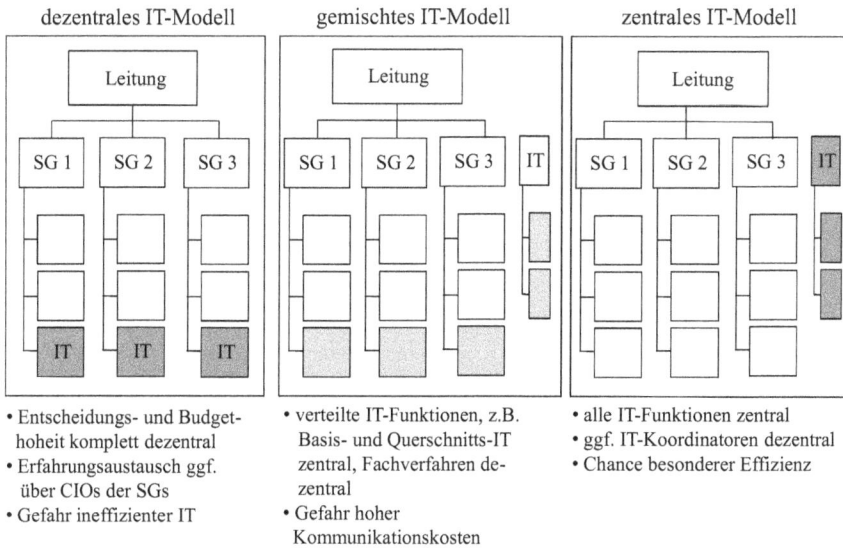

Abb. 4.35: Alternative Einbettung der IT in den Gesamtbetrieb[156]

Neben der Betrachung der Instanz in der Aufbaustruktur stellt sich die Frage   Frage der Zentralisierung
der Zentralisierung bzw. Dezentralisierung auch bezogen auf geografische
Standorte, Abläufe und Systeme. Je mehr Standorte, Fachbereiche und innerhalb der Fachbereiche verschiedene große Fachanwendungen zu betreuen sind,
desto eher ist die Frage der (De-)-Zentralisierung eine auf alle diese Dimensionen der Zentralisierung gleichzeitig bezogene Gestaltungsfrage. Die Abbildung 4.36 zeigt mögliche Varianten in einem Bild.

Im Ergebnis können dann über den in Abildung 4.35 gezeigten Struktur-
Mischtypen hinaus auch geografische, prozessbezogene und systembezogene
Varianten der Aufbaustruktur vorkommen.

---

[156] Verändert n. Maicher & Schwarze, 2003, S. 76; Legende: SG = „Sachgebiet"

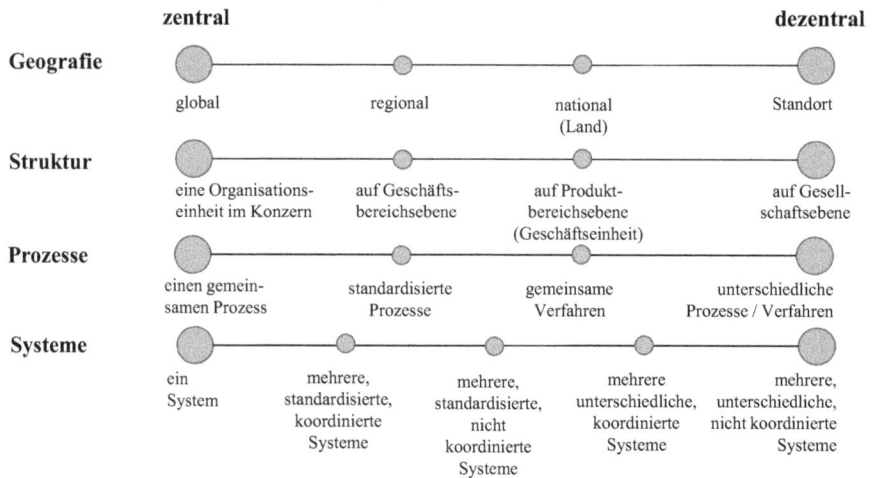

	zentral			**dezentral**

Geografie

global · regional · national (Land) · Standort

Struktur

eine Organisations-einheit im Konzern · auf Geschäfts-bereichsebene · auf Produkt-bereichsebene (Geschäftseinheit) · auf Gesell-schaftsebene

Prozesse

einen gemein-samen Prozess · standardisierte Prozesse · gemeinsame Verfahren · unterschiedliche Prozesse / Verfahren

Systeme

ein System · mehrere, standardisierte, koordinierte Systeme · mehrere, standardisierte, nicht koordinierte Systeme · mehrere unterschiedliche, koordinierte Systeme · mehrere, unterschiedliche, nicht koordinierte Systeme

Abb. 4.36: Aspekte (De-)Zentralisation der IT[157]

Vor- und Nachteile alternativer Strukturen

Die Bewertung der Vor- und Nachteile dieser alternativen Strukturen verlangt nach einer Wenn – Dann – Betrachtung:

- Das komplett dezentrale IT-Modell kann sich dann als vorteilhaft erweisen, wenn die Bedeutung dezentraler Fach-IT-Programme hoch ist und z. B. schnell wechselnde oder immer wieder plötzlich kommende, berechtigte Wünsche nach Anpassungen dieser Fachprogramme von einer zentralen IT (evtl. aus Sicht der Fachbereiche) nicht schnell genug angeboten werden können. Hinzukommen mag, dass auch ein Programm-Management nicht genügend Akzeptanzwirkung bei Prioritätskonflikten entfalten kann. Wenn die Bereiche genügend eigenes Budget haben, kann der Wunsch nach einer eigenen IT sehr hoch sein. Diese Situation ist bei Unternehmenszusammen-schlüssen in Konzernen und Behörden oft die Ausgangslage. Z. B. haben in der Linde AG „traditionell" die mehreren hundert Tochterfirmen[158] meist keine Konsolidierung der IT im Stile einer „Merger Integration" betrieben. Der Nachteil dezentraler IT-Bereiche ist, dass eventuelle Skalierungseffek-te übergreifend genutzter IT-Basis- und Querschnittsdienste und eventuell von Managementfunktionen nicht realisiert werden
- Gemischte Modelle kennen eine dezentrale IT in den Fachbereichen, die arbeitsteilig mit einer zentralen IT die Gesamtversorgung übernehmen. Na-heliegend wäre die Aufgabenteilung derart, dass die zentrale IT Basis- und Querschnittsleistungen vollbringt, während die dezentrale IT die Entwick-lung und ggf. den Betrieb von Fachverfahren verantwortet. Oft ist in der

---

[157] Deloitte Consulting, zit. nach Maicher & Schwarze, 2003, S. 65

[158] Aktuelle Zahl Stand 12/2013: ca. 494 Tochterunternehmen (eigene Zählung der nicht numme-rierten Liste der Tochterunternehmen im Geschäftsbericht 2012 der Linde AG)

Realität auch eine nach Ausweis des Organigramms zentrale IT faktisch gemischt: Die sogenannte „Schatten-IT" der Fachbereiche besteht aus teils selbst erstellten, teils an der „offiziellen" IT vorbei oder mit deren Genehmigung beschafften Anwendungen und der damit verbundenen Service- und Betriebskapazitäten[159]

- Wenn nur eine zentrale IT existiert, hat diese alle IT-Leistungen zu erbringen und zu steuern. Im Falle der Ressourcenknappheit muss sie einerseits ggf. selbst „betteln", um mehr Budget von der Betriebsleitung zu erhalten, andererseits sieht sie sich den Wünschen der Fachbereiche nach mehr Leistung gegenüber. Diese „erbetteln" oder fordern dann, je nach Kultur, wiederum bei der IT neue und/oder mehr Leistungen. Je nach Bereitschaft und Fähigkeit der Fachbereiche zur Erstellung von Fachkonzepten für ihre Fachapplikationen (oder Unterstützung hierbei durch ein fachliches Projektmanagement) sowie Konkurrenz der Fachbereiche untereinander kann diese Organisationsform zu einer starken oder schwachen IT führen.

Empfehlungen zur IT-Aufbaustruktur

Folgende Gesichtspunkte sollten bei der Wahl der richtigen Aufbaustruktur im Inneren des IT-Bereichs berücksichtigt werden:

Empfehlungen für die Aufbaustruktur

- Dem Credo „form follows function" folgend sollte sich die Aufbaustruktur weitestmöglich danach richten, wie Arbeitsabläufe bestmöglich „paketiert", gesteuert und mit einer beherrschbaren Anzahl der organistorischen Schnittstellen auch effizient geführt werden können. Sind die Arbeitsabläufe einer Rechenzentrums-lastigen IT nach dem ITIL-Servicegedanken strukturiert, dann werden z. B. in der Nomenklatur von ITIL ein IT-Service Desk evtl. in einem größeren Servicebereich und ein reiner Betriebsbereich einzurichten sein. Darüber hinaus ist bei erheblichen Arbeiten für Software-Eigenentwicklung evtl. ein eigener Entwicklungsbereich sinnvoll. Je größer ein IT-Bereich ist, desto eher sollte ein eigener IT-Leitungsbereich mit IT-internen Querschnittsfunktionen, wie IT-Controlling, IT-Personal, IT-Sicherheit, IT-Recht, IT-Beschaffung usw. eingerichtet werden
- Der IT-Bereich sollte sich auf seine Kernaufgaben konzentrieren. Dies bedeutet einerseits, dass er eine Aufgabenkritik durchführen und seine eigene Fertigungstiefe sinnvoll bestimmen sollte. Das Ergebnis hat Einfluss auf die Art benötigter interner Einheiten der Aufbaustruktur und die benötigte Anzahl eigener interner Personalkapazitäten. Zum anderen sollte er nicht, ohne Not, die Arbeit anderer Querschnittsaufgaben an sich reißen, wenn diese ihre Arbeit schlecht machen. Strategie der IT sollte es sein, auf

---

[159] Wenn man einer von Seidel, 2013, berichteten Feldstudie mit Datenerhebungen in 30 Betrieben Glauben schenken kann, dann werden zwischen 10% und 50% der Gesamt-IT der Betriebe von Bereichen außerhalb der offiziellen IT-Instanz geleistet. Auch andere Quellen berichten von Schatten-IT-Bereichen, einige behaupten, dass diese Schatten-IT-Bereiche u.a. durch Cloud-Angebote noch weiter wachsen werden

die Gestaltung der anderen Instanzen fachlich und personell derart Einfluss zu nehmen, dass die anderen Instanzen ihre eigenen Aufgaben sehr gut wahrnehmen können und die IT sich auf ihre Kernkompetenzen konzentrieren kann. Im Einzelnen bedeutet dies die Forderung nach:

Einflusswünsche der IT auf andere Instanzen

- Einstellung von Leitungspersonal mit IT-affiner „Denke" möglichst auch in Instanzen außerhalb des IT-Bereichs
- Ausreichender Personalausstattung und guten Abläufen in den zuliefernden Bereichen Personalmanagement, Beschaffungsmanagement, fachliches Projektmanagement, Organisationsbereich
- Werben für praxistauglich dokumentierte und möglichst standardisierte Abläufe außerhalb der IT. Besonders wertvoll sind zwingende Standards für an vielen Stellen auftretende gleichartige, fachliche Funktionen. Diese organisatorische Arbeit ist zwingende Voraussetzung, um vielleicht auch technisch „serviceorientierte Architekturen" (SOA) mit erhofften Synergie- und Spareffekten einrichten zu können.

Vor- und Nachteile alternativer Strukturen

Angesichts der Vielzahl von Gesichtspunkten, die letztlich die Festlegung der Aufbaustruktur eines IT-Bereichs bestimmen, kann keine für alle Betriebe passende „Schablone" der Aufbaustruktur gemacht werden. Die Bandbreite der Möglichkeiten reicht von einer kleinen Kopfstelle zur Steuerung outgesourcter IT-Leistungen bis hin zu einem voll ausdifferenzierten, zentraldezentral gemischten IT-Bereich mit Abbildung des ganzen Spektrums an Aufgaben einer IT. Die Abbildung 4.37 zeigt die Struktur einer weitgehend mit inhouse erzeugten Leistungen arbeitenden IT mit Prozessen nach dem ITIL-Standard.

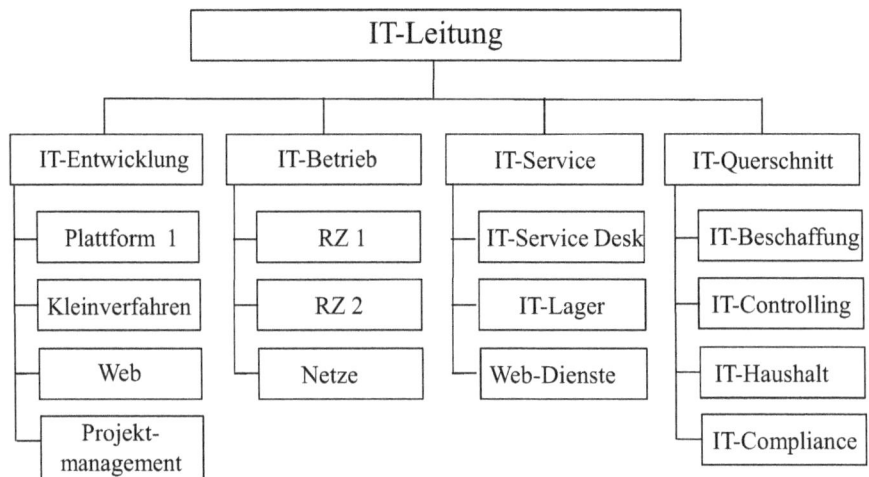

Abb. 4.37: Schematischer Aufbau eines IT-Bereichs

4.4.3 Konsolidieren von IT-Bereichen

Nicht nur einzelne IT-Geräte und Anwendungen, auch ganze IT-Bereiche können sich durch „Wildwuchs" entwickelt oder durch Vereinigung von Betrieben plötzlich als „Zoo" darstellen, den es zu lichten gilt. Dieser „Zoo" kann innerhalb eines IT-Bereichs entstanden sein oder auch in einer Mehrzahl paralleler IT-Bereiche sowie dem Nebeneinander „offizieller" IT-Bereiche und einer Schatten-IT bestehen. Eine strategische Frage des Betriebs ist es dann, ob dieser Wildwuchs optimal ist oder eine Konsolidierung angestrebt werden soll. Denkbar sind dann verschiedene Formen der Konsolidierung:

Gründe für Wildwuchs in IT-Bereichen

* Institutionelle Verschmelzung der IT-Bereiche/IT-Rechenzentren eines Konzerns oder vielgestaltigen Betriebs, Beseitigen der „Schatten-IT"
* Konsolidierung durch Spezialisierung bestehenbleibender IT-Bereiche und der Schatten-IT auf klar voneinander abgegrenzte Teil-Aufgaben
* Konsolidierung durch klarere Aufgabentrennung innerhalb eines IT-Bereichs
* Konsolidierung durch betriebsweites Reduzieren des Zoos an Anwendungen, Infrastrukturelementen usw.

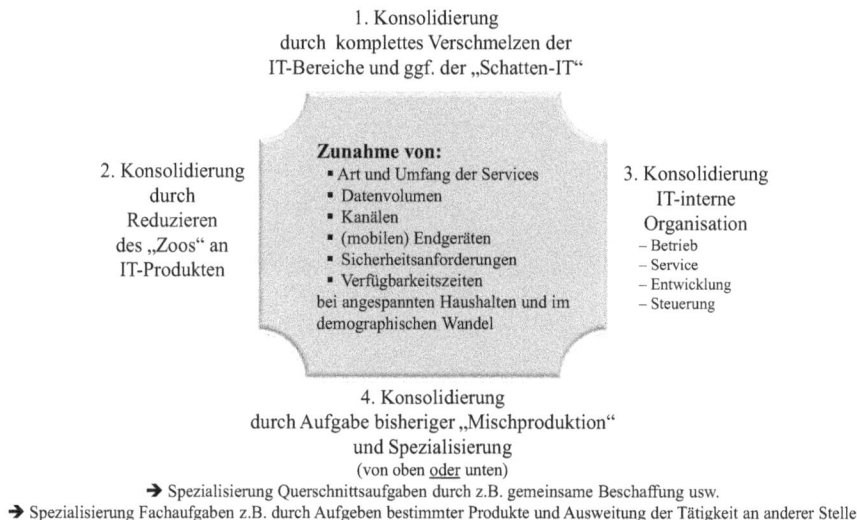

1. Konsolidierung
durch komplettes Verschmelzen der
IT-Bereiche und ggf. der „Schatten-IT"

2. Konsolidierung
durch
Reduzieren
des „Zoos" an
IT-Produkten

Zunahme von:
* Art und Umfang der Services
* Datenvolumen
* Kanälen
* (mobilen) Endgeräten
* Sicherheitsanforderungen
* Verfügbarkeitszeiten
bei angespannten Haushalten und im
demographischen Wandel

3. Konsolidierung
IT-interne
Organisation
– Betrieb
– Service
– Entwicklung
– Steuerung

4. Konsolidierung
durch Aufgabe bisheriger „Mischproduktion"
und Spezialisierung
(von oben oder unten)
➜ Spezialisierung Querschnittsaufgaben durch z.B. gemeinsame Beschaffung usw.
➜ Spezialisierung Fachaufgaben z.B. durch Aufgeben bestimmter Produkte und Ausweitung der Tätigkeit an anderer Stelle

Abb. 4.38: Arten der Konsolidierung von/in IT-Bereichen

Der Weg zu der „politischen" Entscheidung für eine Konsolidierung mag nicht leicht sein, daher ist neben einer „harten" und diskussionsfreien Anordnung zur Konsoldierung durch die Betriebsleitung die Kenntnis einer Vielzahl „weicherer" und indirekter Wege nützlich.

Konsolidierung oft nicht leicht

	direkt	indirekt
Förderung	1. Ausbau eines/mehrerer Anbieter/s mit billigen Diensten 2. Zuschüsse an Fachbereiche bei Kooperation 3. „Boni" an Führungskräfte für freiwillige Einbindung 4. Öffnung Beschaffungsverträge 5. …	10. Studien zu Synergie- und Sparpotentialen 11. Zugehen auf Führungskräfte und Spezialisten bisheriger IT-Bereiche 12. Anregen bereichsübergreifender Kooperationen 13. …
Erzwingung	6. Ausbau eines/mehrerer Anbieter/s und „Verdrängungswettbewerb" 7. Bedingung bei Vergabe von Budgets 8. Mindestgröße für Betriebseinheiten mit eigener IT 9. …	14. Definition betriebsweiter Standard-PC 15. Setzen weiterer Standards 16. betriebsweites Kosten-Benchmarking 17. …

Ansatz

Beeinflussung

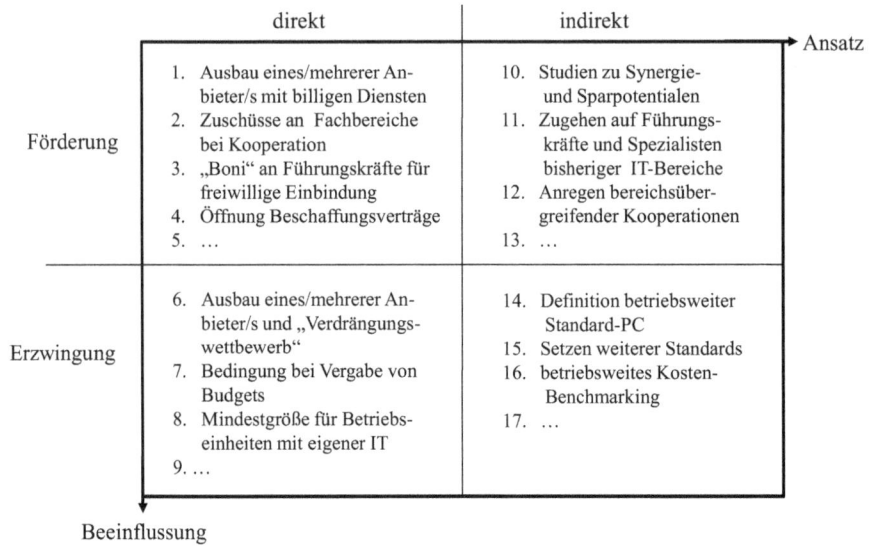

Abb. 4.39: „Weiche" Methoden der Förderung von Konsolidierung

Vor- und Nachteile einer Konsolidierung

Die Frage, ob überhaupt und wenn ja, auf welche Weise(n) und in welchem Umfang zu konsolidieren ist, stellt sich vor allem aus dem betriebswirtschaftlichen Grund der Effizienz. Ergänzend sprechen eine höhere Transparenz, eine leichtere Standardisierungsfähigkeit und die eventuell erreichbare Komplexitätsreduzierung für mehr Konsolidierung. Dagegen sind möglicherweise die Höhe der Einmal-Aufwände für die Investition, lange Amortisationsphasen, Risiken bei Einschätzung der Höhe von vorteilhaften Skalierungseffekten sowie der mögliche Widerstand gegen die Konsolidierung zu berücksichtigen. Obwohl vor allem wirtschaftliche Aspekte die Motivation für Konsolidierungsvorhaben ist, lässt sich in vielen Fällen der finanzielle Gesamtvorteil nicht exakt und diskussionsfrei ermitteln. Gründe hierfür können sein:

Kostenvorteile der Konsolidierung oft nicht exakt zu ermitteln

- Bei Betrieben mit mehreren Standorten muss weiterhin eine dezentrale Versorgung mit IT-Servicekräften erfolgen
- Es gibt keine Erfahrungen mit den finanziellen Vorteilen durch Skalierungseffekte bei den durch Konsolidierung erreichten Größenordnungen
- Die tatsächlichen Kosten durch organisatorische Mehraufwände (z. B. vermehrte Abstimmungen, größere örtliche Ferne zu dezentralen IT-Nutzern und Kunden) lassen sich nur grob schätzen.

Wenn die institutionelle Verschmelzung oder eine klare Aufgabentrennung von mehreren IT-Bereichen das Ergebnis der Konsolidierung ist, werden die verbleibenden IT-Einheiten nicht selten zum „Shared Service Center" für alle bisher mit eigenem Vollsortiment arbeitenden Kunden.

Einen möglichen Vorgehensplan bei einem Konsolidierungsprojekt skizziert die nachfolgende Abbildung 4.40.

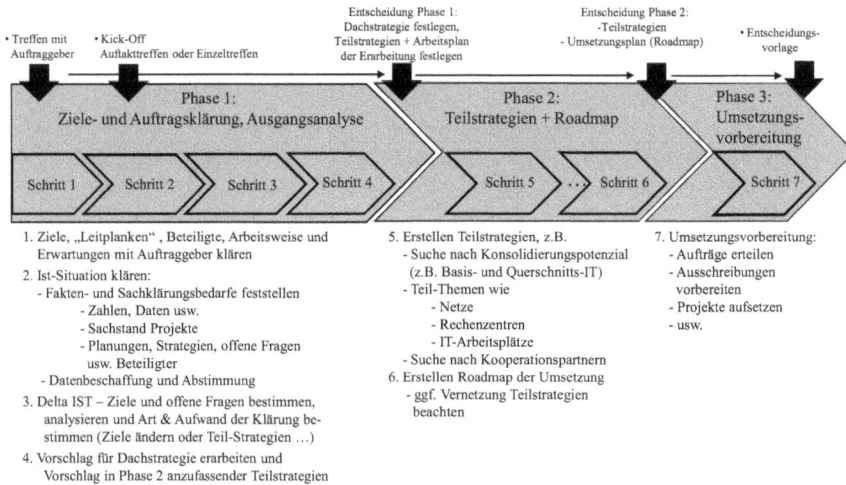

Abb. 4.40: Vorbereitende Schritte einer IT-Konsolidierung

4.4.4 Führen einer outgesourcten IT

Ein "Sonderfall" des IT-Betriebs sind outgesourcte IT-Bereiche. Diese kommen hauptsächlich in zwei Varianten vor:

Arten von Outsourcing-Anbietern

- Selbständige Gesellschaft mit eigener Rechtspersönlichkeit, die ausschließlich oder ganz überwiegend für (a) einen oder (b) mehrere „Großkunden" arbeitet, meist die eigenen ehemaligen Mutterhäuser. Solche Gesellschaften gibt es im privaten wie im öffentlichen Sektor. Beispiele sind kommunale Rechenzentren in der Form von Zweckgesellschaften oder GmbHs sowie die IT-Bereiche großer deutscher Chemie- und Automobilfirmen
- Teile von Outsourcing-Anbietern, die manchmal räumlich und/oder örtlich getrennt vom restlichen Unternehmen („Chinese Walls"), aber ohne eigene Rechtsform, ausschließlich für den Kunden arbeiten. Beispiele hierfür dürften sich bei vielen großen IT-Outsourcing-Anbietern finden (Accenture, IBM, T-Systems, Computacenter usw.).

In manchen Wirtschaftssegmenten decken die outgesourcten IT-Bereiche einen erheblichen Teil der gesamten IT-Leistung oder zumindest einen Großteil genau abgegrenzter Wertschöpfungsstufen ab. Beispiele sind die IT-Rechenzentren des deutschen Sparkassenverbandes. Darüber hinaus gibt es im Öffentlichen Bereich Deutschlands seit einigen Jahren den Beginn der ressortübergreifenden Konzentration von IT-Dienstleistern auf Landesebene (Dataport in den „Nordstaaten" Deutschlands, SID in Sachsen, IT.NRW in Nordrhein-Westfalen, IT.Niedersachsen usw.).

Bedeutung der Outsourcing-Lösungen

Das Führen dieser outgesourcten IT-Dienstleister unterscheidet sich je nach Rechtsform und Kundenstruktur, jedoch sind ihnen einige Besonderheiten des internen Managements gegenüber einer „inhouse"-IT gemeinsam:

IT-Service als Geschäftsmodell

- Die Ziele und die Strategie des Betriebs sind nun Produktionsziele der IT und darauf gerichtete IT-Strategien gleichzeitig Betriebs-Strategie höchster Ebene, da die IT-Angebote ja das Geschäftsmodell des Betriebs sind und nicht nur eine Querschnittsfunktion. Es bleiben zwar auch Betriebsziele dieser Anbieter, die nicht IT-fachliche Ziele sind (z. B. Fragen bzgl. des adressierten Kundenkreises), aber die Mehrzahl ist identisch mit IT-Zielen
- Die Querschnittsfunktionen außerhalb der IT-erstellenden Bereiche sind speziell auf die Belange der IT ausgerichtet. Im im besten Falle müssen sich IT-Spezialisten nicht mehr anteilig auch noch um betriebswirtschaftliche Funktionen wie Organisationsmanagement, Liegenschaftsmanagement insbesondere auch des Rechenzentrums (Klimanlage, räumliche Sicherung, usw.) kümmern. Die Ursache hierfür ist, dass die Betriebsleitung die IT nun als zentralen Teil der betrieblichen Produktion begreift und nicht – wie in Betrieben mit anderen Hauptprodukten – als evtl. lästige Nebenaufgabe
- Das IT-Marketing, bei vielen inhouse-IT-Bereichen nur sehr schwach ausgeprägt, muss nun deutlich aktiver und „strategisch" betrieben werden. Außerdem sind nun auch Konkurrenz-Anbieter zu beobachten, da es – außer bei öffentlichen IT-Dienstleistern[160] – keinen „Gebietsschutz" oder regionale Monopole gibt. Der IT-Bereich selbst ist unmittelbar dem Wettbewerb ausgesetzt (Privatwirtschaft) oder/und wird mit der üblichen Distanz zu einem Externen behandelt, auch wenn er zum gleichen Konzern gehören oder der gleichen Oberbehörde untergeordnet sein sollte.

Vor- und Nachteile der IT-Steuerung outgesourcter IT aus Sicht des IT-Managements

Mögliche Vor- und Nachteile aus Sicht des verantwortlichen Managements sind in der nachfolgenden Tabelle 4.19 aufgelistet.

Die Ausgründung der IT als selbständiger, den Mutter-Betrieb zuliefernder IT-Bereich („internes Outsourcing") bietet folgende Möglichkeiten:

Möglichkeiten der besseren IT-Arbeit

- Eigenständige Entscheidung darüber, welche IT-Services man selbst erstellen will und welche man zukauft. Die IT-Bereiche können so eher Skaleneffekte und die Vorteile der Spezialisierung nutzen
- Erstellen gleicher IT-Produkte auch für andere IT-Kunden und damit für einen typischen inhouse-IT-Bereich sonst unerreichbare Skaleneffekte für die Kostensenkung je Leistungseinheit zu erzielen

---

[160] Öffentliche IT-Dienstleister sind meist als Zweckverbände, GmbHs oder Anstalten Öffentlichen Rechts verfasste Einrichtungen, die entweder zu 100% Kommunen bzw. Bundesländern gehören oder als nachgeordnete Behörden von Ministerien geführt werden

- Ultimativer Zwang für die Fachbereiche, SLA′s (bei inhouse Shared Service Centern) bzw. sogar zivilrechtliche Verträge (bei rechtlich und wirtschaftlich unabhängigen IT-Dienstleistern) mit dem IT-Bereich zu machen. Einmal ordentlich aufgesetzt, lässt sich diese Situation eventuell einfacher und problemfreier steuern, als wenn es um die Ressourcen einer inhouse-IT laufend Grabenkämpfe gibt

Tab. 4.19: Vor-/Nachteile outgesourcter IT aus internem Blickwinkel

Bereich	Vorteil	Vorteil	Nachteil
Ziele und Strategie	IT-Leitung ist „frei", die Ziele und Strategie ohne eine übergeordnete Instanz festzulegen	☑	
Kunden	je nach Eigentümerstruktur ggf. Auswahl der Kunden möglich	☑	
	exakte Festlegung von Leistungen und Gegenleistungen über Verträge bzw. SLA′s erzwingbar	☑	
Produkte	je nach Eigentümerstruktur ggf. Auswahl der IT-Produkte möglich	☑	
	ggf. Spezialisierung auf bestimmte Produkte möglich		
	detaillierte Aufträge (u.a. Pflichtenhefte) für IT-Produkte und Gegenleistungen sind erzwingbar	☑	
Prozesse	exakte Aufgabenbeschreibung und SLA′s nötig		☑
	Unterstützung durch andere Querschnittprozesse ist jetzt leichter zu „erzwingen" und qualitativ auf IT-Bedarf abzustimmen	☑	
Ressourcen	es besteht die Chance auf positive Skaleneffekte dadurch, dass auch weitere IT-Kunden bedient werden können		
	IT-Budget selbst herbeiorganisiert und die Ressourcen müssen selbst beschafft werden		☑
	Volle „Hoheit" über eigene Ressourcen	☑	

- Konsequente Ausrichtung auch der anderen Querschnittsbereiche (Personalmanagement, Liegenschaftsmanagment, Organisation usw.) auf die IT als Hauptprodukt. Das IT-Management ist befreit von evtl. auf die optimale Erbringung von IT-Leistungen dysfunktional wirkenden internen Regeln und Milieus der Muttergesellschaft.

Beispiele für outgesourcte eigene IT-Bereiche sind die IT (Beratungs-) Bereiche von BASF („BASF Information Services"), Bayer („Bayer Business Services"), Daimler TSS GmbH usw. sowie die kommunalen und Landes-IT-Dienstleistungszentren des Öffentlichen Sektors. Betrachtungsdimensionen der Situation outgesourcter IT-Bereiche sind in Abbildung 4.41 dargestellt.

Beispiele für outgesourcte eigene IT-Bereiche

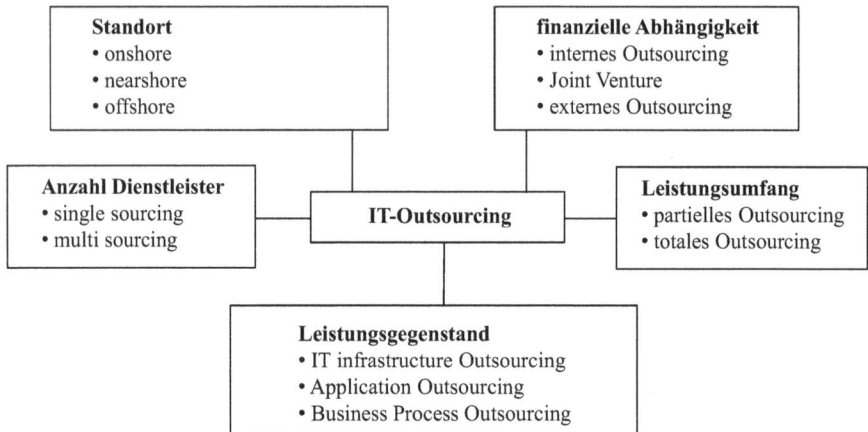

Abb. 4.41: Betrachtungsdimensionen des Outsourcings[161]

4.5   IT-Controlling und Rechnungswesen

4.5.1   Übersicht

Bedarf nach separate IT-Controlling

Mit der Aufgabe des IT-Managements verbindet sich die Steuerung einer Vielzahl von Managementobjekten. Ähnlich wie im allgemeinen Management hat auch der IT-Manager ab einer bestimmten Größenordnung seines Bereichs den Bedarf, sich benötigte Informationen für Entscheidungen durch Spezialisten zuliefern zu lassen, weil er selbst nicht mehr genügend Zeit für eine sorgfältige Datensammlung und Datenanalyse hat. Die dann benötigte separate Unterstützungsfunktion ist das IT-Controlling:

Definition IT-Controlling

Definition IT-Controlling
IT-Controlling ist eine informationsversorgende Unterstützungsfunktion für die Leitung eines IT-Bereichs. Fachlich kann sie sowohl in strategischen, wie auch in operativen Fragen beraten. Sie erzeugt durch Erheben, Bereitstellen und Analyse von Daten sowie die Einrichtung und den Betrieb von Methoden und Werkzeugen der Informationsgewinnung Standard- und Ad-hoc-Berichte und steht für Beratungsaufgaben bereit.

Zwecke des IT-Controllings

Das IT-Controlling dient dem IT-Management zur Untersützung der eigenen Steuerungsfunktion und hat daher potenziell Themen über die gesamte Breite des IT-Managements als Arbeitsgebiet. Folgende Themenfelder können durch die Daten eines Controllings besonders genau betrachtet werden:

---

[161] Hofmann, 2010b, S. 154

- Zielebene: Grad der Zielerreichung sowie Erfolg und Umsetzungsgrad von IT-Strategien und strategischen Maßnahmen, Nutzen der IT als Ganzes
- Kunden- und Produktebene: Kosten der Produkte (Herstell(ungs)kosten, Selbstkosten), Untersuchung der Qualität erbrachter IT-Leistungen, Erheben der Kundenzufriedenheit und der Beschwerdestatistik, Überlegungen zur Gestaltung der Angebotspalette, Struktur der Leistungsangebote und des Serviceniveaus, Produktlebenszyklus von IT-Leistungen, Statistiken zu Leistungsmengen und -arten erbrachter IT-Services
- Prozessebene: Prozesslaufzeiten und -qualität, Auswertung von Statistiken aus Ticketsystemen zu Häufigkeiten
- Prozess- und Ressourcenebene: betriebswirtschaftliche Beratung bei Entscheidungen über alternative Investitionsmöglichkeiten, insbesondere auch Beratung bei Entscheidungen über Fremdbezug oder Eigenfertigung (Make or Buy), alternative Beschaffungsformen (Kauf, Mietkauf oder Leasing)
- Ressourcenebene: Herstell(ungs)- und Selbstkosten von IT-Leistungen, Kosten-Nutzenbetrachtungen. Finden geeigneter Verrechnungskostensätze oder Preise für IT-Leistungen, Leerlaufkosten, Kosten der Schlechtleistungen, Overhead-Kosten.

Zusammengefasst lässt sich sagen, dass das IT-Management ein IT-Controlling vor allem aus drei besonders wichtigen Gründen benötigen kann: Wenn es ein Ziel des IT-Bereichs ist, …

Gründe für die Einführung eines IT-Controllings

- generell Transparenz über die betriebswirtschaftlichen Sachverhalte (Kosten, Leistungsmengen, usw.) im IT-Bereich zu gewinnen
- eine besonders hohe Effizienz anstrebt und dazu entsprechende maßgeschneiderte Daten und Ideen benötigt
- die Vorteilhaftigkeit einzelner Maßnahmen zu berechnen.

Abb. 4.42: Rollenabgrenzung IT-Manager und IT-Controller

Die Rollen des IT-Managers und des IT-Controllers haben einen Bereich der Überlappung, wie Abbildung 4.42 zeigt. Alle über die üblicherweise einem

IT-Manager zeitlich und sachlich nicht mehr zuzumutenden Aufgaben des IT-Controllings kann man der separaten Rolle eines IT-Controllers zuordnen.

Controlling und IKS

Abzugrenzen ist das IT-Controlling begrifflich und sachlich vom Internen Kontrollsystem IKS (vgl. Abschnitt 4.2). Es gibt hier zwar kleine Überlappungen, ein Controlling ist aber breiter aufgestellt und arbeitet nicht nur durch Kontrolle der IST-Situation gegen Prüfpunkte, wie dies ein IKS tut. Controlling beschäftigt sich, neben dem IST, auch mit zukünftigen Zuständen und benötigt daher keine vorher festgelegten Prüfpunkte.

Controlling in bestimmten Teilbereichen der IT

Da das Controlling einen sehr weiten Anwendungsbereich hat, kann der Wunsch aufkommen, das relevante Management-Objekt herauszuheben und hierfür einen speziellen Controlling-Begriff zu prägen, z. B. ein Kosten-Controlling, ein Produkt(-qualitäts-)controlling, ein Prozess-Controlling, ein Beschaffungs-Controlling usw. Hier soll IT-Controlling jedoch möglichst ganzheitlich betrachtet und daher auch so bezeichnet werden, denn neben detaillierter betriebswirtschaftlicher Datenkenntnis ist gerade auch das ganzheitliche Zusammenhangsverständnis der Erstellungsprozesse und Ressourcen ein ganz wesentlicher Wertbeitrag eines IT-Controllings. Ein gutes IT-Controlling einzurichten kann selbst Teil einer IT-Strategie sein, z. B. derjenigen für mehr Transparenz oder Entlastung von IT-Managern von Controllingaufgaben zugunsten von mehr Zeit für operative Steuerungsaufgaben. Im gut „eingeschwungenen" Zustand hilft ein Controlling im besten Fall sowohl bei der Versorgung mit routinemäßig benötigten Daten wie auch bei ad-hoc-Analysen von Einmal-Fragen.

Je nach „Flughöhe" der hauptsächlichen Fragestellungen des Controllings kann man begrifflich ein eher „strategisches" von einem eher „operativen" IT-Controlling unterscheiden, vgl. Abbildung 4.43.

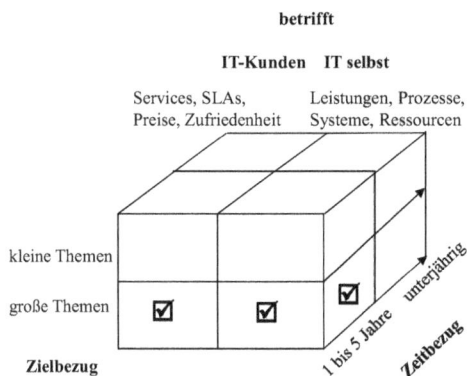

Abb. 4.43: Strategisches und operatives Controlling

Definition strategisches IT-Controlling

„Strategisch" sind alle auf „große" Strategiethemen gerichteten Fragestellungen mit Zeitbezug von mehr als einem Jahr. Die Inhalte können sowohl Themen innerhalb der IT als auch von außerhalb (z. B. Kundenzufriedenheit mit Leistungen des Betriebs mit anteiligen IT-Services) sein.

Anders als im Betrieb als Ganzem wird „strategisches" IT-Controlling" nur in wenigen großen IT-Bereichen ein tagfüllendes Geschäft und Anlass für den Aufbau einer eigenen Controllinginstanz sein. Praktisch kommt dem operativen Controlling wegen eines sehr viel höheren Detaillierungsgrades und wesentlich mehr benötigter Daten eine größere Bedeutung zu. Es ist daher schon in IT-Bereichen mit weniger als 100 Vollzeitäquivalenten zu finden.

Strategisches Controlling ist Aufgabe mit geringem Personalbedarf

IT-Controlling bedient sich aller Instrumente und Daten des internen Rechnungswesens, insbesondere der Kosten-/Leistungsrechnung, und hat weiterhin besondere fachliche Schnittstellen zum Gesamt-Controlling, dem Gesamt-Qualitätsmanagement, dem Gesamt-Prozessmanagement usw. sowie ggf. der Revision/Innenrevision. Ein IT-Bereich mit einer auf Kosten- und Leistungstransparenz gerichteten Strategie kann das IT-Controlling auch dazu nutzen, …

IT-Controlling bedient sich vieler Werkzeuge

- den Prozess der zielorientierten Steuerung durch entsprechende Kennzahlen der Zielerreichung und der Strategie-Erfolgsmessung zu unterstützen
- mehr Transparenz in Leistungsbeziehungen innerhalb der IT und zwischen der IT und den IT-Kunden zu bringen
- als Teil der Transparenzfunktion auch zugehörige Kosten und Wertschöpfungsbeiträge aufzuzeigen
- einzelne Maßnahmen und Projekte zu coachen sowie die in der Linie hierfür verantwortlichen Personen in der Binnensteuerung durch Informationen zu unterstützen und das Reporting zu versorgen.

Die Ausprägung des IT-Controllings, das für sich betrachtet ja auch ein Kostenfaktor ist, sollte nach den erkannten Unterstützungsbedarfen und Schwachstellen der Informationsversorgung und IT-Steuerung passgenau, d.h. betriebsspezifisch, sein. Je nach Bedarf beinhaltet ein maßgeschneidertes IT-Controlling besonders ausgeprägte inhaltliche Schwerpunkte in der Kosten- und Leistungsrechnung, dem Qualitätsmanagement, dem IT-Projektmanagement, dem Risikomanagement und zumindest punktuell im IT-Sicherheitsmanagement sowie dem Vertrags- und Vendorenmanagement. Entsprechend lassen sich dann auch aufbauorganisatorisch Verknüpfungen schaffen, z. B. IT-Controlling zusammen mit Qualitätsmanagement. Andere Kombinationen können Controlling und Rechnungswesen, Controlling und Strategie usw. sein.

IT-Controlling lässt sich passgenau zusammenstellen

Hierbei können Standardbausteine (z. B. Kostenarten-, Kostenstellen- und Kostenträgerrechnung) wie auch automatisch erzeugte Kennzahlen aus IT-Tools (Häufigkeitszählungen, Lastwerte usw.) und Statistiken z. B. aus Ticket-Systemen für die Auftragssteuerung im Servicebereich hilfreich sein. Das IT-Controlling kann sich aus dem „Bausteinkasten" des externen und internen Rechnungswesens bedienen, weitgehend auch allgemein bekannte Mittel der Analyse einsetzen (wie z. B. einen Vergleich mit geeigneten Daten Dritter, d.h. Benchmarking) und sich auch IT-fachlich aus Veröffentlichungen mit Vorschlägen von IT-Kennzahlen[162] bedienen.

Werkzeuge und Datenquellen des IT-Controllings

---

[162] Besonders umfangreich mit COBIT- und ITIL-bezogenen Kennzahlen Kütz, 2006; Kütz, 2011

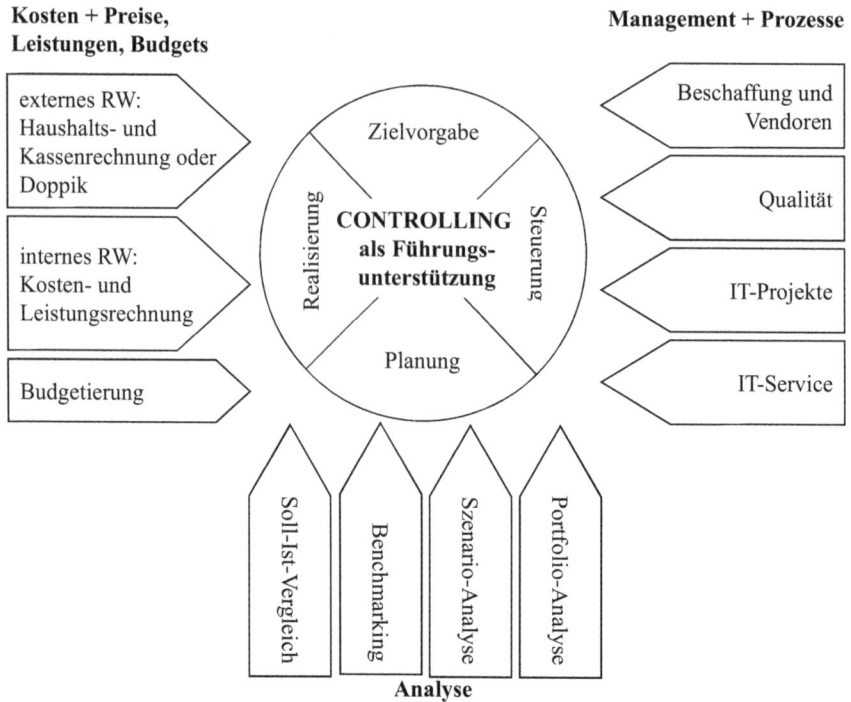

Abb. 4.44: Bereiche, Werkzeuge und Methoden des IT-Controllings

Controlling-Werkzeuge
je nach Bedarf

Der Bedarf nach Leistungen des Controllings ist je nach Situation verschieden, daher werden evtl. nur einzelne Werkzeuge benötigt. Empfehlungen sind:

Tab. 4.20: Situativ passende IT-Controlling-Werkzeuge

IT-Situation	Controlling-Werkzeug
IT-Ziele und Strategie unklar	Portfolio- und Szenario-Analyse, Zielfindungs-Workshops
Kunden bezahlen für IT-Leistungen Selbstkosten oder Preise	Kostenträger-Stückkostenrechnung
Kunden zahlen bereichsweise „Quotenanteile" aller IT-Kosten	KLR mit besonders sorgfältig ausgedachter Leistungsverrechnung
Management-Schwierigkeiten in IT-Projekten	Projektcontrolling, ggf. punktuelle Stärken-Schwächen-Analyse oder andere ad-hoc-Berichte, Coaching
unübersichtliche Abläufe, Unklarheit über Effizienz des Ressourceneinsatzes	prozessorientierte Kennzahlen, prozessorientierte Kosten-/Leistungsrechnung, Benchmarks

In den nachfolgenden Abschnitten wird das IT-Controlling anhand seiner wichtigsten Instrumente vorgestellt. Zuvor soll jedoch als Ausgangspunkt der Nutzen von IT schlechthin betrachtet werden.

4.5.2   IT-Nutzen für den Betrieb

Ausgangspunkt der Überlegungen über die Gestaltung eines IT-Bereiches und des IT-Controlling sollte der durch die IT erzielbare Nutzen für den Betrieb sein. Er ist die Rechtfertigung für die Existenz der IT. Die betriebsspezifischen Nutzenpotenziale sollten maßgeblich für Aufbau, Ablauf und Steuerung sein:

> **Definition Nutzen der IT**   Definition IT-Nutzen
> Nutzen ist ein allgemeiner betriebswirtschaftlicher Begriff, der das Ausmaß der Bedürfnisbefriedigung des „homo oeconomicus" beschreibt. Ein IT-Bereich ist in dem Ausmaß nützlich, in dem er die wirtschaftlich gerechtfertigten (keine „Sonderlocken") Bedürfnisse der Anspruchsgruppen befriedigt. Grundsätzlich ist Nutzen damit ein messbarer Begriff. Im einfach zu messenden Fall wird für den Nutzen „echtes" Geld in Höhe des wahrgenommenen Nutzens bezahlt (z. B. Preise für externe Kunden) oder der Nutzen durch Verrechnungspreise innerbetrieblich monetär ausgedrückt. Wenn dies nicht möglich oder zu aufwendig ist, können das Ausmaß der Zufriedenheit der IT-Nutzer oder andere Indikatoren die Höhe des Nutzens anzeigen. Der Begriff „Nutzen" besagt noch nicht, dass die den Nutzen erzeugende Leistung auch wirtschaftlich erstellt wurde. „Wirtschaftlich" ist die Leistungserstellung erst, wenn der Nutzen höher ist als die Kosten.

Messung des Nutzens

Nutzen lässt sich qualitativ und-/oder quantitativ ausdrücken. Die untenstehende Tabelle 4.21 zeigt einige der wesentlichen Kennzahlen. Einige qualitative Maße lassen sich, ggf. über „Schulnoten" oder ähnliche Bewertungen, in quantitative Maße und dann ggf. sogar in Geld umrechnen.

Tab. 4.21: IT-Nutzen – qualitative und quantitative Kenngrößen

Art des Nutzens	Messgröße	Kommentar
quantitativ in Geld	Geschwindigkeit/Zeit: z. B. eingesparte Arbeitszeit	gesparte Arbeitszeit, schnellere Antwort auf Kundenanfragen oder Beschleunigung Kommunikation
	Menge	oft in Beziehung zu Zeit
	Fehlerfreiheit	Qualitätsverbesserung, ggf. Beziehung zu Menge und Zeit
	Güte	z. B. Fehlerfreiheit
qualitativ	Erreichbarkeit	
	Zufriedenheit	
	Steuerbarkeit	
	Corporate Identity	Wiedererkennbarkeit

Besonders erstrebenswert, weil diskussionsfest, ist es, den Nutzen in Geld ausdrücken zu können. Im einfachsten Fall wird „echtes Geld" für IT-Leistungen bezahlt. Sei es, dass die IT-Leistung am Markt verkauft wird oder die internen Kunden der IT des Betriebs über ein IT-Budget frei verfügen können und es wettbewerblich nach einem Vergleich zwischen externen Angeboten und dem internen Ersteller verwendet wird. Hier ist Nutzen, zumindest in Höhe des gezahlten Geldbetrages, zu vermuten. Ähnlich ist es, wenn man selbst bei „Zwang" der Nutzung interner IT-Leistungen, z. B. nach einem Benchmarking erkennen kann, dass die interne IT keineswegs teurer ist als externe Anbieter. Hier wäre der monetäre Nutzen der Betrag, den der preiswerteste externe Anbieter für vergleichbare Leistungen verlangen würde.

Benchmarks als Hilfe zur Klärung der Nutzenfrage

Benchmark-Zahlen lassen sich nur dann finden, wenn die IT möglichst standardfähige Kennzahlen einsetzt, um damit die Chance zum Finden eines Benchmark-Partners mit gleicher Kennzahlendefinition zu erhöhen. Aussicht auf Erfolg hat dieser Weg allerdings nur für einen Teil der IT-Arbeitswelt: Den IT-Grundbetrieb, denn diesen gibt es mit mehr oder weniger belanglosen Abweichungen auch in anderen Behörden und in der Privatindustrie. Die Welt der fachspezifischen IT-Projekte ist, bei branchentypischen Leistungen, meist relativ leicht vergleichbar: Hier gibt es:

- Externe Anbieter für Outsourcing-/Outtasking-Angebote oder
- Daten von anderen Betrieben in der Branche.

Nutzenberechnung bei Fehlen von fachlichen Benchmarks

Bei Alleinstellungsmerkmalen (z. B. Fachaufgaben von nur einmal vorhandenen, landesspezifischen Bundesbehörden in Deutschland, der Schweiz und Österreich) kann es kein fachspezifisches Benchmarking der Gesamtleistung geben, jedoch können eventuell Teilaspekte der IT-Leistungen verglichen werden. Hierzu zählen z. B. die prozentuale Abdeckung der fachlichen Abläufe durch IT-unterstützte Prozesse, die anteiligen Kosten für die IT-Unterstützung, der Automatisierungsgrad, das Angebot für Kunden/Bürger zu webbasierten Kontakten usw.

Da hier alternative Preise oder Selbstkosten anderer Anbieter für gleichartige Leistungen fehlen, muss man einen anderen Weg der Nutzenbestimmung wählen. Alternativ zu der nicht vorhandenen externen Konkurrenz könnten dann die internen Kunden, d.h. …

- die direkt IT-Leistungen in Anspruch nehmenden Fachbereiche oder
- die Querschnittsbereiche

Daten liefern und/oder durch Bereitschaft zum Bezahlen von Erstellungskosten zeigen, dass ihnen zumindest in Höhe dieser gezahlten Beträge auch ein geldwerter Nutzen entsteht.

Wertbeiträge innerhalb der IT-Wertschöpfungskette

Die Anforderungen an die IT-Managementthemen und damit auch an die Abbildung im IT-Controlling lassen sich nach der Stellung in der Wertschöpfungskette organisieren (siehe Abbildung 4.46). Die IT-Leistungen entstehen aus der Kombination von IT-Ressourcen (Ressourcenmanagement) in Arbeitsprozessen (Prozessmanagement), münden in IT-Leistungen (Produktmanagement) und machen – in unterschiedlichem Ausmaß im Rahmen des Vereinbarten – interne und eventuell später externe Kunden glücklich.

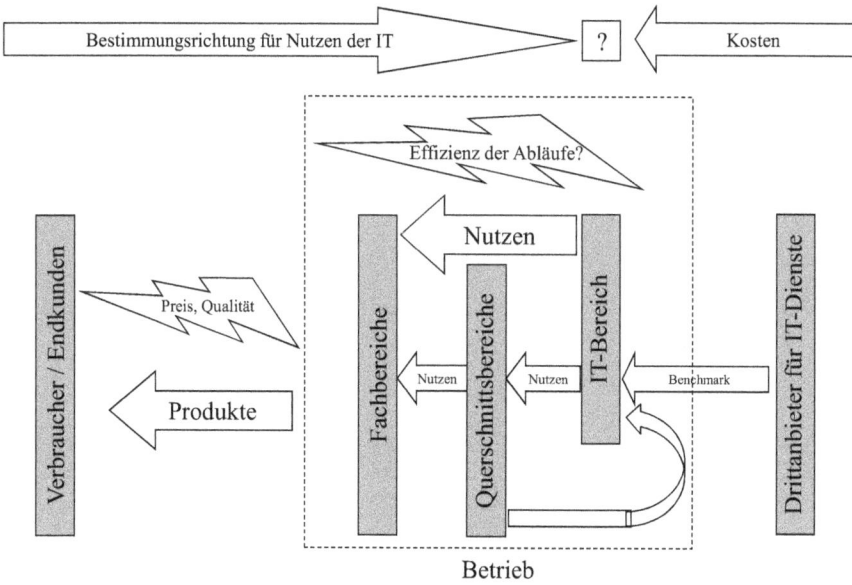

Abb. 4.45: Alternative Wege der Beurteilung des Nutzens

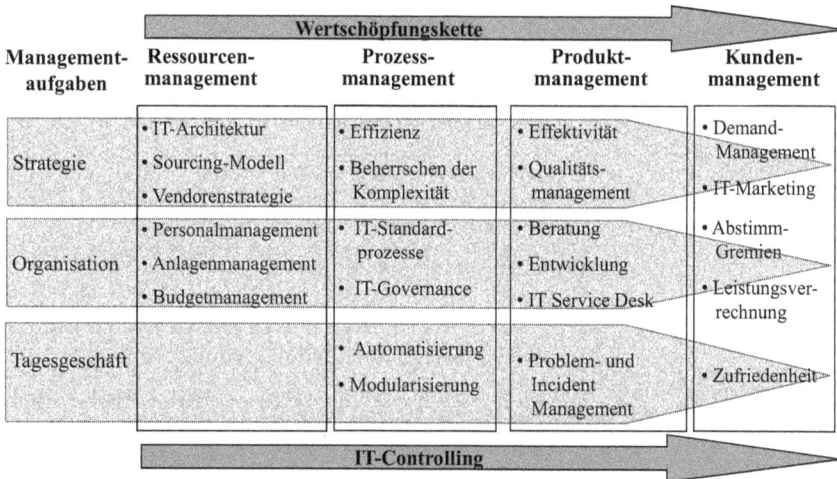

Abb. 4.46: Wertschöpfungsstufen interner IT

Ein Blick aus der monetär-quantitativen Perspektive und „positiv gepolter" Blickrichtung zeigen die in Abbildung 4.47 skizzierten Zusammenhänge. Zu beachten ist, dass sich die positven Wertbeiträge der IT oft nicht direkt und nicht diskussionsfrei messen lassen, während die finanzwirksamen Kosten auf Euro und Cent genau ausgewiesen werden können. Diese Asymmetrie der Möglichkeiten zur Bestimmung von Wertbeiträgen der IT bewirkt, dass Betriebe normalerweise außer den handelsrechtlichen oder haushalterischen fi-

Kennzahlensystem positiver Wertbeiträge

nanzwirksamen Aufwendungen keinen monetären Wert für den Beitrag der IT zum Betriebsergebnis ausweisen.

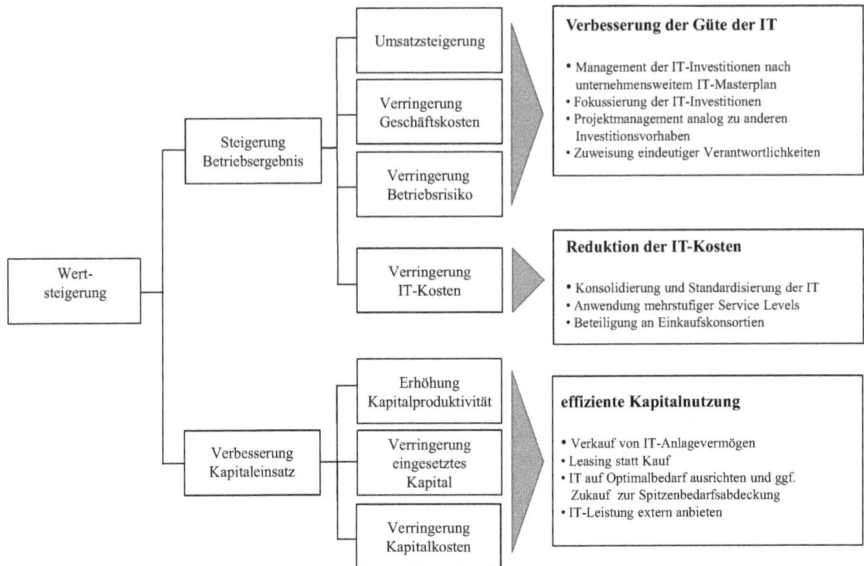

Abb. 4.47: Quantitative Nutzenpotenziale der IT[163]

Nutzen der IT ist auch ein Mess-Thema der IT-Kunden

Diese Asymmetrie ist jedoch „nur" ein Messproblem. Bei Diskussionen um innerbetriebliche IT-Budgets mag es sehr ärgerlich sein, wenn der IT-Leiter oder CIO keinen diskussionsfesten Betrag für die Höhe des IT-Beitrags zur Wertschöpfung nennen kann. Dies ist jedoch weniger eine im IT-Bereich verursachte Schwäche als ein Problem der IT-Kunden von Betrieben, denn diese sind „Eigentümer" ihrer Abläufe und Ressourcenverbräuche und müssten eigentlich deren Wertbeitrag, schon aus Eigeninteresse, benennen können. Die Schwierigkeit, dies bei IT-Leistungen zu tun, ist kein Alleinstellungsmerkmal der IT: Auch andere Querschnittsfunktionen können i.d.R. keine diskussionsfeste Geldsumme für die Höhe ihres Wertbeitrages benennen[164].

Je stärker IT in Geschäftsprozesse eingewoben ist, desto weniger exakt lässt sich Nutzen quantitativ messen

Dennoch ist eines unbestritten: Die IT ist inzwischen ein, in vielen Arbeitsabläufen eingewobenes, Hilfsmittel, das als Medium quasi Ermöglicher IT-spezifischer betrieblicher Kommunikationsstrukturen ist, und als Werkzeug Gestaltungs- und Durchführungshilfe für Erstellungsprozesse. So manches Geschäftsmodell und manche behördliche Aufgabe ist ohne die IT als Hilfsmittel

---

[163] Johannsen & Goeken, 2007, S. 11

[164] Es gibt die Meinung, dass CIOs auch deshalb eine Zukunft im Betrieb haben, weil sie – anders als i.d.R. die Fachbereiche – Erfahrung darin haben, Kosten-Nutzen-Betrachtungen zu machen

nicht mehr durchführbar. Im Umkehrschluss kann man jedoch nicht genau sagen, wie hoch der Nutzen – insbesondere von IT-Querschnittsleistungen – in Geld wäre[165]. Dies gilt für den Betrieb als Ganzes und in vielen Fällen auch für einzelne Leistungen der IT. Anders als bei Luft oder Liebe lassen sich für IT-Leistungen aber zumindest Mindestkosten und damit – im Falle der Unersetzlichkeit – auch der Mindestwert des Nutzens bestimmen: Es ist der Preis, den der Betrieb Dritten zu zahlen bereit wäre, wenn er die Leistung nicht selbst erstellen würde.

Tab. 4.22: Einfach erkennbarer Nutzenbeitrag des IT-Managements

Nutzenbeitrag	Nutzentyp	Kommentar
IT-Beitrag für schlankere und kostengünstigere Prozesse im Fach- oder Querschnittsbereich	Geld sparen, monetär	Innovation im Fach- und Querschnittsbereich
gleiche IT-Leistung günstiger als zuvor erbringen können	Geld sparen, monetär	Innovation im IT-Bereich, günstigerer Einkauf von Ressourcen, evtl. Skaleneffekte Dritter nutzen/Outsourcing
Produkte oder Prozesse ermöglichen, die dem Wettbewerb nicht möglich sind	Alleinstellungsmerkmal für den Betrieb. Höhere Umsätze, Erträge und Marge	eventuell großer Nutzen, vermutlich jedoch nur temporär (Wettbewerb holt schnell auf)
Produkte oder Prozesse, die ohne IT nicht möglich oder wirtschaftlich wären		

Die Verantwortung für den Eintritt des Nutzens aus IT-Leistungen liegt faktisch nicht allein bei der IT: Bei allen bereitgestellten fachspezifischen IT-Leistungen, aufgrund der Wünsche von Fach- und Querschnittsbereichen sowie der Betriebsleitung, haben die bestellenden Kunden im Sinne des „Ersteller-Besteller"-Prinzips auch die Verantwortung dafür, dass die IT-Leistungen, wenn sie den SLAs entsprechen, auch einen geschäftlichen Nutzen entfalten. Die Besteller müssen sich bei Änderungsbedarfen (Anpassungen, Ergänzungen, komplett geänderten Anforderungen usw.) bei der IT melden und ggf. die Auswahl, das Testen und die Einführung aktiv unterstützen.

IT kann nicht direkt für geschäftlichen Nutzen Verantwortung tragen

Eine nicht selten wiederholte Aussage in der IT-Managementliteratur[166] ist, dass der Nutzen der IT dann größtmöglich ist, wenn die IT sich gut den Betriebszielen unterordnet (im Rahmen des „Business IT Alignment", vgl. Abschnitt 3.1.4).

Es kann auch einen IT-Nutzen neben den expliziten Zielen des Betriebs geben

---

[165] Ähnlich Spair, 2010, S. 75 f.; dem widerspricht nicht, dass es in der Literatur einige Vorschläge von Beratungsfirmen gibt, den Wertbeitrag mit Punktesystemen o.ä. qualitativ zu ermitteln. Ein Beispiel hierfür ist die Fa. Horvath & Partner mit dem „Information Capital Readiness" Verfahren, Blankenhorn, 2006

[166] Z. B. Petry et al., 2010, S. 66: Die Autoren berichten über die HILTI AG, vermutlich ein sehr gut geführter Betrieb. Hier ist diese sehr positive Erwartung gegenüber der Zielsetzungsqualität der Betriebsleitung evtl. gerechtfertigt. Das gilt aber vermutlich nicht für alle Betriebe …

Unterstellt man, dass die Betriebsziele die seitens der Betriebsleitung explizit genannten Ziele sind, dann ist diese Aussage nur eingeschränkt richtig: Sie gilt nur, wenn die Betriebsziele für den Betrieb optimal bestimmt sind. Wenn die Betriebsleitung Schwächen darin zeigt, die Betriebsziele optimal festzulegen, dann ist es möglich, dass die IT auch mit Zielen „neben" den Betriebszielen objektiv einen evtl. höheren Nutzen bringt. Die Frage ist hier nur, ob die Betriebsleitung oder die Fachbereiche das erkennen und ob die IT-Leitung auf Dauer – wenn die IT-Leitung dies nicht erkennt – dieses Verhalten überlebt.

Tab. 4.23: Verantwortlichkeiten für Nutzenrealisierung IT[167]

| Nutzenbereich | Verantwortlich für | | NutzenKostenermittlung |
	für Nutzen	für Kosten	
IT-Services	IT-Kunden	IT	Umlage oder Stückrechnung
IT-Projekte für andere	IT-Kunden	IT	Stückrechnung
IT-Prozesse	IT	IT	Umlage
IT-Infrastruktur	IT	IT	Umlage
Innovation & Organisationsentwicklung	alle	alle	vermutlich selten exakt möglich

Vom Standpunkt der „Hoheit" über die Bestimmung des Nutzenbeitrags der IT betrachtet, ist die Frage, ob es einen Nutzen der IT jenseits der Betriebsziele gibt, klar zu beantworten: Nein, da der Betrieb den Nutzen der IT erkennen und messen muss.

4.5.3   IT Kosten- und Leistungsrechnung

Übersicht
Der größte „paketierte" Bausteinkasten des IT-Controllings ist die IT-Kosten- und Leistungsrechnung der IT (IT-KLR). Sie ist meist ein in die betriebsweite IT-Kosten- und Leistungsrechnung integriertes Verfahren.

Definition KLR

Definition IT-Kosten- und Leistungsrechnung (KLR)
IT-Kosten- und Leistungsrechnung (KLR) ist ein systematisches und dauerhaft angelegtes Verfahren, das – je nach Ausbaustufe – der Berechnung von Gesamtkosten des IT-Bereichs sowie der Kosten einzelner IT-Leistungen dient. Hiermit ermöglicht die KLR auch eine periodische Verrechnung von IT-Leistungen zu den IT-nutzenden (Kunden-) Bereichen, Berechnung von Stückkosten für IT-Prozesse sowie IT-Projekte oder/und IT-Services. Die KLR ist das zentrale Werkzeug, um Ergebnisberichte für Cost- oder Profitcenter zu erstellen.

---

[167] Vgl. ähnlich Murnleitner & Schürlein, 2008, S. 176

Die Kosten-/Leistungsrechnung verwendet die betriebswirtschaftliche Definition von Kosten und Leistungen.

> **Definition Kosten und Leistungen**
> Unter dem Begriff „Kosten" werden die betriebsbedingten benötigten und in Geld messbaren jährlichen (jährlich heißt bei Anlagegütern: Abschreibungen statt Anschaffungspreisen) Werteverzehre verstanden. „Leistungen" sind die in Geld messbaren Verrechnungsbeträge für die Wertschöpfungsanteile der IT bei IT-Services, z. B. Verfügbarkeitszeiten der IT-Anwendungen oder das Bereitstellen eines IT-Arbeitsplatzes mit Service-Desk-Betreuung.

Definition Kosten, Definition Leistungen

Die Einführung und die Nutzung einer Kosten-/Leistungsrechnung sind das Mittel der Wahl, wenn finanzielle und mengenmäßige Transparenz zu den Zielen eines IT-Bereichs gehören. Die KLR ist, je nach Art der Gestaltung, ggf. ein aufwendiges Verfahren, das der IT-Bereich nur dann aus eigenem Interesse und nötigenfalls „eigene Rechnung" betreiben sollte, wenn …

Gründe der Einführung einer KLR

- die ständige finanzielle und mengenmäßige Transparenz über aktuelle Ressourcenverbräuche und Leistungen zu den IT-Zielen gehören
- von betriebsinternen Kunden und Geldgebern periodisch der Nachweis für die Verwendung der IT-Ressourcen gefordert wird und dieser Ressourceneinsatz von Periode zu Periode möglicherweise erhebliche Unterschiede aufweist. Wenn diese Unterschiede durch den IT-Bereich selbst beeinflussbar sind und die gezielte Steuerung „spitze", periodische Daten benötigt, braucht man i.d.R. eine KLR. Alternativ zu einer dauerhaft betriebenen KLR können einmalig erhobene einzelne Kennzahlen genügen
- Preise oder „gerechte" und aktuelle Verrechnungskostensätze für IT-Leistungen benötigt werden. Hierzu sind Herstellkosten, Selbstkosten oder „cost-plus" Preisberechnungen zu ermitteln. Wenn diese Daten belastbar (z. B. „revisionssicher" im Sinne einer Prüfungsfestigkeit gegenüber Dritten) sein müssen und nicht einfach nur geschätzt oder „indikativ" und auf Basis von Einmal-Berechnungen ermittelt werden sollen, geht kein Weg an einer für diese Zwecke geeigneten KLR vorbei
- die IT-Leitung und untergeordnete Ressourcenverantwortliche tatsächlichen Spielraum für die effizientere Verwendung von IT-Ressourcen haben und diesen Spielraum gezielt nutzen und Effekte der Nutzung nachweisen sollen. Die Darstellung genau dieser Bereiche mit Einflussmöglichkeiten sollte besonders differenziert und praxisgerecht erfolgen, z. B. durch geeignete Bildung von Zeitaufschreibungskategorien und Nachweis differenzierter (Einkaufs-)Kosten und Mengen bezogener Leistungen. Die dagegen i.d.R. nicht weiter beeinflussbaren Gemeinkostenanteile kann man weglassen oder informatorisch als einen einzigen Kostenwert beifügen.

Die KLR hat im voll ausgebauten Zustand die Bestandteile Kostenarten-, Kostenstellen- und Kostenträgerrechnung.

Drei Bestandteile einer KLR: Kostenarten-, Kostenstellen- und Kostenträgerrechnung

Kostenarten-rechnung: Welche IT-Kosten fallen an?	Kostenstellen-rechnung: In welchem IT-Bereich fallen welche Kosten an?	Kostenträger-rechnung: Was kosten einzelne IT-Leistungen?

Kosten-/Leistungsrechnung

Verrechnungs-Kostensätze: Mit welchen Wert wer-den IT-Leistungen innerbetrieblich verrechnet?	Cost-Center: Wird die IT nur aus Kostensicht be-trachtet? Profit Center: Sind der IT selbst direkt auch Erträge zurechenbar?	Leistungs-verrechnung: Welche Wertströme gehen in die IT, welche gehen heraus?

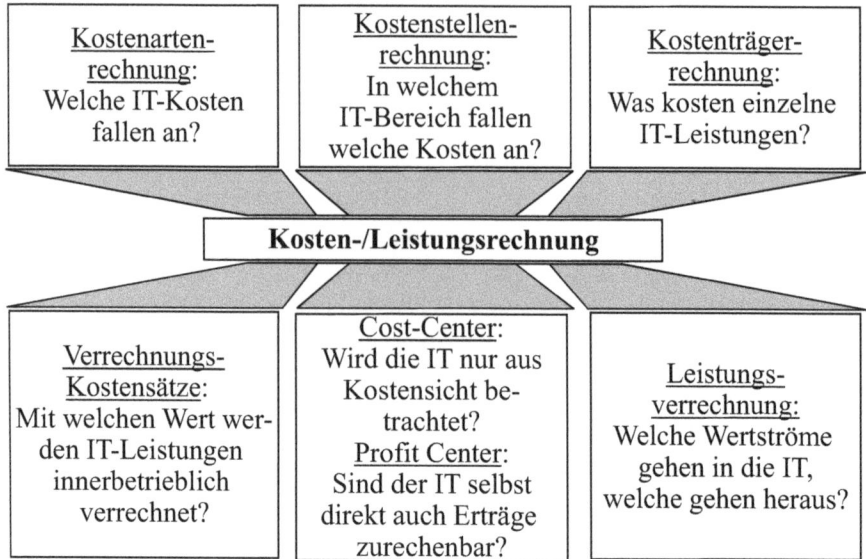

Abb. 4.48: Begriffe im Kontext der KLR in der IT

Viele Betriebe haben für die betriebsweite Steuerung durch die Betriebsleitung eine KLR und die IT-Leitung „schwimmt" hier als Nutzer einfach mit. Selbst wenn das Ziel der permanenten finanziellen Transparenz in einem IT-Bereich nicht sehr hoch priorisiert sein sollte, kann sie bei einer betriebsweit verantworteten KLR diese für eigene gelegentliche Zwecke nutzen. Auch dann macht die Beschäftigung mit den Möglichkeiten einer KLR Sinn.

In den folgenden Abschnitten werden nun die Elemente einer KLR erläutert.

Kostenartenrechnung der IT

Als Kostenartenrechnung bezeichnet man die differenzierte Darstellung der Werteverbräuche einzelner Ressourcen[168] der IT, also des Inputs.

Definition Kostenartenrechnung

(Randnotiz: Definition Kosten-artenrechnung)

Kostenartenrechnung ist die Aufschlüsselung aller Kosten danach, für WAS sie anfallen. Bezugsobjekte sind hier die, teilweise tief aufgeschlüsselten, Produktionsfaktoren Arbeit (Personal, interne und externe), Betriebsmittel (Hard- und Software, Bauten usw.) und Verbrauchsstoffe. Ergänzend können kalkulatorische Kosten für die Kapitelbindung und Wagnisse hinzukommen.

Die Kostenartenrechnung ist die zwingend notwendige Datenbasis für alle eventuell nachfolgend eingesetzten Verfahren:

---

[168] Falls man die Kosten von Prozessen betrachten will, benötigt man eine Prozesskostenrechnung, Prozesse werden aber nicht als „Kostenart" bezeichnet

- Kostenstellenrechnung (Standardberichte)
- Kostenträgerrechnung zur Betrachtung des Outputs und außerdem „Futter" für darüber hinaus entwickelte Fragen, die auf Basis der mit Hilfe der Kostenträgerrechnung ermittelten Herstell(ungs-)kosten (z. B. Verrechnungskostensätze oder Preisanteile) rechnen. Standard- und ad-hoc-Berichte
- Kostenartenrechnung liefert Vergleichsdaten für Vorteilhaftigkeitsrechnungen
- Kennzahlen für die dauerhafte Beobachtung der IT oder für, auf Einzelfälle bezogene, ad-hoc-Berichte.

Außerdem liefert sie eventuell für ad hoc-Berichte interessante Basis- und Vergleichsdaten, wie z. B. Kostenwerte für Vorteilhaftigkeitsrechnungen zur Entscheidung über einzelne IT-Investitionen oder Desinvestitionen (vgl. Abschnitt 4.5.5). Eine Kostenartenrechnung wird daher in vielen IT-Betrieben auch dann benötigt, wenn gar nicht unbedingt die Absicht besteht, eine weitergehende KLR einzurichten. Die nach Verbreitung und Höhe wichtigsten, typischen IT-Kostenarten sind in der nachfolgenden Tabelle aufgelistet[169].

Tab. 4.24: Typische Kostenarten einer IT

Nr.	Kostenart	Datenherkunft
1	• Lohn-/Gehaltskosten • Lohnnebenkosten • Bezüge (Personalkostensätze)	Personalbuchhaltung Internes Rechnungswesen
2	Abschreibungen auf mehrperiodisch nutzbare Hardware: Client – Geräte inkl. Drucker • Rechenzentrums-Hardware mit Racks, Servern, Klima usw. • Netze • Notstromaggregate, usw. • ggf. Baulichkeiten	• Externes Rechnungswesen • Internes Rechnungswesen • Anlagenbuchhaltung • Geräteinventar
3	• Softwarekosten (Lizenz, Wartung, Abschreibung, Kauf)	• Externes Rechnungswesen • Anlagenbuchhaltung
4	Verbrauchsgüter: • Strom, Wasser, Leitungskosten • Toner, Tinte usw. • Geschäftsbedarf (Papier, usw.) • Datenträger (USB-Sticks, …)	• Externes Rechnungswesen • Leistungsverrechnung von anderen Kostenstellen des Betriebes
5	bezogene Dienstleistungen: • Wartung, Instandhaltung • Beratungsleistungen • Erstellungsleistungen (Programmieren) • Training • Auditierung, Zertifizierung usw.	• Externes Rechnungswesen

---

[169] Vgl. alternative Darstellungen in Crameri, 2010, S. 71

Fragen über die
IT-Kostenarten

Neben der selbstverständlich anmutenden Aufteilung der Kostenarten nach dem Gegenstand der Kostenentstehung gibt es vielfältige weitere Gesichtspunkte für sinnvolle Fragen an die IT-Kostenarten. Diese sind:

- Woher stammen die Kosten(informationen)? Handelt es sich um Kosten, die betragsgleich mit Rechnungen Externer sind oder/und sind sie durch Leistungsverrechnung interner Quellen mit mehreren „Beimischungen" entstanden? Wie sind die Kosten erfasst und zur IT weitergeleitet worden?
- Welchen Zeitbezug haben die Kosten? Sind es „echt" angefallene IST-Kosten, geplante Kosten, um Ausnahmeeffekte bereinigte „geglättete" Kosten oder SOLL-Kosten (kombiniert aus bisher angefallenen IST-Kosten zusammen mit dem Rest-Anteil von Plankosten)?
- Auf welche Gegenstände oder Leistungen beziehen sich die Kosten? Welches Objekt (Produkt oder Bereich) wird belastet?
- Wie ist die Beschäftigungsabhängigkeit der Kosten? Wächst eine Kostenart mit wachsender Auslastung der IT oder bleiben die Kosten – innerhalb bestimmter Bandbreiten der Veränderung der ihnen zugrunde liegenden Ereignisse – unverändert (fix) auf gleichbleibendem Niveau? Wie lautet die Kostenfunktion?

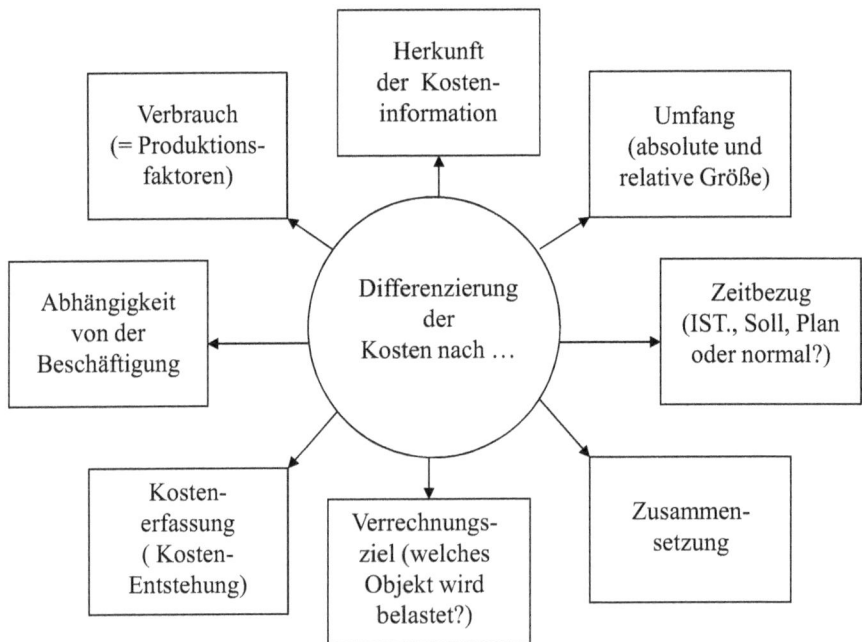

Abb. 4.49: Fragen an einzelne IT-Kostenarten[170]

---

[170] Ähnlich Jossè, 2008, S. 26

- Wer trägt die Kosten letztlich? Bleiben sie bei der IT „hängen" oder gibt es andere Instanzen, zu denen man sie „durchreichen" kann/darf/muss?
- Zeitbezug: Handelt es sich um schon entstandene Kosten (Ist-Kosten), zukünftig sicher erwartete oder nur unter bestimmten Auslastungsgraden kommende (Soll-) Kosten, für Zwecke der Budgetfestlegung des Haushalts ermittelte (Plan-) Kosten oder für kalkulatorische Zwecke „geglättete", von Zufällen des echten Lebens bereinigte „Normal"-Kosten?
- Wie setzen sich die Gesamtkosten zusammen? Welche Kostenarten gehen mit welchen Anteilen ein?

Die reine Kosteninformation liefert im Vergleich verschiedener Produkte/Leistungen nur bei exakt gleicher Qualität wirklich belastbare Informationen. Daher ist ein einfacher Kostenvergleich nur bei Standard-Waren, Standard-Services oder bei genauer Aufschlüsselung der Qualitätsmerkmale sinnvoll. Die bloße Detail-Aufschlüsselung und sinnvolle Gruppenbildung von Kostenarten kann schon tiefere Einblicke in die Betriebswirtschaft einer IT gewähren: Die nachfolgende Abbildung 4.50 zeigt eine Gliederung, in der die IT-Kostenanteile gemäß folgender Kategorien aufgeschlüsselt wurden:

Kosteninformation ist nur bezogen auf Qualität vergleichbar

- Personalwachstums- oder Neuvorhaben-bedingte Erweiterungsinvestitionen versus bloße Ersatz- und Erhaltungsinvestitionen
- IT-Grundbetrieb mit Daueraufgaben versus einmalige Projektarbeiten, z. B. an Neuvorhaben
- Neuvorhaben unterschieden danach, ob sie einen zwingenden Anlass von außen hatten oder Vorhaben aus eigenem Antrieb der IT sind
- Kostenanteile von neuen Anwendungen, den IT-Bedarf durch Zunahme der Zahl von IT-Nutzern (neue Mitarbeiter).

Der Erkenntniswert solcher Aufstellungen lässt sich durch betriebsindividuelle Kategorienbildung steuern. Überraschend war für die Adressaten der in Abbildung 4.50 dargestellten Informationen, dass der größte Anteil der IT-Kosten eigentlich „Grundbetrieb" ist (ca. 76%). Und bei den Projekten waren die meisten Kosten für von außen angestoßene Vorhaben.

Neben der Kostenartengliederung mit dem Vergleich der Kostenartenblöcke sind auch folgende Vergleiche für strategische Fragestellungen von Interesse:

Viele kostenartenbezogene Informationen können interessant sein

- Wie hoch sind die Lebenszyklus-Kosten bestimmter Anschaffungen, z. B. von Software, einem zu wartenden Server usw.?
- Wie ist die vermutliche Preisentwicklung einzelner Kostenarten? Nehmen die Personalkosten schneller zu als die Sachkosten?
- Wie groß ist der Unterschied zwischen den leistungsbezogenen Stückkostenanteilen interner Mitarbeiter versus den Kosten externer Dienstleister bzw. zwischen selbst erstellten Leistungen oder von Dritten gekauften („make or buy"-Entscheidungen)?
- Wie ist der Verlauf von Kosten für bestimmte Leistungen, wenn man die Leistungsmenge oder die Art des Preismodells verändert, z. B. für Software-Lizenzen?

inhaltliche Kategorie	lfd. Nr. Maß-nahme ID-Nr.	Ersatz-/Erhaltungsinvestition Hard-ware %-Anteil	Betrag	Wartung / Lizenzen %-Anteil	Betrag	Erweiterungsinvestition neue Mitarbeiter Hard-ware %-Anteil	Betrag	Lizen-zen %-Anteil	Betrag	neue Anwendungen Hard-ware %-Anteil	Betrag	Lizen-zen %-Anteil	Betrag	Dienstleistungen %-Anteil	Betrag
Grundbetrieb		76,39													
Office-Anwendungen	1	28,09													
Dokumentenmanage-ment	2	6,02													
Internet/Intranet	3														
Server und Netze	4	63,55													
Datensicherheit	5	2,13													
Mobilgeräte	6														
derzeit unentmischbar	7	0,21													
neue Fachprojekte		23,61													
extern (gesetzlich oder anders)	8	89,49													
freiwillig	9	10,51													
"Reste"	10														

Betriebsindividuelle Kostenkategorien

Abb. 4.50: Bsp. Kostenartengliederung IT-Sachkosten[171]

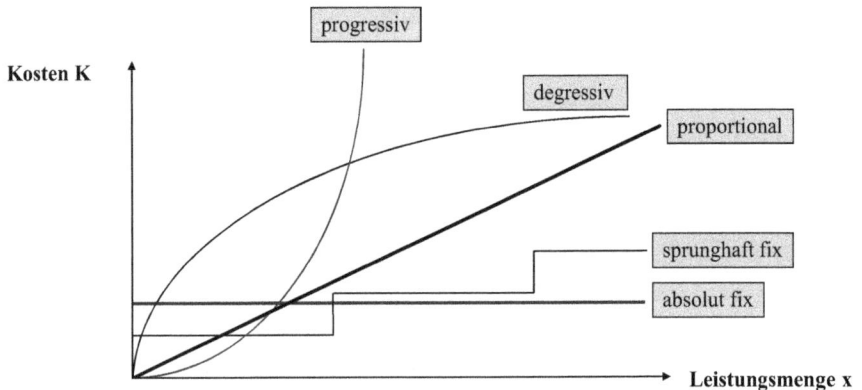

Abb. 4.51: Typische Kostenverläufe

Formen typischer Kostenverläufe

Typische Kostenverläufe von IT-Kostenarten sind …

- degressiv: Lizenzkosten sind, wenn man mit aktivem Lizenzmanagement auch den Wechsel der Lizenzmodelle bei Mengenwachstum einbezieht, meist degressiv (meist wohl „sprung-degressiv")
- proportional: Kosten, die sich im gleichen Verhältnis, d.h. „1 : 1", wie der Verbrauch verändern: Personalkosten sind im Bereich der Normalarbeitszeit

---

[171] Enthaltene Zahlenwerte fiktiv, Tabelle nur unvollständig gefüllt

meist proportional, d.h. die allgemeine Steigerung in der Arbeitsnachfrage führt, wenn man Überstunden außer Acht lässt, zu einer Steigerung in der Zahl der Beschäftigten oder der Beraterstunden. Dies führt, grob betrachtet, zu einem proportionalen Wachstum der Kosten je Arbeitsstunde. Gleiches gilt für Verbrauchskosten, wie z. B. Strom und andere Verbrauchsartikel, sofern der IT-Betrieb nicht eine Größenordnung hat, in der er vom Anbieter Mengenstaffelungen verlangen und damit unterproportionale Kosten erzwingen kann

- intervallfix/sprungfix sind manche Versicherungskosten, gleichermaßen manche Flat-Rate Telefontarife und Leitungskosten, Lizenzkosten mit Mengenstaffelung usw. Da manche Hardwareprodukte wie Server, Speicher, Netze usw. bei Überschreiten ihrer Kapazitätsgrenzen erweitert werden müssen, haben sie sprungfixe Kosten. Die folgende Abbildung 4.52 zeigt das am Beispiel des durch steigenden Bedarf an MIPS (million instructions per second) verursachten Ausbaus von Großrechner-Kapazitäten.

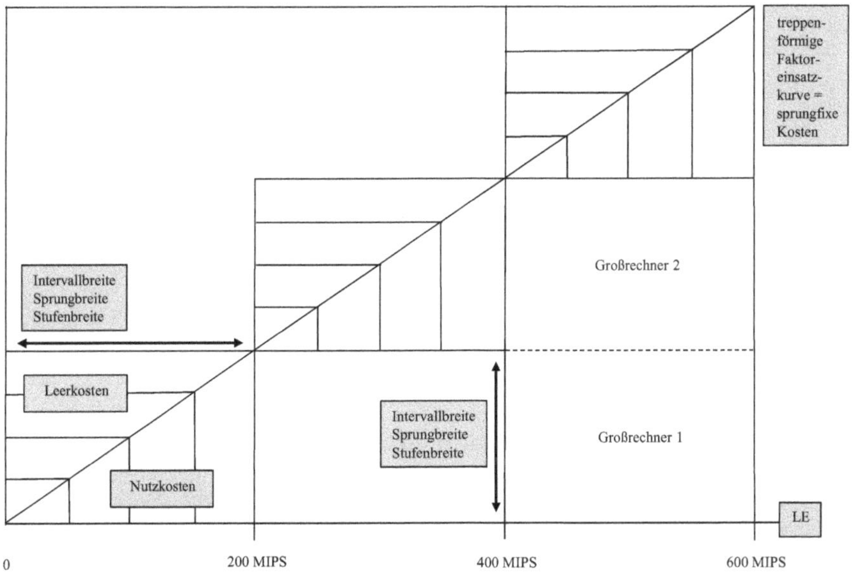

Abb. 4.52: Sprungfixe Kosten im Rechenzentrum[172]

In den anderen innerbetrieblichen Querschnittsbereichen ist die Antwort auf die Frage, welchen Verlauf die Kostenfunktionen haben, oft eher banal. In der IT gibt es jedoch einige Managementobjekte, z. B. die Lizenzkosten für Software, die sich je nach Hersteller, Lizenzmodell, Niveau der Verbrauchsmenge, usw. mal so und mal anders verhalten können. Hier lohnen sich einerseits ein

Im IT-Bereich einige interessante, nicht-banale Kostenverläufe

---

[172] Gadatsch & Mayer, 2006, S. 321

besonderes Hinschauen auf die extern gegebene Preis- bzw. Kostensituation und andererseits eine bewusste Nutzung von eigenen IT-architektonischen Gestaltungsoptionen, um die Wirtschaftlichkeit innerhalb vorhersehbarer Bandbreiten der Menge in Anspruch genommener Ressourcen oder Leistungen zu optimieren.

Die nachfolgende Tabelle 4.25 zeigt die typische Verlaufscharakteristik ausgewählter Kostenartengruppen in der IT.

Tab. 4.25: Typische Kostenverläufe bei Kostenartengruppen

Kostenarten	Veränderung
Hardwarestruktur	Wie skaliert die IT-Hardware bei Änderungen der Last, z. B. einem starken Ansteigen der Datenmenge: Ist noch Reserve innerhalb der Fixkosten vorhanden, sind Erweiterungen relativ einfach und billig zu haben („unterproportionale Kosten")? Reagieren die IT-Kosten bei Leistungszunahme proportional oder ächzt die Infrastruktur schon unter der Last und müsste grundsätzlich erneuert werden (zeitweise überproportionale Kosten oder „Sprung" bei sprungfixen Kosten)?
Lizenzkosten	Je nach Anbieter, Produkt und Verbrauchsverhalten alle Kostenfunktionen denkbar: Fix (Betriebslizenz), sprungfix, proportional (volumen-, lastbezogen), etc.
Personalkosten	Kosten steigen angenähert proportional (kleine Ausnahme: Bei Zahlung von Überstundengeld)
Verbrauchsmaterial	Proportional. Bei Technikwechsel oder Änderung organisatorischer Anweisungen sind „Sprünge" in der Verbrauchsfunktion denkbar

Typische Fragen an die Kostenarten

Die Analyse der Kostenarten selbst bietet schon erste Erkenntnisse über die Verbrauchsstruktur, über Kostentreiber oder Vermutungen über die Wirtschaftlichkeit des Ressourcenmanagements. Typische Fragen sind:

• Generell: Was sind die größten Kostenblöcke in dem IT-Bereich? Ein Beispiel: Üblicherweise ist der Anteil der Personalkosten an den Gesamtkosten besonders groß, wenn die IT nur wenig mehr als einfache Büro-Anwendungen bietet. Wenn Fachverfahren und ein großer Rechenzentrums-Betrieb dazukommen, erreichen die Sachkosten auch leicht das Niveau der Personalkosten (externe und interne Personalzeiten) oder übersteigen es. Innerhalb der Sachkosten haben oft die Wartungskosten einen sehr großen Anteil, bei Entwicklungsarbeiten oft auch externe Dienste

• Welches sind die am meisten mit Mengenänderungen (Zahl Nutzer, Servicezeiten usw.) veränderlichen, progressiven oder degressiven, Kosten?

• Welche Kosten lassen sich am ehesten – mit oder ohne Veränderung der Qualitätsansprüche – günstig beeinflussen, welche sind wenig bis gar nicht durch das Management veränderbar?

• Welche Informationen gehen von vorhersehbaren Kostenverläufen aus, um den optimalen Ersatzzeitpunkt zu ermitteln?

- Speziell: Wie groß sind internen und externen Personalkosten, absolut und im Verhältnis zu den IT-Gesamtkosten („Personalkostenquote")? Wie hoch ist der Anteil Externer an den Kosten für Personal („Fremdleistungsquote")? Die Zeiten sind vorbei, in denen die meisten IT-Bereiche eine Fertigungstiefe von 100% hatten und externe Dienstleistungen höchstens in der Peripherie (z. B. Wartung der Kopierer) bezogen
- Speziell: Wie teuer ist der Bezug von Hardware und Lizenzen? Wie unterscheidet sich, bei einer geplanten Anschaffung, der Eigentumserwerb (Kauf, Mietkauf) von einem Leasing-Modell?
- Wie teuer sind Verbrauchsgüter wie Strom, Kommunikation über Netze von Providern, Toner/Tinte und anderes Büro- und Verbrauchsmaterial?

Eine andere systematische Sicht auf Fragen bzgl. der IT-Kosten ist in der nachfolgenden 4.53 dargestellt. Die Kostenartenrechnung beantwortet nicht nur die Frage nach dem „für was" (Kostenart), sondern könnte auch zur Aggregation von Kosten je Erbringer benutzt werden (Frage: Von wem? Wieviel Umsatz hat Lieferant xy im letzten Jahr mit dem IT-Bereich gemacht?) oder anteilig Daten für IST-Kosten basierte Planungsrechnungen liefern.

Kostenarten gegliedert nach Zeitbezug, Zweck und Erbringer

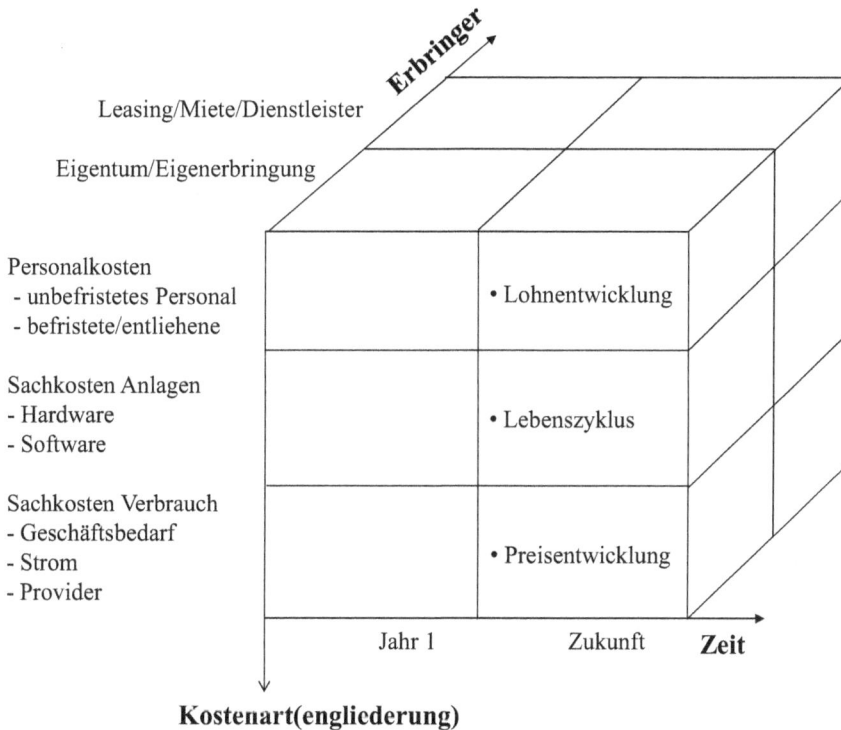

Abb. 4.53: Dimensionen der Kostenarten in der IT

Kostenstellenrechnung

Die Kostenstellenrechnung ist das innerbetriebliche Pendant zu der betrieblichen Gewinn- und Verlustrechnung des externen Rechnungswesens:

Definition Kostenstellenrechnung

Definition IT-Kostenstellenrechnung

Die Kostenstellenrechnung ist ein Rechenverfahren, das den Ort der Kostenentstehung unterhalb der Ebene „Betrieb als Ganzes" untersucht. Üblich ist, dass sich die Kostenstellenrechnung die Sparten, Abteilungen, Referate usw. als Berichtsobjekt „Kostenstelle" aussucht und bestmöglich versucht, ein- und ausgehende Ströme von in Geld bewerteten Güter- und Dienstleistungsmengen aufzuschlüsseln und im „Kostenstellenbericht" zu zeigen.

Zweck der Kostenstellenrechnung

Zweck der Kostenstellenrechnung ist es, die IT-Gemeinkosten zu sammeln und die Arbeit im IT-Bereich so in Leistungskategorien zu fassen, dass sie für die verursachungsgerechte Zurechnung von Herstell(ungs)kosten einzelner Leistungseinheiten herangezogen werden können. Die Einführung und die dauerhafte Verwendung einer KLR schaffen also letztlich …

- für den „IT-Bereich" die Möglichkeit zur periodisch wiederkehrenden Ermittlung von Gesamtkosten
- die Voraussetzung für das Ermitteln von IT-Stückkosten und damit für das Berechnen kostendeckender Verrechnungskostensätze und Preise
- ganz allgemein eine gute Datenbasis für detaillierte Kostenanalysen.

Die KLR schlüsselt die Gemeinkosten auf

Die systematische Einordnung der Kostenstellenrechnung zwischen Kostenarten- und Kostenträgerrechnung wird in der Abbildung 4.54 gezeigt. Die KLR schlüsselt die Gemeinkosten der innerbetrieblichen Verbundproduktion auf die leistungsnehmenden Bereiche auf. Hierzu sammelt sie am Ort der Entstehung („Kostenstelle") eingehende Informationen über den Input und den Output. Der Input wird in zwei getrennten Durchgängen ermittelt. Zuerst werden die sogenannten „primären" Kosten ermittelt. Das sind alle Kosten, die sofort aus der Kostenartenrechnung der Kostenstelle zugeordnet und werden können. Wenn diese Berechnung der primären Kosten verursachungsgerecht sein soll, dann setzt das Folgendes voraus:

- Der Verbrauch des IT-Bereichs an Strom, Verbrauchsmaterialien, Miete für Räumlichkeiten und liegenschaftsbezogenen Service (Reinigung, Heizung usw.) wird ermittelt (Messung oder per Umlage)
- Die von der IT bezogenen Dienstleistungen Externer (Projektmitarbeit, Wartung, Softwarebereitstellung, usw.) werden der Kostenstelle belastet
- Die anteilige Arbeitszeit von IT-Mitarbeitern für IT-Arbeiten (Projektarbeit, Service, Leitungsfunktion usw.) wird durch Zeitaufschreibung erfasst. Die Frage, was genau man per Zeitaufschreibung erfassen soll, wird durch den betriebsindividuellen Zweck der KLR beantwortet: Will man nur en bloc wissen, wieviel Kosten der gesamte IT-Bereich verbraucht, kann man die für IT-Arbeiten verwendeten Arbeitszeiten pauschal als eine einzige

Aufschreibungskategorie verwenden und eventuell die Daten sogar einfach immer mit 100% der Anwesenheitszeit der Beschäftigten füllen. Das Berechnen von Stückkosten einzelner IT-Services ist damit aber dann nicht möglich. Möchte man „spitze" Daten über einzelne Services haben, dann sollte jeder IT-Beschäftigte „spitz" aufschreiben, für welchen Service er wie lange gearbeitet hat[173]. Gleiches gilt für Projekte oder IT-Maßnahmen. Wenn die IT-Leistungsverrechnung den IT-Kunden anteilige Verbräuche belasten soll, dann müssen die Beschäftigten die kundenbezogenen Zeiten erfassen. Als letzte Möglichkeit verbleibt noch die Aufschreibung auf die IT-Arbeitsprozesse, wenn diese der Kostenträger sein sollen

- Die anlagenbezogenen Kosten werden als Abschreibung, nicht mit dem Kaufpreis, der Kostenstelle belastet
- Ggf. werden kalkulatorische Kosten, z. B. für das durchschnittlich im Anlagevermögen der IT gebundene Kapital der Kostenstelle belastet.

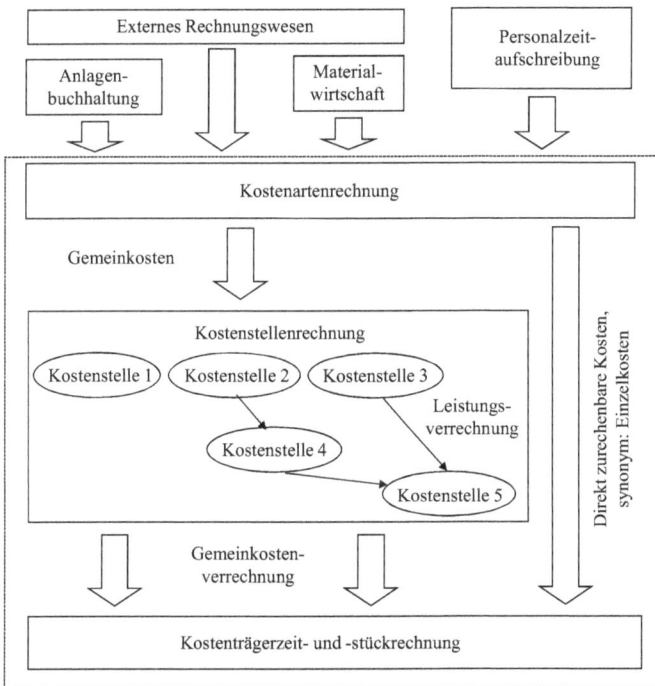

Abb. 4.54: Systematische Einordnung der Kostenstellenrechnung[174]

---

[173] Außer dann, wenn er ausschließlich für einen Service arbeitet. Dann kann man wieder 100% seiner tatsächlichen Arbeitszeit pauschal aus der Personalbuchhaltung nehmen und ihm die Zeitaufschreibung ersparen. Gleiches gilt analog, wenn ein Beschäftigter immer zu 100% oder mit anderen festen Prozentanteilen nur für ein Projekt/eine Maßnahme, einen Kunden oder einen IT-Prozess arbeitet

[174] Verändert n. Heuermann & Tomenendal, 2011, S. 259

- Eine nicht ganz triviale Frage ist es, wie man mit selbsterstellter Software und anderen ggf. aktivierungsfähigen Eigenleistungen umgeht. „Gerecht" wäre es ja eigentlich, die Kosten langlebiger Eigenleistungen analog zu den Anschaffungspreisen von extern eingekauften Gütern über den Zeitraum der voraussichtlichen Nutzung, d.h. mehrere Jahre, abzuschreiben. Leider ist dies im externen Rechnungswesen nicht immer zulässig. Wenn man es dennoch für innerbetriebliche möchte, gibt es eine gewollte Diskrepanz zwischen der Darstellung im externen und im internen Rechnungswesen.

Primäre und sekundäre
Kostenstellenkosten

Wenn alle Kosten der Ressourcenbereitstellung ermittelt sind können in einem ersten Durchgang die „primären" Kostenstellenkosten aller Kostenstellen berechnet werden. Danach fehlen noch diejenigen Kosten, die eine Kostenstelle durch Beziehen der Leistung anderer vorgelagerter Kostenstellen verursacht. In einem zweiten Verrechnungsgang werden diese „sekundären" Kosten ermittelt und belastet. Dieser zweite Verrechnungsgang heißt „Leistungsverrechnung" und zeigt die Wertströme der innerbetrieblichen Leistungsverflechtung.

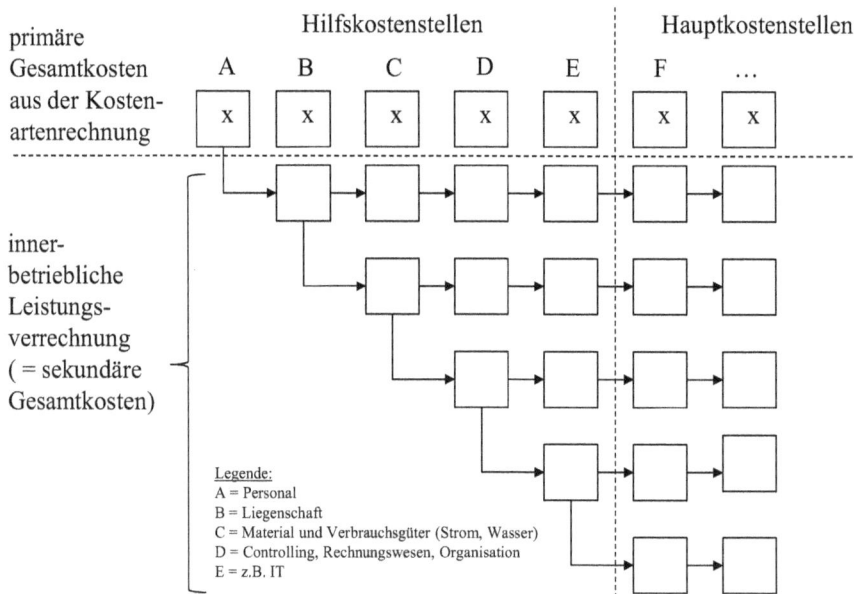

Abb. 4.55: Prinzip Leistungsverrechnung[175]

Leistungsverrechnung
zwischen Hilfs- und
Hauptkostenstellen

Diese Leistungsverrechnung findet zwischen Hilfs- und Hauptkostenstellen statt. Hauptkostenstellen geben endgültig Leistung an Außenstehende ab, erstellen also das betriebliche Endprodukt. Ihre Kosten geben sie nicht an weitere Kostenstellen

---

[175] Jossè, 2008, S. 89

ab, sondern nur an das als „Kostenträger" behandelte kundenseitige End-Produkt der betrieblichen Leistungserstellung. Hilfskostenstellen dagegen – dazu zählen alle Querschnittsbereiche – sind ausschließlich für innerbetrieblich verbleibende Leistungen da. In diesem Sinne ist ein inhouse-IT-Bereich eine „Hilfskostenstelle". Diese Einschätzung wird auch nicht dadurch geändert, dass evtl. Außenstehende auf eine durch die IT-bereitgestellte Leistung, z. B. eine Homepage des Betriebs, zugreifen können. „Bezahlkunde" ist hier der innerbetriebliche IT-Kunde, der die Homepage haben wollte.

Da es keine verbindlich vorgeschriebene Form innerbetrieblicher Controlling-werkzeuge gibt, ist der Betrieb bei der Gestaltung der Kostenstellenrechnung völlig frei, dieses Werkzeug auf seine Bedürfnisse hin zuzuschneiden. Ziel des IT-Bereichs sollte es sein, möglichst „punktgenau" die für den IT-Bereich steuerungsrelevanten Daten aufzuzeigen. Hierbei kann die Kostenstellenrechnung folgende Gesichtspunkte berücksichtigen:

Betriebe sind frei in der Gestaltung ihres IT-Controllings

- Welche der Betragsgröße nach erheblichen Kosten(arten) kann der Leiter einer Kostenstelle (Abteilung, Bereich, Sparte, Referat) wirklich, mit von Jahr zu Jahr unterschiedlichem Ergebnis, maßgeblich beeinflussen? Wenn er Einfluss auf die zu erbringenden IT-Services sowohl nach Art und Qualität hat, dann sind vermutlich der Personaleinsatz und damit die Personalkosten je Leistungseinheit hier an vorderer Stelle zu nennen, evtl. auch die Inanspruchnahme anderer Ressourcen wie „ausgeliehene/verliehene" Mitarbeiter, externe Dienstleister usw. Die infrastrukturbezogenen Kosten sind natürlich in der Summe interessant zu wissen, ändern sich aber i.d.R. nicht von Monat zu Monat und sind vermutlich in den meisten Fällen eher im längerfristigen Vergleich als von Periode zu Periode interessant. Materialkosten (Lizenzkosten, bezogene Hardware und Verbrauchsgüter) sowie bezogene Dienstleistungen sind meist in erheblichem Umfang zu beeinflussen, selbst wenn wenig Einfluss auf die verlangten IT-Services besteht
- Für welche Art von Ergebnissen macht man den Kostenstellenleiter verantwortlich? Kostenhöhe? Effiziente Auslastung? Leistungsmenge?
- Wie genau benötigt eine der Kostenstellenrechnung nachgelagerte Kostenträgerrechnung die Kostendarstellung?

Kostenträgerrechnung

Die Kostenträgerrechnung ermittelt Stückkosten für die IT-Services. Der Terminus Technicus für das Objekt der Kostenzurechnung ist „Kostenträger".

Definition IT-Kostenträger(rechnung)

Definition Kostenträger

Kostenträger sind Objekte, deren Einzel-Herstell(ungs-)kosten ermittelt werden sollen. Im IT-Bereich gibt es zwei Arten von Kostenträgern: (1) Die einzelnen IT-Leistungen (aus Kundensicht: IT-Services), für die im Rahmen der Kostenträger-Stückrechnung Einzelkosten je Stück bzw. Messeinheit (z. B. Dienststunde) berechnet werden. (2) Den IT-Bereich oder seine Untergliederungen als Ganzes, für die über eine längere Zeit – meist das Kalenderjahr – die Herstell(ungs-)kosten berechnet werden. Hier spricht man von Kostenträgerzeitrechnung.

Die Kostenträgerrechnung ist das zentrale Rechenwerkzeug für die Vorbereitung von Preiskalkulationen oder Analysen von Stückkosten. Stückkosten kann man als Herstellokosten oder als Selbstkosten ausdrücken:

Definition Herstell(ungs-)kosten

„Herstellkosten" sind ein Begriff des internen Rechnungswesens und bezeichnen diejenigen Kosten, die ausschließlich für eine Einheit des Produkts (Stück, Zeit, usw.) anfallen. Hierzu gehören die Einzel- und Gemeinkostenkosten für das eingehende Material und die Fertigung sowie Sondereinzelkosten der Fertigung. Kalkulatorische Kostenanteile wie z. B. kalkulatorische Zinsen dürfen hier eingehen. Anders dagegen beim Begriff „Herstellungskosten". Er ist ein Begriff des gesetzlich normierten externen Rechnungswesens. In ihn dürfen keine kalkulatorischen Kostenarten eingehen, dafür aber anteilige Verwaltungskosten.

Definition Selbstkosten

„Selbstkosten" sind ein Begriff des internen Rechnungswesens, der die Herstellkosten einschließt und darüber hinaus dem „Stück" anteilige Gemeinkosten der Fertigung und der Verwaltung zuschlägt. Dieser Zuschlag kann pauschal als Prozentsatz erfolgen.

Herstell(ungs-) und Selbstkosten kann man für folgende Objekte berechnen:

- IT-Services, d.h. nutzerrelevante Leistungspakete, wie z. B. die Bereitstellung eines Standard-IT-Arbeitsplatzes. Oft wäre es wünschenswert, die Services als Kostenträger zu verstehen und hier „spitze" Kosten zu berechnen. Die Kosten selbst erstellter Services sind für „make or buy"-Entscheidungen wichtige Ausgangsinformationen. Ob man für diese Frage allein eine dauerhafte Aufschreibung in der KLR benötigt oder ad-hoc-Analysen effizienter wären, ist zu fragen. Die Erfassung von Zeitanteilen der Beschäftigten für einzelne Services ist i.d.R. wegen der hohen Verbundproduktion in der IT nur schwer möglich (diese Aussage gilt nicht für Projekte). Die Beschäftigten der IT arbeiten oft nicht für ein „Stück" IT-Service, sondern sind in ein oder mehreren Arbeitsabläufen mit mehreren verschiedenen Serviceprodukten unterwegs. Daher sind den Services Kosten meist nicht „spitz", sondern nur per Schlüsselung oder Umlage zuzurechnen. Manchmal würde theoretisch eine feinteilige Zeitaufschreibung verursachungsgerechte Kostenanteile ermitteln helfen, aber auch die Zeit für die Zeitaufschreibung kostet Geld. Zu hoher Aufwand für die Zeitaufschreibung verleitet die Beschäftigten auch zu ungenauer Aufschreibung und vermindert die Akzeptanz der Zeiterfassung überhaupt, so dass sie meist

Definition Herstellkosten und Herstellungskosten

Definition Selbstkosten

Objekte für die Stück-kostenrechnung

höchstens für kurze Zeit, z. B. um Daten für die Untersuchung einer Test-
stellung zu erhalten, nicht aber auch Dauer praktikabel ist

- IT-Projekte. Diese kann man auch als „Aufträge" bezeichnen, wiewohl
  klassische Aufträge i.d.R. kleinere und gewöhnlichere Vorhaben sind als
  Projekte. Da keiner dieser Begriffe betriebsübergreifend festgelegt ist, sind
  die Grenzen fließend. Die Aufschreibung von projektbezogenen Kosten
  fällt leicht, wenn es sich um größere Vorhaben handelt und die Beschäftigten den Projekten überwiegend oder ausschließlich zugeordnet sind
- IT-Prozesse. Sofern standardisierte Prozesse, z. B. ITIL, eingeführt sind,
  bietet sich dieser Kostenträger an. Die Zeitaufschreibung fällt den Beschäftigten i.d.R. leicht, da sie nur einem oder wenigen Prozessen zugeordnet
  sind. Viele Sachkostenarten lassen sich „spitz", andere jedoch nur durch
  Schlüsselung (nach Verbrauchsindikatoren, z. B. Prozessor-Zeitanteile,
  Kopfzahl IT-Nutzer) oder Umlagen (meist feste Prozentsätze), auf Kostenträger zurechnen. Stückkosten kann man dann berechnen, wenn Prozesse in
  einem 1:1-Verhältnis oder einem anderen festen Schlüssel zu zählbaren
  Mengen stehen.

Aus dem Gesagten ergibt sich, dass die Gestaltung der IT-Kostenträgerrech-
nung oft das Ergebnis eines Kompromisses verschiedener Auswertungsinte-
ressen ist. Es lassen sich grob folgende Empfehlungen geben:

Empfehlungen für Kostenträgerrechnung

- Zeitaufschreibungen der Beschäftigten in der IT müssen (a) entweder auf
  IT-Prozessen bzw. – was ähnlich wäre – auf Rollen oder (b) auf Services/
  IT-Maßnahmen/IT-Projekten erfolgen können. Nur so lassen sich die Wel-
  ten der Sachkosten von IT-Maßnahmen und der Personalkosten in einer
  Gesamtkostenbetrachtung zusammenbringen
- Ideal ist es, wenn beides gleichzeitig – die zweite Buchung als „statistische
  Mitbuchung" – bebucht werden könnte. Dies würde sowohl die Ermittlung
  von Herstellkosten wie auch die funktionale interne Auslastung der Res-
  sourcen oder Abläufe im IT-Bereich ermöglichen.

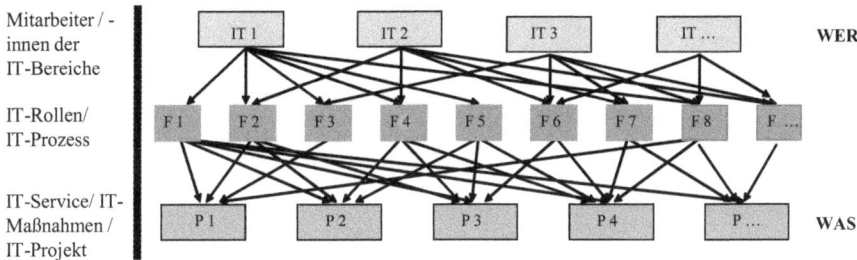

Abb. 4.56: Aufschreibung der Zeitanteile Personal je IT-Leistung

4.5.4   IT-Kennzahlen und Balanced Scorecard

Definition und allgemeine Erläuterungen

Kennzahlen sind in allen Managementthemen als Werkzeug des Controllings zu finden. Ihr Zweck ist es, besonders verdichtete Informationen zu bieten.

Definition Kennzahlen

> **Definition IT-Kennzahlen**
>
> IT-Kennzahlen sind numerische Werte, die einen Sachverhalt prägnant quantitativ beschreiben sollen. Man unterscheidet absolute und relative (Verhältnis-) Kennzahlen. Relative Kennzahlen (auch: Verhältniszahlen) sind Quotienten mit einem Zähler und einer Bezugsgröße im Nenner.

Die schon vorgestellten Informationen der Kosten-/Leistungsrechnung sind auch Kennzahlen im Sinne dieser Definition. Daneben gibt es aber weite Bereiche des IT-Geschehens, die außerhalb der Kostenwelt oder zumindest außerhalb der Welt reiner Kosten-Leistungsberachtungen stattfinden. Abbildung 4.57 zeigt eine Gliederung für alle Typen von IT-Kennzahlen.

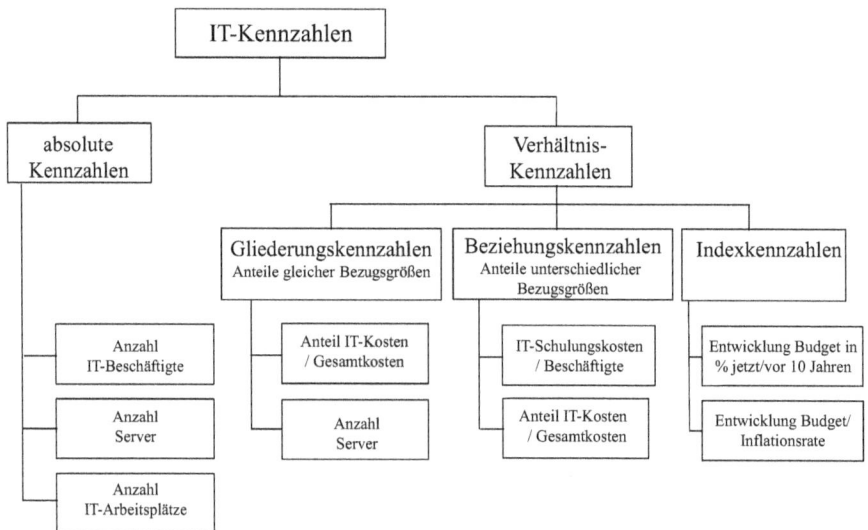

Abb. 4.57: Arten von Kennzahlen in der IT[176]

Kennzahlen sind verdichtete Managementinformationen

Kennzahlenbildung ist kein Selbstzweck, sie ist letztlich nur ein Werkzeug der besonders verdichteten Managementinformation über steuerungsbedürftige Sachverhalte. Die Tabelle 4.26 zeigt einige gebräuchliche Kennzahleninhalte je Managementobjekt.

---

[176]   Verändert aus Gadatsch & Mayer, 2006, S. 183

Tab. 4.26: IT-Managementobjekte und passende IT-Kennzahlen[177]

Objekt	mögliche Kennzahlen
Ziele	• Erreichte Ziele, Zielerreichungsgrad • Strategien und Maßnahmen: Erfolg, Umsetzungsgrad
Kunden/IT-Nutzer	• Zahl, Art und Volumen der Nachfrage • Kundensegmente, relativer Kostenaneil • Zufriedenheit, IT-Intensität, Beziehung zur Konkurrenz
Produkte[178]	• Verfügbarkeit IT-Anwendungen • Stellung im Portfolio und Wert(schöpfungs-)beitrag • Lebensdauer je Produkt, Lebenszyklus • Aufwände nach Art und Höhe • Marktanteil, Herstellkosten, SLA, Verfügbarkeit
Prozesse	• Art und Laufzeit von IT-eignene Prozessen, z. B. Bearbeitung von Incidents in ITIL-Prozessen • Art/Laufzeit der Prozesse anderer, für die IT wichtiger Querschnitts-bereiche, z. B. Dauer der Beschaffung • Stückzahl Ereignisse • Anteil der mit IT unterstützten Fachprozesse
Innovation	• Verhältnis Neuentwicklungskosten zu Wartungskosten • Durchschnittsalter Hardware der Kategorie x • Online-/Batchquote
Ressourcen	• Anteile der IT-Sachkosten am IT-Budget, Budgethöhe • Zahl der Beschäftigten • Infrastruktur, Art/Stückzahl der Hard- und Software • …

Die in der Tabelle 4.26 aufgeführten IT-Kennzahlen sind dort nur dem Inhalt nach, d.h. qualitativ, angegeben. Für die Berechnung „spitzer" Werte bedarf es bei einigen von ihnen weitergehender exakter Angaben, um sie rechenbar zu machen. Das soll an zwei alternativen Kennzahlen verdeutlicht verdeutlicht werden: Der Verfügbarkeit von IT-Anwendungen und den Anteilen von IT-Sachkosten am Gesamt-Sachkostenbudget:

Kennzahlen bedürfen einer sehr exakten Beschreibung des Rechenweges

Folgende Schritte dienen der Berechnung der Verfügbarkeit:

1. Festlegen der geplanten Verfügbarkeitszeitfenster (bei allen Verfahren z. B. von 06.00 Uhr bis 18.00 Uhr) innerhalb der Wochentage
2. Ausklammern von verfahrensspezifischen Wartungsintervallen oder Einzel-Ereignissen, die sich nicht vermeiden lassen und evtl. nicht von der einzelnen Anwendung, sondern anderen Verfahren oder dem Gesamtsystem verursacht werden (z. B. vorgeschriebene Notfallübungen mit Stromabschaltung, Systemmigrationen bei Wechsel des Betriebssystems, usw.)

---

[177] Weitere Vorschläge für Kennzahlen befinden sich im Anhang 8.1. Es gibt auch ganze Monografien mit detailliert definierten IT-Kennzahlen, z. B. Kütz, 2011

[178] Vgl. z. B. Jaeger, 2003

3. Erfassen gemeldeter Ausfallzeiten. Sofern diese in den geplanten Verfügbarkeitszeiten stattfanden, Berücksichtigung in der Ist-Verfügbarkeitszeit
4. Am Ende eines Quartils: Berechnung der Ist-Verfügbarkeit als %-Anteil von der Soll-Verfügbarkeit.

	Verfahren	Beginn	Ende	Anw 1	Anw 2	Anw 3	Anw 4	Anw 5	Anw 6	Anw 7	eMail	Office	Mittelwert / Summe
Jahr 2013	Verfügbarkeit (Soll) in %	6:00	18:00	98%	98%	98%	95%	98%	98%	98%	95%	95%	96,5%
	Verfügbarkeitszeitraum (h)			12	12	12	12	12	12	12	12	12	12
	besondere Regeln			nein	nein	nein	nein	ja	nein	nein	nein	nein	
Mai bis August	Verfügbarkeit (IST)			100,0 %	100,0 %	100,0 %	100,0 %	96,5 %	100,0 %	100,0 %	100,0 %	100,0 %	99,6 %
	Summe Ausfallereignisse			0	0	0	0	3	0	0	0	0	3
	Durchschnitt. Ausfalldauer			0	0	0	0	11,75	0	0	0	0	1,3

Abb. 4.58: Prinzipdarstellung Verfügbarkeitsmessung IT-Verfahren

Einzelne Sachkosten bezogen auf das gesamte Budget der Sachkosten

Anteil Sachkosten an Gesamt-Sachkostenbudget: Die Sachhaushaltswerte der betriebswirtschaftlichen Sicht auf die Planung lassen sich als Prozentwerte des Gesamtaufwandes ausdrücken und ergeben so einzelne Unterkennzahlen. Solche kostenarten-bezogenen Kennzahlen können die Frage auslösen, wie genau die Kostenarten abgegrenzt sind und ob nicht bestimmte Kostenarten fehlen. In der Tabelle 4.27 ist eine Gliederung der IT-Sachkosten enthalten. Aus der Benennung der Kostenarten geht nicht klar hervor, wie genau „freiwillige" und per „Vorgabe" angesteuerte Projekte bestimmt werden. Außerdem fehlen kalkulatorische Kosten für die Nutzung selbst erstellter Software, sofern diese im Einsatz sein sollte.

Tab. 4.27: Unterkennzahlen zur IT-Sachhaushaltsplanung

	PLAN	IST
%-Anteil Grundbetrieb		
%-Anteil neue IT-Verfahren		
%-Anteil Hardware (Kauf und Leasing)		
%-Anteil Kauf Software		
%-Anteil Wartung/Lizenzen		
%-Dienstleistungen		
=> Summe Verwendung-%		
%-Anteil Projekte "Vorgabe"		
%-Anteil Projekte "IT-freiwillig"		
Sachhaushalts-Ist-Plan-Quote		

Kennzahlensysteme in der IT

Ein zu besonderer Sorgfalt und damit oft auch Qualität geradezu zwingender Weg ist, das Controlling nicht durch vereinzelte Kennzahlen, sondern durch Kennzahlensysteme zu unterstützen, die sachlich aufeinander bezogen und numerisch miteinander verknüpft sind, z. B. durch Teilmengenbeziehungen oder Quotientenbildung. Bei der zuvor vorgestellten Kennzahl der Anteile einzelner Kostenarten an der Sachhaushaltsquote war dies praktisch schon der Fall. Gut gemachte Kennzahlensysteme haben den Vorteil, dass sie die bei einzelnen Kennzahlen oft noch weiten Interpretationsspielräume verengen helfen. Beispiele für weitere Kennzahlensysteme enthält die Abbildung 4.59.

Kennzahlensysteme sind oft besser interpretierbar als einzelne Kennzahlen

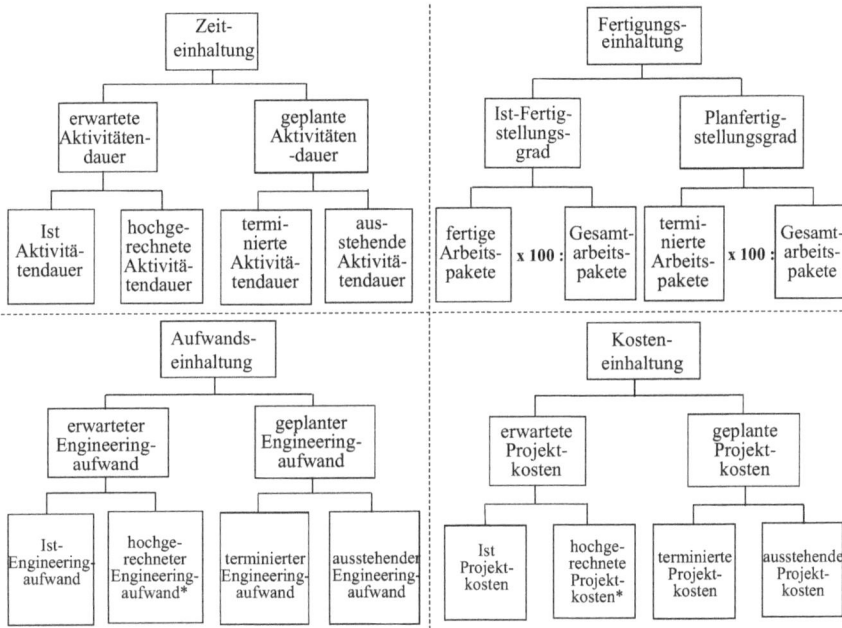

*) hochgerechneter Wert = ausstehender Wert x (Ist-Wert / terminierter Wert)

Abb. 4.59: Beispiel kleiner Kennzahlensysteme

Kennzahlensystem Balanced Scorecard der IT

Die Verwendung von Kennzahlen für die betriebliche Steuerung ist älter als die Betriebswirtschaftslehre selbst[179], denn letztlich sind alle Zahlen des schon zu Zeiten des Pyramidenbaus nachweisbaren Rechnungswesens[180] auch Kennzahlen. Sie konzentrierten sich allerdings lange Zeit weitgehend nur auf weni-

Die Verwendung von Kennzahlen zu Steuerungszwecken ist geschichtlich sehr alt

---

[179] Einrichten der ersten Universitätsprofessuren erst gegen Ende des 19. Jahrhunderts

[180] Erste Formen einer Gewinn- und Verlustrechnung gab es schon ca. 2900 vor Christus (Schweitzer & Wagener, 1998, S. 50)

ge Managementobjekte, zuvörderst das Finanzwesen. Ende des 20. Jahrhunderts kam dann die Idee auf, alle relevanten Wertschöpfungsstufen des Betriebs in eine ausgewogene, für das Management relevante Darstellung zu bringen. Diese Darstellung sollte mindestens auch die Kunden, interne Abläufe und das Personalwesen abbilden. Das mit weitem Abstand bekannteste derartige allgemeine Konzept ist die Balanced Scorecard von Kaplan & Norton[181].

Definition Balanced Scorecard

Definition IT Balanced Scorecard
Eine "balanced scorecard" (unübliche deutsche Übersetzung: ausgewogene Bewertungsmatrix) ist ein Kennzahlensystem, dass dem Grundgedanken der Abbildung aller relevanten Wertschöpfungsstufen durch geeignete und möglichst aufeinander bezogene Kennzahlen folgt.

„Balanced Scorecards" sind betriebsindividuell auf den Steuerungsbedarf zuzuschneiden, auch betriebsinterne Bereiche – wie die IT – können je für sich eine eigene Balanced Scorecard haben. Diese sehen natürlich teilweise anders aus als die branchen- und unternehmens-/behördenspezifischen Balanced Scorecards für den Gesamtbetrieb.

Eigenschaften von Balanced Scorecards

Nimmt man den Anspruch der „Erfinder" der Balanced Scorecard ernst, dann zeichnen sich diese Kennzahlensysteme durch zwei Eigenschaften aus:

1. Kennzahlen aus allen relevanten Wertschöpfungsbereichen, organisiert jeweils in Teilsystemen je Wertschöpfungsbereich. Die Standard-Balanced Scorecard hatte vier Wertschöpfungsstufen: Kunden, Finanzen, Prozesse und Beschäftigte. Die nachfolgenden Abbildungen 4.60 und 4.61 zeigt dies in einer Variante für den Bereich IT
2. Verknüpfung der Teilbereiche derart, dass die Kennzahlen auch kausale Beziehungen untereinander aufzeigen. Diese Verknüpfungen muss jeder Betrieb nach seinen individuellen Gegebenheiten finden und herstellen. Üblicherweise ist dies die Haupt-Schwierigkeit bei der Erstellung eines anspruchsvollen Kennzahlensystems.

Ergänzend mag ein anderer Grund auch für Balanced Scorecards sprechen: Einfach etwas Ordnung in die vorhandenen „Kennzahlenwolken" aus allen Bereichen des betrieblichen Innenlebens zu bringen. Es gibt kaum einen umfassenderen Ansatz als den der Wertschöpfung, damit lassen sich alle Managementobjekte erfassen und durch Kennzahlen anhand der durch die vier Perspektiven vorgegebenen groben Wertschöpfungskette beschreiben.

---

[181] Kaplan & Norton, 1997; eine sehr gute Darstellung mit vielen praktischen Hinweise findet sich in Jossè, 2005

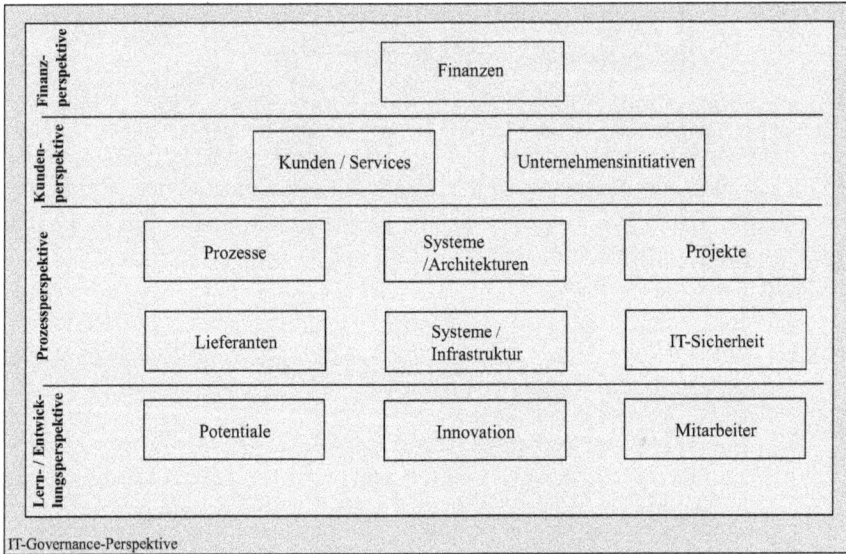

Abb. 4.60: Perspektiven einer Balanced Scorecard der IT[182]

Die in Abbildung 4.60 vorgebene grobe Balanced Scorecard lässt sich noch weiter verfeinern, ein Beispiel hierfür zeigt die nachfolgende Abbildung 4.61.

Beispiel einer verfeinerten IT-Balanced Scorecard

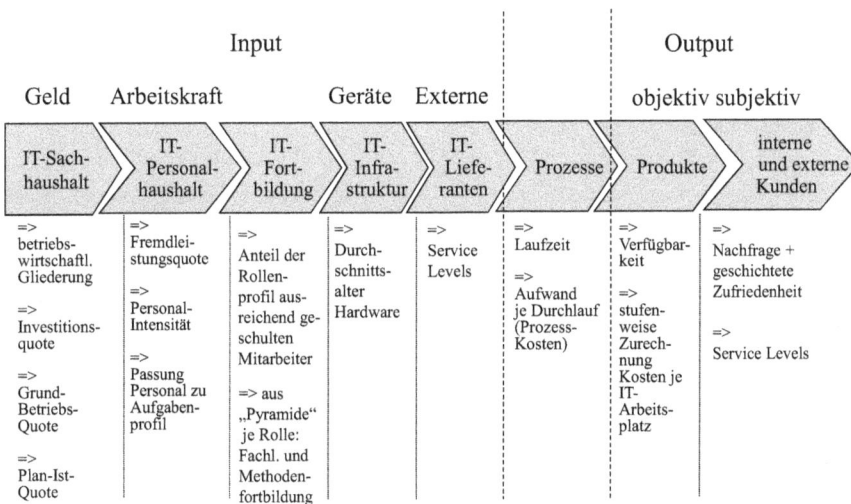

Abb. 4.61: Kennzahlen in Balanced Scorecard IT

---

[182] Aus Renninger, *2010, S. 219*

4.5.5   Wirtschaftlichkeit und Investitionsentscheidungen

Der Einsatz von Ressourcen für Zwecke des IT-Bereichs ist eine „Investition". Bei größeren Investitionen bedarf es in vielen Betrieben, auch denen des Öffentlichen Sektors, quantitativer wie qualitativer Begründungen und transparenter Entscheidungswege. Der Kern der Begründung und ein Nachweis, dass die IT-Investition mehr bringt als sie kostet und mithin „wirtschaftlich" ist. Methoden für die Wirtschaftlichkeitsberechnung sind unter den Stichworten „Investitionsrechnung", „Vorteilhaftigkeitsrechnung" oder „Wirtschaftlichkeitsbetrachtung" zu finden. Gegenstand ist das Bewerten des Saldos aus einer Gegenüberstellung von Nutzen und Kosten.

Definition Wirtschaftlichkeitsbetrachtung

> **Definition IT-Wirtschaftlichkeitsbetrachtung/IT-Investitionsrechnung**
> Strukturierte Untersuchung von IT-Investitionen auf den geldwerten quantitativen Vorteil und den qualitativen Nutzen. Betrachtet werden können vorab geplante und geschätzte Werte (Vorab-Kalkulation), aber auch „historische" Daten (Nachkalkulation).

Da es ein formales Ziel vieler IT-Bereiche ist, generell Transparenz zu schaffen und einen Beitrag für die Effizienz des Gesamtbetriebs zu leisten, sollte sich das IT-Management auch für den Einsatz anerkannter Verfahren der Ermittlung vorteilhafter Investitionen einsetzen. IT-Bereiche haben relativ häufig begründungspflichtige Investitionen, aus diesem Grunde ist es schon ein gewisses Alleinstellungsmerkmal im Vergleich zu anderen Querschnittsbereichen, generell die Fähigkeit zu professionellen Vorteilhaftigkeitsbetrachtungen zu haben[183].

Übliche BWL-Verfahren der Investitionsrechnung

Für die Investitionsrechnung in der IT können die üblichen betriebswirtschaftlichen Verfahren verwendet werden[184], die nachfolgende Abbildung zeigt die wichtigsten. Es kann mehrere gute Gründe für den Einsatz solcher Verfahren geben:

*   „Echte" heuristische Absicht, die wirtschaftlichste Alternative für Entscheidungen zu finden, wenn die Daten unübersichtlich und die Wirkung auf das Ergebnis „unter dem Strich" nicht von vornherein eindeutig ist
*   Ein Dokumentationsmittel für die Durchdachtheit der Entscheidung zu haben. Entweder „freiwilliger" Einsatz oder aber Befolgen der z. B. im Öffentlichen Bereich Deutschlands bindenden Regeln.

---

[183] Kurzlechner (2013b) sieht hierin sogar einen der Gründe dafür, dass die CIOs für Betriebe auch zukünftig wichtig sein werden!

[184] Im Öffentlichen Sektor Deutschlands ist eine unter der Bezeichnung „WiBe" (Wirtschaftlichkeitsbetrachtung, aktuell Version 4.1) vorstrukturierte Kombination von Kapitalwertmethode (quantitativer Teil) und Nutzwertanalyse für den qualitativen Teil dringend empfohlen

| monetäre (Investitionsrechnungs-)Modelle (gezeigt sind nur Verfahren bei Sicherheit) | nicht monetäre Modelle |

| statisch/eine Periode | dynamisch/mehrere Perioden (nur Verfahren Einzelentscheidung) |

• Kostenvergleich   • Kapitalwertmethode   • Nutzwertmethode

  - bei gegebener Menge   • Interner Zinsfuß Methode

  - kritische Menge bestimmen   • Annuitätenmethode

• Gewinnvergleich

  - bei gegebener Menge

  - Break Even

• Rentabilitätsvergleich

• Amortisationsrechnung

...

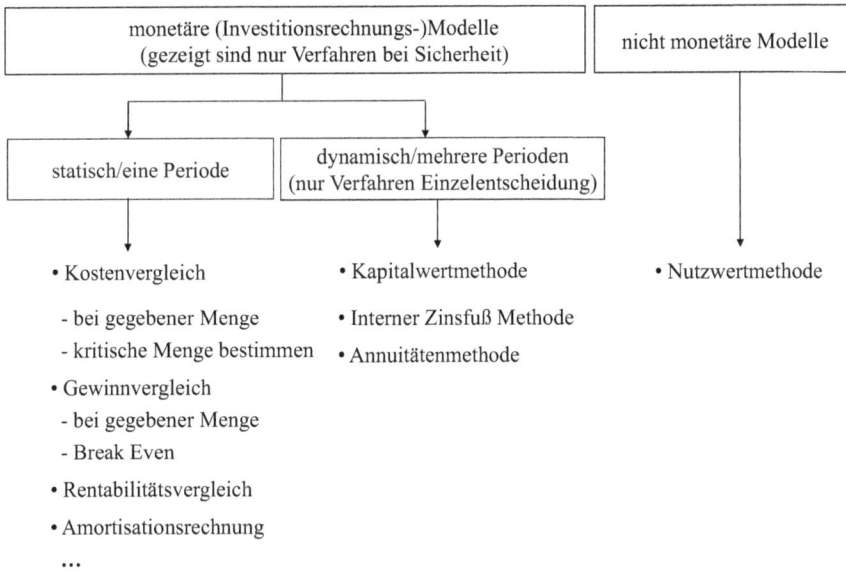

Abb. 4.62: Verfahren der Investitionsrechnung

Es ist nicht untypisch, dass man für eine gut gemachte Investitionsrechnung detaillierte Analysen der absehbaren Kosten für alternative Entscheidungsvorschläge machen muss. Ein Beispiel für eine sehr umfangreiche und detaillierte Liste möglicher Kosten bestimmter IT-Infrastrukturlemente die Tabelle 4.28. Der Verfasser identifiziert insgesamt 34 Kostenpositionen allein für IT-Speicher.

Investitionsrechnungen benötigen Erhebung von Kosteninformationen

Tab. 4.28: Liste speicherbezogener Kosten[185]

Nr.	Kostenposition	Erläuterung
1	Hardware	Abschreibung je Jahr
2	Software	Lizenzgebühr/Abschreibung
3	Wartung Hard-/Software	Festbeträge je Monat oder Jahr
4	Kosten Speichermanagement	– Administration – Backup-/Desaster Recovery – Kopien/Spiegeln
5	Strom für Server, Klimaanlage	
6	Raumkosten	Kalkulatorische Miete
7	Verbrauchsmaterial	Backup-Medien usw.
8	Kosten Migrationen	Aufwand Arbeitszeit und Systeme
	...	

Ein Teil dieser Kosten-Informationen kann eventuell einer Kostenartenrechnung entnommen werden, andere sind aber einzeln zu recherchieren.

---

[185] Auszug aus Augat, 2012, S. 14 ff.

4.5.6 IT-Planung und Budgetierung

IT ist in den meisten Betrieben ein erheblicher Kostenfaktor, der leicht 5% bis 10% der jährlichen Gesamtaufwendungen des Betriebs erreicht. In manchen besonders IT-intensiven Branchen wie dem Finanzsektor mag der durchschnittliche Betrag noch höher liegen, in anderen niedriger. Aus diesem Grund ist das IT-Management stark gefordert, seine Ausgaben zu kennen und für die nächste IT-Budgetierungsperiode gut vorauszuplanen.

Definition IT-Budget

Definition IT-Budget
IT-Budgets sind „Töpfe" für Sachausgaben (Sach-Budget bzw. Sach-Haushalt) und mit Geld bezahlbarem Personal (Personal-Budget bzw. Personal-Haushalt). Während in der Privatwirtschaft oft beides in einem „Topf" als Gesamtbudget ausgewiesen ist, trennt der öffentliche Bereich streng zwischen Sach- und Personalhaushalt und verbietet das Hin- und Herschieben von Geldern zwischen beiden Töpfen. Budgetplanung ist i.d.R. ein betriebsweiter Prozess, an dem der IT-Bereich teilnimmt.

IT-Budget ist Eckpfeiler der IT-Management-Situation

Das IT-Budget als „Geldtopf" für Sach- und Personalkosten (mit Wertigkeit und damit erwartbarem Qualitätsniveau der Personale) ist immer ein materieller Eckpfeiler für die Management-Situation der IT-Bereiche, weil es ja letztlich die Kapazität des IT-Bereichs bestimmt. „Strategisch" wichtige Detailfragen zur Ausgestaltung der IT-Budgetierung sind:

- Herkunft der Mittel: Erhält der IT-Bereich sein Geld aus einem „Topf" der Betriebsleitung oder stammt das Geld aus den Budgets der IT-Kunden?
- Art der Abstimmung mit den Geldgebern (Betriebsleitung oder IT-Kunden) und innerhalb der IT: Top Down oder Bottum Up (siehe Abbildung 4.63 mit einem Top-down-Verfahren)? Je nach Art des Planungsganges ist eine mehr oder weniger intensive Beschäftigung der IT-Kunden mit IT-Vorhaben und der Mittelverwendung zu erwarten
- Fristigkeit, zeitlicher Vorlauf und Grad der Veränderbarkeit: In manchen deutschen Bundesbehörden wird das IT-Budget zwei Jahre vorab geplant, in anderen nur ca. ein Jahr. Je nach Betriebskultur ist die Möglichkeit der Veränderung einmal beschlossener Budgets leichter oder schwerer
- Dokumentations- und Planungspflichten. Bis zu welchem Detailliertheitsniveau sollen Planungen zur Begründung des Budgetanspruchs heruntergebrochen werden?

Budgetierung erzwingt indirekt ein gewisses Mindestniveau an Planung und inhaltlicher Abstimmung zwischen der Leitung des IT-Bereichs und den Verantwortlichen für Services und den Entwicklungsvorhaben.

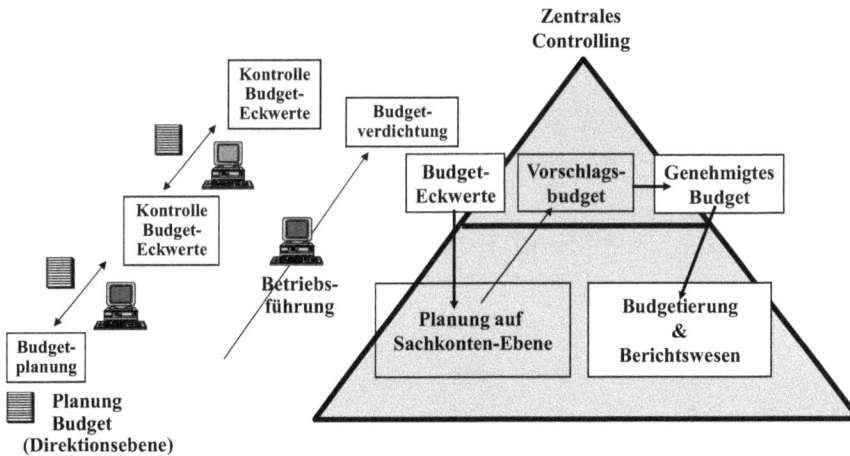

Abb. 4.63: Bsp. Top-Down-Verfahren der Budgetbestimmung

Eine besondere Wirkung kann die Budgetierung auch in der Beziehung des IT-Bereichs zu seinen Kunden in Fach- und Querschnitsbereichen haben:

Mögliche Wirkungen der IT-Budgetierung auf Beziehung zu IT-Kunden

- Wenn der IT-Bereich sein Budget direkt vom Gesamt-Betrieb ohne Quoten für die Fachbereiche erhält, dann produziert er für die Fachbereiche scheinbar kostenlose Leistungen und kann, je nach Kultur im Betrieb, immer wieder mal mit übertriebenen Erwartungen an die Leistungsfähigkeit und unwirtschaftlichen Wünschen konfrontiert sein
- Wenn das Budget teilweise oder ganz von den Fachbereichen kommt, dann ist sie diesen gegenüber in besonderer Verpflichtung und muss ggf. nachweisen können, dass sie die bezahlten Leistungen auch für diese Fachbereiche erbringt. Dies erhöht den beiderseitigen Druck, für die Zukunft zumindest bei neuen Services klar den Bedarf vorab zu bestimmen, für alle Services definierte Service Level Vereinbarungen zu schließen und ggf. ergänzend die eigene Ressourcenverwendung nachzuweisen. Dies könnte ggf. durch eine entsprechende Gestaltung der IT-Zeitaufschreibung in der KLR und durch eine Kostenträgerrechnung erfolgen.

5 IT-Services und IT-Kernprozesse

5.1 Übersicht

Die inner- oder außerbetrieblichen Geschäftsmodelle der Informationstechnologie lassen sich in vier große Kategorien einteilen:

Vier Katgorien der Geschäftsmodelle von IT-Anbietern

1. Das Erstellen und Handeln mit IT-Hardware
2. Das Erstellen und Handeln mit IT Software („Anwendungen")
3. Das Betreiben von IT-Anwendungen für andere Nutzer als sich selbst
4. IT-Beratung

Die Tabelle 5.1 erläutert diese Kategorien näher.

Tab. 5.1: Grobe Typenklassifikation von IT-Leistungserbringern

Nr.	Typ	Bsp.	Situation und Entwicklung
1	Hardware-Hersteller („primäre IT-Industrie")	IBM, HP	• suchen sich die Produktpalette selbst aus • ergänzen Hardware um Software und • entwickeln sich manchmal ergänzend zum Software- und Beratungsanbieter
2	Software-Hersteller („primäre IT-Industrie")	SAP, Oracle	• suchen sich Produktpalette selbst aus • meist kein Geschäft mit Hardware • leisten oft nur Beratung für das eigene Softwareprodukt
3	IT-Betreiber („sekundäre IT-Industrie")	Inhouse oder Drittanbieter	• suchen sich die Produktpalette nur zum kleinen Teil selbst aus • betreiben zwangsläufig auch Hardware • leisten anteilig auch IT-Beratung • outsourcen tendenziell punktuell Hardware- und Softwarepflege • bieten inhouse IT-Beratung
4	IT-Beratung		• bieten auch IT-Outsourcing an. • bieten ergänzend auch Erstellen von Individualsoftware an • haben gelegentlich kleine IT-Standard-Softwareprodukte im Angebot

IT-Betreiber sprechen genauso wie IT-Hersteller von „Produkten", „Service" und „Leistung". Aus Sicht der IT-Betreiber sind sie wie folgt definiert:

Definition IT-Produkt[186] und IT-Leistung

Eine IT-Leistung ist ein technik- oder dienstleistungsbezogenes Aktivitätenbündel aus der Innensicht der IT. IT-Produkte sind einzelne IT-Leistungen oder Kombinationen mehrerer einzelner IT-Leistungen. Die Körnungsgröße von „Produkt" bestimmt sich nicht aus technischen, sondern aus betriebswirtschaftlichen Gründen. Den Begriff „Produkt" verwendet die primäre IT-Industrie für ihre verkaufsfertigen Güter oder Rechte (Hardware, Software, Lizenzen). In der sekundären IT-Industrie hat er eine zweite Bedeutung: Den Begriff „Produkt" verwendet die KLR für die Kategorien von Zeitaufschreibungen von Personalzeiten, egal, was der Inhalt dieser Kategorie ist (z. B. IT-Prozesse oder ganze IT-Services).

Wenn man neben der rein technisch-organisatorischen Erstellung von IT-Produkten der sekundären IT-Industrie auch noch eine bewusst IT-nutzerorientierte Qualität der Leistung mit „Wohlfühl-Eigenschaften" hervorheben möchte, spricht man „programmatisch" von „IT-Services" statt „IT-Produkt":

Definition IT-Service

IT-Service bezeichnet aus Kundensicht die gebündelten Leistungen der sekundären IT-Industrie mit Nutzwert für die IT-Kunden und IT-Nutzer. Der Begriff beinhaltet Leistungen, die zumindest einen Anteil Dienstleistung neben reinen Waren enthalten. IT-Services sind, wie alle Dienstleistungen, nicht lagerungsfähig. Ihr Nutzen entsteht im Augenblick der Produktion ist damit zeitgleich verbraucht.

Da hier die sekundäre IT-Industrie vorgestellt wird, soll für die kundenbezogenen Leistungen durchgängig der Begriff „IT-Service", für die Hard- und Softwareangebote der Ersteller dagegen „Produkt" als Bezeichnung genutzt werden. Eine vergleichende Betrachtung der gebrauchten Begriffe ist in der nachfolgenden Tabelle 5.2 enthalten.

Solche genauen Begriffsabgrenzungen sind „willkürlich", da sie in Graubereichen bisher umgangssprachlich gepflegter Unschärfen penible Festlegungen treffen. Der Zweck ist dabei, ...

- das Leseverständnis zu erleichtern,
- interne Aufgabenabgrenzungen zwischen dem inneren IT-Betrieb (Leistung) und dem IT-Kunden (Service) sprachlich auszudrücken,
- vertragliche Festlegungen oder Service Level Festlegungen und
- Ergebnisberichte z. B. Kosten- und Nutzenbetrachtungen

präziser zu formulieren.

---

[186] Vgl. ähnlich Hanschke & et al, 2013, S. 14

Tab. 5.2: Abgrenzung IT-Service, IT-Leistung, IT-Produkt

Begriff	Bedeutung	IT-Managementbezug
IT-Service	Kundensicht auf diejenigen IT-Leistungen und Leistungsbündel, von denen Kunden einen unmittelbaren eigenen Nutzen haben	• Serviceprozesse • Servicekatalog • Service Level Agreements
IT-Leistung	IT-interne Sicht auf Ergebnisse interner Tätigkeiten. Enthalten evtl. mehrere Aktivitäten, die Bündelung der Aktivitäten erfolgt aus IT-interner betrieblicher Sicht	interne Leistungsverrechnung (KLR)
IT-Produkt	Einzelne Leistung oder Leistungsbündel, die in der KLR weiterverrechnet werden. Erfassungskategorie für Kosten und zugerechneten Erlösen oder internen Verrechnungsgutschriften („Leistung")	• Kostensammler in der KLR • Zeitaufschreibungskategorie • Ware eines Hard- oder Softwareherstellers

Da die Begriffe trotz aller Abgrenzungsversuche Unschärfen im Verständnis zulassen, sollte man für die IT-interne Steuerung mit „offiziellen" Listen jeden Zweifel beseitigen. Die Abbildung 5.1 enthält hierfür ein Beispiel.

Empfehlung: Zuordnungsliste IT-Leistung und IT-Service

		IT-Leistung 1	2	3	4	5	...
lfd. Nr.	**IT-Service**	Servicemanagment	APC	Drucker	Peripherie	MS Exchange	...
1	APC (einschließlich der Bereitstellung von Standardsoftware)	5%	25%				
2		2%	25%				
3		4%	25%				
4		1%	4%				
5	Druckservice	3%		70%			
6		5%		30%			
7	Peripherie				5%		
8					5%		
9					5%		
10	Dateiablage						
11	Groupware (Mail, Calender, Unified Compputing)	2%				100%	
...	Netzzugangservice	1%					

Prozentuale Anteile einzelner IT-Leistungen an IT-Services

Abb. 5.1: Leistungen und Services der IT

Ein IT-Service besteht aus einem technischen Kern (eine oder mehrere technische IT-Leistungen, d.h. einer Hard- und Software sowie deren Bereitstellung) und den anteiligen weiteren Dienstleistungen, wie der Benutzerbetreuung durch einen Service Desk, einem die Produktion flankierenden Qualitätsmanagement usw. Man könnte auch sagen: „Eine technische IT-Leistung kommt selten allein ...". Wegen der oft komplexen Zusammensetzung von IT-Services ist für

Beschreibungskategorien eines IT-Services

Verträge und Service Level Vereinbarungen eine eindeutige Bezeichnung nötig. Die folgende Abbildung 5.2 zeigt die möglichen Beschreibungskategorien für IT-Services und Beispiele für die Inhalte.

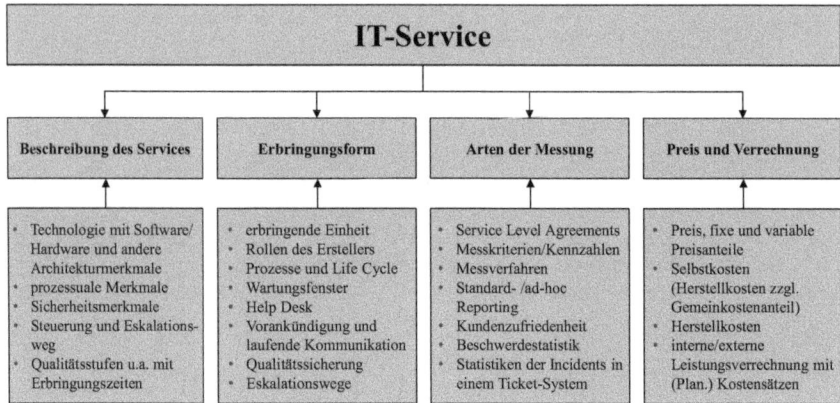

IT-Service			
Beschreibung des Services	**Erbringungsform**	**Arten der Messung**	**Preis und Verrechnung**
• Technologie mit Software/ Hardware und andere Architekturmerkmale • prozessuale Merkmale • Sicherheitsmerkmale • Steuerung und Eskalations- weg • Qualitätsstufen u.a. mit Erbringungszeiten	• erbringende Einheit • Rollen des Erstellers • Prozesse und Life Cycle • Wartungsfenster • Help Desk • Vorankündigung und laufende Kommunikation • Qualitätssicherung • Eskalationswege	• Service Level Agreements • Messkriterien/Kennzahlen • Messverfahren • Standard- /ad-hoc Reporting • Kundenzufriedenheit • Beschwerdestatistik • Statistiken der Incidents in einem Ticket-System	• Preis, fixe und variable Preisanteile • Selbstkosten (Herstellkosten zzgl. Gemeinkostenanteil) • Herstellkosten • interne/externe Leistungsverrechnung mit (Plan.) Kostensätzen

Abb. 5.2: Beschreibung eines IT-Services

Leistungserbringung in der IT zunehmend arbeitsteilig

Die Leistungserbringung innerhalb der IT ist bei hinreichend großen IT-Be- reichen ein zunehmend arbeitsteiliger Prozess. Das wichtigste Ziel eines Dienstleisters, die Zufriedenstellung von IT-Kunden und der IT-Nutzer, kann dabei leicht aus dem Blick einzelner IT-Beschäftigter im Backoffice geraten. Aus diesem Grund sind besonders auf die Pflege der Input- und Outputschnitt- stellen der IT-Organisation gerichtete Prozessmodelle, wie der Quasi-Standard ITIL, die „programmatische" Antwort einer konsequent kundenorientierten IT. Grafische Darstellungen der inneren IT-Organisation, wie z. B. die Abbildung 5.3 mit einer Darstellung serviceorientierter IT-Bereiche, betonen besonders die Schnittstellen zu den IT-Nutzern und den Kunden. Sie richten die innere Erbringung der IT-Services („Make", „IT-Betrieb" usw.) weitgehend an den strategischen Rahmenbedingungen und den äußeren Handlungsimpulsen des Kundenmarktes und des Lieferantenmarktes aus.

Den „Make"-Bereich (IT-Betrieb) auf die kundenorientierte Sicht hin trimmen

Neben dieser den IT-Dauerbetrieb darstellenden Sicht gibt es zwar immer wieder aus dem internen technischen Entwicklungsbedarf der IT heraus Bin- nenaufträge und Impulse, aber grundsätzlich sollten „technische Spielereien" und losgelöst vom Bedarf der IT-Nutzer und Kunden stattfindende eigenbrötle- rische Aktivitäten des „Make"-Bereichs gerade vermieden und das Feststellen der Bedarfe kanalisiert werden. Aus diesem Grund benötigt ein systematisch vorgehender IT-Bereich hierfür eine eigene Managementfunktion.

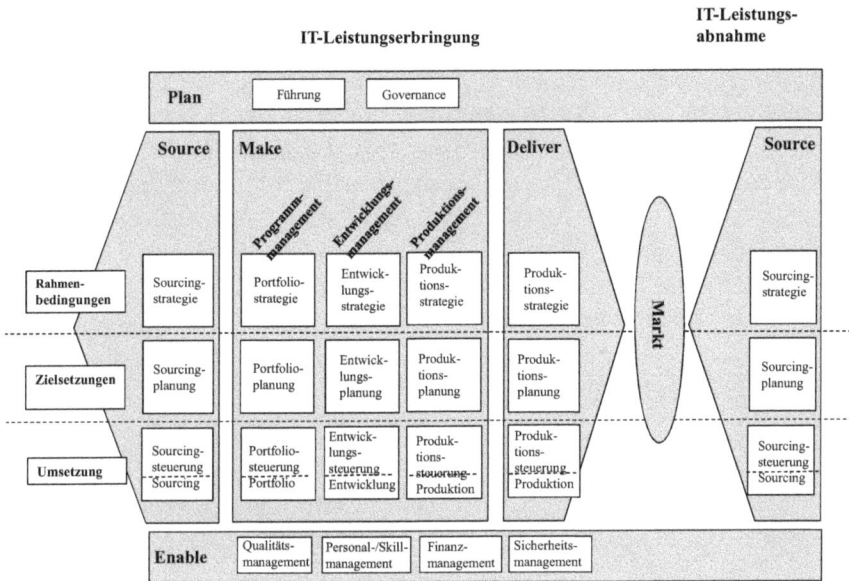

Abb. 5.3: Serviceorientiertes IT-Management[187]

5.2 Demand und Service Level Management

5.2.1 Übersicht

Das Management der Kundenanforderungen (wegen der weiten Verbreitung des englischen Begriffs nachfolgend „Demand Management") und das Vereinbaren der Art und der Qualität von IT-Services („Service Level Management") sind keine Erfindung von ITIL, werden aber inzwischen wegen der großen Verbreitung von ITIL meistens im Sinne der Einbettung in die IT-Welt der jeweils aktuellen ITIL-Version beschrieben. So auch hier:

Demand Management gab es schon vor Erscheinen der ersten Version von ITIL

Definition Demand Management[188]
Demand Management (Kunden-Anforderungsmanagement) ist eine Funktion, die die geschäftlichen Anforderungen an IT-Services, künftige wie auch schon bestehende, erfasst und daraufhin analysiert, wie sie bestmöglich unterstützt werden können und in welchem Ausmaß eine Veränderung des IT-Services auch eine Veränderung der Kundenzufriedenheit herbeiführt.

Definition
Demand
Management

---

[187] Zarnekow, 2004, S.19, zit. n. Hofmann & Schmidt, 2010a, S. 2

[188] Vgl. ähnlich Hanschke & et. al, 2013, S. 14

Hieraus werden Vorschläge für eine Entscheidung erarbeitet. Fachliche Ergebnisse des Demand Managements sind genügend tief analysierte Fach-Anforderungen, um sie nach einer Entscheidung über die Umsetzung ggf. sogar bis hin zum „Pflichtenheft" für eine IT-Feinkonzeption von IT-Projekten, seien sie eher technisch oder eher organisatorisch, zu verwenden. Außerdem liefert das Demand Management Input für Vereinbarungen über die Leistungsgüte, d.h. Service Level Agreements. Nach einer Entscheidung über die Umsetzung überwacht das Demand Management den Erfolg der Umsetzung von Maßnahmen bis zur Erfüllung der Anforderungen und vollendet so einen Steuerungskreislauf.

Werkzeuge eines Demand-Managements sind …

- Nutzerprofile, die verschiedene Nutzergruppen gemäß ihrer Rolle aus Sicht der IT-Nutzung charakterisieren und ihnen Anforderungen bezüglich des IT-Arbeitsplatzes, der benötigten Berechtigungen und des benötigten sonstigen Serviceumfangs (z. B. mobile Ausstattung, besondere Maßnahmen der IT-Sicherheit, Verfügbarkeitszeiten) zuweisen
- Frühwarnsysteme der IT-Kunden mit Hinweis auf anstehende Änderungen mit Auswirkungen auf IT-Anwendungen oder der IT-Ausstattung, z. B. aus dem Bereich der fachlichen oder organisatorischen Innovationen in den Fachbereichen, Veränderungen der Anzahl von IT-Nutzern usw.
- Abstimmgremien zur multilateralen Klärung von komplexen fachlichen Bedarfen, die Querwirkungen zwischen ansonsten wenig direkt miteinander kommunizierenden Fachbereichen erzeugen.

Gründe für ein professionelles Demand Management

Das Ausdifferenzieren eines institutionell betriebenen Demand Managements mit detaillierter Prozessbeschreibung und dieser Aufgabe ständig fest zugeordneten Personen kann aus mehreren Gründen sinnvoll sein. Hierzu zählen:

- Häufigkeit und Dringlichkeit neuer Anforderungen an IT-Services
- Fachliche und/oder technische Komplexität neuer Anforderungen
- „Politische" Bedeutung und Notwendigkeit eines gut vorstrukturierten Weges der Bedarfs- und Anspruchsklärung.

Für kleine IT-Bereiche mit relativ statischer Situation, sehr vorhersehbaren „kleinen" Wünschen der Nutzer und Kunden sowie auch fachlich erfahrenen IT-Beschäftigten mag es dagegen einen pragmatisch-„hemdsärmeligen" Weg der Bedarfsklärung ohne „hauptamtlich" für das Demand Management tätige IT-Beschäftigte geben.

Systematische Sammlung von Erfahrungen bei IT-Nutzern sinnvoll

Die systematische Sammlung von Erfahrungen bei kundenbezogenen IT-Vorhaben kann ergänzend dazu genutzt werden, neben einem „Bauchgefühl" auch fundierte Erfahrungen darüber aufzubauen, ob und wie eine „physikalische" Verbesserung der IT-Services auch zu einer psychologischen Veränderung der Kundenzufriedenheit führt. Es gibt Verbesserungen, die …

- Unmut und Ärger abbauen, aber nicht zu einer positiveren Einschätzung der IT-Leistungen beitragen (entspricht den „Hygienefaktoren" der Herzbergschen Zweifaktorentheorie der Motivation), z. B. Beheben von generellen Performance-Problemen im IT-Netz, größere Monitore, Bereitstellen dienstlicher USB-Sticks. Hier handelt es sich zumeist um Leistungen, die die Nutzer – zu Recht oder Unrecht sei dahingestellt – als selbstverständlich betrachten. Das Anspruchsniveau orientiert sich an privaten Gegebenheiten („bring your own device") und Vorerfahrungen in anderen Betrieben oder im gleichen Haus
- zur positiven Einschätzung der IT beitragen, ohne bei Fehlen in Ärger und Schlechtmeinung umzuschlagen („Motivatoren" im Sinne Herzbergs), z. B. zusätzliche mobile Videokonferenzanlagen, „schicke" Computermäuse, Bereitstellen von betrieblichem IT-Speicherplatz für private Zwecke.

Was wie wirkt ist zu einem erheblichen Anteil abhängig von der jeweiligen (Sub-) Kultur im Betrieb und teilweise auch von der Hierarchie des Nutzers.

Welche Wirkung hat eine Leistungsveränderung auf die Kundenzufriedenheit?

Tab. 5.3: Zufriedenheits-Wirkungsmatrix Serviceverbesserung[189]

Service	Zufriedenheit		Kosten Erhöhung Zufriedenheit	Kosten-Nutzen-Quotient
	aktuell	möglich		
A				
B				
C				
D				

Diese auf die Wirkung der Kunden- und IT-Nutzer-Zufriedenheit gerichtete Analyse des Demand Managements bedeutet nicht, dass man grundsätzlich immer die Nutzerzufriedenheit heben wollen muss. Je nach Priorisierung der IT-Ziele kann es auch Maßnahmen geben, mit denen man sogar absehbare Verschlechterungen der Zufriedenheit in Kauf nehmen muss, um andere höherwertige Ziele zu erreichen. Beispiele sind Maßnahmen der IT-Sicherheit (unbequem lange Passwörter, umständliche Verschlüsselungsverfahren für Datenspeicher von Mobilgeräten, Verbot der Speicherung auf mobilen Datenträgern, sehr beschränktes Verfügbarmachen von Smartphones mit Zugang zu Firmennetzen usw.), Sparmaßnahmen oder Notfall-Maßnahmen.

Das Demand Management kann in der betrieblichen Praxis eine breite Schnittstelle zum Organisationsbereich und zu einem fachlichen Projektmanagement haben. Beide sind, wie die IT auch, mit Anforderungen der Fachbereiche befasst und haben die Aufgabe der Gestaltung einer möglichst effizienten und

Demand Management hat eine breite organisatorische Schnittstelle in den Betrieb

---

[189] Die Matrix ist mit Absicht leer. Idee nach Pietsch, 2006, S. 116

effektiven Arbeitswelt. Idealerweise haben sie auch bei später in IT-Umsetzungsaufgaben mündenden Organisationsaufgaben den Vortritt vor der IT als Begleiter der Fach- oder Querschnittsbereiche. Das fachliche Projektmanagement ist besonders für die Abstimmung von fachlich tiefen und spezialisierten Anforderungen ein „natürlicher" Partner der IT, während der Organisationsbereich für die Durchsetzung organisatorischer Standards z. B. bei Abläufen im Dokumentenmanagement und für die Festlegung von Stammdaten im weitesten Sinne (z. B. Bezeichnung der Bereiche des Hauses, Fristen und Abstimmläufe interner Managemententscheidungen, Abstimmgremien für Adressdatenformate von Kunden usw.) nützlich sein könnte.

5.2.2 Werkzeuge und Ablauf des Demand Managements

Werkzeuge für Analysen der Anforderungen

Die in der untenstehenden Tabelle 5.4 enthaltene Liste zeigt einen bunt gemischten allgemeinen Werkzeugkasten der IT für IST- und Anforderungsanalysen. Viele Instrumente sind nicht ausschließlich nur für das Demand Management nützlich, sondern können auch im Architektur- oder Prozessmanagement eingesetzt werden.

Tab. 5.4: Analyse-/Dokumentationswerkzeuge IT-Anforderungen

Werkzeug	Zweck
Analyse der Anspruchsgruppen	feststellen, ob es verschiedene Segmente der IT-Nutzer gibt und welche segmentspezifischen Anforderungen sie haben. Das gleiche gilt auch für die anderen Anspruchsgruppen
Bebauungspläne	darstellen aller Elemente und Schnittstellen einer Systemlandschaft mit Benennen der eingesetzten Hardware und ihrer Lokalisation
Fachliches Klassenmodell	sortieren und Strukturieren der in IT-Anwendungen verwendeten Datenwelten, um logische Beziehungen und Gruppierungen, aber auch ungewollte Doppelungen, festzustellen und beseitigen zu können. Ein einfaches Beispiel sind Kunden-/Bürger-Adressdaten
Kommunikationspläne	darstellen, wer wann mit wem worüber und mit welchen Medien kommunizieren muss, um seine Aufgaben zu erledigen
Prozessanalyse mit Flussdiagrammen usw.	aufzeigen der Reihenfolge und logischen Zusammenhänge von Tätigkeiten, Entscheidungen, Inputs, Outputs und beteiligten Personen oder Instanzen
Schnittstellenanalyse	aufzeigen von Inhalt und Häufigkeit der Inputs und Outputs zwischen IT-System- bzw. Organisationsgrenzen. Neben diesen Fakten interessiert auch, wie hoch rein schnittstellenbezogene Kosten sind und ob die Schnittstelle vermeidbar wäre
Schwimmbahnen	„Schwimmbahnen" sind in Spalten dargestellte Übergänge von Verantwortung zwischen Instanzen, z. B. ist in einer Spalte die Auftragsannahme im Service-Desk abgebildet, und in einer anderen Spalte die inhaltliche Bearbeitung des Auftrags durch das Incident oder Problem Management
Use Case Beschreibung	identifizieren und Benennen aller Ereignisfolgen, die von der Software unterstützt und im Datenmodell abgebildet werden sollen

Das Vorgehen eines professionellen Demand Managements ist es, die fachlichen Anforderungen mit Bezug zur IT aufzunehmen („funktionaler Demand"), nicht sofort direkt irgendwelche technischen Detailwünsche des Kunden. Der Grund hierfür ist, dass es ja vielleicht auch noch andere Lösungen geben kann, als der IT-Nutzer sich gerade vorstellt. Außerdem mag es sein, dass architektonische Vorgaben oder die Strategie der Eingrenzung des Gerätezoos die IT hindern, direkt das zu tun, was dem IT-Nutzer als erste Lösung einfällt. Wenn der Anforderer nicht in diesen „Modus" der Erstellung seiner Anforderungen hineinzucoachen ist, muss aus der Art der technischen Wünsche auf den dahinter stehenden „wahren" Bedarf geschlossen werden. Diese ggf. zweigeteilte Sicht sollte entsprechend tabellarisch mit zwei Spalten dokumentiert werden, um später zwischen eigener Analyse und tatsächlich genannten Sachverhalten unterscheiden zu können.

Vorgehen Demand Management

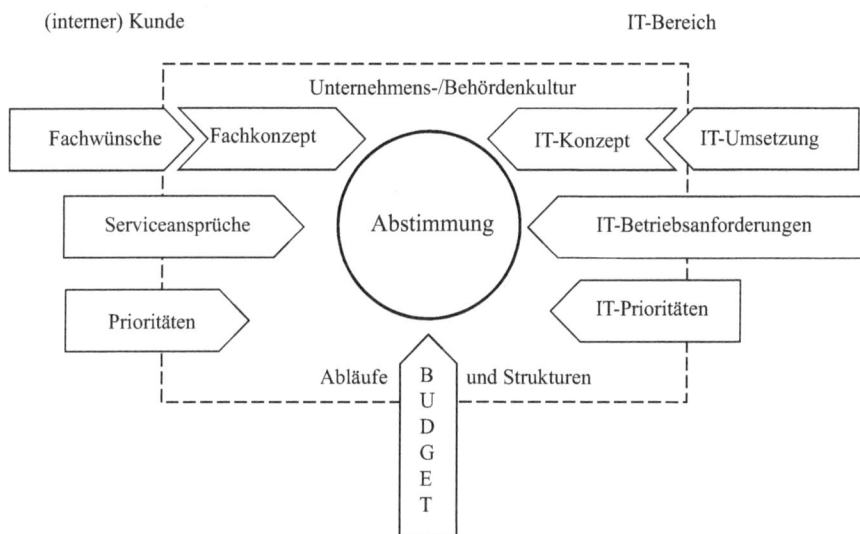

Abb. 5.4: Interne Abstimmung Demand Management

Für breit aufgestellte IT-Serviceerbringer und große Anwendungssysteme empfehlen sich Kategoriensysteme, anhand derer systematisch die Kundenerwartungen erfasst werden. Diese Darstellungen enthalten praktisch die kundenbezogenen Anteile der IT-Pflichtenhefte.

Kategorien der Erwartungen an IT-Services

In einer Studie der Beratungsfirma Deloitte vom April 2007 wird IT-Demand-Management als eines der drei am häufigsten in den untersuchten 224 Betrieben diskutierten strategischen IT-Themen bezeichnet – es leide allerdings oft an unzureichender Umsetzung. Die Studie identifizierte lediglich bei zehn Prozent der teilnehmenden Betriebe ein professionelles Demand-Management. Eine mögliche Ursache hierfür ist, dass den Betrieben meist ein tieferes Ver-

Nur wenige IT-Bereiche haben systematisches Demand Management

ständnis für Chancen zur Qualitätsverbesserung, höhere Wirtschaftlichkeit und exakten Zuschnitt der IT-Leistungen auf den Kundenbedarf fehlt. Die Betriebe waren sich der Problematik bewusst und berichteten ansonsten von einer guten Kommunikationsatmosphäre zwischen IT-Bereich und den Kunden.

Tab. 5.5: Kategorien für IT-Leistungsanforderungen[190]

Bereich	Beitrag	Merkmal
Arbeitsproduktivität	ungestörte Arbeitsprozesse	keine Wartezeiten
	ortsunabhängig arbeiten	• zu Hause • beim Kunden
	zeitunabhängig arbeiten	nachts arbeiten
	einfache Systemumstellung	…
	einfache Systemverwaltung	• single sign on • Änderungen einfach
Prozessunterstützung	Findeoperationen	Dokumentensuche
	Arbeitsgruppen	Meetings
	…	…
Kompetenter Support	fachliche Kompetenz	gute IT Kenntnisse
	soziale Kompetenz	• Freundlichkeit • Hilfsbereitschaft
	Organisationskompetenz	• Erreichbarkeit • Kurze Wege
praktikable Systeme	einfache Systeme	…
	universelle Systeme	…
	vertrauenswürdige Systeme	…

Ablauf eines Demand Managements nach Deloitte

Deloitte gliederte den Ablauf eines Demand Managements in vier Phasen:

- Identifikation und Erfassung von IT-Anforderungen
- Konsolidierung, Offenlegung und Diskussion des identifizierten Bedarfs; Herausarbeiten von Projekt- und Programmvorschlägen
- Optimierung und Abstimmung der Anforderungen, Konkretisierung möglicher Lösungsansätze
- Ggf. Verrechnung der in Anspruch genommenen IT-Leistungen auf Basis adäquater Verrechnungsstrukturen.

Große Bedeutung von gutem Demand Management für Rolle der IT

Die strategische Bedeutung der aus einem guten Demand-Management zu gewinnenden Informationen über die Kundenwelt sollte nicht unterschätzt werden. In der Wertschöpfungskette der Kundenzufriedenheit ist es logisch das erste Glied, dass der Ersteller die Kundenerwartungen überhaupt hinreichend genau kennt. Dies gilt auch für die Wenns und Danns gerade kritischer Situationen, z. B. Systemausfälle. Probleme aus Differenzen in der IT-Sicht zur tatsächlichen Sicht der Kunden lassen sich in den späteren operativen Pha-

---

[190] Verändert aus Pietsch, 2006, 112

sen des Leistungserstellungsprozesses nicht mehr so leicht reparieren, wenn das gegenseitige Nicht-Verstehen erst einmal zu Eskalationen geführt hat.

5.2.3   Service Level Management

Das Ergebnis einer Klärung des Bedarfs ist einerseits – sofern der Service neu ist – eine Beschreibung des Services anhand standardisierbarer Kategorien (siehe zuvor gegebenes Beispiel) und andererseits eine Vereinbarung darüber, dass und wie der Service erbracht wird. Diese Vereinbarung wird in der IT-Welt mit dem Gattungsnamen „service level agreement" bezeichnet:

Definition Service Level[191] **(Management)**

Ein Service Level (SL) ist eine Festschreibung von Eigenschaften von IT-Services. Da der „harte Kern meist feststeht und nur weniger Worte bedarf (eine Software oder Bereitstellen von Hardware) ist der größte Teil von Service Level Agreements (SLA) meist organisatorischer Natur. Das Niveau kann hinsichtlich einfacher physikalischer Maße (Uhrzeit, Dauer, Menge, usw.), der technischen Leistungsmerkmale (z. B. 1 TByte Plattenplatz, 1 GByte) oder der fachlich-sachlichen Komplexität (leichte, mittlere und schwere Anfragen an den Service Desk) bemessen sein. Die Vereinbarung kann Höchst-, Mindest- und/oder Durchschnittsmaße angeben.

Definition Service Level Management

Über Gruppen gleichartiger Services hinweg kann man das Niveau eines Services auch mit schmückenden Namen belegen, z. B. „Goldstandard" für einen 7 * 24 (7 Tage, 24 Stunden) verfügbaren Service, „Silber „ für 5 * 24 (5 Tage, 24 Stunden) und Bronze für 5 * 16 (5 Tage, 16 Stunden).

Service Levels können sowohl innerhalb rechtlich bindender Verträge zwischen rechtlich selbständigen Einheiten als auch als eine Art „gentlemen agreement" sein. Im zwischenbehördlichen Bereich Deutschlands werden manchmal mit juristischem Eifer langwierige Abstimmungen eingeleitet, deren Haftungsklauseln aber tatsächlich gar nicht gelebt werden können, weil Behörden einander selten verklagen[192]. Behörden des gleichen Ressorts dürfen dies meist nach Maßgabe des Ressorts (Ministerium) nicht, und bei Behörden verschiedener Ressorts hängt viel von der Politik zwischen den Ressorts ab. Service Level Vereinbarungen im Inneren eines Betriebs und zwischen Behörden sind daher materiell keine Verträge, sehr wohl aber feste Zusagen ohne Augenzwinkern und Vorbehalte. Im Geschäft zwischen rechtlich selbständigen Betrieben der Privatwirtschaft sind sie tatsächlich privatrechtliche Verträge mit allen juristischen Wirkungen zwischen den Beteiligten.

Innerbetriebliche SLAs sind keine Verträge

---

[191] Vgl. ähnlich Bernhard, 2003, S. 139/140

[192] Das wäre auch meist gar nicht wünschenswert, weil Verschwendung von Steuergeldern

5.3   Erstellen der IT-Services

5.3.1   Übersicht

Serviceproduktion kann ein komplexer und in vielen Schritten erfolgender Ablauf sein

Die Management-Anforderungen an die betriebsinterne Erstellung von IT-Services sind oft komplex: Eine oder mehrere technische IT-Leistungen gehen mit einer Vielzahl teils hochgradig abstimmbedürftiger interner und externer Anforderungen und – im Hintergrund – offener technisch-organisatorischer Gestaltungsbedarfe in sie ein. Daher gibt es für das IT-Management eine Reihe von Aufgaben bei der Steuerung der Serviceproduktion. In der nachstehenden Tabelle 5.6 sind die wichtigsten von ihnen genannt:

Tab. 5.6: Managementaufgaben je IT-Service

Nr.	Managementaufgaben Services	strategischer Aspekt
1	Aufgabenkritik	Rolle und Aufgaben IT
2	Ziel und Inhalt des Service mit IT-Kunden festlegen	In-/Outsourcingfrage
3	Finanzierung klären, Finanzplanung	Budget, Leistungsverrechnung
4	Service level Vereinbarungen	Demand Management
5	„make oder buy" entscheiden	Rolle und Aufgaben IT, Vorteilhaftigkeit, Outsourcing
6	Abläufe festlegen	IT-Betriebsprozesse, Organisation im Kundenbereich
7	benötigte Infrastruktur bestimmen	Kapazitätsmanagement, IT-Architektur
8	Sourcing-Strategie bestimmen	In-/Outsourcingfrage
9	Ressourcen beschaffen (ggf. Pflichtenheft erstellen, Ausschreibung, Vertrag, IT-Projekt, Test und Ausrollen)	Personal-, Gerätemanagement, Beschaffung
10	Schulung und ausrollen	
11	Service liefern	Arbeitsplanung, Service Desk
12	Transparenz herstellen	IT-Controlling
13	Qualität steuern	Qualitätsmanagement
14	Verfügbarkeit sicherstellen	IT-Sicherheitskonzept

Typische Kategorien von IT-Services

IT-Services für die Fachbereiche sind von Betrieb zu Betrieb inhaltlich teils sehr verschieden, im Bereich der querschnittlichen Arbeit aber vermutlich sehr ähnlich. Auf einer gröberen Ebene kann man die typischen Services eines IT-Bereichs wie in Tabelle 5.7 gezeigt in Kategorien fassen:

Tab. 5.7: Kategorien von typischen kundenbezogenen IT-Services

Nr.	Servicekategorie	Inhalt
1	Basisdienste	Patchmanagement, Update-Service usw.
2	Beratung/CIO-Funktion	Beratung der Fachbereiche durch den CIO, durch IT-Experten an der Schnittstelle zu fachlichen Fragen usw.
3	Datenbanken, Speicher	Bereitstellen von Datenspeichern
4	Eigene Fachverfahren	selbst erstellte Fachverfahren
5	Standard-Fachverfahren	gekaufte Software
6	IT-Arbeitsplatz	
7	IT-Entwicklung	Softwareentwicklung
8	IT-Projekte	große Einmalvorhaben
9	IT-Standardarbeitsplatz	• Arbeitsplatzcomputer oder Notebook • Monitor, Zubehör • Betriebssystem, z. B. Windows 8 • Office-Programmpaket, Groupware
10	Netz (physisch)	• LAN, WAN
11	Netzdienste	• Internet • Intranet, ggf. Extranet
12	Querschnitts-Verfahren	• Personal-, Liegenschaftsmanagement • …
13	Rechenzentrumsbetrieb	Server-, Großrechnerbetrieb
14	Service Desk	Unterstützen der IT-Nutzer
15	Telefonie	
16	Videokonferenzen	

Nachfolgend sollen die wichtigsten der oft vorkommenden typischen IT-Services in alphabetischer Reihenfolge mit einigen für diesen Service typischen, d.h. oft gestellten „strategischen" Fragen, kurz vorgestellt werden.

5.3.2 Einzelne typische IT-Services

Basisdienste

Als „Basisdienst" der IT sollen hier typische kleine, sehr techniknahe Services eines Rechenzentrums zusammengefasst werden: Einspielen von Patches, Backup-Service und andere Formen der Datensicherung, Virenschutz usw. Diese Aufgaben sind sehr „technisch-handwerklich" geprägt und normalerweise kein großes Thema für das strategische IT-Management. Wegen ihrer Kleinteiligkeit eigenen sie sich meist nicht einzeln für Outsourcing-Vorhaben.

Basisdienste sind techniknahe IT-Services

Beratung/CIO-Funktion

Ein manchmal in der Arbeitswelt gar nicht als separater „Service" begriffener Teil der Dienste einer IT ist die Beratung jenseits der Arbeit des Servicedesks. Aus Sicht des IT-Bereichs ist es oftmals sehr empfehlenswert und für die Rolle der IT wichtig, diesen Service anzubieten und qualitativ so hochwertig wie möglich durchzuführen. Die Beratungsinhalte eines IT-Bereichs können sein:

Beratung als Service wertet die Rolle der IT im Betrieb auf

- Organisatorische (Vorfeld-) Beratung der Fachbereiche zu Möglichkeiten der Nutzung von Informationstechnologie
- Beratung bei der Erstellung von Fachkonzepten, so dass IT-Konzepte sich nahtlos anschließen können
- „Weglotsen" der Fachbereiche von zu schnellen technischen Beauftragungen hin zu mehr funktionalen Anforderungen
- Beratung der Betriebsleitung zur optimalen Gestaltung und Beauftragung anderer Querschnittsfunktionen, namentlich dem Organisationsbereich und einem fachlichen Projektmanagement.

Gute Beratungsleistungen des IT-Bereichs können zugunsten der wohlverstandenen Interessen der IT-Kunden wie auch zur Verbesserung der Arbeitsbedingungen der IT und der Optimierung der Rollenteilung mit anderen Instanzen verwendet werden. Oftmals hat der IT-Bereich eine sehr gute Kenntnis der internen Gegebenheiten und – aus IT-Sicht – fachlichen Anforderungen und besitzt hiermit eine von Externen nicht so schnell erreichbare Kompetenz. Die Frage ist, ob diese genutzt wird oder nicht.

Datenbanken, Langzeitaufbewahrung, Speicher

Datenbanken sind ein sehr wichtiges Element der Hardware-Architektur

Viele fachliche Anwendungen haben kleinere eigene Speichersysteme, bei Applikationen mit typischerweise großem Nutz-Datenvolumen wird oft ein produktverschiedenes Datenbanksystem (z. B. Oracle für SAP-Anwendungen) für die Produktivdaten- und Langzeitaufbewahrung (oder nur die Langzeitaufbewahrung) verwendet. Das architektonische Thema (wenn auch oft banal) ist die Frage, ob man separate Datenbanksysteme benötigt, welche man einsetzt, für welche Zwecke, und ob man erzwingen kann, dass nur ein einziges Datenbanksystem als der zentrale Langzeit-Speicher des Betriebs verwendet wird. Denkbar ist, dass man statt eigener Speichervolumina entsprechende Dienste aus dem Netz besorgt (Cloud Computing). Die Vorteile und Nachteile sollten in einer sorgfältigen Machbarkeits- und Vorteilhaftigkeitsbetrachtung abgewogen werden. Falls mehrere verschiedene „Datentöpfe" aus praktischen Gründen (Zeitbedarf und Kosten von Migrationen, Frage der „Hoheit" über den technischen Datentopf usw.) unvermeidbar sind, kann ergänzend die Frage sein, ob man überwölbend ein Datawarehouse einsetzt.

Wenn erst einmal die Entscheidung für eine separate Datenbankanwendung gefallen ist, wird es für nächste Anwendungen nahe liegen, eventuell auf das gleiche System zu gehen. Datenbanken haben in bestimmten Konstellationen von Anwendungen daher einen prägenden Einfluss auf die Infrastruktur.

Eingrenzung der Zahl gleichzeitig betriebener Versionen der gleichen Datenbank-Software

Wenn ein Betrieb ein einzelnes Datenbank-Produkt als Standard für verschiedene Fachverfahren mit je eigener unterliegender Datenbank betreibt, wird über kurz oder lang die Gefahr drohen, dass es im Betrieb mehrere verschiedene Releasestände (Versionen) des gleichen Datenbankprodukts gibt. Die Frage ist dann, ob man die Zahl dieser Versionen eingrenzen kann und wenn „ja", wie. Weitere strategische Fragen sind z. B., ob bei mehreren Datenbanken die Notwendigkeit des Datenaustauschs und/oder gemeinsamer Stammdaten besteht. Die Pflege des Datenmodells gemeinsamer Stammdaten kann ein abstimmungs-intensiver Vorgang sein, der als Prozess und möglichst gut „institutionell" zwischen dem IT-Bereich und den diese Stammdaten nutzenden Fachbereichen abgestimmt sein sollte.

IT-Fachverfahren

IT-Fachverfahren sind Anwendungen, die die Fachbereiche in ihrer Arbeit bei Geschäftsprozessen unterstützen. Sie sind entweder eingekaufte Standardprodukte oder aufgrund betriebsspezifischer Vorgaben entwickelte Individualsoftwareprodukte. Für viele branchentypische Aufgaben gibt es mittlerweile mächtige, allerdings im Einzelfall anpassungsbedürftige Produkte, die eine laufende Pflege und Weiterentwicklung durch die Hersteller erfahren und damit den Kunden teilhaben lassen an i.d.R. ständig wachsenden Funktionsumfängen und eventuell in der Software angebotenen Standard-Workflows.

Fachverfahren unterstützen die Geschäftsprozesse

Die Entscheidung über die Auswahl der Fachverfahren ist durch folgende Situation gekennzeichnet: Es ist nur zum Teil in der Kompetenz von IT-Bereichen, die Auswahl von IT-Fachverfahren mit zu beeinflussen. Hier beißen sich auch manchmal zwei Prinzipien: Einerseits sind die Fach- und Querschnittsbereiche im Idealfall in der Rolle des „Bestellers", der Geld mitbringt und daher Wünsche äußern kann und soll. Sein Maß der Zufriedenheit ist meist dann am größten, wenn er – Leidenschaft unterstellt – ein Produkt nach seiner Wahl einsetzen kann. Anderseits hat der IT-Bereich als Betreiber von IT-Fachanwendungen ein Interesse an möglichst risikofreier Erstellung, beherrschbarer Pflege, berechenbaren Kosten und Aufwendungen für den Betrieb, leichter Zugänglichkeit von Schulungen und Training für die IT-Systembetreuer und Kompatibilität zu der vorhandenen Infrastruktur. Aus diesem möglichen Gegensatz können, müssen aber keine langwierigen Abstimmungsprobleme erwachsen. Empfehlungen für die „Normstrategie" sind:

- Bei geplanten neuen großen Anwendungen sollte man sich möglichst für brauchbare Standardprodukte anstelle von kompletten Eigenentwicklungen entscheiden, wenn die Betriebsziele und die „objektiven" Bedarfe des Fachbereichs dem nicht aus triftigen Gründen entgegenstehen

Möglichst IT-Standardprodukte einsetzen

- Bei Kauf-Software: Möglichst keine Veränderung der Kernfunktionalitäten und des Standard-Datenmodells durch Customizing und tiefen Eingriff in die Quellcodes der Software vornehmen. Besonders darauf achten, dass nächste Versionen des Produkts „automatisch", d.h. ohne großen Anpassungsaufwand, übernommen werden können.
- Bei zwingend nötigen Eigenentwicklungen mit und ohne Hilfe Dritter sehr sorgfältige Fachkonzepte ausarbeiten lassen und deren Erstellung in der Verantwortung des Fachbereichs oder eines hausweiten Projektmanagement belassen, bevor die IT an gut definierten Übergabepunkten die Erstellung von IT-Konzepten und die Softwareerstellung übernimmt. Genügend

Zeit für Tests mit „echten" Nutzern aus möglichst verschiedenen Bereichen des Betriebs ist einzuplanen.

Bei vielen Anwendungen der Querschnitts- und Fach-IT stellt sich die Frage, ob sich der Kunde einer Software anpasst oder die Software für den Einsatz im Betrieb verändert wird. Anpassungen der fachlichen Abläufe oder der Begriffe sind nicht „Hoheitsgebiet" der IT, hier müssen andere Bereiche (Organisationsbereich, Fachliches Projektmanagement, die betroffenen Bereiche selbst usw.) bereit sein, die Last des Veränderungsmanagements zu tragen. Da der IT-Bereich der Haupt-Betroffene ist, wenn IT-Fachverfahren in ihrem Lebenszyklus einen hohen und Spezialisten erfordernden Wartungsaufwand erzeugen, sollte diese Situation ohne Zorn und Eifer den Entscheidern mit allen Konsequenzen aufgezeigt werden. Die „total costs of ownership" und die eventuellen Wirkungen auf die Anwendungslandschaften, die Ressourcensituation des IT-Bereichs und die Priorisierung im – sofern vorhanden – Multiprojektmanagement sind wichtige Themen im Management von IT-Fachverfahren.

Querschnitts-Fachverfahren

Querschnitts-Fachverfahren möglichst auf IT-Plattformen betreiben

Für Querschnitts-Fachverfahren gilt das zu den Geschäfts-Fachverfahren Gesagte analog. Im Querschnittsbereich ist die Chance höher als in den Fachbereichen, für weite Teile der Anwendungen eine gemeinsame Plattform zu finden. Das Produkt SAP und andere bisher im Mittelstand eingesetzte kleinere Enterprise Resource Planning (ERP)-Anwendungen bieten für viele Querschnittsfunktionen vorkonfigurierte Branchenlösungen.

IT-Entwicklung

Entwicklungsarbeiten für IT-Kunden benötigen strenge Trennung von Ersteller-Besteller Rollen

IT-Bereiche betreiben Entwicklungsarbeiten entweder für Applikationen der Kunden (Neuentwicklung, Anpassungen) oder für Eigenbedarfe. Bei den für Kunden erstellten Leistungen ist es sehr empfehlenswert, auf eine strenge Einhaltung der Rollentrennung Besteller – Ersteller zu achten. Je nach Reife der IT-Kunden kann das eine besondere Herausforderung sein. Die Rolle des IT-Kunden ist es, ein ausreichend spezifiziertes Fachkonzept vorzulegen und mit besonders erfahrenen Beschäftigten für Fachfragen, Tests und ggf. Schulungen bei der Einführung bereitzustehen. Je nach Art der Erstellungsleistungen ist auch eine direkte Mitarbeit im Erstellungsprojekt sinnvoll. Der IT-Bereich ist nur für die technische Seite, nicht aber die im Fachbereich stattfindenden organisatorischen und fachlichen Fragen zuständig.

Frage „make or buy"?

Eine häufig gestellte Frage in Betrieben mit dem Bedarf an eigenentwickelten Applikationen ist, ob man hierfür eigene Personalkapazitäten (1) für die IT-Konzeption und die (2) Erstellungsleistungen vorhalten sollte, oder nicht. Die Antwort auf diese Frage hängt von mehreren Gegebenheiten ab, diese sind:

- Anspruchsniveau benötigter Fachkompetenz für die zu entwickelnde und zu pflegende Anwendung

- Höhe des Kompetenzniveaus eigener Entwickler im Vergleich zu den Ansprüchen der Entwicklungsarbeit
- Möglichkeit, die relative Höhe des benötigten Kompetenzniveaus eigener Entwickler auf Dauer zu halten
- Änderungsfreudigkeit und -rhythmik der zu betreuenden Verfahren
- Volumen der zu erwartenden Arbeiten
- Vorhandensein gegenüber Dritten aus rechtlichen oder wettbewerblichen Gründen schützenswerter Kompetenzen oder Geschäftsgeheimnisse
- Verfügbarkeit externer Anbieter und Services
- Benötigte Flexibilität sowie die eigene/von Externen gebotene Flexibilität
- Qualität der vorhandenen Fachkonzepte: Können IT-Konzepte direkt anschließen oder bedarf es der nicht überraschungsfreien Nacharbeit bei den fachlichen Konzepten? Sind als Folge der Reife von Fachkonzepten die IT-konzeptionellen Entwicklungsarbeiten als Werkvertrag oder nur als Dienstvertrag zu vergeben?
- Kosten aller Alternativen.

Selbst wenn Entwicklungsfähigkeiten fast immer fremd vergeben werden sollen ist immer noch zu fragen, ob dies für ALLE Entwicklungsarbeiten der Fall sein soll oder nur für die reinen Erstellungsleistungen. Wenn man die IT-Konzeption auch fremd vergibt, dann droht auf Dauer die Gefahr, die eigene Kompetenz für das Erstellen von IT-Konzepten und Pflichtenheften in bestimmten Technologie-Welten zu verlieren und damit bei nächsten Beauftragungen von den Externen abhängiger zu werden. *Kompetenz für IT-Konzepte und Pflichtenhefte*

IT-Projekte

Das Wort „Projekt" sagt noch nichts über den Inhalt aus. Hier sollen unter „Projekt als Service" die im Kundenauftrag stattfindenden größeren IT-Erstellungsleistungen für Software sowie anteilige Arbeiten im Umfeld solcher Projekte (z. B. Schulungen, besondere Service-Desk-Betreuung) verstanden werden. In den Betrieben mit relativ häufigen IT-Projekten prägt die Projektarbeit oft mehr die Wahrnehmung der IT bei den Entscheidern als die sonstigen Services („IT-Grundbetrieb"). Die Kompetenz, Innovationen zu realisieren oder einfach auch nur gute handwerkliche Leistungen bei der Erstellung neuer Werkzeuge zu zeigen, ist aus Sicht des Betriebes wertvoll. Im Falle des Scheiterns ist umgekehrt mit einem Reputationsverlust zu rechnen. *Schwerpunkt IT-Erstellungsleistungen für Fachbereiche*

I.d.R. dürfte der IT-Bereich unabhängig von seinen Arbeitsanteilen bei größeren IT-Erstellungsleistungen gegenüber der Betriebsleitung immer einen großen Teil der Verantwortung haben. Es stellt sich also meist weniger die „strategische" Frage des OB bei dieser Servicekategorie (natürlich aber schon im Einzelfall), sondern des WIE. Hier muss ein IT-Bereich für bestimmte Leistungsanteile, wie z. B. IT-Erstellungsleistungen (siehe auch unter Servicekategorie „Entwicklung") klären, ob er zukünftig diese selbst erbringen will und wie er bei entsprechender Entscheidung dann die dazu nötigen Kapazitäten und Kompetenzen vorhalten kann.

IT-Standard-Arbeitsplatz als Service

Für das Bild des IT-Bereichs prägender Service

Der wohl häufigste und für das Bild des IT-Bereichs in den meisten Betrieben prägende IT-Service ist das Bereitstellen eines IT-Arbeitsplatzes in einer betriebstypischen Grundausstattung. Aus Sicht des IT-Managements ist es keine Selbstverständlichkeit, diesen IT-Arbeitsplatz als eine Service-Einheit zu sehen. In vielen Betrieben wird er tatsächlich auch nicht als Einheit, sondern als Summe vieler Einzelteile (Hardware, Software, Groupware) betreut. Je größer die Zahl der Nutzer ist, je heterogener die bisherige Ausstattung der IT-Arbeitsplätze ist, desto eher wird ein gemeinsamer Service Desk wegen des Gerätezoos und der Vielfalt individueller Konfigurationen stark belastet. Aus diesem Grund ist in vielen Fällen die Definition eines (oder zweier) Standard-IT-Arbeitsplätze, statt x-beliebig vieler, sinnvoll. Standardarbeitsplätze können u.a. in folgenden Kategorien festgelegt werden:

- Stationärer IT-Arbeitsplatz mit z. B. Standard-Desktop-PC, Monitor, Arbeitsplatz-Drucker oder Zugang zu einem Netzwerkdrucker usw.
- Mobiler IT-Arbeitsplatz mit Notebook oder (selten) Netbook
- Telearbeitsplatz

Desktops können durch „reale" oder virtuelle Klienten („Virtueller Desktop" oder virtuelle „Desktop-Infrastruktur") dargestellt werden. Da bei virtuellen Clients alle Betriebssystemkomponenten (auch das Image) zentral auf einem Host liegen, spart man gegenüber konventionellen Clients einen Teil der körperlichen Arbeit bei Migrationen usw. und anderen Pflegemaßnahmen. Dagegen sind die Netzbelastung und die Belastung des Servers höher.

Interne IT-Netze (physisch)

Bedeutung des Themas interne IT-Netze nimmt zu

Die internen IT-Netze sind ein nach außen weniger dynamisch erscheinendes Thema[193] zu sein. Dennoch richten sich an das Netz einige für den Betrieb sehr wichtige Fragen. Sie betreffen die Bandbreite, der Fähigkeit zum Identifizieren der Endgeräte, der möglichen Versorgung von VoIP-Geräten mit Strom über das Netz, des Kabelmaterials und der damit verbundenen Fähigkeiten (Glasfaser oder nicht?) usw. Die Antworten darauf haben teils große Bedeutung für die Performance von Anwendungen, die IT-Sicherheit und die Pflege des Netzes.

Netzdienste

Netzdienste sind meist hochgradig outsourcing-fähig

Netzdienste werden zu einem Großteil zumeist eingekauft und über externe Provider abgewickelt. Die IT-Bereiche treten hier nur als Beschaffer auf. „Strategisch" mag die Frage sein, ob man sich nur an einen oder aus Sicherheitsgründen an zwei (oder mehr) Provider bindet. Ergänzend sind IT-Bereiche manchmal auch beauftragt, die Homepages des eigenen Betriebs technisch zu pflegen ggf. ergänzend die im Web seitens des Betriebs angebotenen Services (z. B. Einkaufs- oder Verkaufsplattformen, Informationen wie z. B. Geschäftsberichte) zu unterstützen.

---

[193] Eine gute Darstellung der technischen Aspekte von Netzen findet sich in Schreiner, 2009

Rechenzentrum(-sbetrieb)

„Rechenzentrum" ist als Ort, als Funktion oder als Service definierbar. Der Ort bezeichnet eine Räumlichkeit, in der komplexe Infrastrukturkomponenten der IT-Architektur betrieben werden: Server, zentrale Speichersysteme und aktive Netzwerkkomponenten. Im Gegensatz zum bloßen „Serverraum" hat ein Rechenzentrum als Gebäude zwingend eine räumliche Teilung zwischen IT und unterstützender Infrastruktur (Strom, Klimaanlage, Unterbrechungsfreie Stromversorgung USV) vorzusehen[194]. Die typischen Rechenzentrums-Leistungen sind Server Hosting, Server Housing, Teile der Netzadministration und das Angebot von Speicherplatz. Ergänzend kann auch der Service „Rechenzentrum" als ganzes dazukommen. Rechenzentren sind das „Herz" des IT-Betriebs und können ganz erhebliche Beiträge zu einer Steigerung der Effizienz in der IT insgesamt leisten: Die Virtualisierung von Servern, die Virtualisierung von aktiven Netzkomponenten und die standardisierte Konfiguration von virtuellen Mini-Rechenzentren mit einem Anteil Speicher, Netz und Server sind Trendthemen. Teilweise sind die Themen nicht sehr neu, aber für immer noch sehr viele Betriebe eventuell eine mögliche Innovation.

IT-Rechenzentren sind das „Herz" des IT-Betriebs

Service Desk

Der Service Desk ist ein zentrales Element fortschrittlicher Konzepte des IT-Service Managements, auch des ITIL. Es ist der „single point of contact" für den IT-Nutzer und prägt die Wahrnehmung des IT-Bereichs durch Außenstehende. Der Service Desk als solcher ist eine organisatorische Einrichtung der zentralen Leistungserbringung und liefert mit seiner Arbeit wiederum unterstützende Beiträge für viele andere IT-Services, z. B. Betreuung der Hardware des IT-Arbeitsplatzes oder Beratung bei fachlichen Anwendungen. Die möglicherweise auftretenden Fragen zur Gestaltung des Service Desks sind …

Service Desk ist der „single point of contact" zum IT-Nutzer

- die technische Unterstützung durch ein Ticket-System, das den Workflow der eingehenden Aufträge elektronisch abbildet und den Gang der Bearbeitung z. B. durch Häufigkeitsstatistiken nachvollziehbar macht
- die Einbeziehung auch anderer Themen in den Service Desk, z. B. die Betreuung der Telefonnutzer.

Telefonie

Die Telefonie des Betriebs ist für viele IT-Bereiche ein „Anhängsel" ihres Aufgabenspektrums. Sofern die Telefonie nicht als Voice over IP (VoIP) betrieben wird, ergeben sich – außer der Nutzerschnittstelle zum Servicve Desk – oft wenig Möglichkeiten der Synergie mit dem Kern des IT-Bereichs. Der Telefonie-Service wird von den Kunden im Betrieb als selbstverständlich empfunden, bedeutende „strategische" Vorteile haben die IT-Bereiche vom Telefonie-Betrieb meist nicht.

Analoge Telefonie hat kaum Synergiepotenzial mit IT-Betrieb – VoIP dagegen schon

---

[194] Definition/Forderung des BSI bei der Definion des Grundschutzes, www.bsi. bund.de/DE/Themen/ITGrundschutz/ ITGrund-schutzKataloge/Inhalt/_content/baust/b02/b02009.html

Videokonferenzen

Potenzial von Videokon-
ferenzen wird vermutlich
nicht voll ausgeschöpft

Videokonferenzmöglichkeiten sind ein ergänzender Service, der oft in großen und mittelgroßen Betrieben mit geografisch verteilten Standorten und/oder ständigen intensiven Kontaktbedarfen mit geografisch entfernten Kunden nachgefragt wird. Sofern die Videokonferenz nicht komplett über Internet-Dienste abgewickelt wird, sondern mit stationären Videokonferenzanlagen über ein betriebliches Netz oder via Internet angebotene Verbindungen, hat i.d.R. der IT-Bereich die Verantwortung der Bereitstellung entsprechender Einrichtungen. Videokonferenzmöglichkeiten haben das Potenzial, direkte Reisespesen und die Kosten von Reisezeiten zu sparen. In vielen Betrieben mit Videokonferenzanlagen werden diese jedoch nur für einen gewissen Anteil der sonst durch Reisen zu erledigenden Gespräche genutzt, längst nicht im maximal möglichen Maße. Telefonkonferenzen erfüllen wahrscheinlich schon den größten Anteil des nicht durch Reisen abzuwickelnden Bedarfs nach Treffen. Ein IT-Bereich hat oft nur geringen Einfluss auf die Nutzungsfrequenz, die Verbesserung von Anlagen (größere Bildschirme oder mobile Anlagen) bringen manchmal nur kurzzeitige Steigerungen der Nutzung und Freude bei denjenigen, die sie schon bisher in Asnpruch nahmen. Solange die Nutzung auf Freiwilligkeit beruht ist daher zu erwarten, dass sich weitere Investitionen eventuell nur begrenzt rechnen.

5.4 Operatives Management nicht-projektärer IT-Kernprozesse

Übersicht

Kernprozesse erstellen
IT-Services

Kernprozesse des IT-Bereichs sind die unmittelbar zu IT-Services führenden Abläufe. ITIL ist nicht das einzige Konzept für Kernprozesse im Servicemanagement, die Tabelle 5.8 zeigt einige Alternativen mit unterschiedlich großem Umfang abgebildeter IT-Prozesse.

Tab. 5.8: Prozessmodelle im IT-Servicebereich[195]

Prozessmodell	Herkunft
eSourcing Capability Model for Service Providers, Version 2	Carnegie Mellon University
ITIL (Information Technology Infrastructrue Library)	ursprünglich Großbritannien
KPMG Maturity Model	Fa. KPMG
Microsoft Operating Framework	Fa. Microsoft
...	...

---

[195] Weisberger & Koppberger, 2008, S. 88; Auszug aus http://www.itsmportal.com/frameworks

Um eine diskussionsfreie Abgrenzung der Begriffe zu nutzen, werden die nachfolgend kurz beschriebenen Prozesse nach dem ITIL-Quasistandard in der Version 3 definiert. ITIL hat sachliche Lücken und auch punktuelle Kompatibilitätsprobleme zu anderen Referenzmodellen[196]. Diese Schwächen treten jedoch hinter dem Vorteil der Standardisierung zurück.

Es gibt verschiedene IT-Prozessmodelle, aber nur eines mit sehr weiter Verbreitung: ITIL

Die nachfolgende Darstellung soll nur punktuell, d.h. nicht bei allen ITIL-Prozessen, Hinweise auf besonders IT-strategierelevante Aspekte bei der Gestaltung von Betriebsprozessen geben. Eine vollständige Beschreibung aller nicht-projektären Arbeitsprozesse für IT-Services kann einem der zahlreichen Werke[197] über ITIL entnommen werden.

Störungs- und Problemmanagement

Zwei miteinander besonders eng verknüpfte Prozesse sind das Störungs-(Incident-) und das Problemmanagement. Sie sollte man als wichtigen Inputgeber für das Erkennen grundsätzlicher Verbesserungsbedarfe betrachten. Die Richtung dieser Veränderungen kann erst nach genauer Analyse bestimmt werden. Mögliche Erkenntnisse aus diesen Prozessen sind u.a.:

Störungs- und Problemmanagement sind eng miteinander verknüpft

- Qualitätsprobleme mit Hardware (Fehleranfälligkeit, schlechte Wartbarkeit, mangelnde Dimensionierung)
- fehlende Hardware (z. B. orthopädische Computermäuse für IT-Nutzer mit Sehnenscheidenentzündung)
- Qualitätsprobleme von Softwareprodukten (echte „harte" Fehler oder nur einfache Nutzerunfreundlichkeit)
- Belastung oder Überlastung der IT-Infrastruktur
- Schulungsbedarfe der IT-Nutzer (fachlich und/oder in der Nutzung des Fachverfahrens)
- Erweiterungsbedarfe der Funktionalität von Software
- mangelhafte Kommunikation in den Fachbereichen
- durch IT-Nutzer „illegal" aufgespielte Software.

Daher sind das Störungs- und Problemmanagement aus den operativen Arbeitsprozessen als besonders wichtig herauszuheben. Sie verdienen einige über die bloße Darstellung des Standards hinausgehende Empfehlungen. Zuvor sollen beide Prozesse näher erläutert werden:

---

[196] Kritisiert wird u.a. die mangelnde Berücksichtigung von IT-relevanten Aspekten der Geschäftsarchitektur, mangelnde Verzahnung zwischen dem IT-Betriebsbereich mit der IT-Softwareentwicklung, mangelnde Berücksichtigung von Besonderheiten von Fach-IT. Diese Mängel sind aber sämtlich „heilbar" durch künftige Erweiterungen des Standards oder die betriebsindividuellen Ergänzungen bei einzelnen Implementierungsprojekten

[197] Empfehlenswert z. B. Beims, 2012; Böttcher, 2012

Definition Störung(-smanagement), incident (management)
Eine „Störung" ist jedes Ereignis, das die Qualität eines Services objektiv
oder subjektiv beeinflussen könnte oder tatsächlich beeinflusst. „Störung"
ist damit sowohl eine einfache Verstehensfrage von IT-Nutzern (möglicherweise nur subjektive Qualitätsbeeinflussung) als auch eine komplette
technisch-organisatorische Unterbrechung des Services. Es ist unerheblich,
ob die Meldung dieser Störung von IT-Nutzern, IT-Beschäftigten oder
IT-Werkzeugen, wie z. B. einer Monitoring Software kommt. Das Störungsmanagement ist für den kompletten Zyklus der Störungsbearbeitung
bis zur Lösung verantwortlich[198].

ITIL schlägt die arbeitsorganisatorische Trennung der Bearbeitung von Störungen mit bekannter Ursache und bekanntem Lösungsweg (1st level support)
von der Bearbeitung zunächst nicht lösbarer Störungen (2nd level support) vor
und definiert daher den Begriff „Problem(-management)":

Definition IT-Problem(-management)
„Probleme" sind Störungen unbekannter Ursache. Diese sind die, im Rahmen des Störungsmanagements, zu Beginn nicht lösbaren schwerwiegen-
den Fehler im Verantwortungsbereich der IT.

Das Störungsmanagement (1st level support) ist ein besonders erfolgskritisches
Element der IT-Prozesse. An dieser „Kundenfront" sind soziale und fachliche
Qualitäten sowie menschlich stabile Persönlichkeiten gefordert, die gewollt
oder ungewollt auch einen Teil der Betriebskultur innerhalb des IT-Bereichs
nach außen transportieren. Beschäftigte im Service Desk stehen von zwei Seiten
unter Druck: Seitens der IT-Nutzer, weil sie für IT-verursachte Störungen verantwortlich gemacht werden, und seitens der Beschäftigten im 2nd Level Support und sonstigem Backoffice, weil sie als fachlich weniger versierte Experten
gelten. Die fachlich und menschlich gute Verzahnung des 1st level supports mit
den nachgelagerten Funktionen der IT sollte ein hoch priorisiertes Ziel des
IT-Bereiches sein. Hierzu sind ein formeller und ein informeller Kommunikati-
onskanal zur IT-Leitung empfehlenswert. Die intelligente Filterung der reichen,
aber auch durch starkes „Rauschen" und viel Routine geprägten Informationen
des Service Desks sollte durch ein Standard-Berichtswesen (Fehlerstatistiken,
nach Kategorien sortierte Statistik der Nutzeranfragen) erfolgen.

Konfigurations- und Kapazitätsmanagement
Zwei ITIL-Prozesse aus dem Bereich des Service-Designs verdienen besondere Beachtung, weil sie verantwortlich sein können für manchmal unter drama-
tischen Umständen auftretende praktische "Schwachstellen" an der Nahtstelle

---

[198] In Anlehnung an BEIMS, 2012, S. 159

zwischen dem IT-Grundbetrieb und IT-Entwicklungsprojekten. Die Prozesse sind das Konfigurations- und Kapazitätsmanagement.

Definition IT-Konfiguration(-management)
IT-Konfigurationen sind generelle Einstellungen von Parametern betrieblicher Software und Hardware sowie anderer Komponenten von Services.

Definition
IT-Konfiguration

Gemäß dem ITIL-Ansatz ist es wünschenswert, alle Konfigurationseinstellungen der IT als Teil einer logischen Konfigurationsdatenbank („CMDB", configuration management database) zu verstehen.

Definition IT-Kapazitätsmanagement
„Kapazität" ist das technische Leistungsvermögen von Hard- oder Software, gemessen in Mengen-, Größen- oder Zeitangaben, wie Speichergrößen, Durchsatz von Daten pro Zeiteinheit (MIPS: million instructions per seconds), Bandbreiten von Netzen, Reaktionszeiten von Geräten, Bildschirmgröße bei Monitoren usw.

Definition Kapazitäts-
management

Das Bestimmen der nötigen Kapazität für einen Service ist ein logisch nachgeordneter Teil des Demand Managements, weil sich letztlich die erforderliche Kapazität aus den Bedarfen der IT-Kunden ergibt.

Das Kapazitätsmanagement ist eine Mischung aus eher banalen und teilweise organisatorischen, „politischen" wie auch diffizilen technischen Fragen. „Banal" ist das Kapazitätsmanagement, wenn sich belastbare Festlegungen direkt aus den Wünschen von IT-Kunden ergeben (z. B. Bildschirmdiagonale mindestens 22 Zoll) oder 1:1 aus den Angaben von Herstellern der für den Service eingesetzten IT-Produkte entnommen werden können (z. B. benötigter freier Arbeitsspeicher für die Anwendung xy). Aber solche einfach zu beantwortenden Situationen der Kapazitätsbestimmung sollten nicht dazu verleiten, das Thema zu unterschätzen und mögliche Probleme der Kapazitätsbestimmung zu verniedlichen: Diffizile technische Kapazitätsfragen können sich in einer betrieblichen Architektur dann ergeben, wenn mehrere nutzende Komponenten zusammen Last ausüben (z. B. auf das Netz) und in ihrer Wirkung vorher nicht berücksichtigte Effekte, wie timeouts, hinzukommen. Hier sieht man dann auch das im Zusammenhang zu bewertende Verhalten von Systemen unter bestimmten Konfigurationseinstellungen und Kapazitätsgrenzen. „Politische" Anteile des Kapazitätsmanagements sind in der Frage des Risikomanagements zu sehen, bis zu welchen außerordentlichen Belastungssituationen die Systemstabilität gewährleistet sein soll. Typische Situationen mit „politischen" Anteilen sind z. B. die Kapazitätsgrenzen von Internetseiten, wenn es aufgrund außerordentlicher Ereignisse extreme Belastungsspitzen der IT-Nutzung geben könnte (Mouseklicks auf Internetseiten des Wetterdienstes bei Sturmwarnungen, Wertpapier-Handelssysteme bei Börsencrashs, usw.). Aus der Kenntnis solcher Problemkonstellationen heraus kann es ein Ziel des IT-Bereichs sein,

Kapazitätsmanagement ist
Mischung aus banalen,
politischen und techni-
schen Fragen

ein besonders gut hinterfragtes und dokumentiertes Kapazitäts- und Konfigurationsmanagement zu haben. Hierzu gehören dann evtl. separate Entwicklungs- und Testumgebungen, um die vorhandene oder künftige Architektur realistischen Lasttests unter verschiedenen Parametern aussetzen zu können. Die aufmerksame Berücksichtigung von Konfigurations- und Kapazitätsfragen ist auch eine sehr gute Empfehlung zur Verbesserung der Management-Schnittstelle zwischen dem IT-Grundbetrieb und dem IT-Projektmanagement.

5.5   IT-Projektmanagement

5.5.1   Übersicht

Projektarbeit in IT-Bereichen ist ein Teil der Regelarbeit, keine Ausnahme

Projekte sind eine weit verbreitete Arbeitsform, die in manchen Branchen und Betrieben fast zur Regelarbeit geworden ist. Insbesondere der IT-Bereich ist, sei es für interne Zwecke oder als Beteiligter in gemischten Vorhaben, zusammen mit den Fachbereichen, den anderen Querschnittsbereichen oder Externen, oft mit einem erheblichen Anteil eigener Ressourcen in Projektarbeiten einbezogen. Für ihn ist es eine „Regelarbeitsform".

Definition IT-Projekte

Definition (IT-) Projekte
IT-Projekte sind zeitlich befristete Tätigkeiten, deren Start durch einen klar umrissenen Auftrag und deren Ende durch Erreichen eines Ergebnisses oder/und Ablauf von Fristen geplant ist. Projekte werden in der Regel bei besonders komplexen und/oder bereichsübergreifenden Vorhaben eingerichtet, wenn die Linienorganisation hierdurch überfordert scheint oder nicht so effizient und effektiv zu den erwarteten Ergebnissen kommen würde. IT-Projektmanagement unterscheidet sich nicht grundsätzlich vom allgemeinen Projektmanagement, kann aber eine besonders große technische und/oder organisatorische Tiefe aufweisen und kennt auch eigene Vorgehensmodelle und Standards.

Der Begriff „Projekt" ist im täglichen Arbeitsgebrauch nur unscharf von den, teils synonym, teils auch für weniger anspruchsvolle Einmalaufgaben verwendeten Begriffen „Maßnahme" und „Vorhaben" getrennt. Hier soll der Begriff „Projekte" für formal als „Projekt" klassifizierte größere und anspruchsvollere Maßnahmen[199] und Vorhaben verwendet werden. Die beiden letztgenannten sind als Oberbegriffe von „Projekt" zu verstehen.

---

[199] „Maßnahme" wird im Öffentlichen Bereich Deutschlands als Begriff für die im IT-Sachhaushalt einzeln beplanten Vorhaben genannt

Das Management von Projekten ist eine Antwort auf die besondere Herausforderung der Lösung oft komplexer sachlich/fachlicher und/oder menschlich/
organisatorischer Problemknäuel, die entweder schon vorher vorhanden sind
oder durch das Projekt zeitweise geschaffen werden. Das Sinnbild des „dop-
pelten magischen Fünfecks" (siehe Abbildung 5.5) drückt das grafisch aus.

*Projektmanagement ist
i.d.R. eine besonders
anspruchsvolle Arbeits-
form*

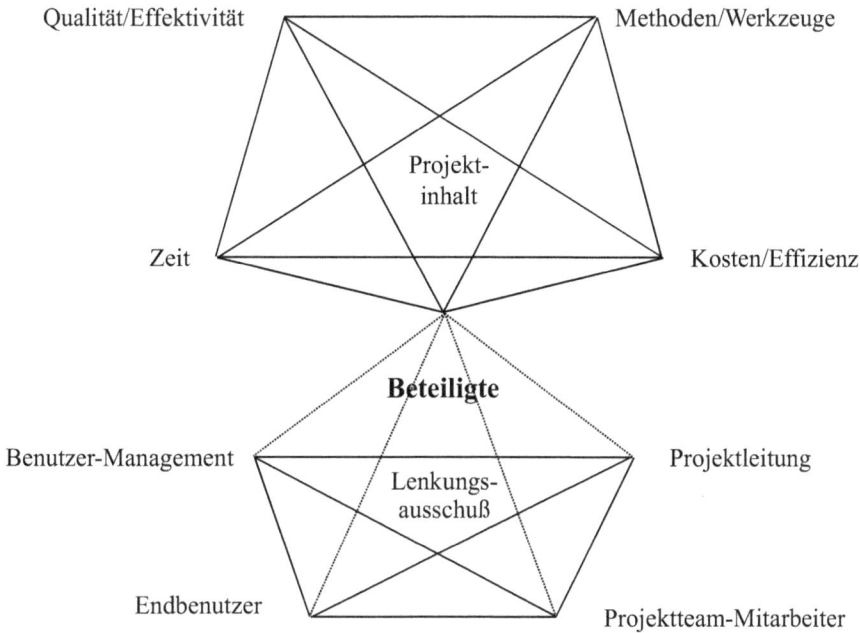

Abb. 5.5: Projekte – doppeltes „Magisches Fünfeck"[200]

Als Antwort auf diese Management-Herausforderung gibt es eine Vielzahl von
Ratgebern, Modellen, Werkzeugen und sonstiger Literatur über Projektarbeit
allgemein oder im IT-Bereich[201].

*Typen von Projekt-
inhalten*

Nach dem Projektinhalt kategorisierte Typen von IT-Projekten in IT-Bereichen
der sekundären IT-Industrie sind:

- IT Softwaremigrationen, z. B. Wechsel oder Upgrade des Betriebssystems,
  im Rahmen eines Releasewechsels
- IT-Software-Erstellungsprojekte inklusive Ausrollen der Software
- Einführung einer neuen Kauf-Software
- Hardware-Migrationen (z. B. Umzug des Rechenzentrums)

---

[200] Heilmann, 2000, S. 20

[201] Über IT-Projektmanagement vorliegende „modellfreie" Literatur z. B. Brugger 2005), Kellner
(2001), von Brisinski & Vollmer (2010)

- reine Ausroll-Aktionen neuer Hardware, z. B. neue Desktop-IT-Arbeits-plätze oder isoliert neue Drucker, Notebooks oder Monitore
- „Reine" Organisationsprojekte innerhalb der IT, z. B. Einführung standardisierter Service-Abläufe nach dem ITIL-Standard
- „gemischte" Aufbau- und ablauforientierte interne Organisationsprojekte mit erheblichen technischen Anteilen, Konsolidierung von IT-Bereichen oder Teilen (z. B. Zusammenlegen von Rechenzentren)
- Organisationsprojekte mit Beteiligung Externer als Teil der Lösung, z. B. Outsourcen von Teilen („managed Services", „Outtasking") oder ganzen IT-Bereichen
- IT-Strategieprojekte, entweder tatsächlich als Vorhaben zur Erstellung eines Strategiepapiers oder aber als fokussierte Frage zur Gestaltung von Teilthemen z. B. unter dem Stichwort „Machbarkeitsstudie".

Abb. 5.6: Karikatur Software-Erstellung – moderne Alchimie

Im Folgenden sollen einige strategisch wichtige Teilaspekte des IT-Projekt-managements in gesonderten Abschnitten kurz vorgestellt werden.

5.5.2 Vorgehensweisen Projektmanagement

Grundsätzliche Frage: Lineares oder agiles Vorgehen

Wenn es in IT-Bereichen absehbar wiederholt IT-Projekte in der gleichen thematischen Kategorie, z. B. zur Softwareerstellung, geben wird, dann empfiehlt es sich, projektübergreifend für den Betrieb oder individuell für bestimmte Projektinhalte eine Standardisierung des Vorgehens vorzunehmen. Dies deshalb, um so bei allen Beteiligten vorab Klarheit über die grobe Zeitfolge von Arbeitsphasen, typischen Management-Herausforderungen je Phase und, ganz schlicht, Begriffsvereinheitlichung zu erreichen. Die Art des ausgewählten Standard-Vorgehensmodells sollte möglichst gut an die typischerweise vorkommenden Projektinhalte und die Umgebungsbedingungen angepasst sein. „Klassisch" sind streng lineare Modelle, bei denen jeweils eine Projektphase – mit oder ohne formelle Abnahme – beendet sein muss, bevor eine nächste beginnt. Die Abbildung 5.7 zeigt schematisch ein solches Vorgehen.

Lineares oder agiles Vorgehen?

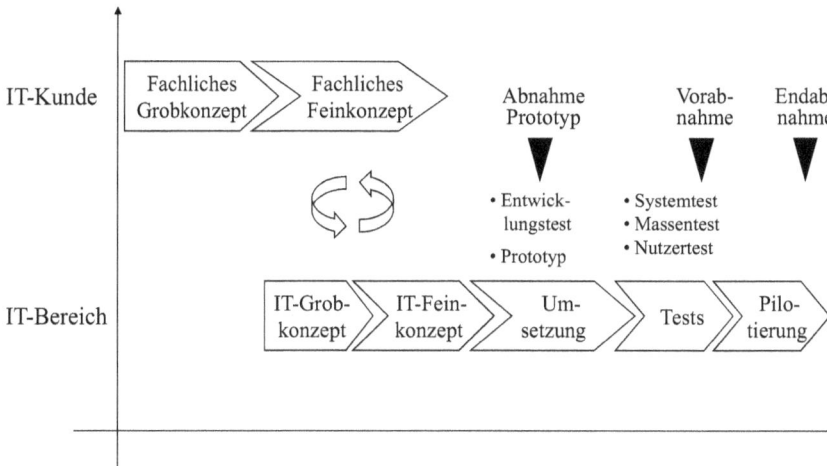

Abb. 5.7: Standardablauf eines IT-Projekts

Der Vorteil einer vordefinierten linearen Reihenfolge von Schritten kann bei allen im Voraus gut planbaren Projekten genutzt werden. Es gibt jedoch immer wieder auch Vorhaben mit einer zu Beginn nicht in allen Teilen gleich guten Fachkonzeption oder schneller Änderung der Auftragslage. Die Folge ist, dass später viele und erhebliche Änderungswünsche (change requests) der IT-Kunden kommen können. Hier „stören" der vereinbarte strenge lineare Ablauf und das im Projekt anfänglich verbreitete Vertrauen darauf, dass die ersten Schritte später wieder ohne Weiteres reversibel sein werden. „Agile" Projektmanagement-Methoden wollen diese Situation auflösen, indem sie von vornherein die IT-Umsetzung nicht mit einem fachlich bis ins Detail zu Ende geplanten

Vorteile linearer Vorgehensweise

Vorhaben starten, sondern das Gesamtprojekt jeweils in mehreren kleineren Einheiten mit Teil-Fachkonzept und Teil-IT-Umsetzung laufen lassen. Die ersten Schritte sollten so vereinbart sein, dass ein tragfähiges System entsteht, das die später kommenden, vorab nur grob bekannten Elemente, aufnimmt.

Definition Agile
Softwareentwicklung

Definition Agile Softwareentwicklung
Agile Softwareentwicklung ist dadurch gekennzeichnet, dass zu Beginn der IT-Umsetzungsarbeiten kein komplettes und auf dem final benötigten Detailniveau befindliches Fachkonzept existiert. Demzufolge gibt es auch kein vollständiges IT-Feinkonzept. Die Konzepte und das IT-Ergebnis „wachsen" quasi schrittweise. Die Entwicklung erzeugt mehrere zeitversetzt produktiv gehende Module statt einer mit „big bang" startenden Anwendung.

Agile Softwareentwicklung möchte weniger bürokratisch als lineare Modelle sein, sie ist stärker durch Tests getrieben. Es gibt in Nuancen verschiedene agile Ansätze (z. B. SCRUM[202] oder Extreme Programming).

Genauso wie lineare Modelle müssen letztlich aber auch agile Methoden zu einem komplett lauffähigen und die Kundenanforderungen bedienenden IT-System führen. Die Kosten des Vorhabens lassen sich vorab weniger exakt planen, als bei linearen Modellen. Wenn man den in der Literatur berichteten Befragungen über die Häufigkeit des Einsatzes von agilen Methoden Glauben schenken darf, dann nimmt ihre Einsatzhäufigkeit zu. Außerdem sollen sie eine höhere Erfolgswahrscheinlichkeit haben, als lineare Vorgehensmodelle.[203]

Projektstandards und Vorgehensmodelle

Es gibt viele standardisierte Projektmanagement-Vorgehensmodelle

Es gibt eine Reihe von standardisierten Projektvorgehensmodellen, die teils mit Zertifikaten hinterlegte Schulungen für Projektleiter bieten. Zu ihnen zählen als die bekanntesten ...

* PMBOK
* Prince2
* V-Modell XT (nur Deutschland).

Die Modelle sind trotz mancher Unterschiede grundsätzlich sehr ähnlich. Kurz vorgestellt werden soll das etwas unbekanntere V-Modell. Das V-Modell des Öffentlichen Sektors in Deutschland ist ein ursprünglich im Bereich militärischer Großprojekte in der Körnungsgröße „Fregattenbau" entstandenes Konzept, das nun auch im zivilen Bereich eingesetzt wird[204].

---

[202] Pichler, 2008

[203] Für Quellhinweise siehe Wikipedia-Eintrag unter dem Stichwort „Agile Softwareentwicklung", 31.12.2013

[204] Dass die Entwicklung von Seekriegsschiffen der Deutschen Marine trotz des Einsatzes des V-Modells sehr fehleranfällig ist, sieht man an der langjährigen Pannenserie der Korvetten aus der Braunschweig-

Definition V-Modell (XT)

Der Begriff „V-Modell" (Version XT = Extreme Tailoring, Tailoring = „anpassbar") ist ein geschützter Name, die Hoheit über dieses Konzept liegt beim CIO der Bundesrepublik Deutschland. Es beinhaltet eine schrittweise Abfolge von Erstellungs- und Testschritten. Eine grafische Darstellung stellt das Modell V-förmig dar, wobei ein Schenkel die Erstellungsschritte und der zweite die Testschritte enthält[205].

Definition V-Modell XT

Das V-Modell sieht optisch streng linear aus, verbietet jedoch auch kein agiles Vorgehen. Für das V-Modell werden zahlreiche frei zugängliche Arbeitshilfen und teils vorformulierte Dokumente nach Standard des Bundes angeboten.

Das V-Modell ist eher linear, verbietet jedoch auch kein agiles Vorgehen

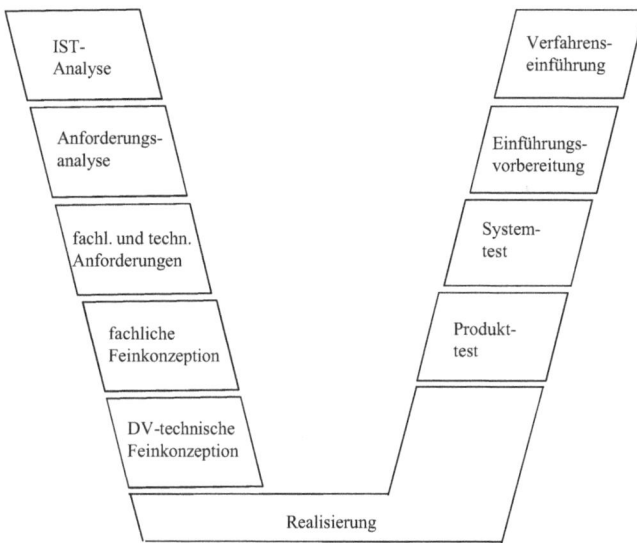

Abb. 5.8: V-Modell XT[206]

Multiprojektmanagement

Wenn Betriebe mehrere Projekte gleichzeitig betreiben – sei dies nur für eine bestimmte Dauer oder permanent – dann sollte über die Einführung eines gemeinsamen Multi-Projektmanagements dieser Projekte nachgedacht werden.

Anlass zur Einrichtung eines Multiprojekt-managements

Klasse, http://www.spiegel.de/politik/deutschland/deutsche-marine-bewaffnungsanlagen-auf-korvetten-sind-fehlerhaft-a-846986.html

[205] Das Modell existiert in einer allgemeinen Variante (derzeit Version 1.4) auch für die Privatwirtschaft und einer speziellen für die Bundesverwaltung. Diese spezielle Variante berücksichtigt auch die Abstimmung des Projekts mit dem IT-Betrieb und bezieht das Thema IT-Sicherheit nach dem Grundschutz-Standard des BSI ein, www.cio.bund.de/Web/DE/Architekturen-und-Standards/V-Modell-XT-Bund

[206] Gadatsch & Mayer, 2006, S. 234

Definition Multiprojektmanagement

Die DIN 69909-1: 2011-09 definiert Multiprojektmanagement als "organisatorischen und prozessualen Rahmen für das Management mehrerer einzelner Projekte" und stellt es damit einem Managementsystem gleich[207].
Gegenstand des Multiprojektmanagements sind Auswahl, Planung, Steuerung und Überwachung der gesamten Projektlandschaft eines Betriebs oder
einer Einheit[208] mit dem Ziel der effizienteren Steuerung.

Multiprojektmanagement ist letztlich nichts anderes als das Management mehrer Maßnahmen, seien sie nun „offizielle" Projekte oder anderer Natur. Alle in
diesem Abschnitt vorgestellten Überlegungen und Werkzeuge sind daher generell für die gemeinsame Steuerung mehrerer Vorhaben, unabhängig von
ihrem offiziellen Status, nutzbar.

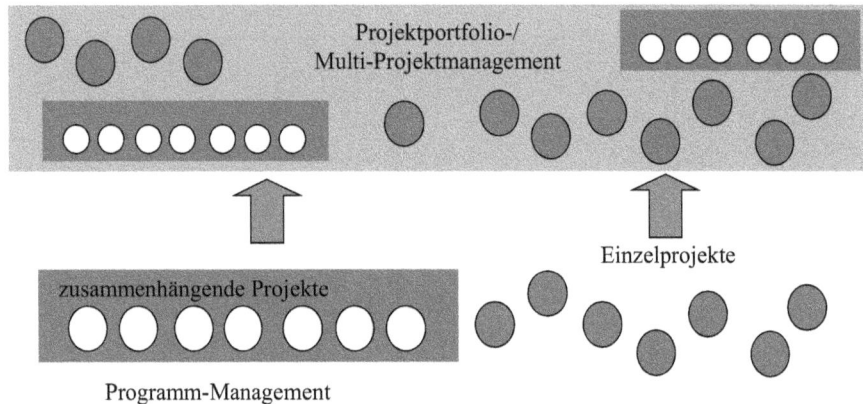

Abb. 5.9: Begriffe Programm- und Portfoliomanagement[209]

Der Begriff „Multi-Projektmanagement" ist synonym zu Mehr-Projektmanage-
ment und Projekt-Portfoliomanagement. Sie alle setzen keinen inneren Zusammenhang der Projekte voraus. Der Begriff „Programm-Management" dagegen beschreibt eine Mehrzahl von Projekten, die untereinander sachlich oder
durch Ressourcen verbunden sind, z. B. durch gleiche Ziele oder den gleichen
Arbeitsbereich bzw. die gleiche Domäne.

Für die Einrichtung eines Multi-Projektmanagements können sowohl inhalt-
lich-fachliche Gründe wie auch ganz schlicht die Steuerungsbedarfe angesichts
von Ressourcenengpässen oder Wechselwirkungen der Vorhaben aufeinander

---

[207] online Projektmagazin, 17.02.2012

[208] Gabler Wirtschaftslexikon online, 24.04.2012

[209] Ähnlich Kunz, 2006, S. 22

sprechen. Ein schöner Begriff, um die Schicksalsgemeinschaft der zusammen zu betrachtenden Vorhaben zu beschreiben, ist das „Haus der Projekte":

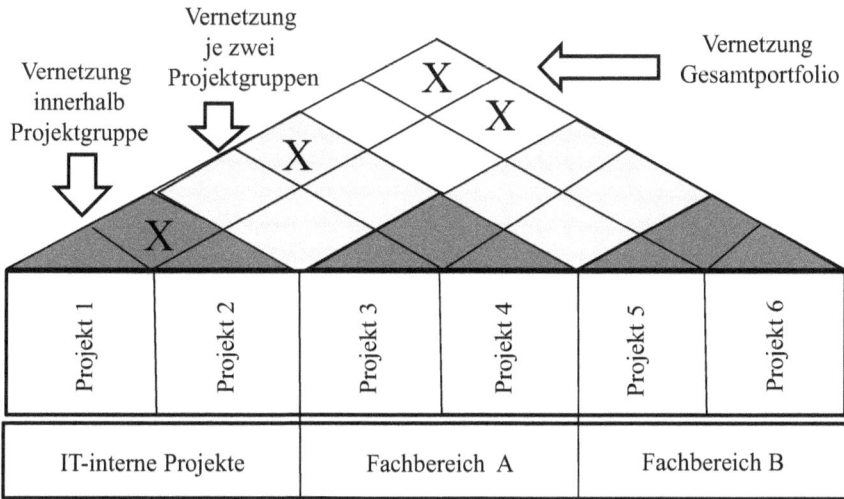

Vernetzung
je zwei
Projektgruppen

Vernetzung
innerhalb
Projektgruppe

Vernetzung
Gesamtportfolio

X
X
X
X

Projekt 1 | Projekt 2 | Projekt 3 | Projekt 4 | Projekt 5 | Projekt 6

| IT-interne Projekte | Fachbereich A | Fachbereich B |

Abb. 5.10: Projektportfolio

Ein Multiprojektmanagement einzurichten, kann zur Strategie der IT oder besser noch des Gesamt-Betriebs gehören, wenn hiermit dem Ziel ...

Gründe für das Einrichten eines Multiprojektmanagements

- des effizienten Ressourceneinsatzes sowie der Vorfeld-Steuerung möglicher Ressourcenkonflikte bei (Groß-)Vorhaben
- der Transparenz für sich selbst und gegenüber dem als Besteller von IT-Vorhaben auftretenden IT-Kunden, z. B. in gemeinsamen Steuerungsgremien mit Sitz und Stimme anderer Instanzen außer der IT,

genügt werden soll. Konstituierende Merkmale eines derartigen Portfolio-Managements sind ...

- Standardmethoden zur Messung von quantitativen und qualitativen Ressourcenbedarfen (z. B. Personentage Entwicklung) in den Projekten
- vordefinierte Kritieren zur Entscheidung über die Priorität und Prioritätenänderung im Konfliktfalle (siehe Abbildung 5.11)
- Festlegen von Eskalationsabläufen.

Die Herausforderungen des Portfolio-Managaments sind einerseits „mechanischer" Natur, weil es zahlenbasiert um die vergleichende Zusammenführung von zumindest teilweise nur als Schätzungen vorliegenden Daten geht, und nachfolgend eine Entscheidung über den optimalen Ressourceneinsatz herbeigeführt werden soll. Andererseits sind manchmal mit einzelnen Vorhaben auch unterschiedliche Interessengruppen angesprochen, so dass es ein Nebenziel des

„Mechanische" und „politische" Herausforderungen

Portfoliomanagements sein kann, möglichst auch die „politische" Akzeptanz der „unterlegenen" Befürworter zeitlich zurückgestellter oder abgelehnter Vorhaben zu bekommen.

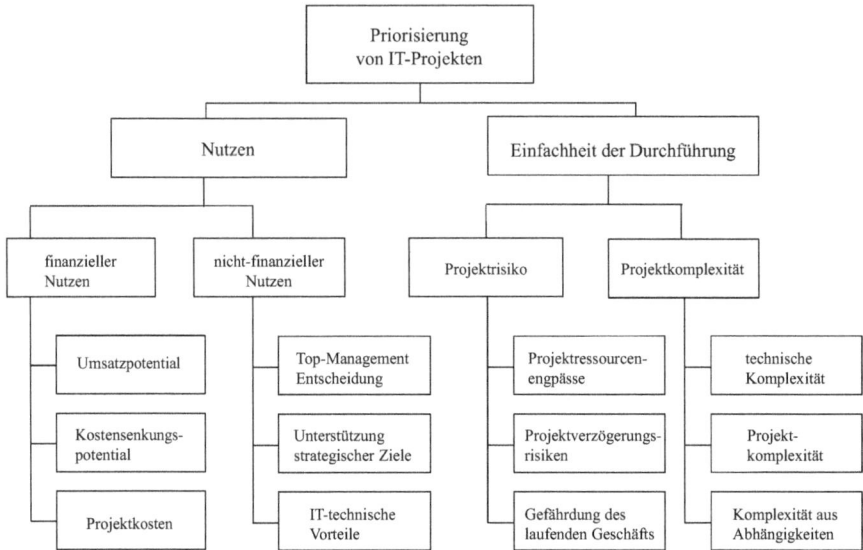

Abb. 5.11: Mögliche Kriterien zur Priorisierung von Projekten[210]

Viele alternative Verfahren der Abstimmung über Prioritäten denkbar

Der Methodenschatz von Verfahren, die neben harten Fakten auch die Meinung Beteiligter einfließen lassen, ist genügend groß (siehe Abbildung 5.12), um statt eigener Verfahren mit unsicherer Wirkung auf die Akzeptanz der Beteiligten ein vielleicht schon anderweitig im Betrieb etabliertes Verfahren mit erprobter Konsenzwirkung einzusetzen. Neben dem Werkzeug der Portfolio-Steuerung ist sicher auch die dauerhafte Nutzung des gleichen Verfahrens ein wichtiges vertrauenserweckendes Moment, da über längere Zeit vermutlich jeder mal „Gewinner" oder „Verlierer" sein wird oder zumindest das Gefühl hat, es zu sein. Wenn geeignete Entscheidungsmechanismen durch mehrmalige Übung – vielleicht auch kleine Gesten des Entgegenkommens der Gestalter– längere Zeit konsequent angewendet werden, kann man erfahrungsgemäß auch bei besonders misstrauischen Beteiligten auf Gewöhnungseffeke oder sogar Zustimmung zur Methode hoffen.

---

[210] Buchta, 2004, S. 115

Art der Kriterien / betrachtete Dimension	quantitativ (z.B. Kosten, Erträge, Rendite)	qualitativ (z.B. Attraktivität, Potenzial)
eindimensional	ABC-Analyse	Nutzwert-Analyse
zweidimensional	Priorisierungstabellen	Portfolio-Analyse
	Kosten-Wirksamkeits-Analyse	
dreidimensional	Wirtschaftlichkeits-analyse	3D-Portfolio-kennzahlen

Abb. 5.12: Verfahren Ermittlung von Grunddaten Priorisierung

Ein Stilmittel, weniger ein Mittel der Entscheidungsfindung, ist die Darstellung der Vorhaben in einem Portfolio. Hier sind mehrere, teils alternative, Dimensionen für die Achsen denkbar. In der nachfolgenden Abbildung 5.13 wurden „Nutzen" und „Risiko" ausgewählt.

Portfolio als Mittel der Darstellung von Entscheidungen

Beispiel für ein Erfolgs/ Projektrisiko-Portfolio

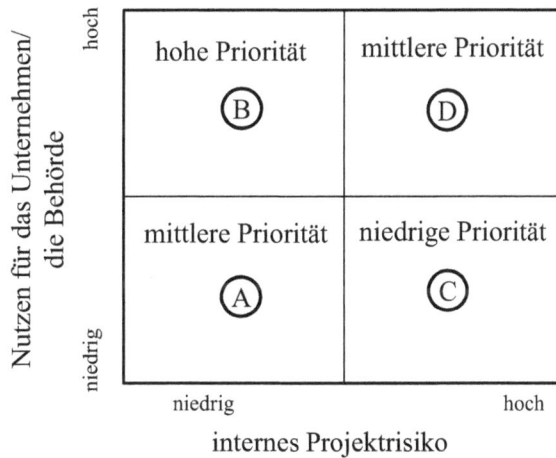

Abb. 5.13: Portfolio „Risiko – Nutzen" von Projekten[211]

---

[211] Weitere nützliche Portfolios könnten z. B. „return on investment" vs. Risiko oder finanzwirksame Kosten vs. „return on investment" sein

Besondere „Knackpunkte" eines guten Programm-Managements sind ...

*   möglichst vollständiger Bericht über die Gesamt-Projektlandschaft aller Vorhaben mit Ressourcen-Konkurrenz, alle Projekte sind einem gleichartigen „Raster" der Beschreibung unterworfen
*   die benötigten Ressourcen (Finanzmittel, Beschäftigte mit bestimmten IT-Kompetenzen, IT-Entwicklungs-/Testumgebungen, Software-Lizenzen, für Wartungen/Teststellungen verfügbare Zeiträume usw.) aller Projekte werden einer gemeinsamen Betrachtung der Engpässe unterworfen, um diese Informationen als einen Teil der Priorisierungsentscheidung hinzuzufügen
*   Das Festlegen der Priorität von Projekten auf Basis eines gemeinsamen Sachstandes über Fakten und eines gleichartigen Verständnisses über die Anwendung der Priorisierungskriterien
*   Die „politische" Ebene der Abstimmung mit konfligierenden Interesse mächtiger IT-Kunden beachten, eventuell z. B. über ein, die IT-Kunden und IT-Nutzergruppen einbeziehendes, Steuerungsgremium.

Bewertung Projektmanagement

Große Bedeutung für Projektarbeit für die IT

Das Thema „Projektmanagement" ist in IT-Bereichen mit erheblichem Projektaufkommen mit großer Aufmerksamkeit des Managements zu verfolgen, weil Projekte meist per se „Problemsammler" sind und daher sicher in einigen Kategorien der Einschätzung von Risiken hohe Werte erreichen werden.

Wie andere IT-Aufgaben mit Wiederholcharakter sollte auch das Projektmanagement festgelegte Abläufe und Entscheidungswege haben. Die Frage, ob Projekte der Softwareerstellung mit agilen Vorgehensmodellen oder linear stattfinden sollen, ist nur vor dem individuellen Hintergrund des Betriebs, des Verhaltens der Kunden des Projekts, des Themas und möglicher Einwirkungen aus der Umwelt zu klären. Tatsächlich können auch lineare Projekte große Vorhaben in kleinere „Häppchen" schneiden und damit agiler machen, und auch in agilen Modellen ist nicht alles jeden Tag neu zu erfinden. Die Verfahren können im Projektleben ähnlicher sein, als es die Modelle anzeigen.

Unterschiede zwischen Projektmanagement-Vorgehensweisen

Die Antwort auf die Frage „agil oder nicht" sowie die Auswahl eines konkreten Vorgehensstandards (V-Modell, Prince2, PMBOK, SCRUM ...) ist vermutlich für die meisten IT-Bereiche nicht von so grundsätzlicher Bedeutung, wie von den Verfechtern der Ansätze propagiert, da die Modelle teils gleichwertig scheinen[212]. Es kommt auch sehr auf die Qualität des eingesetzten Personals, insbesondere des Projektleiters, die gelebte Kultur der Leistungsbereitschaft und des fairen Umgangs miteinander, der konstruktiven Abarbeitung erkannter Fehler und die situativen Umstände (Anforderungen an Komplexität usw., Rückendeckung des Projektleiters durch den IT-Leiter und den IT-Kunden) an.

---

[212]   „Modellfreie" Darstellungen des Vorgehens bei IT-Projekten gibt es in einer Vielzahl guter Bücher, z. B. Brugger (2005) und von Brisinski & Vollmer, 2010

6 Management operativer IT-Querschnittsprozesse

6.1 Übersicht

Unter "operativen" Querschnittsprozessen sollen diejenigen IT-Prozesse verstanden werden, die unmittelbar den Kernprozessen zuarbeiten. Anders als die leitungsnahen Querschnittsprozesse könnte ohne sie das Tagesgeschäft der IT nicht laufen. Gleichzeitig bieten sie aber dennoch unmittelbare Ansatzpunkte für Ziele wie z. B. schnelle Effizienzverbesserung, Kostensenkung oder Leistungssteigerung. Die unterscheidet sie ebenfalls von den leitungsnahen Querschnittsprozessen, die nur sehr indirekt und i.d.R. mit deutlichem Zeitverzug nach Starten von Maßnahmen auch zu Erfolgen kommen. Dagegen ist ein erheblicher Teil der operativen Querschnittsprozesse so „handwerklich", dass hier aus einer strategieorientierten Managementsicht nicht alle Details der Arbeit beschrieben werden sollen und können.

6.2 IT-Softwaremanagement

6.2.1 Übersicht und Verantwortungsumfang

Das eigentlich "lebendige" Element der IT ist die Software. Sie verarbeitet die Nutzdaten der IT-Kunden, sie enthält Daten zur eigenen Konfiguration und technischen Steuerung, sie kennt im besten Falle die Arbeitsprozesse und Beteiligten von betrieblichen Abläufen und steuert einen Teil der Produktion. Im Gegensatz zur IT-Hardware ist ein erheblicher Teil von ihr oft betriebsindividuell und sogar Teil der corporate identity. All dies ist Grund genug, ein besonderes Augenmerk auf das Softwaremanagement zu legen.

> **Definition IT-Softwaremanagement**
> Softwaremanagement ist die Planung, Steuerung und Kontrolle aller softwarebezogenen Fragen über den gesamten Lebenszyklus hinweg. Umfasst sind damit die Fragen der Auswahl der Software, Festlegung des Verantwortungsumfangs des IT-Bereichs, der IT-bezogenen Regeln für die Nut-

Definition Software-management

zer, des Betriebs und der Administration, des Releasemanagements und des Aussonderns. Ggf. gehört auch die Entwicklung von Software dazu.

Gegenstand des Softwaremanagements sind sowohl die Betriebssystem-Software als auch Anwendungsprogramme. Hierunter fallen Standardprogramme wie auch betriebsindividuell gestaltete Produkte, Kaufsoftware wie auch Software, die ohne Lizenz oder mit kostenloser Lizenz[213] betrieben werden darf.

Definition Betriebssystem

Definition Betriebssystem

Das Betriebssystem ist eine Software (-sammlung), die die Basisfunktionen eines elektronischen Datenverarbeitungssystems bereitstellt. Zu den Basisfunktionen gehören die Funktion des Steuerwerks, die Dateiverarbeitung und Speicherverwaltung, die Bedienung der Ein- und Ausgabeschnittstellen für externe Geräte, Schutz- und Wiederherstellungsfunktionen usw. Es gibt eine definitorisch nur schwer allgemein zu treffende Abgrenzung zu (weiteren) Hilfsprogrammen, z. B. zu besonderen Backup- und Restoreprogrammen, Firewalls und Virenschutz usw.

Gründe für besondere
Rolle des Betriebssystems
im Softwaremanagement

Auf betrieblicher Ebene verlangt das Thema Betriebssystem – nicht überraschend – besondere Aufmerksamkeit des IT-Managements, weil …

- viele Applikationen mit diesem einen Produkt kompatibel sein müssen. Im Laufe der Jahre nach Einführung eines neuen Betriebssystems wird die Wahrscheinlichkeit größer, dass neu dazukommende Softwareprodukte mit der „alten" Betriebssystemsoftware nicht oder nur unter nicht optimalen Bedingungen zusammenarbeiten. Dies mag die Produktauswahl eingrenzen, den Verzicht auf Performance und/oder Features der neuen Software bedeuten oder aber kostenpflichtige Anpassungen nötig machen
- eventuell mehrere Betriebssysteme für verschiedene Anwendungsbereiche (z. B. IT und Smartphones) im Einsatz sind und hieraus bei Datenübertragungen zwischen den Anwendungsbereichen Probleme entstehen
- ein Releasewechsel des Betriebssystems dann erheblichen Aufwand macht und ein operatives Risiko darstellt, wenn viele Applikationen im Einsatz sind, erst recht, wenn es sich um mehr oder weniger gut gebaute und dokumentierte selbsterstellte Produkte handelt. Der Releasewechsel beinhaltet dann eine vorab stattfindende Kompatibilitätsprüfung und ggf. Anpassung oder Neukauf eines Teils der Fachanwendungen. Da dies meist ein größeres Vorhaben ist, wechseln viele IT-Bereiche das Betriebssystem nur ungern und überspringen manchmal einen Versionswechsel des Herstellers, migrieren also z. B. nicht von Windows VISTA auf Windows 7, sondern warten Windows 8 ab. Allerdings steigt der Anpassungsaufwand damit auch vermutlich an.

---

[213] Einige käuflich zu erwerbende Softwareprodukte für den Einsatz auf Servern haben im „Beipack" formal kostenlose, aber lizenzpflichtige Zusatzprogramme usw.

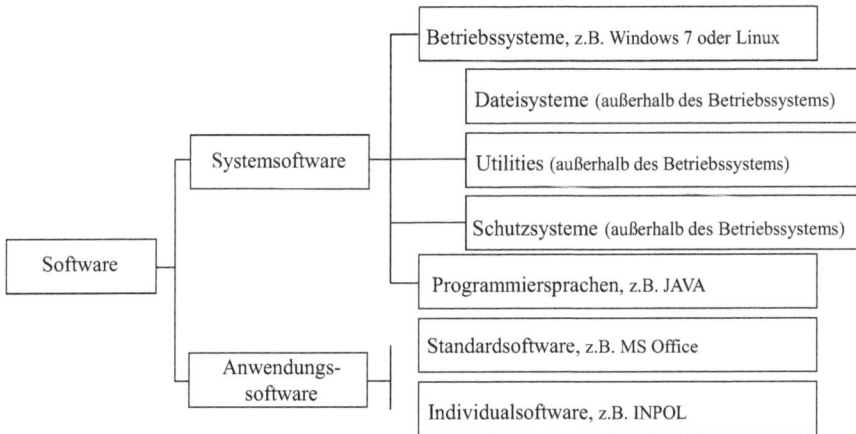

Abb. 6.1: Arten von Software

Deshalb sind die Auswahl des Produkts/der Produkte sowie der Release-wechsel einer breit eingesetzten Betriebssystem-Software meist ein Großereignis, in das Tests und ggf. Anpassungen vieler Anwendungen einbezogen sind.

Fachliche Aufgaben der IT-Nutzer werden u.a. seitens der IT-Bereiche mit dem Angebot von Anwendungsprogrammen unterstützt. Dies ist der Mittelpunkt fast aller IT-Services.

> **Definition Anwendungsprogramme/-software**
> Anwendungsprogramme sind Softwareprodukte, deren Aufgabe das Bearbeiten und/oder Vorhalten von Fachdaten, ggf. die Hilfe bei der Steuerung von Abläufen und der Kommunikation von IT-Nutzern sowie die Gestaltung einer Benutzerschnittstelle ist. „Generische" Hauptfunktionen von Anwendungsprogrammen sind Text-, Bild- und Tabellenverarbeitung (Officepakete) sowie Kommunikation und Steuerung, spezielle Funktion ist die Unterstützung aller betrieblichen Querschnitts- und Fachfunktionen.

Definition Anwendungs-programme

Für IT-betriebliche Zwecke kann es sinnvoll sein, zwischen verschiedenen Typen von Anwendungsprogrammen zu unterscheiden, weil sich die Frage des Verantwortungsumfangs für die eingesetzten Anwendungen stellt. Unterscheiden kann man folgende aufeinander aufbauende und ergänzende Servicearten:

Bestandteile von Anwendungsservices

- Beschaffung, Lizenzmanagement, Berechtigungsmanagement
- Verfügbarmachen der Applikation gemäß Vereinbarung
- Wartung der Software (Einspielen von Patches, Virenschutz usw.)
- Betrieb von Schnittstellen zur automatischen Datenweitergabe
- Anwenderberatung und Hilfe (z. B. über einen Service Desk)
- IT Schulung
- Sichere Aufbewahrung der ordnungsgemäß eingegebenen Fachdaten.

Wenn ein IT-Bereich dieses „volle Verantwortungspaket" für eine Anwendung bieten soll, dann sind u.a. folgende Gesichtspunkte für die Verantwortungsübernahme besonders relevant:

Kontrollbedarfe für Betreiber von Softwareanwendungen

- Volle Kontrolle über den Betrieb der Software und über den Ausschluss möglicherweise störender parallel betriebener Software
- Volle Kontrolle über die Konfigurationseinstellung der Software
- Bei Bedarf Sicht auf die Benutzerschnittstelle, eigener Zugang
- Tiefe Kenntnis der aktuellen Funktionalität der Anwendung
- Ggf. Kontakt zur Anwendungsberatung des Produktherstellers
- Zahl der IT-Nutzer.

IT-Bereiche übernehmen i.d.R. die Verantwortung für den Betrieb servergestützter Standard- und Individualsoftware, wenn eine genügend große Anzahl von Nutzern zu verzeichnen ist. Von einzelnen Nutzern selbst entwickelte Anwendungen oder nur von einzelnen Nutzern benötigte Standardsoftware kann manchmal wegen des hohen Aufwands nicht geleistet werden.

Tab. 6.1: Anwendungsprogramme aus Sicht des Serviceumfangs

Nr.	Anwendungsbereiche	Kommentar
1	„Bürosoftware", Office"-Produkte, d.h. Textverarbeitung, Tabellenkalkulation, Folien …	oft „Kern" der IT-Serviceangebote
2	Workflow-/nicht-Workflow-unterstützte Verfahren mit Fachdaten, mit oder ohne Zugriff auf separate Datenbanksysteme	IT-Serviceangebot
3	„echte" Datenbanksysteme	IT-Serviceangebot
4	Excel- oder Access-basierte Anwendungen	Stellen der Software, keine Betreuung der Anwendung
5	Umwandlung und Auswertung der Daten von Elektronik in Maschinen, Fahrzeugen, Messgeräten, Sonden usw., verbunden mit einer Mischung aus spezieller (z. B. Schnittstellen) und konventioneller Hardware	oft nicht vom IT-Bereich betreut
6	Steuerung von Produktionsanlagen	oft nicht vom IT-Bereich betreut
7	Software für Smartphones (Apps usw.)	gelegentlich IT-Serviceangebot
…	…	

Softwaremanagement hat einige „handwerkliche" Aufgaben

Das Softwaremanagement umfasst einige Aufgaben, die meist eher „handwerklicher Natur" sind (z. B. die Administration der Anwendungen) und Managementbereiche, die auch außerhalb des Softwaremanagements von strategisch-operativem Interesse sind und daher in anderen Abschnitten behandelt werden (Projektmanagement Softwareentwicklung in Abschnitt 5.5, Beschaffung in Abschnitt 6.3, IT-Sicherheit in Abschnitt 4.3.3).

Nachfolgend wird nun das Lizenzmanagement vorgestellt.

6.2.2 Lizenzmanagement

Übersicht

IT-Bereiche setzen zumeist in großem Umfang Software anderer Hersteller ein. Sofern die Rechte am Quellcode nicht komplett erworben wurden (z. B. durch Dritte im Auftrag des Betriebs erstellter Software) müssen für die Nutzung – meist entgeltlich – die Rechte erworben werden. Das Nutzungsrecht wird „Lizenz" genannt, die Steuerung aller damit zusammenhängenden Fragen „Lizenzmanagement".

> **Definition Lizenzmanagement**
> Lizenzmanagement ist die Steuerung der Zahl, Art und Kosten der Rechte an Software, Informationsdiensten und anderen IT-Produkten. Zweck des Lizenzmanagements ist die rechtlich korrekte und risikofreie, transparente, mit anderen IT-Teilplänen verzahnte und wirtschaftlich günstigste Gestaltung der Beschaffung und des Einsatzes von lizenzpflichtigen IT-Produkten. Ergänzend können die Verwertung nicht mehr benötigter Lizenzen oder die Verwertung eigener Lizenzen hinzukommen.

Definition Lizenzmanagement

Die Kosten für Lizenzen sind i.d.R. ein sehr erheblicher Anteil der Sachkosten eines IT-Bereichs und bedürfen daher besonderer Aufmerksamkeit des IT-Managements. Hier sind eventuell erhebliche ungehobene Potenziale der Kosteneinsparungen zu finden, daher sollte ein gutes Lizenzmanagement zu den IT-Strategien der Effizienzsteigerung gehören. Aus diesem Grund wird das Thema hier näher vorgestellt.

Zur Beschreibung einer Lizenz unterscheidet man folgende Merkmale:

Beschreibungs-Merkmale einer Lizenz

- Die Art der Lizenz: Einzel(platz)- oder Mehrfachlizenz. Die Einzel(platz)-Lizenz enthält das Recht der Nutzung einer Software auf einem IT-Arbeitsplatz, während Mehrfach-Lizenzen entweder als Standort (alle Beschäftigten am Standort x), Betriebs- (alle Beschäftigten des Betriebs) oder Volumenlizenz vorkommen. Eine Volumenlizenz enthält eine bestimmte Anzahl (Obergrenze) von Lizenzen. Der Lizenznehmer kann unterhalb der Obergrenze die Lizenzen in seinem Betrieb meist selbst mit einem Lizenzschlüssel nach Bedarf erzeugen.
- Lizenzform: Typ der rechtlichen Bindung der Software an den Hersteller: Propietäre Software, Freeware, Shareware
- Die Lizenzklasse: Voll-Lizenz oder Update
- Die Lizenzmetrik: Festlegen der (Rechen- und Mess-) Methode sowie der Messeinheiten zum Ermitteln der Höhe von Lizenzkosten.

Tab. 6.2: Verschiedene Metriken von Software-Lizenzen

Nr.	Lizenzmetrik	Erläuterung/Kommentar
1	Nutzer-kopfbezogen, „headcount", Einzelpersonen, „named user"	Lizenzkosten ergeben sich nach Stückpreis und Anzahl der zu versorgenden IT-Nutzer
2	virtuelle gleichzeitige Nutzer, „concurrent"	lizenziert wird die maximale Zahl gleichzeitiger „anonymer" Nutzer
3	Nutzungs(last)-abhängig, Leistung der Prozessoren z. B. in MIPS, Datenvolumen	lastabhängige Lizenzpreise für Serverprogramme. Manchmal sind herstellerseitig bereitgestellte Softwareprodukte nötig, um diese Lastmenge zu ermitteln
4	Prozessor-Metrik, z. B. Oracle[214]	lizenziert wird die Zahl der Prozessoren auf den Servern mit installierter Software. Als Messkriterium wird die Zahl der mit einem Prozessor bestückten Sockel genommen. Für Mehrkern-Prozessoren haben einige Hersteller Serverlizenzen mit Preisen in Abhängigkeit von der Zahl der Kerne
5	Add-on-Software	
6	andere Metriken	
7	kombinierte Lizenzen	Kombinationen mehrerer Lizenzmetriken

Die betriebswirtschaftlichen und rechtlichen Ziele des Lizenzmanagements sind in der nachfolgenden Tabelle 6.3 dargestellt:

Tab. 6.3: Ziele des Lizenzmanagements

Oberziel	Unterziel	Kommentar
Rechtlich nicht angreifbare Verwendung von Software	rechtlich zulässige Art der Verwendung	richtiger Lizenztyp und richtiger Nutzer
	Vermeiden eines Ausmaßes von Unterlizensierung, die zu Rechtsstreitigkeiten oder gar strafrechtlichen Vorwürfen gegen den Betrieb oder einzelne Handlungsträger führen kann	Hersteller sind gegenüber einigen Arten der Unterlizensierung tolerant, verlangen allerdings „Nachschlag"
Wirtschaftlich günstiger Einsatz von Lizenzen mit den Unterzielen	Lizenzkosten schon bei Entscheidungen über Softwareêinsatz möglichst begrenzen	Optimieren von Softwarearchitekturen, Optimieren von Arbeitsabläufen
	Vermeiden von Überlizensierung	den Bedarf exakt kennen
	periodische Kontrolle eingesetzter Lizenzen	

Um diese Ziele zu erreichen, muss der IT-Bereich die Bedarfe der IT-Kunden und den tatsächlichen Einsatz der Software kennen und dann auf Basis dieser Kenntnisse Ziele und Strategien für das Softwaremanagement finden.

---

[214] Paege & Goldig, 2012

Kenntnis des Softwarebedarfs und der aktuellen Nutzung

Aktives Softwaremanagement bedeutet Folgendes:

Bestandteile eines
Lizenzmanagements

- Kennen des Bedarfes der Nutzer nach Art und Menge: Haben die IT-Kunden für ihre Beschäftigten Rollenmodelle und können sie exakt sagen, wer welche Rolle hat und entsprechend welche Software benötigt? Vermeiden von Über- und Unterlizensierung durch regelmäßige Bedarfsabfrage – unter Hinweis auf die Kosten – bei den Fach-Vorgesetzten, Verarbeiten der Informationen über neu dazukommende Beschäftigte, den Arbeitsplatzwechsel innerhalb des Betriebs und Personen, die den Betrieb verlassen
- Kennen und Verstehen des „Geflechts" eigener eingesetzter Software und deren Abhängigkeiten untereinander. „Klassisch" für die Abhängigkeit von Software untereinander ist z. B. die Frage, welche Fachanwendung- sei sie Standardsoftware oder Individualsoftware- welches Betriebssystem benötigt. Typischerweise „hinkt" die eingesetzte Betriebssystemsoftware den neuesten gekauften Standard-Softwareprodukten um ein bis zwei Generationen hinterher. Die Bus-Bandbreite, Sicherheitsfeatures usw. sind dann nicht mehr unbedingt das Neueste und Leistungsfähigste am Markt, jedoch sind die Kosten und Risiken eines Wechsels des Betriebssystems inklusive der evtl. Anpassungsaufwände bei einem Sprung auf die nächste Version hoch und bei einem Sprung über zwei Versionen (z. B. Windows XT auf Windows 8.1) hinweg manchmal sehr hoch. Bei Standardsoftware kann man i.d.R. Kompatibilitätsproblemen nicht ausweichen, bei selbst erstellter Individualsoftware gibt es meist mehr Spielraum
- Kennen der Lizenzmodelle der Hersteller
- Prüfen, ob eine Bereinigung des „Zoos" an Software nötig und/oder sinnvoll ist. „Zoo" sind nicht nur völlig verschiedene oder sehr ähnliche Softwareprodukte, sondern auch verschiedene Versionen der gleichen Software (z. B. mehre Versionen einer Datenbanksoftware wie Oracle)
- Kontrolle der IT-Arbeitsplätze auf „wilde" Nutzung von Software ohne Lizenzen oder „illegal" aufgespielte private Software.

Ein aktives Lizenzmanagement sollte – sofern die Client-Lizenzen einbezogen sind – i.d.R. auch die regelmäßige Inventur der auf den Endgeräten befindlichen Anwendungen beinhalten. Dies können sowohl ordentlich vom Betrieb lizensierte Produkte wie auch – legal oder illegal erworbene – private Programme sein. Da diese Inspektion betrieblicher IT-Arbeitsplätze die Befindlichkeiten vieler Beschäftigter berührt und die Rechte von Arbeitnehmern sowie von Personalvertretungen betroffen sind, sind bei Vorhandensein von Betriebs- oder Personalräten diese zu informieren und deren Zustimmung einzuholen. Da in vielen Betrieben das Aufspielen privater Software auf dienstliche Geräte aus gutem Grund verboten ist (unkontrollierbare Kompatibilitätsprobleme, Erschweren der Fehlerdiagnose bei betrieblichen Anwendungen usw.) können hier auch, ohne dass dies ein primäres Ziel der Softwareinventur ist, Pflichtverstöße der Arbeitnehmer entdeckt werden.

Softwareinventur der
Client-Lizenzen

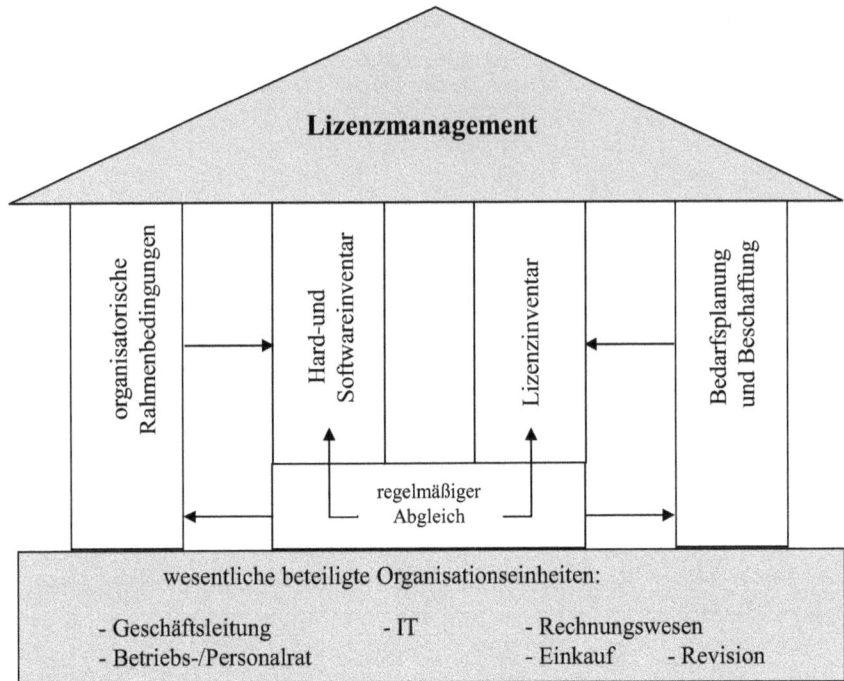

Abb. 6.2: Überblick Lizenzmanagement[215]

Herausforderungen des
Lizenzmanagements

Die besondere Herausforderung des Lizenzmanagements ist es, …

- die Lizenzmodelle der Hersteller zu verstehen und für die eigenen Bedarfe das günstigste Modell bzw. die günstigste Kombination zu finden. Sofern man mehrere miteinander zusammenarbeitende Softwareprodukte verschiedener Hersteller im Auge behalten muss – z. B. ein ERP-Programm wie SAP mit zugrunde liegender Datenbank eines anderen Herstellers, wie z. B. Oracle, einer separaten Reporting-Software „obendrauf" und das Betriebssystem für alle – kann das schnell ein Thema für die gemeinsame Abstimmung über Zeitfenster für Releases werden
- im Falle lastabhängiger Lizenzkosten die Wirkungen des Softwareeinsatzes richtig vorherzusehen bzw., wenn möglich, unterhalb bestimmter Grenzen zu bleiben. Dies ist insbesondere bei Einführung neuer Software, wenn diese lastabhängig berechnet wird, evtl. schwierig. Auch ist zu beachten, dass die üblichen (Last-) Tests bei Einführung neuer Software böse Überraschungen bei den Lizenzkosten verursachen können
- das „Geflecht" der eigenen Softwareprodukte, die durch eine Anwendung benutzt werden, in ihrer Wirkung auf die Lizenzkosten zu verstehen

---

[215] Verändert. n. Schmidt, 2010, S. 266

- Die Kompatibilität älterer eigenerstellter Anwendungen mit neuen Versionen von Betriebssystemen und Datenbanken nachzuziehen, um nicht zum parallelen Betrieb vieler Versionen einer Datenbank oder zweier Betriebssysteme gezwungen zu sein. Hier stellt sich natürlich die Frage der Wirtschaftlichkeit.

Das Lizenzmanagement besteht aus handwerklichen und organisatorisch-fachlichen Herausforderungen, diese sind:

Unterschiede zwischen Projektmanagement-Modellen

- Bedarfsbestimmung und Auswahl der Software: Die Auswahl der Software kann ein komplizierter Abstimmungsgang mit mehreren beteiligten Bedarfsträgern sein, im Ergebnis sollte i.d.R. ein Pflichtenheft stehen. Dieses kann bei wenigen alternativen Standardprodukten relativ kurz und knapp sein und bei eventuell selbst zu erstellender Software den Charakter eines Fachkonzepts annehmen
- Beschaffung: Lizenzen kann man meist von der Herstellern/Rechteinhabern der Software selbst kaufen, manchmal aber auch von Drittanbietern oder als gebrauchte Software von Vor-eigentümern. Konzerngebundene Betriebe können eventuell auch eine Konzern-Lizenz mitnutzen. Für die Beschaffung müssen betriebsinterne Regeln der Beschaffung berücksichtigt werden, im Öffentlichen Sektor ist ggf. eine Ausschreibung durchzuführen
- Optimale Bevorratung: Sofern man nicht zu jedem beliebigen Zeitpunkt spontan neue Lizenzen kaufen kann (z. B. Öffentlicher Sektor Deutschlands, der hierzu bei höheren Beträgen entweder passende Rahmenverträge oder neue Ausschreibungen braucht), gehört auch eine Prognose über den zukünftigen Bedarf an Lizenzen hinzu. Diese können bei Lizenzmetriken auf Basis der Anzahl von IT-Nutzern eigentlich seriös nur der Fachbereich bzw. das Personalmanagement des Betriebs abgeben
- Kombinierter Einsatz von IT-Produkten, die Lizenzen von Software mit verschiedenen Release-/Versionsänderungsterminen haben und von den Herstellern mit unterschiedlichen Lizenzmodellen angeboten werden.

Das Lizenzmanagement ist je nach Anwendungslandschaft eine komplexe Aufgabe mit – sofern vorher nicht schon genutzt – großem Sparpotenzial, hier sind echte „quick wins" möglich.

Gutes Lizenzmangement ermöglicht „quick wins"

> **Erläuterung IT-Inventur**
> Inventur ist das Aufstellen einer Liste von materiellen und immateriellen Vermögensgegenständen (Lizenzen, Hardware, sonstige der IT zugeordnete langlebige Wirtschaftsgüter), dem sogenannten Inventar, und der körperlichen Bestandsaufnahme, ob diese Gegenstände auch tasächlich da sind.

Erläuterung IT-Inventur

Aus arbeitspraktischen Gründen sind folgende Gruppen von Inventurgegenständen eines IT-Bereiches getrennt zu betrachten:

Serverbasierte Lizenzen sind leichter zu prüfen als clientbasierte

- Serverbasierte Lizenzen: Wegen der gegenüber den Clients meist gegebenen relativen „Übersichtlichkeit" der Serverlandschaft ist die Softwareinventur vergleichsweise leicht. Diese Aussage gilt unter der Bedingung, dass die Lizenzmetriken der Softwarehersteller verständlich und die Messung mit eigenen Mitteln möglich ist. Wenn nicht, sollte man den Hersteller hinzuziehen. Die großen Anbieter (Microsoft, Oracle usw.) können sich hier durchaus kooperativ zeigen. Vermutlich hängt das Ausmaß der Kooperation auch von der Größe und dem Umsatzvolumen des nachfragen IT-Bereichs ab
- Client-Lizenzen: Hier handelt es sich um die auf den Endgeräten (Arbeitsplatzcomputer, Notebook, Tablet) aufgespielte ausführbare Software. Zu finden ist sowohl die reguläre Software wie auch illegal aufgespielte. Daher verlangen Betriebs-/Personalräte in einigen Betrieben Einschränkungen bei der Suche nach Software.

6.3   IT-Hardwaremanagement

6.3.1   Übersicht

Gegenstand des
Hardwaremanagements

Das IT-Hardwaremanagement hat es mit einer Vielzahl von Objektarten zu tun, manchmal beginnend mit Gebäuden und Einrichtungen der allgemeinen Liegenschafts-Infrastruktur über kilometerlange lokale Netze bis hin zu den aktiven elektronischen IT-Komponenten der Rechenzentren, des IT-Arbeitsplatzes und kleiner Verbrauchsmaterialien wie USB-Sticks, Kabel usw. Hierunter sind fest verbaute und hoch mobile Gerätschaften, sehr große Geräte (z. B. raumfüllende Lambertz-Zellen) und Kleinkram. Fragen von allgemeiner Bedeutung für die praktische Gestaltung des IT-Hardwaremanagements sind:

- Welche Zielarchitektur gibt die IT-Leitung vor?
- Gibt es einen Bebauungsplan und wie gut ist er dokumentiert?
- Wer plant, beschafft und verantwortet den Lebenszyklus welcher Teile der Hardware? Das Rechenzentrum, das Netz und die IT-Arbeitsplätze könnten im IT-Bereich jeweils in verschiedene Zuständigkeiten fallen
- Wie ist die Wartung organisiert?
- Welche der Komponenten betreibt der IT-Bereich selbst, für welche sind Dritte verantwortlich? Manchmal „gehören" die liegenschaftsbezogenen Anteile (Gebäude und Funktionsräume des Rechenzentrums, Klimaanlagen, Strom-Transformatoren usw.) dem internen Liegenschaftsmanagement, Multifunktionsdrucker auf den Etagen sind nicht immer in der Regie des IT-Bereichs und andere Komponenten könnten auch teilweise durch typische IT-Dienstleister gestellt und versorgt werden (Hosting von Servern, Bereitstellen von IT-Arbeitsplätzen usw.)

Wie beim Softwaremanagement auch ist die Bestandsverwaltung zwar großteils „Tagesgeschäft", jedoch kann es immer wieder Einzelereignisse geben, die aufgrund ihrer Größe und Anspannung vieler Kräfte zu besonderer planerischer Vorbereitung raten lassen. Da IT-Bereiche auch das Formalziel einer ordnungsgemäßen Bestandsführung haben, gehören zum Hardwaremanagement auch die aufwendigen Tätigkeiten für ...

Durch Hardwaremanagement zu steuernde Tätigkeiten

- das körperliche Gerätemanagement mit Ersatzteil-Lager, Anlieferungswegen (Rampen usw.), Umzügen mit Gerätetransporten im Haus
- die Erfassung aller Hardware-Bewegungen für die Anlagenbuchhaltung
- die gelegentliche Inventur[216] der IT-Hardware (mobil und immobil): Die Inventur immobiler Gerätschaften ist – sofern keine Umzüge oder gar Veränderungen der Liegenschaften während der Inventurphase stattfinden – oft relativ einfach. Schwierig ist je nach Disziplin der Beschäftigen und objektiven Umständen die Inventur mobiler Gerätschaften. Hier ist u.a. mit mehreren Stichtagen zur Anlieferung und Inventuraufnahme der Geräte zu planen, weil die auswärts tätigen Beschäftigten i.d.R. nicht eigens für eine Inventur in die Liegenschaften beordert werden können.

Es empfiehlt sich, das Gerätemanagement der IT-Hardware mit einem geeigneten Werkzeug der Gerätebestandsverfolgung zu unterstützen.

6.3.2 Besonderheiten einzelner Gerätetypen

Übersicht

Die mit dem Management einzelner Gerätetypen verbundenen Tätigkeiten sind zum erheblichen Teil „Tagesarbeit" und damit nicht Gegenstand eines „strategischen Managements", daher sind die folgenden Ausführungen zu den Gerätetypen nur sehr selektiv. Eine Ausnahme von der Verortung des Gerätethemas auf der Ebene der Tagesarbeit sind grundsätzliche Auswahlentscheidungen von einzelnen Produkttypen und die Festlegung der Artenvielfalt, wenn diese Fragen mit Vorgaben der IT-Architektur in Kontakt stehen.

Gerätemanagement ist großteils „Tagesgeschäft"

Nachfolgend werden einige wenige aktuelle Management-Fragen bei ...

- Endgeräten
- Servern
- Rechenzentren

erwähnt.

---

[216] „Gelegentlich" heißt nicht nur nach Zeitablauf, sondern insbesondere auch bei größeren Veränderungen durch Insourcing/Outsourcing, Fusionen - Veränderungen

IT-Endgeräte und Einzel-Computer

Die IT-Kunden haben meist weitgehend über Endgeräte Kontakt zur IT. Die Endgeräte sind deshalb ein sehr sichtbarer Teil des Services der IT und tragen von sich aus auch haptisch, optisch und vor allem ergonomisch zur Zufriedenheit der IT-Nutzer bei. Was sind Endgeräte?

Erläuterung der Endgeräte

Erläuterung IT-Endgeräte
Der Begriff „Endgeräte" bezeichnet eine Vielzahl von Geräten der Kommunikations- und Datenverarbeitungstechnik, die an einem Netz hängen und direkt vom IT-Nutzer bedient werden.

Endgeräte kann man unter den Kategorien …

* Eingabe,
* Ausgabe und
* Datenverarbeitung

sehen. Viele Endgeräte bedienen nur eine dieser Kategorien, netzgebundene Computer bedienen alle.

Computer: PCs, Notebooks, Tablets

Portfolio als Mittel der Darstellung von Entscheidungen

Ein wichtiger Aspekt dieser Gerätekategorie ist die für den Gebrauchswert entscheidende Ergonomie dieser Endgeräte. Die Dynamik der Entwicklung dieser Gerätegruppe wird ganz wesentlich von Mobilitätsanforderungen geprägt. Wo sie nicht vorhanden sind, ist ein ruhigeres Geschäft zu erwarten, weil klassische PCs und ihre Monitore ein sehr zufriedenstellendes und preisgünstig gewordenes Arbeitsmittel sind. Nach steilem Anstieg des Einsatzes ist weiter mit einem Wachstum des Anteils der Mobilgeräte zu rechnen, jedoch flacht der sich der Anstieg ab. Mobile Tablets und Geräte mit ähnlich begrenzten ergonomischen Eigenschaften der Eingabe werden bei texterstellenden Tätigkeiten vermutlich auf absehbare Zeit die tastaturgebundenen Geräte nicht komplett ablösen, sondern nur – wie jetzt schon – eine weitere Gerätekategorie etablieren. Ihr Zusatz-Nutzen gegenüber Standgeräten dürfte vor allem bei mobil tätigen Beschäftigten und, solange sie auch Statussymbol sind, hochrangigen Funktionsträgern ohne echten Bedarf an Mobilgeräten zu suchen sein.

„Strategisch" sind mit den genannten Computern folgende Fragen verbunden:

* Soll man bei einem bestimmten Anteil von Notebooks und Tablets aus Gründen der Vereinfachung diesen gleich allen Beschäftigten geben und damit die Gerätekategorie PC beerdigen?
* Soll man individuelle Spezifikationen einführen, z. B. hochgezüchtetere oder „schickere" Geräte als Ausnahmekategorie von Geräten für Führungskräfte und Spezialisten mit nachweisbarem Bedarf. Oder z. B. erweiterte Berechtigungen bzw. Spezialsoftware?

- Wie soll man mit dem Wunsch umgehen, in bestimmten Umfang eigene Geräte der Beschäftigten, das Schlagwort ist „bring your own device, BYOD", für den Anschluss an das Netz zu ertüchtigen? Was könnte der Nutzen für den Betrieb und den IT-Bereich sein? Wie soll man mit den Fragen der Sicherheit, des Angebots an evtl. gewünschten Apps usw. umgehen? Welche Grenzen bei der Geräteauswahl sind im Rahmen eines solchen Ansatzes sinnvoll? Wie sind die zusätzlichen Kosten und sonstigen Risiken des BYOD-Ansatzes?

Drucker , Multifunktionsgeräte und Plotter

Jeder IT-Bereich, der eine größere Anzahl von Nutzern am Arbeitsplatz versorgen muss, hat neben den Computern selbst eine zweite große, besonders kosten- und wartungsintensive Kategorie an Endgeräten: Drucker, Plotter und Multifunktionsgeräte. Da sie trotz teilweise moderater Anschaffungskosten wegen des recht hohen Preises für Verbrauchsmaterialien ein erheblicher Kostenfaktor sind, ist es empfehlenswert, die Auswahl der Geräte und die Standort- wie Versorgungsplanung besonders sorgfältig und ganzheitlich im Sinne der Optimierung von Lebenszykluskosten anzugehen. Das Ergebnis sollte in einem „Druckerkonzept" festgehalten werden:

> ### Erläuterung Druckerkonzept
> Ein „Druckerkonzept" ist eine sorgfältige Planung und wirtschaftliche Begründung der Geräteauswahl, Beschaffung, des Betriebs, der Logistik, der Betriebskosten im Lebenszyklus und der Benutzungsregeln von Geräten zum Bedrucken von Papier, Folien, ggf. auch Stoffen und Datenträgern (CD, DVD, Blueray)[217].

Detailfragen, die Gegenstand von Druckerstrategien sein können, sind:

- Anteile und Art des Angebots von Arbeitsplatzdruckern und Etagen-/Netzwerkdruckern. Wenn es Etagendrucker gibt, wieviele Personen sollen sich durchschnittlich ein Gerät teilen? Welche besonderen Arbeitsbereiche mit hohem, auch gegenüber internem Personal zu wahrendem Schutzbedarf des Schriftgutes gibt es und wie organisiert man den Zugang zu Etagendruckern bei diesem Personal?
- Sollen die Etagendrucker gleichzeitig Multifunktionsgeräte sein? Wenn es sich um Multifunktionsgeräte handelt, soll von ihnen auch gefaxt werden können und ggf. ein eMail-Versand möglich sein? Wenn „ja", wie stellt man sicher, dass ggf. der Absender identifiziert werden kann? Wer ist für die Etagendrucker verantwortlich, der IT-Bereich oder jemand anderes?

---

[217] Da vermutlich 3-D-Drucker zukünftig stärkere Verbreitung finden werden, kann die IT noch stärker in die Produktionsbereiche einziehen. Hier ist der Fantasie keine Grenze gesetzt.

- Zulassen der Verwendung von mehr als nur einer Standardpapierart, wenn z. B. Geschäftspapier mit Logo neben „normalem" Papier verwendet wird. Dies zwingt dann zur Antwort auf mehrere Folgefragen: Soll im Standard dann ein zweites Papier-Zuführfach vorhanden sein? Zwingt eine höhere Papierdichte als die „normalen" Papiersorten mit ca. 80 Gramm/qm zur Auswahl besonders leistungsfähiger Drucker?
- Verantwortung für die Versorgung mit Verbrauchsmaterial wie Tinte, Bändern, Patronen usw. und betriebsinterne Beschaffungswege. Da ein IT-Bereich nicht in erster Linie Beschaffer ist, sollte gefragt werden, ob diese Verbrauchsmaterialien nicht von der gleichen Instanz bereitgestellt werden sollten, die auch die übrige Versorgung mit Büromaterialien übernimmt.

Server, Super- und Großrechner

Das bedeutendste aktive Hardware-Element in Rechenzentren ist, neben den fleißigen IT-Beschäftigten, angesichts der weit verbreiteten Client-Server-Architekturen der „Server".[218]

Erläuterung Server

> **Erläuterung Server**
> Server sind insbesondere hinsichtlich Zuverlässigkeit und Lastfähigkeit optimierte physische Computer für den Betrieb von Softwareanwendungen, die den Zugriff durch mehrere IT-Nutzer erlauben oder anderen IT-Diensten als Werkzeug zur Verfügung stehen. Je nach Einsatzbereich spricht man von Datenbank-Servern, Anwendungsservern, Drucker-Servern, Proxy-Servern, Exchange-Servern usw.

Optimierungs-Potenziale in Rechenzentren

Da in einem Rechenzentrums-Betrieb neben den selteneren Super- und Großrechnern Server ein ganz wesentliches und der Stückzahl nach häufiges Bauelement sind, gibt es für IT-Architekten einige strategische Möglichkeiten für eine eventuelle Optimierung:

- Standardisierung der Server-Produkttypen und Marken zur Verringerung des Gerätezoos
- Optimierung und Standardisierung der Aufstell-Regale (Racks), Verkabelung, Dokumentation und Kennzeichnung der Anschlüsse
- Physische Trennung des Standortes der Server von anderen Bereichen des Rechenzentrums, z. B. Lager-/Arbeitsräume für Arbeiten an Kabeln usw.

Server-Virtualisierung

Eine „strategische" Möglichkeit der Effizienzsteigerung des Einsatzes von physischen Servern besteht in der Server-Virtualisierung. Hierbei werden mehrere logische Server auf einem physischen Server (oder Großrechner) betrieben. Die Zahl der physischen Server lässt sich dadurch meist erheblich reduzieren, weil sie bisher durch einzelne Anwendungen deutlich unterausgelastet sind. Dies spart nicht nur die Kosten für den Kauf weiterer physischer Server,

---

[218] Großrechner und Superrechner werden hier in der Betrachtung vernachlässigt

sondern reduziert auch anteilig die Kosten für Strom, Kühlung, den Platzbedarf und das Arbeiten an der Verkabelung.

Abb. 6.3: Karikatur IT-Server[219]

Rechenzentren und IT-Funktionsräume

Die Notwendigkeit für die Einrichtung von Rechenzentren ist der Tatsache geschuldet, dass IT-Rechenpower und IT-Datenspeichervolumen immer noch erheblichen Platz brauchen. Zwar gelingt es stetig, das physikalische Speichervolumen je Raumeinheit und Gerät zu erhöhen, jedoch nimmt leider aber auch das Volumen an zu speichernden Daten und die Anzahl der zu betreibenden Anwendungen ebenfalls teils stark zu, so dass ein Teil des Miniaturisierungseffekts wieder kompensiert wird. Im Ergebnis benötigen IT-Bereiche weiterhin besondere und teils große Funktionsräume zum Aufstellen von Servern, ggf. Großrechnern, Massen-Datenspeichern und – möglichst getrennt davon – Klimaanlagen sowie Unterbrechungsfreier Stromversorgung (USV). Notstromaggregate der Liegenschaft sollten so bemessen sein, dass möglichst der gesamte Serverbetrieb und ausgewählte Bereiche mit IT-Arbeitsplätzen (Betriebsleitung,

Notwendigkeit für Rechenzentren

---

[219] Bergner, 2013

Presseabteilung, Rechnungswesen/Finanzabteilung usw.), im Falle einer Unterbrechung der öffentlichen Stromversorgung weiter in Betrieb bleiben können.

Bauliche Optimierungspotenziale Rechenzentren

Herausforderung an das IT Management ist es, trotz der oft ehrgeizigen Vorhaben behindernden Zuständigkeitsgrenzen zum Liegenschaftsmanagement für Folgendes zu sorgen:

- Optimierung der baulichen Gegebenheiten wie Einbruchschutz und Alarmanlagen. Genannt seien hier „spektakuläre" Elemente, wie z. B. einbruchshemmende Fenster, doppelte Wände, Alarmtapeten, Einbruchs-Sensoren an Außenfenstern, doppelte Auslegung der Klimaanlage usw.. Weiterhin sollten betriebsweit benötigte Mindeststandards wie zwei und mehr Einspeisepunkte für Strom, wirklich funktionierende und ausreichend dimensionierte Notstromaggregate usw. auch durch den IT-Bereich gefordert werden
- Die IT-Funktionsräume des Rechenzentrums sollten möglichst nur durch IT-Beschäftigte begehbar sein und von Publikumsverkehr fernab liegen. Wünschenswert ist auch, dass es keine direkten Außenwände an Bürgersteigen, Lärm und Schmutz verursachenden Funktionsräumen usw. gibt. Die Gebäudeteile sollten oberhalb von Überschwemmungszonen liegen.
- Bei ebenerdigen Räumen sollten die Scheiben von außen nicht durchsichtig sein. Innentüren innerhalb von Rechenzentren sollten durchsichtiges, bruchsicheres Glas haben, um von außen z. B. im Brandfalle den Innenraum zu sehen, ohne sich dem Brandherd zu sehr nähern zu müssen.

6.4 IT-Beschaffungsmanagement (Sourcing)

6.4.1 Übersicht

Der IT-Bereich ist, wie kaum eine zweite Querschnittsfunktion im Betrieb, ein fleißiger Besteller von A und B-Gütern (C-Güter mal außer Betracht). Daher spielt die Beschaffung für IT-Zwecke eine große Rolle und benötigt einige, fast permanente Aufmerksamkeit des IT-Managements.

Erläuterung IT-Beschaffung

Erläuterung IT-Beschaffung (-smanagement)
Beschaffung ist die Bedarfsbestimmung, Bereitstellung von Finanzmitteln, Auswahl, Ausschreibung und Lieferung von Hardware, Softwareprodukten bzw. Softwarelizenzen), Nutzungsrechten von Daten, IT-Schulungen, Verbrauchswaren und externen Dienstleistungen (Beratung, IT-Erstellungsleistungen, Wartung, Versicherung und Garantie usw.).

Kein Bestandteil der betriebswirtschaftlichen Beschaffungsfunktion ist, rein begrifflich, die Einstellung von eigenem IT-Personal, sehr wohl aber gehören auf dem Wege des „Body Leasings" eingegangene Verträge zur Beschäftigung Externer in der IT-Arbeitsorganisation zur Beschaffung. Folgende „strategische" Fragen stellen sich:

- Welche Produkte und Dienstleistungen soll und will der IT-Bereich selbst beschaffen, welche werden von anderen inhouse-Bereichen gestellt und welche sollen beauftragte Externe grundsätzlich mitbringen, wenn sie für Vorhaben herangezogen werden?
- Welche Regeln für die Beschaffung gelten, und welche Auswirkungen auf den Inhalt, den Umfang und die Abläufe der Beschaffung haben diese?
- Wie ist die Zusammenarbeit mit dem Einkaufsbereich, der Vergabestelle und bei Bedarfsbegründungen auch mit den Bestellern, die der IT gegenüber ihren Bedarf anmelden?
- Wie muss die IT-bereichsinterne Organisation aussehen, um vorhersehbare Beschaffungen bestmöglich vorbereiten und abwickeln zu können? Welche Regeln gelten dafür in dem Betrieb (Unternehmen, Behörde)? Wie sehen möglichst lückenlose, transparente, personenunabhängige Abläufe aus, die zudem noch keine große Belastung des IT-Managements bringen? Wie wird die IT-Beschaffung möglichst lückenfrei in das betriebsweite Interne Kontrollsystem einbezogen? Wie soll die Verzahnung von Haushaltsplanung, Gerätemanagement, Vertragsmanagement, Wartungsmanagement, Betreuung der IT-Nutzer und Planung aussehen? Es gibt Angebote von Standardsoftwareprodukten, die viele dieser Funktionen mitbringen. Sollte man ein solches integriertes Standardwerkzeug nutzen oder ein eigenes Werkzeug erstellen?
- Welche IT-internen Standards der Beantragung und Prüfung von Beschaffungswünschen werden benötigt? Wie sehen Pflichtenhefte für zu beschaffende Soft- und Hardware aus?
- Welche Verfahren der Vorteilhaftigkeitsrechnung bei alternativen Beschaffungsvorschlägen/angeboten sollten eingesetzt werden?

Einige Beschaffungsfragen der IT, insbesondere diejenigen für A- und B-Güter[220], haben das Potenzial, in hohe Risikokategorien für Fehleinkäufe, Unwirtschaftlichkeit, Regelverletzungen oder Betrug eingestuft zu werden. Unabhängig davon droht wegen des – über ein Jahr gesehen – großen „Warenumschlags" in der IT, der gelegentlichen Hektik im Arbeitsleben und der nicht bei allen Beschäftigten gleichermaßen ausgeprägten Ordnungsliebe jedes Jahr eine kleine Differenz zwischen Inventar und tatsächlichem Bestand.

Einkauf von A- und B-Gütern der IT hat evtl. höheres Risikopotenzial

---

[220] A- und B-Güter sind hochwertige oder mittelpreisige Einzelgüter; im Gegensatz zu C-Gütern (preiswerte Massen-Verbrauchsgüter wie Schreibwaren, Druckerpartonen)

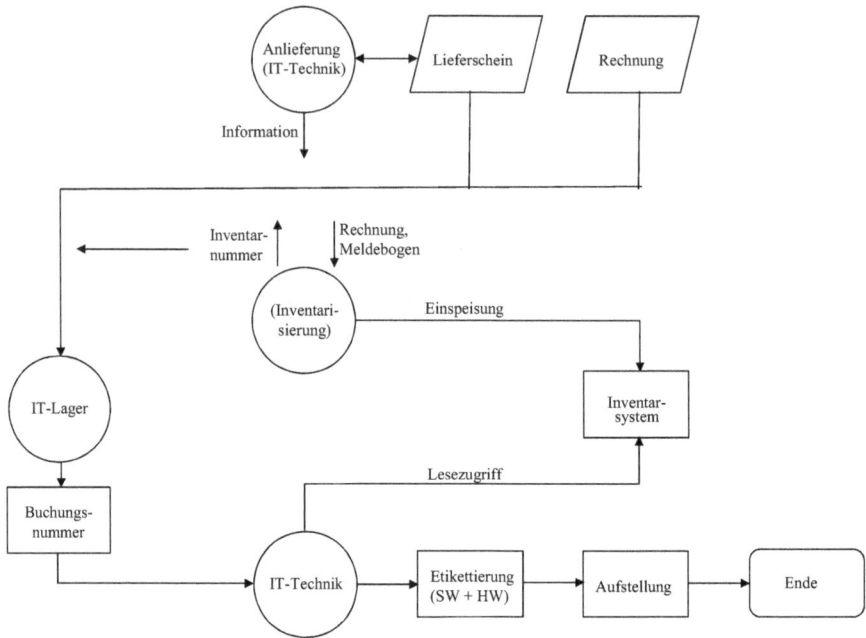

Abb. 6.4: Bsp. IT-Wareneingang und Wareneingangsbuchung

Empfehlung: Durchfüh-
rung von IT-fremden
Aufgaben durch andere
Bereiche

Weil der IT-Bereich für einige mit Beschaffungen verbundene Fragen vermutliche nicht der beste Spezialist im Hause ist (juristische Fragen, Pflichtenhefte für fachlichen Anwendungen, Einkauf von Schulungskursen, Besorgen
von Bürmaterial) sollte angestrebt werden, dass die hierauf spezialisierten
anderen Querschnittsbereiche ihren Teil der Arbeit auch tatsächlich leisten und
der IT-Bereich als interner Kunde auf Basis vereinbarter Service Levels bedient wird. Dies heißt im Einzelnen:

• Falls es im Betrieb einen auf Vergabe von Beschaffungsaufträgen spezialisierten Bereich gibt, sollte dieser die Verantwortung für das regelkonforme
  Gestalten der Ausschreibung übernehmen. Im Öffentlichen Sektor gibt es
  eine ganze Reihe von Regeln, die unter dem Stichwort „Vergaberecht" zusammengefasst sind. Im Anhang 8.5.1 ist das Vergaberecht aus Sicht deutscher Behörden detailliert und mit Empfehlungen erläutert
• Die juristische Vertragsprüfung sollte ein kaufmännisch fähiger, juristi-
  scher Bereich übernehmen, ebenso ggf. die Anpassung allgemeiner juristi-
  scher Standardformulare und der Allgemeinen Geschäftsbedingungen. Im
  Öffentlichen Sektor Deutschlands gilt hier auf Bundesebene ein Standard-
  vertragsformular für alle Behörden (ergänzende Vertragsbedingungen IT,
  EVB-IT), daher entfällt hier die Möglichkeit eigener Vertragsformulare
• Der IT-Bereich sollte eine betriebsweite Vertragsdatenbank sowohl zur
  Klärung des Bestandes an Verträgen wie auch zu Auswertungszwecken,
  z. B. über die Umsätze einzelner Lieferanten, mit benutzen dürfen

- C-Güter sollten möglichst ohne vorherige Einzelgenehmigung über ein betriebsweites elektronisches Katalogsystem beschafft werden können
- Das fachliche Projektmanagement sollte für Fachkonzepte, die später IT-Beschaffungen auslösen werden (z. B. Fachkonzepte für neue IT-Anwendungen) Mindeststandards der Detailtiefe und der Darstellungsart bestimmen. Technische Vorfestlegungen sind möglichst zu vermeiden, Fachkonzepte sollten möglichst funktional sein.

Da die hier angesprochenen Beschaffungsfragen sollten mit hoher Priorität möglichst abgestimmt mit den anderen zuständigen Bereichen im Betrieb (Einkauf, Rechtsabteilung, Controlling, Korruptionsbeauftragte, usw.) gestaltet werden. Hierzu sind möglichst lückenlose Prozesse zu definieren und ein hohes, personenunabhängiges Niveau der Transparenz anzustreben.

Abläufe IT-Beschaffungsmanagement möglichst betriebsweit abstimmen

6.4.2   Vendoren- und Vertragsmanagement

Da IT-Bereiche in erheblichem Umfang Produkte der primären IT-Industrie einsetzen und oft einen beachtlichen Teil der Services mit Hilfe von externen Dienstleistern oder betriebsfremden Personen erbringen, ist das systematische Management der Beziehung zu den Akteuren des Lieferantenmarktes ein eventuell „strategisches" Thema zum Erreichen wichtiger Sach- und Formalziele. Ein Begriff hierfür ist „Vendorenmanagement":

Erläuterung Vendoren(-management)
Vendoren[221] sind die Lieferanten der IT-Bereiche für alle bezogenen Waren und Dienstleistungen. Das Vendorenmanagement ist die systematische Gesamtsicht auf alle die Lieferanten betreffenden Themen, d.h. die aktive Pflege der Beziehungen zu den Vendoren und die Verwaltung der mit den Leistungen zusammenhängenden Informationen (Verträge, Umsatzanteile, Leistungsarten und -mengen, Arbeits-/Produktqualität, Risiken, usw.).

Erläuterung Vendorenmanagement

Teile des Vendorenmanagements sind zwangsläufig immer in IT-Bereichen, die Fremdleistungen und Produkte beziehen, vorhanden. Die Frage ist, wie gut und vollständig es ist. Ein systematisches Vendorenmanagement ist u.a. durch folgende Elemente gekennzeichnet:

1. Übersicht der von einem Vendor bezogenen Produkte und Dienstleistungen mit einer Bewertung der Qualität (historische und aktuelle Vorhaben)
2. Übersicht der mit einem Vendor abgewickelten Umsätze
3. Übersicht der Kontaktpartner und eingesetzten Personale
4. Übersicht alternativer Anbieter, Konkurrenzpreise und -Konditionen
5. Vertragsmanagement.

---

[221] lateinisch: Verkäufer latein: venditor, englisch:vendor, oder von vendere-verkaufen

Rechtsquellen mit
Bedeutung für die IT

IT-Entscheider kommen durch den Bedarf zum Bezug von Produkten und Leistungen zwangsläufig mit juristischen Fragen in Kontakt[222]. Die nachfolgende Tabelle 6.4 zeigt einige wichtige Management- und Rechtsfragen.

Obwohl viele IT-Bereiche in den ersten „wilden" Jahren ihrer Existenz ganz in der „do-IT-yourself"-Mentalität die unmittelbar mit IT-Beschaffungen zusammenhängenden juristischen Themen nebenbei mit verantwortet haben, empfiehlt es sich bei zunehmender Aufgabenspezialisierung, diese Aufgaben hierauf spezialisierten Juristen abzugeben. Da hierdurch Verzögerungen in der Abwicklung von Beschaffungen auftreten können, sind eventuell gleich Vereinbarungen über über Höchst-Antwortfristen und Eskalationswege zu treffen.

Tab. 6.4: Rechtsquellen mit Bedeutung für das IT-Management

Nr.	Managementfrage	Rechtsfrage	Rechtsgebiet
1	Beschaffungen, Ablauf	Zustandekommen gültiger Verträge	allgemeines Vertragsrecht
2		Ausschreibung möglich und korrekt gestaltet?	nur Öffentlicher Sektor: Vergaberecht[223]
3	Hardware	Eigentum?	Kaufrecht, Eigentumsrecht
4		„Leihen" = Miete	Mietrecht
5		Leasing	Kauf- und Mietrecht
6	Software nutzen	„Leihen" = Miete	Mietrecht
7		Kaufen	Kaufvertragsrecht
8		gebraucht verkaufen	Eigentumsrecht
9	selbst erstellte Software abgeben	geistiges Eigentum	Urheberrecht, Eigentumsrecht, Mietrecht
10	Servicearbeit	geschuldete Qualität	Dienstvertragsrecht
11		Ergebnisverantwortung	Werkvertragsrecht
12		Einklagen möglich?	Arbeitnehmerüberlassung
13	Projektarbeit	analog Service	Dienstvertragsrecht
14		analog Service	Werkvertragsrecht
15		analog Service	Arbeitnehmerüberlassung
16	Insourcing	diverse	Kaufrecht, diverse
17	Outsourcing	diverse	Werkvertragsrecht, diverse
18	Internet		Internetrecht, diverse

Empfehlungen zum
Vendorenmanagement

Die kurze Übersicht zum Vendorenmanagement zeigt mehrere Themen mit eventuellem Gestaltungsbedarf. Empfehlungen sind:

---

[222] Als Querschnittsthema hat sich der Begriff „Informatikrecht" etabliert. Nicht zu verwechseln mit der „Rechtsinformatik", die den Einsatz der IT im Bereich des Rechtswesens vertritt

[223] Detaildarstellung siehe Anhang 8.5.1

1. Eine Übersicht der bezogenen Leistungen und der Qualität kann nur der IT-Bereich in Komplettsicht bieten, hier liegt der Auftrag zur Umsetzung beim IT-Management selbst

2. Eine Übersicht der Umsätze je Lieferant müsste vom Bereich Rechnungswesen/Haushalt kommen, da dort i.d.R. die Zahlungen ausgelöst werden und eine Kreditoren- wie Debitoren-Stammdatenverwaltung stattfindet. Externe Dienstleister für die IT arbeiten eventuell ja auch an anderer Stelle („Schatten-IT") im Betrieb, hier hat nur ein Bereich außerhalb der IT volle Kontrollmöglichkeit

3. Der IT-Bereich kennt natürlich die ihm gegenüber auftretenden Kontaktpartner der Lieferanten und das eingesetzte Personal für Dienstleistungen. Diesen Teil der Informationen sollte der IT-Bereich aus Eigeninteresse pflegen. Das Wissen darüber betriebsweit zu halten, könnte aber dann Sinn machen, wenn die Externen auch noch an anderer Stelle im Betrieb tätig sind (z. B. in der erlaubten „Schatten-IT")

4. Das Vertragsmanagement ist für den IT-Bereich wichtig, weil sich aus den Verträgen die Fragen des Leistungsumfangs und der Gegenleistung ergeben. Zumeist kennen die operativ für die Leistungserbringung verantwortlichen Beschäftigten im IT-Bereich diese Ansprüche sehr gut. Zu fragen ist jedoch, ob es nicht auch Tätigkeiten im IT-Bereich gibt, bei denen dieses Wissen ergänzend nützlich wäre. So ist es z. B. eine gute Idee, den Beschäftigten im Service Desk aufzuzeigen, ob ein als defekt gemeldetes Gerät noch der Gewährleistung unterliegt, oder nicht. Dies spricht für eine integrierte Datennutzung im Bereich Service, Gerätemanagement und Vertragsmanagement. Die rein juristischen Aspekte des Vertragsmanagements sollten jedoch möglichst von anderen spezialisierten Bereichen (Einkauf, Rechtsabteilung, Vergabestelle, Personalbereich) übernommen werden, da sie nicht zu den Kernkompetenzen der IT-Bereiche gehören.

6.4.3   Outsourcing

Eine radikale Form der Unterstützung für das IT-Management, dem Betrieb IT-Leistungen anbieten zu können, besteht darin, diese Leistungen komplett oder in Teilen in der Verantwortung von Dritten erbringen zu lassen. Das Stichwort hierzu lautet „Outsourcing":

Dritten Anbietern Verantwortung für IT-Leistungen geben

Erläuterung IT-Outsourcing

Outsourcing bezeichnet eine Bandbreite von Vereinbarungen mit Dritten, anstelle des IT-Bereichs, die Verantwortung für das Erbringen von IT-Services komplett oder in Teilen zu übernehmen. Outsourcing wird i.d.R. befristet für einen längeren Zeitraum, oft ca. 5 bis 10 Jahre, vereinbart. Die Vereinbarungen können auf Komponenten der Infrastruktur (z. B. Netz, IT-Arbeitsplatz), auf Teile der Prozesskette oder auf Segmente der IT-Kunden oder auf Regionen begrenzt sein, oder aber das komplette Serviceportfolio und alle operativen Tätigkeiten des IT-Bereichs umfassen.

Erläuterung IT-Outsourcing

Formen von Outsourcing

Das Thema „Outsourcing" ist seit einigen Jahren seitens der Anbieter stark beworben, daher gibt es eine Reihe von Varianten mit meistens englischsprachigen Bezeichnungen. Die nachfolgende Tabelle 6.5 zeigt sie.

Tab. 6.5: Formen des Outsourcings

Outsourcing-Form	Erläuterung
Application Service Providing (ASP)	auch „software as a service": Der Dritte stellt die Nutzung einer Software über das Netz zur Verfügung. Der Betrieb muss die Software nicht kaufen oder bei sich installieren
Business Process Outsourcing (BPO)	ganze Geschäftsprozesse und dahinter stehende Hilfsprozesse werden ausgelagert
Business Transformation Outsourcing	auch: Transformational Outsourcing: Beratung kombiniert mit Betrieb von Geschäfts-/IT-Prozessen
Complete Outsourcing	ganze Teile des Betriebs inklusive der Belegschaft werden an den Dritten gegeben
Co-Sourcing	der Co-Sourcing-Dienstleister rechnet seine Leistung nicht nach dem Input ab, sondern partizipiert im Positiven wie Negativen in gewissen Bandbreiten am Geschäftserfolg. Anders als beim kompletten Outsourcen hat der Betrieb direkte Kontrolle über die eingebrachten Ressourcen des Co-Sourcing-Partners
Managed Service	der Dritte bietet Teile oder ganze Service-Leistungen an, z. B. den IT-Arbeitsplatz, Speicher, den Betrieb eines Service Desks usw.
Outtasking	Teile der Geschäftsprozesse werden herausgegeben, der Betrieb behält aber die Kontrolle über die Infrastruktur
Transitional Outsourcing	während einer Phase der technischen Veränderungen werden die Aufgaben an den Dritten übertragen, der den Wechsel verantwortet. Evtl. danach Rückübertragung an den Betrieb

Formen des Outsourcing

Die nachfolgende Abbildung 6.5 gliedert grob Formen des IT-Outsourcings danach, welche groben Blöcke der IT-Infrastruktur-Komponenten – Software und/oder Hardware – eines Betriebes an den Dritten gehen. Die weitestgehende Form ist das „Business Process Outsourcing", bei dem neben dem gesamten IT-Bereich auch die Geschäftsprozesse vom Dritten gesteuert werden.

Entscheidungskriterien für die Auswahl einer Outsourcing-Form

Ob eine der hier kurz vorgestellten Formen des Outsourcings für das IT-Management eine interessante Strategie oder Maßnahme sein kann, hängt von mehreren Voraussetzungen ab. Einige wesentliche Kritierien für eine Entscheidung sind:

- Finanzielle Vorteilhaftigkeit von Eigenbetrieb oder Fremdvergabe
- Technische Lösungskompetenz des Dritten im Vergleich zur eigenen
- Eigener Kapazitätsmangel. Hier gibt es die zum Outsourcing alternative Möglichkeit, einzelne Personen als „free lancer" oder Interimsmanager sowie Dienstleister mit Werk- oder Dienstverträgen zu engagieren
- Risikogehalt in der Aufgabe
- Rückholbarkeit der Aufgabe
- Vertrauen der IT-Leitung und der IT-Beschäftigten in den Dritten

Formen	(externer) Dienstleister	Betrieb		
		Hardware + Netz	Anwender-software	Geschäfts-prozesse
Plattform-Outsourcing	Hardware + Netz	← IT-Technik Know-how	Anwender-software	Geschäfts-prozesse
Application-Service-Providing (ASP)	Hardware + Netz	Anwender-software ← Software Know-how		Geschäfts-prozesse
Business-Process-Outsourcing (BPO)	Hardware + Netz	Anwender-software	Geschäfts-prozesse ← Prozess Know-how	

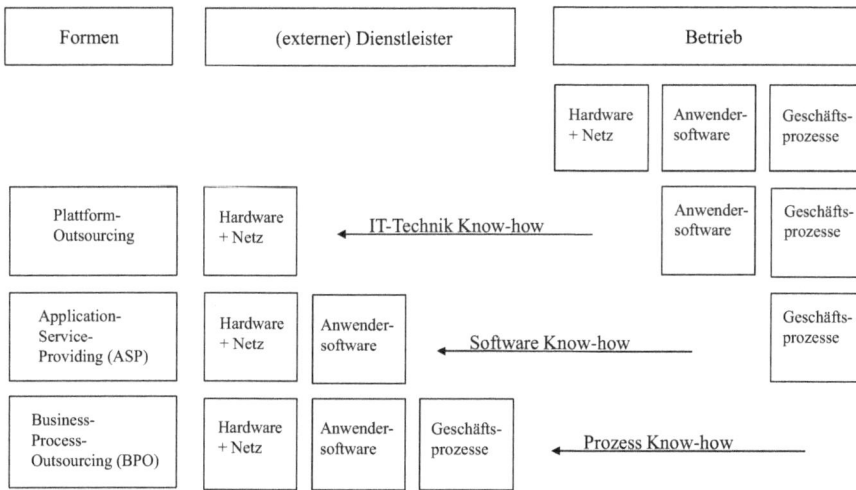

Abb. 6.5: Steigerungsformen des Outsourcens[224]

- Rechtliche Zulässigkeit des Outsourcings
- Stabilität und Vorhersehbarkeit der seitens der IT-Kunden erwarteten Leistungen nach Art und Menge.

6.5   IT-Personalmanagement

6.5.1   Übersicht

IT-Management ist nicht nur das Management von Sachgütern und Dienstleistungen, sondern zuerst das Management von IT-Personal als dem wesentlichen Produktionsfaktor. Das Thema "Personal" verlangt wegen einiger Besonderheiten der IT mehr Aufmerksamkeit als durchschnittlich in anderen Querschnittsfunktionen. Die besonderen Herausforderungen des Personalmanagements in IT-Bereichen sind:

Besondere Aufmerksamkeit für IT-Personalmanagement

- Die Arbeitskategorien von IT-Beschäftigten unterliegen, wie die Technik, einer relativ schnellen Weiterentwicklung, die Notwendigkeit zur Arbeitsteilung in größeren IT-Bereichen schreitet weiter voran. Abhängig von der Größe eines IT-Bereichs, den Aufgaben und Technologien sowie vor allem den festgelegten Arbeitsabläufen hat jeder IT-Bereich evtl. seine eigene individuelle Form der Arbeitsteilung, d.h. der Rollen zu finden. Es gibt hier kaum Standards, in Abschnitt 6.5.2 soll eine grobe Kategorisierung vorgenommen werden

---

[224] Gadatsch, 2006, S. 378

- Der Personalbedarf in IT-Bereichen lässt sich aufgrund häufiger Veränderungen von Aufgaben und Techniken nicht langfristig festlegen, sondern ist immer wieder neu zu bestimmen. Daher werden hier die Methoden der Personalbedarfsberechnung für ausführende Tätigkeit in Abschnitt 6.5.3 kurz vorgestellt und im Anhang 8.5.2 mit einem Rechenbeispiel erläutert
- Die Dynamik der technischen Entwicklung lässt Wissen und Fähigkeiten relativ schnell veralten und erfordert daher ein ständiges oder schubweises Weiterlernen der Beschäftigten bei einem Paradigmenwechsel der Technologie, wenn diese Schritt halten wollen. Schulung als Teil der Personalentwicklung ist in der IT daher ein wichtiges Thema. Last von den Schultern des IT-Managements als Initiator und Gestalter von Weiterbildung nimmt die unter IT-Personal gewöhnlich weit verbreitete Selbstlerner- und Bastlermentalität. Sie kann allerdings auch zu unerwünschten Subkulturen und auf unterer Arbeitsebene suboptimalem Verhalten führen. Daher wird grob die Grundstruktur eines Schulungskonzepts in Abschnitt 6.5.4 vorgestellt.

6.5.2   IT-Rollen und Karrierewege

Arbeitsteilung in der IT nimmt zu

Die noch recht junge Geschichte der bisherigen IT kennt zu Beginn viele geniale autodidaktische IT-Generalisten, die die noch überschaubaren IT-Bereiche mit wenigen Services bedienten. Der rasante Siegeszug der IT hat zu einer enormen Zunahme der Bandbreite verlangter Fähigkeiten und Kenntnisse geführt, die Größe vieler IT-Bereiche erzwingt eine starke Arbeitsteilung und das Ausprägen von Rollen in der IT-Arbeit.

Definition Rolle

Definition Rolle
Der Begriff „Rolle" bezeichnet ein Bündel an Tätigkeiten und Erwartungen, die der Aufgabenerledigung dienen. Eine natürliche Person kann eine oder mehrere Rollen wahrnehmen, je größer ein IT-Bereich ist, desto eher werden Einzelpersonen stärker spezialisiert sein und nur eine Rolle oder sehr wenige Rollen wahrnehmen. Die maximale Zahl zu bündelnder Tätigkeiten/Fähigkeiten in einer Rolle ist nach oben begrenzt auf das, was ein „marktüblicher" Beschäftigter gerade noch leisten kann. Die Rolle ändert sich damit zwangsläufig eventuell abrupt bei einem Technologiewechsel und eventuell „schleichend" bei einer Veränderung des Ausbildungshintergrundes der Bewerber.

Keine Standard-Rollenkonzepte in der IT vorhanden

Es gibt keine branchenübergreifenden allgemeinen Rollenkonzepte in der IT-Arbeitswelt. Dennoch lohnt sich bei zunehmender Größe eines IT-Bereichs die Mühe der Rollendefinition aus verschiedenen Gründen:

- An den Rollen lassen sich Verhaltenserwartungen der Stellen und Stelleninhaber in Tätigkeitsbeschreibungen und -bewertungen festmachen
- Mit definierten Rollen fällt es leichter, eine strukturierte Weiterbildungsplanung (Personalentwicklung) zu machen
- Das IT-Controlling profitiert davon, wenn Zeitaufschreibungen der IT-Beschäftigten auf „Rollen" erfolgen

- Die Personalbedarfsermittlung hat durch Zeitaufschreibungen je Rolle IST-Daten zum Vergleich und kann die Rolle als Kategorie nutzen.

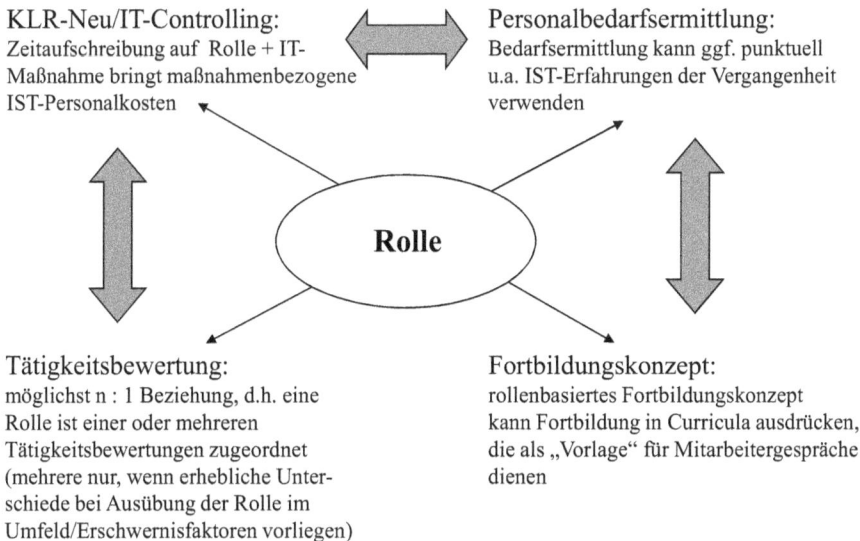

KLR-Neu/IT-Controlling:
Zeitaufschreibung auf Rolle + IT-Maßnahme bringt maßnahmenbezogene IST-Personalkosten

Personalbedarfsermittlung:
Bedarfsermittlung kann ggf. punktuell u.a. IST-Erfahrungen der Vergangenheit verwenden

Rolle

Tätigkeitsbewertung:
möglichst n : 1 Beziehung, d.h. eine Rolle ist einer oder mehreren Tätigkeitsbewertungen zugeordnet (mehrere nur, wenn erhebliche Unterschiede bei Ausübung der Rolle im Umfeld/Erschwernisfaktoren vorliegen)

Fortbildungskonzept:
rollenbasiertes Fortbildungskonzept kann Fortbildung in Curricula ausdrücken, die als „Vorlage" für Mitarbeitergespräche dienen

Abb. 6.6: Anknüpfungspunkte für die „Rolle"

Rollenkonzepte zeichnen sich durch folgende Merkmale aus:

- Rollenkonzepte sind betriebsindividuell, weil die Arbeitsteilung auch in der IT i.d.R. mit zunehmender Größe des Betriebs und im Laufe der Zeit fortschreitet und sogar von Bereich zu Bereich unterschiedlich sein kann
- Rollenkonzepte sind eine „lebende" Kategorisierung, die aus pragmatischen Gründen vorgenommen wird, und sie können sich ändern
- Rollenkonzepte sollten die im Hause etablierten Sprechweisen und Bezeichnungen benutzen, sofern diese nicht widersprüchlich oder redundant sind. Falls neue Bezeichnungen gefunden werden müssen, sollte man sich weitestmöglich an etwaigen vorhandenen externen Standards orientieren, maßgeblich sind die für Tätigkeitsbeschreibungen in Stellenausschreibungen, Trainingskursen oder Ausbildungsgängen üblichen Begriffe
- Rollenkonzepte sollten – wenn die Tätigkeit eine Vielzahl an unterscheidungsbedürftigen Merkmalen bietet – die benötigten Fähigkeiten hierarchisch gliedern. Es sollten so viele Ebenen wie nötig, aber so wenig wie möglich benutzt werden. Bei verschiedenen Rollen können verschieden tief hierarchisch gestaffelte Beschreibungen eingesetzt werden
- Die Rolle sollte nur so weit beschrieben werden, wie dies aus praktischen Gründen (Personalauswahl, Stellenprofil für Einsortierung in Tarifsysteme, Auswahl von Trainings usw.) nötig ist.

Rollenkonzepte in der IT

Beschreibungsebenen für
IT-Rollen

Die folgende Abbildung 6.7 zeigt einen Vorschlag für ein hierarchisches Kategoriensystem der Rollendefinition.

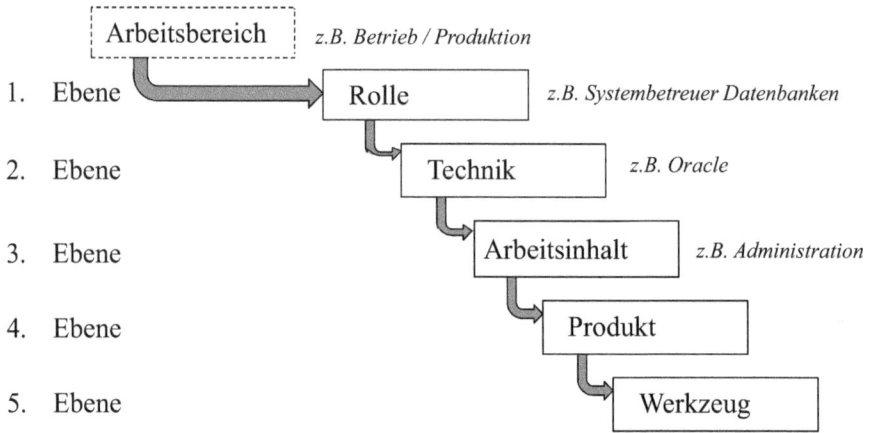

Abb. 6.7: Hierarchie der Beschreibungsebenen IT-Rolle

Für den Öffentlichen Sektor Deutschlands hat ein Gremium das in Tabelle 6.6 gezeigte Rollenkonzept (Ausnahme: Rolle 9 „CIO", diese stammt vom Autor. Dargestellt ist nur die 1. Ebene des Konzepts) vorgeschlagen.

IT-Ausbildungsberufe

Die für berufliche Ausbildungsgänge verwendeten Kategorien der Ausbildungsanbieter eignen sich wegen ihrer eher groben Beschreibungskategorien meist nicht für den feinteiligeren Bedarf in den sehr arbeitsteiligen IT-Bereichen. Ein Beispiel für Ausbildungsberufe ist in Tabelle 6.7 enthalten.

Tab. 6.6: Mögliche IT-Rollen (1. Hierarchiestufe)

Lfd. Nr.	Rolle[225]
1	Konzeption und Realisierung des IT-Einsatzes
2	Hardware-/Softwareplanung (IT-Architekt)
3	Anwendungsentwicklung
4	Qualitätssicherung (und Tests)
5	Systembetreuung
6	Produktion und Betrieb
7	Konzeption und Realisierung von Sicherheitsmaßnahmen
8	Anwenderberatung und -betreuung
9	IT-Leiter/CIO

---

[225] Die Rollen Nr. 1 bis 8 entsprechen den von der KOOP ADV (Kooperationsausschuss Bund-Länder, Vorläufer des jetzigen IT-Planungsrates im Bund) vorgeschlagenen Rollen. Die Rolle 9 (CIO) ist eine eigene Ergänzung

Tab. 6.7: Rollenbeschreibung für Ausbildungsberufe in der IT[226]

Berufsfeld	Tätigkeitsschwerpunkt der Rolle
Fachinformatiker Anwendungsentwicklung	• konzipieren und realisieren kundenspezifische Softwareanwendungen • verbessern, testen und dokumentieren Anwendungen • Nutzen Methoden der Projektplanung, -durchführung und -kontrolle • entwickeln anwendungsgerechte, ergonomische Bedienoberflächen • …
Fachinformatiker Systemintegration	• konzipieren und realisieren komplexe Systeme der IuK … • installieren und konfigurieren vernetzte IuK Systeme • setzen Methoden des Projektmanagements ein • beheben Störungen durch Experten- und Diagnosesystem • …
IT Systeme Elektroniker	• Betreuen von Netzwerk und anderen Systemkomponenten • konzipieren und realisieren komplexe Systeme der IuK durch Integration von Softwarekomponenten • installieren und konfigurieren IuK Systeme • nehmen IuK-Systeme in Betrieb • beheben Störungen durch Experten- und Diagnosesysteme • …
IT Systemkaufmann	• analysieren IuK Kundenanforderungen • konzipieren IuK Systeme • erstellen Angebote, Recherche zur Finanzierung, Verträge abschließen • beschaffen Geräte, Hard- und Software sowie Dienstleistungen • setzen Methoden des Projektmanagements ein • installieren IuK Systeme • nehmen IuK Systeme in Betrieb und übergeben sie dem Kunden • ….
Informatikkaufmann	• analysieren Geschäftsprozesse für den Einsatz von IuK-Systemen • erarbeiten Anforderungsprofile und Pflichtenhefte, die sämtliche Funktionen und Anforderungen an ein Programm enthalten • ermitteln den Bedarf an IuK Systemen • erteilen Aufträge und beschaffen IuK Systeme • führen IuK Systeme ein • erstellen Anwendungslösungen (fachliche, wirtschaftliche Aspekte) • setzen Methoden des Projektmanagements ein • administrieren IuK Systeme • …

6.5.3 Personalbedarfsberechnung

Die wichtigste Ressource für das IT-Management sind nicht Hard- und Software oder IT-Konzepte für IT-Anwendungen, sondern die menschliche Arbeitskraft. Ähnlich wie das Sizing bei der Bestimmung der Kapazitätsbedarfe von Hardwarearchitekturen ist das Ermitteln des quantitativen und des quali-

---

[226] gekürzt n. Arbeitgeber Gesamtmetall, www.IT-berufe.de, Stand 04/2013

tativen Kapazitätsbedarfs beim Personal ein wesentliches Element für die Planung der Leistungsfähigkeit. Hierzu dient die Personalbedarfsermittlung.

Definition IT Personal-bedarfsberechnung

Definition IT-Personalbedarfsberechnung

Der Begriff „IT-Personalbedarfsberechnung" umfasst alternativ oder ergänzend einzusetzende Verfahren zur Berechnung der für die ausführende Tätigkeit benötigten quantitativen Personalkapazitäten mittels standardisierter Verfahren. Zu unterscheiden sind die Personalbedarfsermittlung für Linientätigkeiten und die für Projektarbeiten.

„Strategisch" wichtig kann die Durchführung einer Personalbedarfsberechnung aus mehreren, einander nicht ausschließenden Gründen sein:

- Belastbare Informationen über tatsächlichen Personalbedarf bei gegebener Auftragslage bekommen
- Berechnen der „Lücke" an Personal, dessen Fehlen ggf. durch Externe kompensiert werden muss.

Bestimmungsfaktoren für Personalbedarf

Der Personalbedarf einer IT wird durch viele Faktoren bestimmt, die Abbildung 6.8 zeigt die wesentlichen.

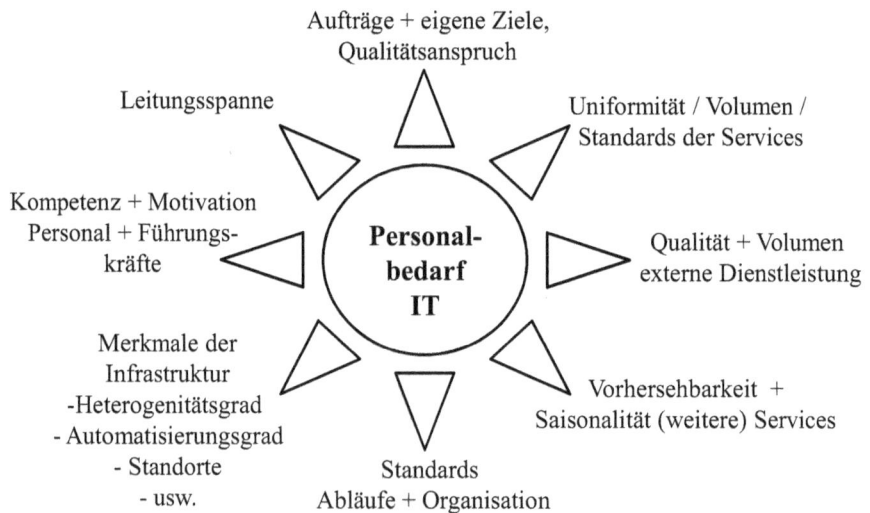

Abb. 6.8: Bestimmungsgründe für den Personalbedarf einer IT

Verfahren der Personal-bedarfsbemessung

Zur Ermittlung von IT-Personalaufwänden für Linientätigkeiten in der IT kann man die in vielen Arbeitsbereichen eingesetzten Standardverfahren der Personalbedarfsbemessung benutzen, die Abbildung 6.9 zeigt eine Übersicht.

Details der Durchführung eines analytischen Berechnungsverfahrens der Personalbedarfsermittlung sind im Anhang 8.5.2 mit Beispielen erläutert.

```
┌─────────────────────────────────────────────────────────────┐
│              Verfahren der Personalbedarfsbemessung           │
└─────────────────────────────────────────────────────────────┘
```

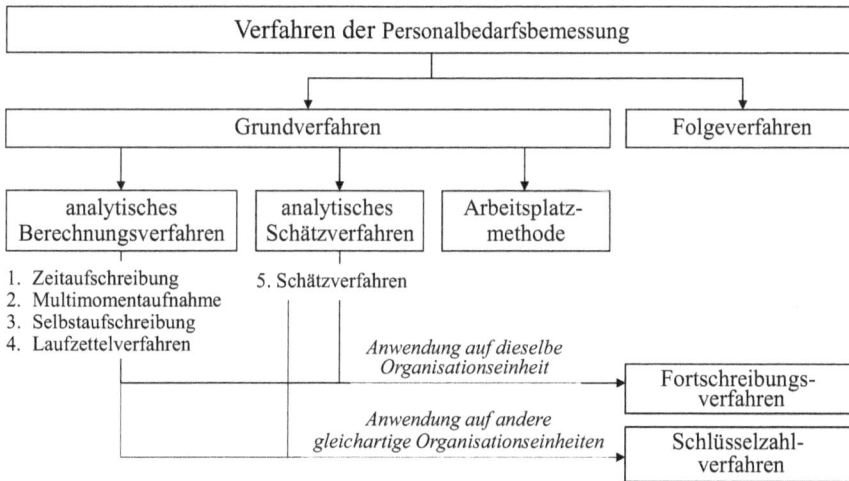

Abb. 6.9: *Verfahren Personalbedarfsbemessung IT-Service*[227]

Der Personalbedarf sollte auf Basis optimierter Abläufe und einer vorherigen Aufgabenkritik stattfinden, so dass keine organisatorischen Mängel oder Schwachstellen festgeschrieben werden[228]. Der Personalbedarf unterliegt Einflüssen, die sich aus den Aufgaben in der eigenen Organisation ergeben und solchen, die im Umfeld begründet sind. Die hauptsächlichen Bestimmungsgrößen des Personalbedarfs sind in Tabelle 6.8 aufgelistet:

Tab. 6.8: *Einflussgrößen des Personalbedarfs*[229]

betriebsintern	Volkswirtschaft
• Geplantes Leistungsangebot	• Umfang der Leistungsnachfrage
• Aufgabenspektrum	• Gesamtwirtschaftliche Entwicklung
• Arbeitsabläufe	• Änderung der rechtlichen und politischen
• Technologien	Rahmenbedingungen
• Aufbauorganisation	• Veränderungen im Dienst-, Sozial- und Arbeitsrecht
• Leistungsfähigkeit der Beschäftigten	• Tarifentwicklung
• Arbeitszeit-/Urlaubsregelungen	• Soziale Entwicklungen
• Fehlzeiten und Fluktuation	• Technologische Veränderungen
• Örtlichkeit/logistische Randbedingungen, z. B. Wegezeiten	• …
• Vorschriften Arbeitsschutz und Durchführungsregeln	
• …	

---

[227] Verändert aus Bundesministerium des Innern, Mai 2013, Abschnitt 5.1.2

[228] Vgl. Bundesministerium des Innern, 2013, S. 139 ff.: Das Organisationshandbuch enthält eine für alle Branchen gültige sehr umfangreiche Beschreibung der Personalbedarfsermittlung

[229] Vgl. Jung 2006, S. 109

Bewertung

Probleme der Personal-
bedarfsermittlung

Die Methoden der Personalbedarfsermittlung sind ein rationaler Ansatz, um transparente Entscheidungsgrundlagen für Stellen zu schaffen. Die detailliertesten Verfahren sind das Analytische Berechnungsverfahren und das Analytische Schätzverfahren. Ihr Einsatz ist an das Vorliegen einer Reihe von Voraussetzungen gebunden: Die Aufgaben müssen mit (a) einer genau vorhersehbaren Häufigkeit und (b) im Rahmen unveränderter Abläufe sowie anderer Aufwandstreiber (z. B. Prüfpflichten, Pausen und Arbeitsschutzregeln, Leistungsfähigkeit eingesetzter IT-Werkzeuge) geschehen. Die Datenerhebung für die Bedarfsbestimmung kann je nach Art der Aufgaben sehr aufwändig sein.

Da sich in der IT die Arbeitswerkzeuge und techniknahen Tätigkeitskonzepte in relativ kurzen Abständen ändern, ist möglichst ein Verfahren zu wählen, dessen Ergebnisse nicht durch die vielen kleinen Änderungen auf der Detailebene schnell veralten.

6.5.4 Weiterbildungskonzept IT

IT-Bereiche benötigen
gute Weiterbildung

Die Dynamik der IT-Märkte auf Anbieter- wie Nachfragerseite zwingt Beschäftigte in IT-Bereichen zu einem im Vergleich mit anderen Querschnittsbereichen hohen Tempo der beruflichen Weiterbildung. Ein sehr großer Teil der Weiterbildung von IT-Beschäftigten findet vermutlich unstrukturiert, d.h. auf Eigeninitiative und nicht selten durch selbstorganisiertes Lernen und Lernen „on-the-job" statt. Diese Eigeninitiative und Selbstlernfähigkeit soll keineswegs gebremst oder in ihrer Effektivität für klein angesehen werden. Dennoch ist die Frage zu stellen, ob ein systematischer Ansatz auf Dauer nicht mit höherer Wahrscheinlichkeit zu einer besseren Weiterbildung führt als ein unsystematischer.

Daher soll hier kurz ein strukturierter Ansatz skizziert werden. Die Abbildung 6.10 zeigt das vorgestellte Modell mit Hilfe des Beispiels einer Erfahrungs-Kompetenzpyramide. Es stammt in den Grundzügen aus dem Weiterbildungskonzepten einiger großer IT-Beratungshäuser für die eigenen Beschäftigten.

Die „programmatische" Klarheit und Prägnanz dieser gut strukturierten Konzepte kann in der betrieblichen Realität dieser Beratungsfirmen deshalb besonders leicht gelebt werden, weil sie den Großteil neuer Beschäftigter meist direkt nach Abschluss der beruflichen Erstausbildung rekrutieren, d.h. als Berufsanfänger einstellen. Die Teilnehmer an der Weiterbildung haben damit einen relativ homogenen Abholpunkt. Wenn der Anteil von berufserfahrenen Beschäftigten sehr hoch ist, werden die individuellen Bedarfe nach Weiterbildung verschieden sein und sich nicht mehr ganz so leicht in stark standardisierte Systeme pressen lassen.

Erfahrungs-Kompetenzpyramide

hier: IT-Systembetreuer

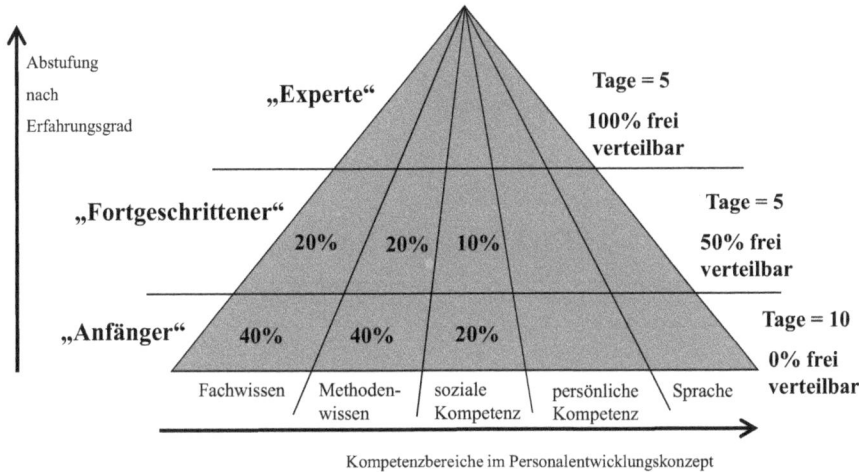

Abstufung
nach
Erfahrungsgrad

„Experte"

Tage = 5

100% frei
verteilbar

„Fortgeschrittener"

20% 20% 10%

Tage = 5

50% frei
verteilbar

Tage = 10

„Anfänger"

40% 40% 20%

0% frei
verteilbar

Fachwissen / Methoden-
wissen / soziale
Kompetenz / persönliche
Kompetenz / Sprache

Kompetenzbereiche im Personalentwicklungskonzept

Abb. 6.10: Erfahrungs-Kompetenzpyramide

Ein IT-Weiterbildungskonzept nach dem Vorbild von IT-Beratungsfirmen geht von den Rollen der Beschäftigten aus und definiert für jede Rolle ...

Inhalte von Weiterbildungskonzepten

- die benötigten Kompetenzbereiche, z. B. Fachkompetenz, Methodenkompetenz, Sozialkompetenz, persönliche Kompetenz und Sprachkompetenz
- die verschiedenen unterscheidbaren Erfahrungsstufen (Niveaus der Kompetenz), z. B. Anfänger, Fortgeschrittene und Experten
- das Mindestprofil je Rolle. Das tatsächliche Profil eines Beschäftigten kann hiervon nach unten hin (Entwicklungsbedarf!) oder nach oben abweichen. Das Mindestprofil ist Teil des Stellenprofils, nicht des Schulungskonzepts. Die Vorgesetzten helfen dem Beschäftigen, sich hier selbst einzustufen, da die Erwartungen von Betrieb zu Betrieb selbst bei gleicher formaler Beschreibung von Rollen und Stellen unterschiedlich sein kann
- das Gesamt-Budget an Schulungstagen pro Jahr und Beschäftigten je Rolle. Es sollten möglichst einige Kurse als Pflichtkurse festgelegt werden, z. B. die mit Zertifikat angebotenen Schulungen des Herstellers von eingesetzten Systemen für die Systembetreuer[230]. Ergänzend oder alternativ kann man feste Prozentanteile je Erfahrungsstufe und Kompetenzbereich vorgeben. Je erfahrener ein Beschäftigter ist, desto weniger Pflichtanteile der Schulung

---

[230] Es gibt eine große Zahl von Anbietern für Zertifikatskursen, durch Suche im Internet lassen sich schnell viele Angebote der großen Hersteller (IBM, Microsoft, Oracle, SAP) finden. Einen groben Überblick bietet WIKIPEDIA, de.wikipedia.org/wiki/Liste_der_IT-Zertifikat

muss er wahrnehmen, sondern kann frei auswählen. Dies hat durchaus gewollt einen „Belohnungscharakter"

• die prozentuale Aufteilung an Mindest-Schulungstagen je Kompetenzbereich und Jahr.

Beispiel Weiterbildungs-
angebote ITIL

Ergänzend zu der durch die Pyramide dargestellten Unterteilung der Trainings-
bedarfe kann die Kenntnis konkreter Schulungsmodelle, z. B. der Angebote für
ITIL-Schulungen (siehe Abbildung 6.11), zu konkreteren Vorgaben für die
Beschäftigten führen.

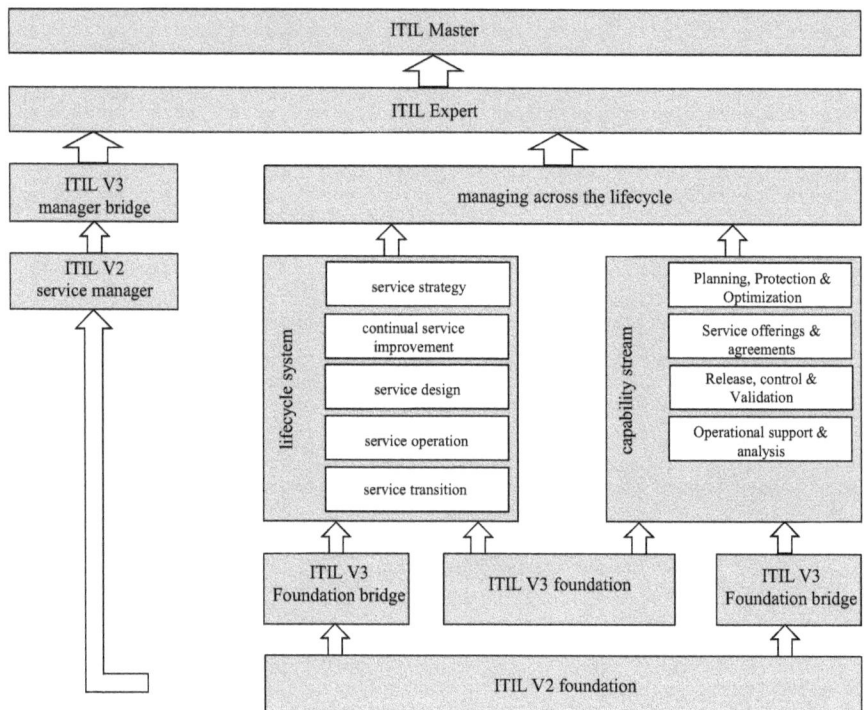

Abb. 6.11: Qualifizierungswege für ITIL V 3[231]

---

[231] n. Hofmann & Schmidt, 2010, S. 148

7 Erwartungen an die Zukunft des IT-Managements

7.1 IT-Innovationstreiber und Getriebener

Keine andere betriebliche Querschnittsfunktion hat in den letzten Jahrzehnten ein so hohes Begeisterungspotenzial und im Erfolgsfall eine so weit streuende Innovationswirkung wie die IT gehabt. Die Dynamik scheint derzeit ungebrochen. Daher ist auch in diesem Buch ein Blick in die „Glaskugel" auf die IT-Zukunft lohnenswert.

Unter keinem anderen Stichwort als „Innovation" kann man die Zukunftshoffnungen der IT-Kunden besser zusammenfassen. Hier eine Definition:

> **Definition IT-Innovation**
> Innovationen sind Neuerungen, d.h. erstmalig mit diesem Inhalt oder dieser Form vorgenommene Änderungen, die bei Geschäftsprozessen, den IT-Produkten der primären IT-Industrie, den IT-Services der sekundären IT Industrie, den IT-Prozessen, den IT-Ressourcen, den IT-Managementkonzepten oder anderen Themen stattfinden. „Absolute" Innovationen sind weltweit erstmalig, während das Übernehmen von Ideen anderer für den eigenen Betrieb eine „relative" Innovation ist. Direkte Nutznießer einer IT-Innovation können die IT-Kunden/IT-Nutzer selbst oder/und der IT-Bereich sein. Um die Qualität einer „Innovation" zu erreichen, müssen die Änderungen erheblich sein.

Absolute und relative Innovation

Folgende Konstellationen der Entstehung von Innovationen sind denkbar:

Vier Typen der Entstehung von Innovationen

- Erfindungen und neue Produkte der primären IT-Industrie, d.h. der Hersteller von Soft- und Hardware, können der Ausgangspunkt für eine Innovation in den Betrieben sein. Die Neuerungen der primären IT-Industrie sind oft absolute Innovationen auf dem Markt, und die sekundäre IT-Industrie nutzt diese neuen Produkte in ihrem Betrieb für eine relative Innovation

- Die Innovation, absolut oder relativ, kann aus dem Kreis der IT-Kunden oder IT-Nutzer erfolgen, und die IT-Produkte der Hersteller werden als Hilfsmittel eingesetzt
- Die sekundäre IT muss auf fremde Initiave hin, z. B. auf Druck von den Fachbereichen, Innovationen schaffen
- Die sekundäre IT bringt von sich aus absolute oder – vermutlich viel häufiger – relative innovative Ideen in die Betriebe
- Eine Interaktion von IT-Kunden, IT-Nutzern und aus dem innerbetrieblichen IT-Bereich „treibt" das Gesamtergebnis.

Vermutlich sind es alle vier Varianten, vor allem aber die „Innovationskette" von der primären IT-Industrie zu der sekundären IT-Industrie, die zu einer Veränderung mit IT-Beteiligung in den Betrieben führen.

Das Innovationstempo wird hoch bleiben, fragt sich nur, was kommt und wohin die Reise geht

Die Frage ist nicht wirklich, ob das Innovationstempo der IT – primäre und sekundäre Industrie – „unter dem Strich" auf dem hohen Niveau der Vergangenheit bleibt. Die Antwort lautet „ja". Derzeit ist nicht zu erkennen, dass der Innovationsbeitrag der IT-Bereiche in den Betrieben sich absolut verringern wird. Zu fragen ist aber, was sich aus Sicht der sekundären IT in den Betrieben tun wird und wohin die Reise gehen wird. Nachfolgend sollen hier einige fundierte Prognosen mittel- und langfristiger Trends gewagt werden.

7.2 Prognosen über die zukünftige Entwicklung der IT

7.2.1 Übersicht

Viele IT-Utopien sind schnell Realität geworden

Die Gefahr bei Prognosen über die Zukunft in der IT-Industrie ist eine doppelte: In der Vergangenheit sind viele Utopien der IT relativ bald zur Realität geworden[232]. Dies verleitet eventuell dazu, diesen Trend für die Zukunft ebenfalls zu unterstellen und daher, um nicht zu schnell überholt zu werden, wieder sehr ehrgeizige Ziele bzw. „utopische Utopien" zu postulieren. Andererseits ist manches schon „abgefrühstückt", so dass sich nun die künftigen Entwicklungssprünge der IT weniger eindimensional darstellen werden: Neue IT verdrängt nicht nur alte andere Technologien und Abläufe, sondern auch „alte" IT und alte IT-Managementkonzepte. Gleichzeitig ist die betriebliche IT stärker mit den Geschäftsmodellen und Geschäftsprozessen verwoben, so dass hier auch bremsende oder beschleunigende Wechselwirkungen zu beobachten sind.

---

[232] Beispiele hierfür sind die vielfältigen Nutzungsideen des Internets durch Private, nachdem es zu Beginn ein Kommunikationsnetz für Forscher war

Auswirkungen von IT-Innovationen werden sich nicht nur bei innerbetrieblichen IT-Kunden oder im privaten Nutzungsbereich der IT abspielen, sondern auch im IT-Management, im sozialen Umfeld (soziale Netze, Freizeitgestaltung, Internet-Kriminalität), im militärischen Bereich („Infanterist der Zukunft", angreifende Internet-Würmer wie „Stuxnet", der die iranische Atomindustrie angegriffen hat) und selbst in der Weltpolitik, wo das Internet angeblich dabei geholfen hat, den „arabischen Frühling" in einigen Staaten besser zu organisieren. Hier in diesem Kapitel soll der Schwerpunkt der Betrachtung allein auf den innerbetrieblichen Entwicklungen liegen.

Auswirkungen von IT-Innovationen in allen Lebensbereichen

Medial aktive Marktbeobachter und Prognoseersteller mischen in ihren Prognosen über die Entwicklungen in der IT meist Trends in allen Arten der Innovation und allen von den Innovationen betroffenen Welten zusammen: Primäre und sekundäre IT-Industrie, private Nutzer, betriebliche Nutzer, Wirtschaft und Gesellschaft. Der „Anbietermarkt" für solche Prognosen ist heterogen und teils getrieben von Eigeninteresse. Er setzt sich wie folgt zusammen:

- Weltweite IT- und Strategieberatungsanbieter, die regelmäßig Trend- und Strategiebefragungen kostenlos anbieten. Hierzu zählen mit deutschsprachigen Befragungen u.a. Capgemini, Boston Consulting Group. Die Stichproben sind mehr oder weniger groß, jedoch ist die Repräsentativität aufgrund der Bindung an die die Befragung durchführenden Firmen zweifelhaft. Da die Befragten meist CIOs und IT-Leiter oder Geschäftsführer sind, haben diese Befragungen die „Brille" der sekundären IT-Industrie
- Anbieter der primären IT-Industrie
- Prognoseinstitute, die teils öffentlich, teils gegen Bezahlung Trends und Analysen erstellen, zu nennen sind u.a. Gartner und IDC
- Universitätsinstitute meist mit Drittmittel-Interesse, vor allem in den USA
- Forschungseinrichtungen mit oder ohne Drittmittel-Interesse, wie einige der Institute von den ca. 80 rechtlich selbständigen Häusern der deutschen Fraunhofer-Gesellschaft. Die Prognosen fokussieren sich meist auf das Thema, auf das sich die jeweilige Gesellschaft spezialisiert hat
- Fachzeitschriften wie Computerwoche und CIO
- Monografien, z. B. über das sehr häufig beschriebene IT-Outsourcing[233] und eher für Insider über automatisierte Rechenzentren.

Mannigfaltige Anbieter von IT-Trendprognosen

Die IT-Welt ist dadurch gekennzeichnet, dass es ständig seitens der Anbieter Vorschläge für Innovationen gibt. Ein gewisser „Bodensatz" wird sogar ohne konkrete Anforderungen von Kunden erarbeitet. Mit erkennbarer und größer werdender Menge unerfüllter Anforderungen wird das Innovationstempo aber vermutlich wachsen (ganz „normale" Nachfrage – Angebotskurse). Die Bestände an tatsächlich von der sekundären IT erbrachten IT-Services orientieren sich an der Nachfrage. Es mag einen kleinen Anteil an internen IT-Services

Innovation ist auch Ergebnis von Angebot und Nachfrage

---

[233] Köhler, 2007; Abolhassan, 2013

auch ohne echten Bedarf geben, aber grundsätzlich wächst die Nutzungsintensität mit der Nachfrage.

Es ist „banal", soll hier aber erwähnt werden, dass Innovationen nach einiger Zeit des Angebots und der Marktdurchdringung zu dem Bestand der „alten" bestehenden Services absinken[234], also keine Innovationen mehr sind. Die spannenden Fragen in diesem Zusammenhang sind folgende:

- Welche technische Neuerung wird vom Markt tatsächlich als Innovation aufgegriffen? In welchem Umfang und welchem Zeitablauf passiert das?
- Wann ist eine ehemalige Innovation keine mehr, weil sie mittlerweile jeder Bedarfsträger hat?

Verschiebung von
IT-Innovationen zu
„IT-Bestandsware"

Die nachfolgende Abbildung 7.1 soll Angebots- und Nachfrageverhalten von Innovationen und bestehenden IT-Serviceangeboten skizzieren.

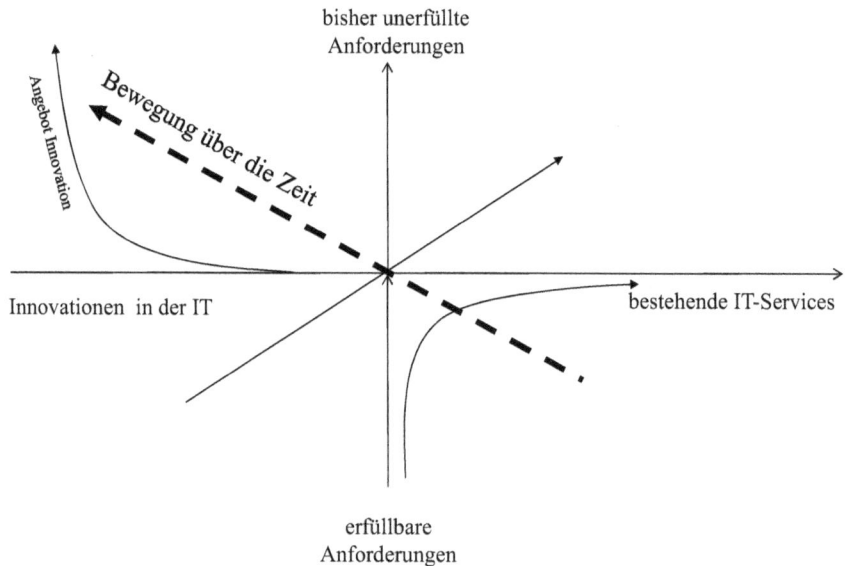

Abb. 7.1: Angebot und Nachfrage IT-Innovationen[235]

Hat die Innovation überhaupt einen praktischen Nutzen für die Betriebe?

Hier soll nachfolgend die Trend-Betrachtung ausschließlich aus der Brille der sekundären IT-Industrie, d.h. der für die inhouse-IT-Services verantwortlichen Bereiche, erfolgen. Die deshalb ergänzend interessierenden Fragen sind:

---

[234] … oder bei nicht-Nachfrage eigentlich den Status als „Innovation" wegen erwiesenem Mangel an Nutzen verlieren

[235] Verändert n. Dubey, 2011, S. 35

- Hat die Innovation einen Nutzen für die Betriebe? Welcher Bereich im Betrieb greift die Innovation als erster auf – die Betriebsleitung, die sonstigen IT-Kunden, die IT-Nutzer, der IT-Bereich?
- Hat die Innovation Bedeutung für die Ziele und die Strategie eines IT-Bereichs oder handelt es sich eher um ein Werkzeug auf der Ebene von Maßnahmen?

7.2.2 Auf IT-Managementobjekte bezogene Trends

Nachfolgend sollen einige aktuelle Trend-Prognosen für die sekundäre IT-Industrie sortiert nach den vermutlich hauptsächlich betroffenen IT-Managementobjekten vorgestellt werden.

Kunden:

- In Randbereichen der fachlichen Anwendungen wird der IT-Bereich Kunden an die „IT-Schattenwirtschaft" in den Fachbereichen verlieren, weil diese (a) Dienste bis hin zu Rechenzentrumsleistungen aus der Cloud beziehen können und (b) mit eigenen IT-erfahrenen Kräften ohne teils strenge Regeln der zentralen IT pflege- und wartungsarme propietäre Anwendungen betreiben und pflegen können

  IT verliert teilweise interne und gewinnt evtl. externe Kunden dazu

- Im „Internet der Dinge" kann jeder IT-Nutzer grundsätzlich auf alle mit dem Internet verbundenen IT-gesteuerten Ressourcen (Sensoren, Effektoren) zugreifen, sofern der Eigentümer dies erlaubt. Damit können Betriebe künftig einen Teil ihrer IT-gesteuerten Infrastruktur, sofern diese nicht für eigene Zwecke genutzt wird, als Mietware anbieten. Dies betrifft sowohl Ressourcen der IT-Bereiche selber (z. B. Speicherplatz, Anwendungen) wie auch geeignete Ressourcen der Fachbereiche (z. B. computergesteuerte Mess-Systeme).

Services:

- Der Bedarf an IT-Projektarbeit für komplette Erstellungsleistungen wird relativ zurückgehen, da die IT-Bereiche immer mehr auf Standardprodukte schwenken. Es gibt einen Trend weg von der Projektorientierung hin zu noch mehr Produktorientierung[236]

  Weniger Eigentwicklungen

- Die Budgets der IT-Bereiche für die Entwicklung von Software-Eigenlösungen werden sich relativ und eventuell absolut verringern[237]
- Produktübergreifende Identity Management Anwendungen werden einen hohen Verbreitungsgrad bekommen[238]

---

[236] Vgl. ähnlich Löffler und Reinshagen, 2013

[237] Vgl. Prognose, dass sich die Entwicklungsbudgets in den nächsten 10 Jahren sogar auf nur noch ein Drittel der heutigen Budgets reduzieren werden, Frank, 2013

- Es gibt derzeit noch sehr viele Kunden betrieblicher Geschäftsprozesse, zu denen der IT-Zugang nicht optimal ist. Die Vernetzung von Bürokommunikation läuft über den „Medienbruch" der eMails oder webbasierter Anwendungen, statt die Daten – natürlich mit entsprechender Berechtigung – direkt in die Fachanwendungen oder das Office-System zu schreiben. Bei Nutzen der gleichen Cloud durch verschiedene Betriebe mag es Möglichkeiten geben, hier zukünftig einige zusätzliche Mausklicks und Dateiübertragungs-Prozeduren zu sparen
- Weitere servicebezogene Prognosen siehe Tabelle 7.1.

IT-Prozesse:

- Für einen immer größeren Teil von fachlichen und auch IT-Arbeitsprozessen wird es Prozessbibliotheken oder in branchenspezifischen Standard-Softwareprodukten abgelegte Workflows geben[239]. Dies ist keineswegs eine neue Entwicklung, aber der Grad der Abdeckung betriebsspezifischer Bedarfe wird im Bereich der Querschnitts-Fachprozesse künftig noch deutlich höher sein. Was nicht passt, kann durch Übernehmen des Standards der Software passend gemacht werden
- Für IT-interne Prozesse wird der Anteil nutzbarer Software zur Entlastung von Systemadministratoren und Datenbankadministratoren stark zunehmen. Zwingende Voraussetzung hier ist die steigende Bereitschaft, mehr vorkonfigurierte Systemblöcke zu übernehmen. Diese werden zum Regelfall, selbst zusammengestellte Systeme zur Ausnahme
- Intelligente Verkehrssteuerung (Telematik) und Steuerung von Kfz in Verbindung mit Geo- und Navigationssystemen nimmt zu. Hiervon werden spätestens nach einer ersten Welle bei Privat-Kfz auch das betriebliche Flottenmanagement und die Warenlogistik profitieren. Dies führt zu neuen Aufgaben für den IT-Bereich.

IT-Ressourcen:

- Der Bedarf an IT-Beschäftigten im Rechenzentrum wird abnehmen, da die Rechenzentren zunehmend automatisch werden und ihre Zahl wegen fortdauernder Leistungssteigerung, zunehmender Skalierbarkeit standardisierter Leistungen und Konsolidierung weiter abnimmt. Hinzu kommt für die nur inhouse arbeitenden Rechenzentren die Konkurrenz von Rechenzentrumsangeboten über die Cloud. Interne Rechenzentren befinden sich in einem Dilemma: Sie müssen sich selbst mehr automatisieren und virtualisieren, um wirtschaftlicher zu werden. In dem Maße, wie sie dies erfolgreich tun, werden sie austauschbarer durch externe Dienstleister

---

[238] Habler (2013) vermutet, dass in 2023 ca. 60% aller Unternehmen ein applikationsunabhängiges Identitiy Management haben werden

[239] Selbst der Öffentliche Sektor macht hier mit, ein Beispiel enthält Klein, 2011

- Die Anzahl der Beschäftigten in IT-Dienstleistungen außerhalb der Rechenzentren und in der Entwicklung steigt relativ zu den technischen, IT-Leistungen erbringenden Personalen. Viele Fachaufgaben enthalten einen Anteil von IT-Entwicklungsarbeit, der jedoch aufgrund mächtiger werdender Standard-Softwareanwendungen organisatorisch nicht mehr als IT-Entwicklung klassifiziert wird. Für den IT-Bereich ergibt sich daraus die angenehme Konsequenz, dass er zwar für große IT-Plattformen – fachliche wie Querschnittsanwendungen – Entwicklungspersonal vorhalten muss, aber nicht mehr für Nischen-Anwendungen mit seltenen oder veralteten Programmiersprachen oder tiefer, schlecht dokumentierter Funktionalität. Die Verantwortung hierfür kann der IT-Bereich an den Fachbereich und ggf. eine geduldete Neben-IT (keine IT-Schattenwirtschaft!) abtreten
- Die Miniaturisierung von Eingabemedien (Tastaturen, Touchpads) und Ausgabemedien sind weitestgehend beendet, die demografische Entwicklung zunehmend älterer IT-Nutzer erfordert genügend große Tastaturen und Bildschirme. Diese Ein- und Ausgabegeräte könnten mittelfristig virtualisiert werden: Bildschirme lassen sich in manchen Anwendungsfeldern durch in den Raum oder in elektronische Brillen (wie z. B. Google Glass) projizierte 3D-Objekte ablösen, und die Eingabemedien sind über die Touchpads hinaus auch entwicklungsfähig: Sprach- und gestengesteuerte Wege der Dateneingabe werden zunehmen, jedoch werden diese Wege der Dateneingabe weiterhin nur einen kleineren Anteil haben als Tastaturen und Computermäuse
- Die Zahl der leistungsfähigen und weit verbreiteten Standard-Softwareprodukte für betriebliche Querschnittsprozesse wird weiter abnehmen, die Qualität und der Verbreitungsgrad dieser Produkte wird sich aber ingesamt weiter erhöhen
- Weitere unspektakuläre Miniaturisierung und Reduzierung der Wärmeproduktion ist dagegen bei physikalischen Servern zu erwarten, gleichermaßen bei Speichergeräten, Netzkomponenten (auch Routern und Switchen) usw.
- Physische IT-Netze werden durch verbesserte Möglichkeiten der schnurlosen Datenübertragung zurückgehen. In innerbetrieblichen Bereichen wird W-LAN zunehmend das LAN ersetzen. Damit wird die Abhängigkeit der IT-Bereiche vom Liegenschaftsmanagement zurückgehen und IT-Umzüge weniger aufwendig werden
- Neue Mitbewerber treten neben die bisherigen Anbieter externer IT-Dienstleistungen. Internationale Netzbetreiber, Suchmaschinenbetreiber, online-Händler und andere Eigentümer großer Rechenzentren wie Microsoft werden einen immer größeren Marktanteil dieser Dienstleistungen haben, weil sie durch weltweites Konsolidieren von Nachfrage einen großen Kostenvorteil durch Skalierungseffekte haben[240].
- Weitere servicebezogene Prognosen siehe Tabelle 7.1.

---

[240] Vgl. Uebernickel & Brunner, 2013, S. 15

Tab. 7.1: Auswahl Mittel-/Langfrist-Prognosen IT-Trends [241]

Nr.	Kategorie	Trend	Quelle(n)
1	IT-Services	IT-Nutzer fordern mehr mobile und mehr individuelle Endgeräte	Gartner[242]
2		3D-Drucker werden in der Produktion zunehmend zum Einsatz kommen	Gartner
3		Nachfrage für „smarte" Geräte (kontextsensitive, intelligente Assistenten, autonome Fahrzeuge und Roboter auch für Dienste)	Gartner
4		Nachfrage nach Big Data nimmt zu	McKinsey
5		Integration Tablets und Smartphones	McKisey[243]
6		Apps werden noch besser und verdrängen klassische Programme	Gartner
7		„Internet der Dinge", Steuerung aller mit dem Internet verbundenen Sensoren, Effektoren usw. durch Private wie Betriebe	McKinsey
…		…	
8	Ressourcen	Cloud-Client Architektur wird Client-Server Architektur ersetzen	Gartner
9		„Software Defined Anything (SDx)": Begriff für bessere Standards für die Programmierbarkeit von Infrastrukturen und Interoperabilität, beinhaltet z. B. OpenStack, OpenFlow, the Open Compute Project und Open Rack. Bedeutung steigt mit Cloud	McKinsey
10		Miete statt Kauf, „sharing community" macht viele Dienste und Güter für Private wie Betriebe zur Mietware	McKinsey
11		„Web Scale IT": IT-Anbieter werden Skalierungsfähigkeit von Agilität und Geschwindigkeit, nicht nur Menge, herstellen	Gartner
…		…	

7.3 Rahmenkonzepte und IT-Management

Nach einer sehr "wilden" Startphase der IT ohne Managementkonzepte begann ca. zur Jahrtausendwende 2000 die Zeit, in der durchdachte IT-Strategien und vorausschauende IT-Managementkonzepte zunehmend als Notwendigkeit zur Steuerung anspruchsvoller IT-Bereiche erkannt wurden. Neben den unmittelbar technikbezogenen Überlegungen für immer komplexere IT-Projekte und Services

---

[241] www.cio.de/strategien/2902248

[242] www.mobile-zeitgeist.com/2013/10/14/gartners-top-10-IT-trends-fuer-2014

[243] Chui et al., 2013

sind auch steigende Ansprüche an die Unterstützung von Arbeitsabläufen, die angesichts vieler Angriffe auf IT-Infrastrukturen problematische IT-Sicherheit sowie Fragen der Governance einige der Gründe für diese Entwicklung.

Um dem IT-Verantwortlichen "Basisarbeit" bei der Organisation seiner Managementobjekte zu ersparen, kamen zunächst einzelne isolierte Konzepte – ITIL für die IT-Serviceprozesse, COBIT für die Prüfprozesse usw. – auf. Mittlerweile versuchen die Autoren dieser Konzepte untereinander Brücken zu schlagen oder die ihnen bisher fehlenden Standardisierungsbereiche mit aufzunehmen. Die Grenzen zwischen den Konzepten verwischen etwas, die „Marktführer" TO-GAF, COBIT und ITIL in ihren jeweiligen Management-Segmenten werden sachlich immer mächtiger.

Marktführende Referenzmodelle werden mächtiger

Dieser Trend wird vermutlich anhalten, es wird nur noch sehr wenige überbetrieblich verbreitete Referenzmodelle für alle IT-Bereiche geben. Da der Gebrauch der Referenzmodelle neben der Organisation täglicher Prozessarbeit letztlich auch den Zweck der Prüfungsfestigkeit verfolgt, begünstigt die Evolution die eventuell von nationalen Prüfungsorganisationenen favorisierten Modelle. In den USA ist das ganz klar COBIT. Die Prognose ist daher, dass der "Wildwuchs" an Referenzmodellen und Standards bei Reifegradmessung, IT-Governance, Prozessorganisation usw. abnehmen und sich evtl. nur die bereits jetzt als Spitzenreiter in ihrem Segment bekannten Ansätze weltweit durchsetzen werden. Der „Rest" werden sehr isolierte betriebs- oder branchenindividuelle nationale Präferenzen sein. Die Konsequenz kann sein, dass die den Prüfmodellen unterlegten Kennzahlen teilweise schon als vorkonfigurierte Statistiken in entsprechenden Standard-IT-Anwendungen angeboten werden.

Nur sehr wenige IT-Referenzmodelle werden überleben

7.4 Verzahnung mit anderen Managementbereichen

Die IT hat als klar von anderen Bereichen abgegrenzte betriebliche Funktion mit sehr ressourcennaher Bedeutung – allgemein mit dem Ersatz der Tabelliermaschinen und Taschenrechner im Bereich Rechnungswesen und der Schreibmaschine sowie der Schreibarbeitsdienste in den Büros – begonnen. Inzwischen hat sie in praktisch allen betrieblichen Bereichen eine unterstützende, manchmal eine überhaupt erst die modernen betrieblichen Funktionen ermöglichende Bedeutung bekommen. Vermutlich werden folgende Entwicklungen zu beobachten sein:

- Weitere Verlagerung eines kleinen Teils der einfachen IT-Entwicklungsarbeiten sehr spezialisierter Anwendungen (Wissenschaft, Mess- und Steuerungssysteme) und des zugehörigen IT-Betriebs in die Verantwortung von IT-kompetenten Fachbereichen. Dort sitzt die fachliche Intelli-

Fachbereiche übernehmen mehr IT-Services selbst

genz, und in dem Maße, wie dort die allgemeine IT-Kompetenz zunimmt oder der technische Anspruch an die Realisierung von Fachanwendungen z. B. bei fachlicher Standardsoftware sinkt, wird es mehr Möglichkeiten der Fachbereiche zu eigenverantwortlichen IT-Erstellungsarbeiten geben. Der IT-Bereich hat hier nur die Option, entweder eine größere von ihm unkontrollierte „Schattenwirtschaft" zu riskieren oder selbst gestaltend auf die Rahmenbedingungen Einfluss zu nehmen. Der zentrale IT-Bereich stellt dann evtl. noch die Basis-Services wie Speicherplatz, Server und Netzanschlüsse in zunehmend automatisierten kleineren virtuellen Rechenzentren zur Verfügung. Diese Entwicklung ist teilweise verzahnt mit Fortschritten bei der Automatisierung von Rechenzentren und der Ausweitung von Cloud-Angeboten[244] für alle Elemente netzfähiger Services inklusive ganzer Rechenzentren. Der zentrale IT-Bereich bestimmt Regeln und Konfigurationseinstellungen, berät IT-fachlich und verstärkt das IT-Controlling

Organisationsbereiche werden stärker

- Die Rückkehr der klassischen Organisationsbereiche in die Arbeit an der Prozessoptimierung: Klassische Organisationsbereiche sind für den IT-Bereich oft keine wertvolle Hilfe bei der Durchführung von organisationslastigen Vorhaben. Im öffentlichen Bereich Deutschlands ziehen sich die Organisationsreferate nicht selten praktisch auf die reine Stellenbewirtschaftung zurück. Da es letztlich nicht sinnvoll ist, dass die IT-Bereiche ständig fachliche Organisationsaufgaben mit übernehmen, sollten Betriebe ihre Ansprüche an die Kompetenz von Organisationsbereichen weiterentwickeln, um eine zeitgemäße Organisationsarbeit und optimale Nutzung der Aufgabenspezialisierung zu ermöglichen. Diese Entwicklung mag dadurch beflügelt werden, dass man wegen der zunehmenden Bedeutung der IT für organisatorische Abläufe IT-kompetentes Personal einstellt. Diesem Trend liegt auch die Prognose zugrunde, dass sich die Zahl der Vorstandsmitglieder mit IT-Hintergrund vergrößern[245] wird. Das Wachsen der Kompetenz von Organisationsbereichen muss von oben nach unten motiviert werden, da er für die Organisationsbereiche schmerzhaft sein wird. Sie erben die gleichen Schmerzen, die die IT-Bereiche manchmal bei IT-Projekten in den ihnen fremden Organisationsaufgaben der Fachbereiche erfahren. Eine Facette dieser Entwicklung kann sein, dass Organisations- und IT-Bereiche näher aneinander rücken und die Gestaltungskompetenz des IT-Bereichs die klassische Organisationsarbeit stärker inspiriert. Statt zu fragen, welche Arbeitsabläufe IT-technisch unterstützt werden können, wird zunehmend umgekehrt zu untersuchen sein, welche Arbeitsabläufe sich eigentlich nicht hierfür eignen und „Inseln" bleiben

---

[244] Vgl. auch Seidel, 2013

[245] Siehe die wohl halb ernste, halb spaßhaft zu verstehende „Wette" in der Zeitschrift CIO, dass sich bis 2023 die Zahl der ITler in Vorständen verdreifachen wird (Kreutter, 2012)

- Der Kostendruck auf die IT wird anhalten. Da viele IT-Bereiche durch Größenwachstum und innerbetriebliche Konsolidierung schon einen erheblichen Teil der möglichen Skalierungseffekte realisiert haben, werden Themen wie „Cloud" oder die Automatisierung interner Rechenzentren den IT-Bereichen weiter im Nacken sitzen.

Anhaltender Kostendruck

8 Anhänge

8.1 IT-Kennzahlen je Strategiebereich

8.1.1 Übersicht Kennzahlen

Zur Auswahl von Kennzahlen des IT-Controllings sind folgende Empfehlungen zu geben:

- Kennzahlen sollen genau das messen, was zum Erkennen von IST-Zuständen oder Planungen festzustellen ist
- Viele IT-Kennzahlen in der Literatur sind nicht so eindeutig wie gewünscht ausschließlich auf ein Management-Objekt gerichtet, sondern können für mehrere Betrachtungsperspektiven verwendet werden. Das entwertet sie nicht, aber macht eventuell die Auswertung mehrdeutiger
- Vor der Bildung eigener Kennzahlen sollte versucht werden, geeignete Kennzahlen zu finden, die auch von Dritten benutzt werden. Das steigert die Wahrscheinlichkeit, hierzu eventuell externe Vergleichswerte (Benchmarks) zu finden und nutzen zu können.

Da es eine sehr große Zahl von Kennzahlenvorschlägen gibt, können hier nur einige ausgewählte Beispiele zu wenigen Managementthemen der IT gezeigt werden. Mit diesen Beispielen ist keine Empfehlung verbunden. Einen sehr umfangreichen Überblick über verschiedene Kennzahlen-Sammlungen und weitere Quellen gibt Kütz 2006 und 2011.

Da Kennzahlen hier als Mittel der strategischen IT-Steuerung verstanden werden, sind sie der besseren Übersichtlichkeit halber je Strategiethema in der Tabelle 8.1 zusammengefasst.

Tab. 8.1: Übersicht Inhalte Anhang Kennzahlen der IT

Nr.	Inhalt	Kommentar
1	IT-Ziele und Strategie	COBIT-Kennzahlen und eigene
2	IT-Service Level Management	COBIT
3	IT-Qualitätsmanagement	COBIT-Kennzahlen und eigene
4	IT-Sicherheit	COBIT-Kennzahlen und eigene
5	IT-Informations- und Anwendungsarchitektur	COBIT-Kennzahlen und eigene

8.1.2   Ausgewählte Kennzahlen je Strategiethema

Kennzahlen IT-Ziele und IT-Strategie

Kennzahlen sind nicht präzise definiert, sondern zunächst nur qualitativ. Die meisten der in der untenstehenden Tabelle 8.2 gezeigten Kennzahlen stammen aus COBIT.

Tab. 8.2: Kennzahlen IT-Ziele und IT-Strategie

Nr.	Kennzahl	Herkunft[246]
1	Alter der strategischen Planung (Zeitspanne seit dem letzten Update)	COBIT
2	Anteil der Business Units mit klar definierter IT-Unterstützung	COBIT
3	Anteil der Business Units, die Technologien aus der IT-Strategie nutzen	COBIT
4	Anteil der expliziten IT-Ziele, die klar auf explizite Ziele oder Strategie der Geschäftsbereiche oder des Gesamtbetriebs bezogen sind	
5	Anteil der strategischen IT- und Geschäftspläne, die aufeinander abgestimmt sind, und klare Zuordnung der Verantwortungen	COBIT
6	Anteil des IT-Budgets, das von Fachbereichen verantwortet wird	COBIT
7	Anzahl erfolgreicher Strategien, absolut und relativ zur Zahl aller Strategien	
8	Anzahl Maßnahmen zur Umsetzung von Strategien, relativ und absolut	
9	Anzahl Strategien zur Umsetzung von Zielen, relativ und absolut	
10	Grad der Zufriedenheit mit dem strategischen Planungsprozess	COBIT
11	Klare Beziehungen zwischen Verantwortungen und strategischen IT- und Geschäftszielen	COBIT
12	Qualitätsindex bezüglich der strategischen IT-Planung – umfasst Zeitrahmen der Planerstellung, Grad der strukturierten Vorgehensweise und Vollständigkeit des Plans	COBIT
13	Umgesetzte Ziele, absolut und relativ zu allen Zielen	
14	Zahl explizit definierter IT-Ziele	
15	Zahl explizit definierter IT-Strategien	
16	Zeitspanne zwischen einer Änderung der strategischen Planung und der Anpassung der operativen Planung	COBIT

---

[246] COBIT-Kennzahlen zitiert n. Kütz, 2006, S. 278

Service Level Management

Tab. 8.3: Kennzahlen Service Level Maangement

Nr.	Kennzahl	Herkunft[247]
1	Bestätigung der strategischen Business Units (SBU), dass Service Levels auf die Geschäftsziele abgestimmt sind	COBIT
2	Kundenzufriedenheit bezüglich der Erfüllung von erwarteten Service Levels	COBIT
3	Aktuelle Budgetausschöpfung passend zu Service Levels	COBIT
4	Anteil geschäftskritischer IT-Systeme mit Service Level Agreements (SLA)	COBIT
5	Anteil von Service Level Agreements, die in vereinbarten Abständen und nach größeren Änderungen überprüft werden	COBIT
6	Leistungsnehmer bestätigen berichtete Daten aus der Service-Level-Überwachung	COBIT
7	Anteil der IT-Services, die Service Level Agreements einhalten	COBIT
8	Zeitdauer der Umsetzung einer Anfrage zur Veränderung von Service Levels	COBIT
9	Häufigkeit von Kundenzufriedenheitsumfragen	COBIT
10	Zeitdauer, um eine Service-Level-Thematik zu bearbeiten	COBIT
11	Anzahl der Fälle, bei denen innerhalb einer geforderten Zeitspanne eine grundlegende Untersuchung von Service-Prozessen durchgeführt und Lösungen beziehungsweise Verbesserungen umgesetzt worden sind	COBIT
12	Aufwand, der erforderlich ist, um definierte Service Levels zu liefern	COBIT

---

[247] COBIT-Kennzahlen zitiert n. Kütz, 2006, S. 295

Kennzahlen Qualitätsmanagement

Tab. 8.4: Kennzahlen Qualitätsmanagement

Nr.	Kennzahl	Herkunft[248]
1	Anzahl dokumentierter Qualitätssicherungs- und Testaktivitäten	COBIT
2	Anzahl Beanstandungen durch Rechnungshöfe	
3	Anteil abgestellter Qualitätsmängel relativ zu Anzahl aller Beanstandungen, Abarbeitungsquote	
4	Anteil leichter, mittlerer und schwerer Qualitätsmängel an der Gesamtmenge	
5	Anzahl von Besprechungen zwischen Fachabteilungen und Entwicklern	COBIT
6	Anzahl von Feststellungen, dass Qualitätsstandards nicht eingehalten wurden	COBIT
7	Anzahl von IT-Projekten und -Prozessen mit aktiver Qualitätsmanagement-Beteiligung	COBIT
8	Anzahl von IT-Prozessen und -Projekten, die einem Benchmarking unterzogen wurden	COBIT
9	Anzahl von IT-Prozessen und -Projekten, die Qualitätsprüfungen ohne wesentliche Mängel durchlaufen haben	COBIT
10	Anzahl von Projekten mit dokumentierten und messbaren Qualitätskriterien	COBIT
11	Anzahl von Qualitätssicherungs-Peer-Reviews	COBIT
12	Durchschnittliche Anzahl von Trainingstagen im Bereich Qualitätsmanagement	COBIT
13	Kundenzufriedenheit mit erbrachten Leistungen	COBIT
14	Nutzerzufriedenheit mit IT-Leistungen	
15	Zufriedenheit der Abstimmpartner mit IT-Bereich	
16	Zufriedenheit der fremden Projektmitarbeiter mit IT	

---

[248] COBIT-Kennzahlen zitiert n. Kütz, 2006, S. 287

Kennzahlen IT-Sicherheit

Tab. 8.5: Kennzahlen IT-Sicherheit

Nr.	Kennzahl	Herkunft[249]
1	Anteil der automatisch überwachten kritischen Infrastrukturkomponenten	
2	Anzahl der vorbeugenden Maßnahmen zur Sicherung der Verfügbarkeit	COBIT
3	Anzahl erfolgreicher Hackerangriffe	
4	Anzahl Hackerangriffe/Jahr	
5	Anzahl kritischer und von IT abhängiger Geschäftsprozesse, die einen angemessenen Katastrophenplan besitzen	COBIT
5	Anzahl Störungen, die zu öffentlicher Aufmerksamkeit führen	COBIT
6	Anzahl und Umfang von Service-Unterbrechungen, bezogen auf Störungsdauer und Auswirkung	COBIT
7	Anzahl von kritischen Infrastrukturkomponenten mit automatischer Verfügbarkeitsüberwachung	COBIT
8	Anzahl von Problemen im unterbrechungsfreien Service, die noch nicht gelöst oder in Bearbeitung sind	COBIT
9	Anzahl erfolgreicher Virenangriffe	
10	Häufigkeit von Tests des unterbrechungsfreien Services	COBIT
11	Häufigkeit von Trainingsangeboten für unterbrechungsfreien Service	COBIT
12	Regelmäßige Prüfung der Katastrophenpläne	COBIT
13	Stillstandszeiten	COBIT
14	Tatsächliche Verfügbarkeit der Anwendungen relativ zu der per SLA vereinbarten Verfügbarkeit	
15	Tatsächliche Verfügbarkeit kritischer Anwendungen relativ zu der per SLA vereinbarten Verfügbarkeit	
16	Vorlaufzeit, um dauerhafte Service-Defizite zu erkennen	COBIT
17	Zeitanteil ungeplanter Stillstandszeiten an Gesamtzeit des geplanten Betriebs	
18	Zeitspanne zwischen organisatorischen Veränderungen und entsprechenden Aktualisierungen der Katastrophenplanung	COBIT
19	Zeitspanne, um eine Störung zu bewerten und über den Start des Katastrophenplans zu entscheiden	COBIT
20	Zeitspanne, um nach einem Katastrophenfall wieder zum Regelbetrieb zurückzukehren	COBIT

---

[249] COBIT-Kennzahlen zitiert n. Kütz, 2006, S. 298

Kennzahlen IT-Informations- und Anwendungsarchitektur

Tab. 8.6: Kennzahlen Informations-/Anwendungsarchitektur

Nr.	Kennzahl	Herkunft[250]
1	Anteil der Integritätsregeln, die in den Datenbeschreibungen dokumentiert sind	COBIT
2	Anteil des IT-Budgets für Entwicklung und Pflege der Informationsarchitektur	COBIT
3	Anteil des unternehmensweiten Datenverzeichnisses (Data Dictionary), der Benutzern automatisiert zur Verfügung steht	COBIT
4	Anzahl der Anwendungs- und System-Störungen, die durch Inkonsistenzen im Datenmodell verursacht wurden	COBIT
5	Anzahl der erforderlichen Änderungen zur Anpassung an das Daten modell	COBIT
6	Anzahl von Fehlern, die auf fehlende Aktualität der Informationsarchitektur zurückzuführen sind	COBIT
7	Anzahl der in der Software realisierten Integritäts-/Plausibilitätsregeln relativ zu allen dokumentierten Regeln	
8	Nachbearbeitungsaufwand, der durch Inkonsistenzen im Datenmodell verursacht wurde	COBIT
9	Anzahl von Plattformen, die von der vorgegebenen Technologie-Infrastruktur abweichen	COBIT
10	Anzahl von Verzögerungen bei Systemimplementierungen, die auf ungeeignete Infrastrukturen zurück zu fuhren sind	COBIT
11	Verhältnis von Wartungsaufwand zu Neuentwicklungsaufwand	COBIT
12	Lieferzeit von Systemen (time to market)	COBIT
13	Stillstandzeiten der Infrastruktur	COBIT
14	Anzahl von Systemen mit wesentlichen Integrationsproblernen (Interoperabilität)	COBIT
15	Anzahl von Performanceproblemen bei Anwendungen, die auf ungeeignete Technologie-Infrastruktur zurückzuführen sind	COBIT
16	Anzahl unterschiedlicher Plattformen	COBIT
17	Alter von Plattformen	COBIT
18	Anzahl von mehrfach genutzten Funktionen oder Ressourcen	COBIT
19	Anzahl und Häufigkeit von Änderungen	COBIT
20	Anzahl von Systemabbrüchen aufgrund unzureichender vorbeugender Wartung	COBIT
21	Anzahl von Systemabbrüchen aufgrund von Änderungen in der Systemsoftware	COBIT
22	Kosten und Zeitaufwand für größere Änderungen in Systemsoftware oder Infrastruktur	COBIT

---

[250] COBIT-Kennzahlen zitiert n. Kütz, 2006, S. 279 und S. 290

8.2 IT-Zufriedenheitsbefragung

8.2.1 Übersicht

Nachfolgend wird ein modularer IT-Zufriedenheitsfragebogen dargestellt. „Modular" ist er, weil aus mehreren Bausteinen für die Zielgruppen …

- IT-Kunden (Käufer von IT-Leistungen) und IT-Nutzer
- Mitarbeiter anderer Bereiche in IT-Projekten
- IT-Nutzer
- Bereichsvertreter in IT-Abstimmungsgremien

zusammengesetzt ist und thematisch bei den Nutzern zwischen der Nutzung allgemeiner IT-Verfahren und von Fachverfahren unterscheiden kann.

Da manche Mitglieder verschiedener Zielgruppen personenidentisch sind und die Ergebnisse auch, soweit sinnvoll und machbar, vergleichbar sein sollen, ist dieser anspruchsvolle Ansatz gewählt worden.

Die freiwilligen Angaben zur Selbsteinschätzung und der persönlichen Daten der Nutzer sind dazu geeignet, die Ursachen von Unterschieden in der Zufriedenheit näher abzuklären.

Tab. 8.7: Übersicht Inhalte Module Zufriedenheitsfragebogen

Nr.	Inhalt	Kommentar
1	Anschreiben IT-Nutzer	
2	Anschreiben IT-Kunden	
3	Freiwillige optionale Angaben Nutzer	
4	Freiwillige Selbsteinschätzung IT-Kompetenz	IT-Nutzer
5	Freiwillige Selbsteinschätzung Häufigkeit	
6	Bewertung durch Nutzer IT-Standarverfahren	
7	Bewertung durch Nutzer IT-Fachverfahren	Welches Verfahren?
8	Bewertung durch Nutzer IT-Fachverfahren	Wie zufrieden?
9	Bewertung IT-Projekte durch Mitarbeiter anderer Bereiche	
10	Bewertung durch Auftraggeber	
11	Bewertung durch Bereichsvertreter in Abstimmgremien	
12	Bewertung durch Bereichsvertreter bei Service Level Vereinbarungen	

8.2.2   Inhalte Module des Zufriedenheits-Fragenbogens

Anschreiben für IT-Nutzer

Liebe Kollegin, lieber Kollege,

der Bereich IT versteht sich als interner Dienstleister und möchte regelmäßig Rückmeldung von Ihnen, den „Kunden" und „IT-Nutzern", erhalten.

Wir unterscheiden folgende „Rollen", in denen sich Kunden befinden können:

1. Nutzer von Office-Programmen, der Zeit- und Anwesenheitserfasung und dem Inter-/Intranet (IT-Nutzer)
2. Nutzer von IT-Fachverfahren (IT-Nutzer)
3. Arbeitskollegen in Projekten mit IT-Anteil
4. Auftraggeber des IT-Bereichs
5. Bereichsvertreter im IT-Gremium

Der folgende Fragebogen gibt Ihnen die Möglichkeit, Rückmeldungen zu einer oder mehreren dieser Rollen zu geben je nachdem, welche Erfahrungen Sie im letzten Jahr gemacht haben.

Zur besseren Einschätzung Ihrer Antworten wäre es schön, wenn Sie auf Seite xy einige Selbsteinschätzungen zu Ihrer Person geben.

Der inhaltliche Teil startet mit Seite 3. Bitte kreuzen Sie bei den Antworten ab Seite 3 auf die Fragen jeweils diejenige Wertung an, die Ihrer Einschätzung am nächsten kommt. Die Ziffern entsprechen Schulzensuren, d.h. „1" = „sehr gut", „2" = „gut" usw. bis „6" = „ungenügend". Falls Sie keine Meinung haben (können), kreuzen Sie bitte „keine Wertung" an. Bitte geben Sie ggf. Kommentare zur Erläuterung Ihrer Meinung!

Rückmeldungen können anonym erfolgen, alle Rückmeldungen werden nur anonymisiert ausgewertet.

Ihre Rückmeldung wird uns helfen, besser zu werden und damit unseren Betrieb voranzubringen. Vielen Dank vorab!

Rücksendung bitte per Hauspost oder per eMail an den IT-Bereich

Anschreiben IT-Kunden

Liebe Kollegin, lieber Kollege,

der IT-Bereich versteht sich als interner Dienstleister der xy und möchte regelmäßig Rückmeldung von den „Kunden" erhalten.

Der folgende Fragebogen wendet sich an Sie in Ihrer Rolle als

Director/in, Bereichs-, Abteilungsleiter/in oder Gruppenleiter/in

und gibt Ihnen die Möglichkeit, Ihre Erfahrungen mit der Gruppe IT einzubringen.

Alle Rückmeldungen werden nur anonymisiert ausgewertet und werden uns helfen, unsere Dienstleistung noch besser auf Sie abzustimmen.

Vielen Dank vorab!

Ihr IT-Bereich

Rücksendung bitte per Hauspost oder per eMail den IT-Bereich!

Freiwillige optionale Angaben IT-Nutzer

01. Freiwillige optionale Angaben zu Ihrer Person

Nr.	Angabe	Antwort				
001	Überwiegend tätig für ...	Bereich A ☐		Bereich ... ☐		Andere ☐
002	Meine Altersgruppe ist ...	< 25 ☐	25–40 ☐	41–50 ☐	51–60 ☐	> 60 ☐
003	Zahl Kontakte zu IT-Hotline	0 ☐	1 ☐	2–5 ☐	6–10 ☐	> 10 ☐
004	Zahl IT-Kurse im Jahr xy	0 ☐	1 ☐	2 ☐	3 ☐	> 3 ☐
005	Benutzte Hardware	Notebook ☐		Arbeitsplatz ☐		Telearbeit ☐
006	Allgemeine IT-Erfahrung	sehr hoch ☐	hoch ☐	mittel ☐	niedrig ☐	keine ☐

Freiwillige Selbsteinschätzung IT-Kompetenz Nutzer

01. Freiwillige Einschätzung Ihrer IT-Kompetenz bei Standardverfahren

Nr.	Eigene Fähigkeiten im Bereich ...	Selbsteinschätzung Ihrer IT-Nutzerkompetenz 1 = sehr gut, ..., 6 = ungenügend, ⊗ = „weiß nicht"			
		1	...	6	⊗
010	MS Word	☐	...	☐	☐
011	MS Excel	☐	...	☐	☐
012	MS Powerpoint	☐	...	☐	☐
013	Datenerfassung für die KLR	☐	...	☐	☐
014	Urlaubs- und Gleitzeitbeantragung	☐	...	☐	☐
015	Intranet	☐	...	☐	☐
016	Internet	☐	...	☐	☐
017	Word-Makro	☐	...	☐	☐

Freiwillige Selbsteinschätzung Nutzungshäufigkeit

02. Freiwillige Einschätzung Ihrer IT-Kompetenz bei Standardverfahren

Nr.	Ich nutze folgende Anwendungen ...	Häufigkeit der Nutzung 1 = sehr oft, ..., 6 = gar nicht ⊗ = „keine Wertung"						
		1	2	3	4	5	6	⊗
020	MS Word	☐	☐	☐	☐	☐	☐	☐
021	MS Excel	☐	☐	☐	☐	☐	☐	☐
022	MS Powerpoint	☐	☐	☐	☐	☐	☐	☐
023	Datenerfassung für die Personalzeit	☐	☐	☐	☐	☐	☐	☐
024	Urlaubs- und Gleitzeit-beantragung	☐	☐	☐	☐	☐	☐	☐
025	Intranet	☐	☐	☐	☐	☐	☐	☐
026	Internet	☐	☐	☐	☐	☐	☐	☐
027	Word-Makro	☐	☐	☐	☐	☐	☐	☐

Bewertung Nutzer IT-Standardverfahren

1. Nutzer von IT-Standardverfahren

Nr.	Bewertung	Bewertung 1 = „sehr gut", …, 6 = „ungenügend" ⊗ = „keine Wertung"			
	1. Nutzer von Office-Programmen und dem Inter-/Intranet	1	…	6	⊗
100	Wie verfügbar waren diese Anwendungen?	☐	…	☐	☐
101	Wie angenehm war die Bildschirmgröße?	☐	…	☐	☐
102	Wie schnell war der Computer?	☐	…	☐	☐
103	Wie gut erreichbar war die IT-Hotline?	☐	…	☐	☐
104	Wie gut war die Hilfe durch die IT-Hotline?	☐	…	☐	☐
105	Zufrieden mit Ihren Arbeitsplatzdrucker?	☐	…	☐	☐
106	Wie bewerten Sie die Netzwerkdrucker?	☐	…	☐	☐
107	Schnelligkeit von IT-Umzügen	☐	…	☐	☐
108	Qualität von Schulungen/Einweisungen	☐	…	☐	☐
109	Qualität kollegialer Hilfe bei Problemen (ohne IT-Hotline oder IT-Kollegen)	☐	…	☐	☐
Kommentar:					

Bewertung Nutzer IT-Fachverfahren

2. Nutzer von IT-Fachverfahren

2.1. Nutzungsprofil. Welche Fachanwendung benutzen Sie?

Nr.	Bewertung	Bewertung 1 = „täglich“, 2 = mehrmals/Woche, 3 = „ca. 20 mal“, 4 = „ca. 10 Mal“, 5 = „1-mal“, 6 = „nie“, ⊗ weiß nicht			
	2. Benutzte IT-Fachanwendung[251]	1	…	6	⊗
200	Fachverfahren 1	☐	…	☐	☐
201	Fachverfahren 2	☐	…	☐	☐
202	Fachverfahren 3	☐	…	☐	☐
203	Fachverfahren 4	☐	…	☐	☐
204	Spezielles Querschnittsverfahren 1	☐	…	☐	☐
205	Spezielles Querschnittsverfahren 2	☐	…	☐	☐

---

[251] Bezeichnungen sind nur Stellvertreter für konkret benannte Verfahren

Bewertung Nutzer IT-Fachverfahren

2. Nutzer von IT-Fachverfahren

2.2. Nutzungsprofil. Wie zufrieden sind Sie mit dem Service?

Nr.	Bewertung	Bewertung 1 = „sehr gut", ..., 6 = „ungenügend", ⊗ = „weiß nicht"		
	2. Nutzer von IT-Fachanwendungen	1	... 6	⊗
210	Wie verfügbar waren diese Anwendungen?	☐	... ☐	☐
211	Wie angenehm war die Bildschirmgröße?	☐	... ☐	☐
212	Wie schnell war der Computer?	☐	... ☐	☐
213	Wie gut erreichbar war die IT-Hotline?	☐	... ☐	☐
214	Wie gut war die Hilfe durch die IT-Hotline?	☐	... ☐	☐
215	Qualität von Schulungen/Einweisungen	☐	... ☐	☐
216	Qualität kollegialer Hilfe bei Problemen (ohne IT-Hotline oder IT-Kollegen)	☐	... ☐	☐
Kommentar:				

Bewertung IT-Projekte durch Mitarbeiter anderer Bereiche

3. Mitarbeiter anderer Bereiche in IT-Projekten

Nr.	Bewertung	Bewertung 1 = „sehr gut", 6 = „ungenügend", ⊗ = „keine Wertung"			
	3. Wie war die Arbeit der IT?	1	...	6	⊗
300	Zeitgerechtigkeit der Lieferung von IT-Anteilen	☐	...	☐	☐
301	Methodische Fundierung der Arbeit	☐	...	☐	☐
302	Professionalität des persönlichen Auftretens	☐	...	☐	☐
303	Qualität der gelieferten Lösung	☐	...	☐	☐
304	Verständlichkeit der Kommunikation	☐	...	☐	☐
305	Unterstützung der fachlichen Projektleitung	☐	...	☐	☐
306	Unterstützung des Ausrollens	☐	...	☐	☐
307	Unterstützung der Schulung	☐	...	☐	☐
Kommentar:					

Bewertung durch IT-Kunden, Auftraggeber

4. Auftraggeber der IT

Nr.	Bewertung	Bewertung 1 = „sehr gut", ... 6 = „ungenügend", $\otimes$ = „weiß nicht"			
	6. Wie war die IT?	1	...	6	$\otimes$
400	Klarheit des Prozederes bis zur verbindlichen Vereinbarung von Leistungen der IT	☐	☐	☐	☐
401	Klarheit der IT-seitigen Anforderungen an ein Fachkonzept	☐	☐	☐	☐
402	Transparenz des Entscheidungsweges in der IT	☐	☐	☐	☐
403	Kollegialität und Fairness der Gespräche	☐	☐	☐	☐
404	Fachseitige „Kosten" der IT-Leistung	☐	☐	☐	☐
405	Qualität der gelieferten IT-Leistung	☐	☐	☐	☐
406	Benötigte Zeitdauer bis zum Abschluss	☐	☐	☐	☐
407	Gesamtbewertung IT als „Vertragspartner"	☐	☐	☐	☐
Kommentar:					

Bewertung der Bereichsvertreter im IT-Abstimmgremium

5. Bewertung durch Bereichsverteter in Abstimmgremien

Nr.	Bewertung	Bewertung 1 = „sehr gut", ..., 6 = „ungenügend", ⊗ = „weiß nicht"			
	5. Wie war die Arbeit der IT?	1	...	6	⊗
500	Professionelle Organisation der Treffen	☐	...	☐	☐
501	Entscheidungshaltigkeit der Themen	☐	...	☐	☐
502	Information über aktuelle interne IT-Themen	☐	...	☐	☐
503	Klarheit der Rückmeldung an die Bereiche	☐	...	☐	☐
504	Beeinflussungsmöglichkeit von Themen von allgemeinem Interesse	☐	...	☐	☐
505	Aufgreifen von Anregungen der Fachseite	☐	...	☐	☐
506	Dokumentation der Entscheidungen	☐	...	☐	☐
507	Ansporn zum Mitdenken + zur Wahrnehmung der Kundenrolle	☐	...	☐	☐
	Kommentar:				

Bewertung der Bereichsvertreter zu Leistungsvereinbarungen

6. Bewertung durch Bereichsverteter bei Service Level Vereinbarungen

Bereichsvertreter in IT-Abstimmgremium

Lfd. Nr.	Bewertung	Bewertung 1 = sehr gut, …, 6 = ungenügend			
	Wie hat die IT agiert?	1	…	6	⊗
600	Klarheit des Prozederes bis zur verbindlichen Vereinbarung von Leistungen der IT mit Ihrem Bereich	☐	…	☐	☐
601	Klarheit der IT-seitigen Anforderungen an ein Fachkonzept Ihres Bereiches	☐	…	☐	☐
602	Transparenz des Entscheidungsweges in der IT bis zum Erbringen der Leistung	☐	…	☐	☐
603	IT-seitige Kollegialität und Fairness der Gespräche	☐	…	☐	☐
604	Fachseitige Aufwände (z. B. Personalzeit zum erstellen benötigter Fachkonzepte, Testzeit) der IT-Leistung transparent	☐	…	☐	☐
605	Qualität der gelieferten IT-Leistung (IT-Grundbetrieb und bereichsspezifische IT-Anwendungen)	☐	…	☐	☐
606	Benötigte Zeitdauer bis zum Abschluss von Sondervereinbarungen mit der IT	☐	…	☐	☐
607	Gesamtbewertung IT als „Vertragspartner" Ihres Bereiches	☐	…	☐	☐
Kommentar:					

*) Nummerierung mit Lücken, weil alle Fragen aus verschiedenen adressantenbezogenen Fragebögen überschneidungsfrei nummeriert werden sollen.

8.3   Berater

8.3.1   Große Anbieter für IT-Beratung

IT-Strategieberatung ist ein Teil der IT-Beratung schlechthin. Ausschließlich auf Beratung des IT-Gesamtmanagements oder gar der IT-Strategie spezialisierte Anbieter gibt es – außer in der Selbstdarstellung kleiner Häuser oder von Freelancern – kaum. Vermutlich wäre das auch nicht empfehlenswert, weil die reine Strategieberatung letztlich in die Kritik käme, keine fachliche Bodenhaftung mehr im operativen IT-Geschäft oder in angrenzenden, für die IT-Beratung nützlichen Themen, wie z. B. der Prozessberatung, zu haben.

Eine einfache begriffliche Gliederung der Beratungswelt enthält die untenstehende Abbildung. IT-Strategieberatung offerieren vermutlich hauptsächlich Anbieter mit Schwerpunkt auf Systemintegration und gelegentlich generelle Managementberater. In der Rolle der IT-Serviceprovider ist der Wunsch nach Übernahme eines Teils des operativen IT-Geschäfts eingebaut, daher wird vermutlich die Beratung dieser Anbieter einseitig in Richtung Outsourcing gehen. Die Grenzen sind aber sehr unscharf, weil größere Anbieter zeitgleich als IT-Integrator oder IT-Service-Provider auftreten können.

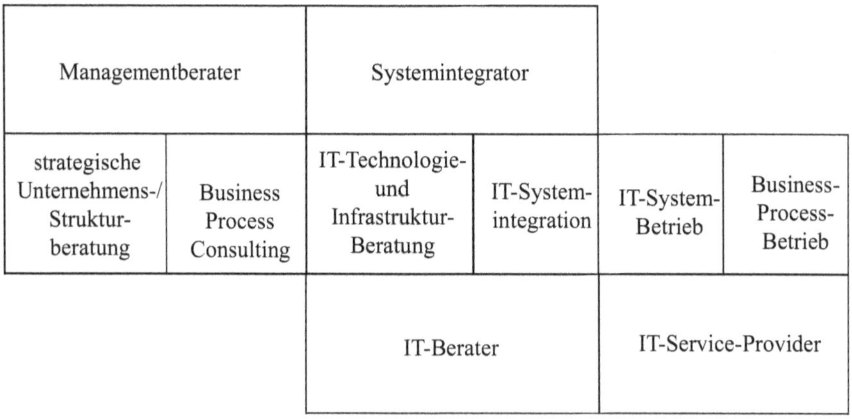

Managementberater		Systemintegrator			
strategische Unternehmens-/ Strukturberatung	Business Process Consulting	IT-Technologie- und Infrastruktur- Beratung	IT-Systemintegration	IT-System- Betrieb	Business- Process- Betrieb
		IT-Berater		IT-Service-Provider	

Abb. 8.1: Gliederung der IT-Beratungswelt

Die Möglichkeit, in verschiedenen Rollen aufzutreten, führt auch zu einer weiteren Schwierigkeit: Die relative Größe der Anbieter im Markt lässt sich nicht anhand einfacher Kriterien wie dem Jahresumsatz bestimmen, weil man den Anteil des Umsatzes mit genau dieser Art von Geschäft aus den Zahlen des externen Rechnungswesens nicht herauslesen kann. Dies ist eine große Schwäche der einzigen, regelmäßig erscheinenden Statistik über Beratungsanbieter in Deutschland, der Lünendonk-Liste über IT-Beratungs- und Systemin-

tegrationsanbieter.[252] Die sei trotzdem in Auszügen (s. Tabelle 8.8 unten) gezeigt. Man kann in ihr eine Reihe von Anbietern mit ähnlich hohen Umsätzen
sehen. Zwar gibt es zwischen dem Ersten und dem Letzten schon große Unterschiede, dennoch ist das Feld dicht und der Gesamtanteil des Erstplatzierten
am Gesamtmarkt dürfte relativ klein sein. Die Nummer 1 dieser Liste,
T-Systems, hat weniger als 10% des Umsatzes der ersten 20 Marktteilnehmer.
„Marktführer" im Sinne einer wesentlichen Beeinflussung des Gesamtmarktes
ist niemand.

Tab. 8.8: TOP 20 der IT-Berater in Deutschland 2012[253]

	UNTERNEHMEN	Umsatz in D in Mio. Euro		Mitarbeiter Deutschland	
		2012	2011	2012	2011
1	T-Systems, Frankfurt am Main	1.442,0	1.394,0	4.850	4.730
2	IBM Global Business Services, Ehningen	1.390,0	1.300,0	7.300	7.100
3	Accenture GmbH, Kronberg	1.176,0	1.114,0	5.495	5.610
4	Capgemini Deutschland Holding GmbH, Berlin	796,0	758,0	5.517	5.439
5	msg systems AG (Unternehmensgruppe), Ismaning	391,5	331,8	3.465	3.195
6	Atos IT GmbH/Atos Solutions & Services GmbH, München	360,0	k.A.	2.500	k.A.
7	Allgeier SE, München	343,0	310,8	2.850	1.646
8	Hewlett-Packard Deutschland Services, Böblingen	342,0	332,0	1.100	1.050
9	CSC Deutschland Solutions GmbH, Wiesbaden	335,0	352,0	2.672	2.496
10	Arvato Systems Group, Gütersloh	272,8	237,0	1.524	1.299
11	CGI GmbH/Logica Deutschland GmbH & Co. KG, Düsseldorf	260,0	250,0	2.500	2.470
12	Steria Mummert Consulting AG, Hamburg	244,0	237,8	1.672	1.664
13	ESG Elektroniksystem- und Logistik-Gruppe, Fürstenfeldbruck	230,0	225,0	1.170	1.175
14	C1 Group, Hamburg	210,0	200,0	1.390	1.270
15	NTT Data Deutschland GmbH, München	197,0	180,0	1.296	1.322
16	BTC Business Technology Consulting AG, Oldenburg	178,4	162,5	1.646	1.550
17	Itelligence AG, Bielefeld	156,9	147,6	1.012	860
18	Infosys Limited, Frankfurt am Main	155,0	k.A.	870	k.A.
19	Materna GmbH (Gruppe), Dortmund	135,6	136,3	1.240	1.191
20	All for One Steeb AG, Filderstadt	134,9	72,2	537	360
	Summe	**10.762,1**	**9.752,0**	**52.618**	**1.551**

---

[252] http://luenendonk-shop.de/Luenendonk-Listen/

[253] Nach Umsatz in Deutschland

8.3.2   IT-Strategieberatungsangebote Externer

IT-Strategie- und Managementberatung ist kein standardisiertes Produkt. Am Markt finden sich verschiedene Vorgehensmodelle und inhaltliche Vorstellungen darüber, was dazu gehört. In der Außendarstellung verwenden viele Anbieter keine logische Gliederung des Themas „IT-Strategie". Die Angebote sind eher Listen pragmatisch gewählter aktueller Beratungsthemen oder zufällige eigene Schwerpunkte als systematische Themendarstellungen.

Hier soll ein „stichprobenhafter" Überblick der Außensicht von Angeboten alternativer IT-Strategieberater gegeben werden. Eine Tiefenanalyse ist das nicht, weil der Markt zwar offen, die Marktanteile einzelner in diesem thematischen Segment aber nicht transparent sind und dieses Dokument nur einen begrenzten Anspruch an sich selbst hat. Außerdem wurde nur auf den Internetseiten recherchiert, aber kein Kontakt mit den Anbietern gesucht.

Die Art der Durchführung von IT-Strategieberatung unterliegt keinen Normen, und das Thema „IT-Strategieberatung" hat keinen verbindlichen Katalog an Themen. Praktisch ist IT-Strategieberatung – wie auch weite Teile der Management-Beratung – „people business", wenn auch einzelne Anbieter durch Wissensmanagement, Teamarbeit usw. in hohem Maße eine personenunabhängige Qualität anstreben und vielleicht auch erreichen.

Eine „spitze" Schätzung der dezidiert mit IT-Strategieberatung erzielten Umsätze ist nicht möglich. Dies hat mehrere Gründe. Viele große Anbieter berichten Gesamtumsätze (verwertet u.a. von der Beratungsfirma Lünendonk zwecks Aufstellung von Rangtabellen nach Größe), aber keine detaillierten Zahlen über Strategieberatung. Spezielle IT-Strategieanbieter sind kleine Häuser, die i.d.R. keine Zahlen veröffentlichen (müssen).

Schwerpunkt der tabellarisch gelisteten Darstellung der Konkurrenz sind große Häuser mit nachweisbarer Aktivität im Bereich IT-Beratung. Die dünne Faktenlage qua Internet und der begrenzte Erkenntniswert erklären die pragmatische Entscheidung für eine relativ magere Füllung der Tabelle. Es gibt eine erhebliche Zahl kleiner und dem Verfasser aus eigenem Erleben unbekannter Unternehmensberatungen, die im Internet standardisierte oder freie IT-Strategieberatungen bieten. Über die Qualität gibt es keine gesicherten Erkenntnisse, über die tatsächliche Größe auch nicht.

Die nachfolgende Tabelle zeigt einige große Anbieter mit separatem Angebot für IT-Strategieberatung.

Strategietheorie/ Selbstdarstellung der Anbieter	Evtl. Stärken/ Schwächen
ACCENTURE: Accenture ist die weltweit größte Technologie-Beratungsfirma, Themen: • IT-Strategie – Shareholder Value • IT-Transformation – Transformieren Sie Ihre IT-Organisation, -Prozesse und -Kultur, um Kapazitäten und Ergebnisse maßgeblich zu verbessern • IT-Architektur – Vision, damit sie heutigen und zukünftigen Anforderungen gewachsen ist • IT-Prozessexzellenz – herausragende operative Abläufe • Entwicklung großer und komplexer Fachanwendungen	Kein besonders auf IT-Strategieberatung fokussierter Anbieter. Kernkompetenz in Entwicklung großer IT-Fachverfahren und IT-Programme sowie Outsourcing, keine eigenen am Markt bekannten, attraktiven und „hypen" Strategiemodelle Accenture hat einige „Großprojekte", die für den Kunden sicher „strategisch" sind. Vermutlich weniger Aufträge für gänzliche offene, sondern zumeist gleich seitens des Kunden bereits fokussierte Aufträge
AT KEARNEY, Strategic Information Technology Practice (SITP) • Restrukturierung IT • Lean IT • IT-Kostensenkung • Nachhaltigkeit • Komplexitätsreduzierung • Geschäftsmodell Innovation • M & As & carve outs	IT-Strategie ist nach eigener Ansage ein Schwerpunkt des Geschäfts. Tatsächlich im deutschsprachigen Markt kaum als „big player" präsent
ATOS: • IT-Strategy und Governance • IT-Architecture • IT Delivery Excellence • Trusted Information Management	Zusammen mit Siemens sehr groß (78.000 Beschäftigte), über die Alt-Kontakte von Siemens auch sehr im Publicbereich vernetzt. Kein ausgewiesener Strategie-Anbieter, dennoch wegen Kontaktstärke oft in der trusted-advisor – Rolle beim Kunden
BEARING POINT: Die IT-Standortbestimmung durch „IT-Health Check". Bieten individuell entwickelte IT-Strategie und Roadmap, dieses Angebot gilt auch für SAP-Landschaften. • Große Infrastruktur-Roll-outs • Konsolidierungen heterogener IT-Landschaften • „ZeroBased IT" Benchmarking • Quick Scan bezüglich Erreichbarkeit und Umsetzungsgrad bewährter Einsparpotenziale durch identifiziert strukturelle Kostensenkungspotenziale • Für SAP-Nutzer wird das Tool „Advisory Navigator" angeboten. BearingPoint bietet für den Bereich IT u.a. „Standortbestimmung und Neuausrichtung der IT".	Spezielles ERP-Programm (SAP, Oracle) Angebot präsentiert BearingPoint als ausgewiesenen und in einigen Themen tief spezialisierten Strategieanbieter, der z.B. in der Public-Branche eine hohe Marktpräsenz hat

Strategietheorie/ Selbstdarstellung der Anbieter	Evtl. Stärken/ Schwächen
CAPGEMINI: IT-Strategieentwicklung und -implementierung mit Bausteinen: • Statusanalyse • Ausarbeitung alternativer Szenarien Stakeholdermanagement • Priorisierung und Entwicklung einer realistischen Modernisierungs- und IT-Strategie • Unterstützung bei der Herausarbeitung von IT Clustern • Verbindung der IT-/Strategie mit der IT-Governance • Definition messbarer Ziel- und Erfolgskriterien • Professionelles Programmmanagement • Wissens- und Akzeptanzmanagement • Erfolgsmessung	Dezidiert Public Sector. Ergänzende Angebote.
CSC: Dienstleistungen, Lösungen, Methoden, Werkzeuge, Best Practices. • IT-Strategie und Architekturzielbilder: „Überprüfung von IT-Strategien …; Unterstützung beim … Konkretisieren einer IT-Strategie; Entwicklung strategischer IT-Architekturzielbilder, abgestimmt auf die … Geschäftsanforderungen und … laufenden Vorhaben" • Architekturmanagement: „Beratung zur effektiven Gestaltung von … IT-Architekturprozessen und Aktivitäten …" • Konzeptionelle IT-Architekturen: Entwicklung oder Beratung im Zusammenhang mit anwendungsübergreifenden Architekturkonzepten mit Schwerpunkt service-orientierter Einsatz von konzeptionellen IT-Architekturen (z. B. SOA, Branchenlösungen) • Software- & Lösungsarchitekturen: Erarbeitung von konkreten Architektur-Blueprints für die Realisierung oder Integration von Einzellösungen; Entwicklung spezifischer Lösungen innerhalb einer laufenden Realisierung; Life-Cycle-Bewertung einzelner Anwendungen • CSC SOA Services Framework (SOAsure): Eigenes Framework für SOA-Strategie, Roadmaps, Assessments, Support für SOA-Aufbau, Business/IT Alignment, Refactoring, ERP-Integration	Stärken der Eigendarstellung: • Methodischer Ansatz und zertifizierte Mitarbeitende: CSC CATALYST, TOGAF, ITIL • Experten mit langjähriger Erfahrung in unterschiedlichen Architekturen • CSC interne Architektur-Community und Best-Practice-Schulungen • SOAsure Framework • Herstellerneutralität • Umsetzungsstärke CSC ist unter den großen Anbietern lange Zeit für relativ aggressive Preise, allerdings dann auch eng am Auftrag geschnittene Arbeit bekannt gewesen

Strategietheorie/ Teilgebiete Selbstdarstellung der Anbieter	Evtl. Stärken/ Schwächen
DETECON: „Wir haben ein ganzheitliches und konsistentes Strate-gie-Framework entwickelt, das zunächst … die techno-logische Position eines Unternehmens bestimmt. Ein-zigartige Erfahrung … bei der Entwicklung durchgängiger Technologiestrategien für den ICT-Einsatz sowie Portfolio-Strategien für ICT… ." – „Besondere Stärken zeichnen das Framework in kom-plexen, unsicheren Marktumgebungen aus, die zudem durch viele vertikale und horizontale Kooperationen neuer Geschäftsmodelle geprägt sind." Benchmark-gestützt richtet Detecon daher bei Bedarf die gesamte ICT-Organisation strategisch neu aus. Auch für komplexe Technologie-Service-Portfolios maßgeschneiderte Prozesse und KPI-Systeme, die eine gewählte Strategie fest in der Aufbau- und Ablauf-organisation verankern. Leitlinien für den Technologieeinsatz und umfassende Analysen für das strategische Sourcing	Stärken in der Darstellung: Systematisch.
HORVATH & PARTNER: Beratungsleistung im Bereich IT-Strategie: • IT-Strategie-Entwicklung • IT-Strategie-Realisierung • IT-Organisation • IT-Assessments und -Audits • IT-Prozesse nach ITIL-Best-Practice • IT-(Out)sourcing • IT-Benchmarking • IT-Controlling	Stärken im Markt: Guter Ruf in einigen Standardthe-men des allgemeinen Manage-ments, z. B. Controlling und KLR
IBM: • Cloud-Computing: Strategien, Fertigungstiefe, Da-tenschutz, Service- und Abrechnungsmodelle • IT Security, IT Governance, Risk & Compliance: Sicherheitskonzepte für Risikosteuerung • Informationsschutz und regulatorische Anforderungen • Smarter IT Service Provider: Strategische Neupositi-onierung und Professionalisierung der IT unter Be-rücksichtigung globaler Integration und internationa-ler Zusammenarbeit • IT Optimization: Qualität und Kosten bei der IT-Leistungserbringung • Rechenzentrums- und Infrastrukturstrategien, • Optimierung des Projektportfolios. • Workplace Services: Individuelle Strategie zur ganz-heitlichen Steuerung der Endgeräte • Business Analytics and Optimization: Intelligente Nutzung von Firmendaten zur Steuerung der IT • Industrialize IT: Neupositionierung des IT-Dienstleisters durch optimierte IT-Fertigungstiefe und IT-Sourcing-Strategie, Vendor Management und professionelles IT-Service-Management	Stärken: • Weltweite Präsenz • Starke Stellung auch bei Hard-ware und Software zeugen von operativer Kompetenz Nachteil: • Produktbindung

Strategietheorie/ Selbstdarstellung der Anbieter	Evtl. Stärken/ Schwächen
MCKINSEY: „Der effektive Einsatz von IT zur Unterstützung der Geschäftsstrategie und Ermöglichung neuer Produkte und Services wird immer wichtiger. McKinsey hat dafür eigens das globale Business Technology Office gegründet. Wir beraten das Topmanagement weltweit führender Unternehmen und Organisationen in allen wichtigen IT- und Technologiefragen bei Strategie-, Organisations- und Operations-Themen"	Stärken: • Weltweite Präsenz • Starke Stellung im allgemeinen Strategiegeschäft Nachteil: • Keine breite Erfahrung in Beratung der operative IT-Managamentebene • McKinsey ist – wie kaum eine andere Beratungsfirma – immer wider (teils wohl stellvertretend für andere Beratungsanbieter) in der öffentlichen Kritik
STERIA MUMMERT: Lösungen auf nationaler Ebene sind: • SAP Industrial-Solution Defense Forces and Public Security (SAP IS-DFPS): Planungssystem für Streitkräfte, Polizei und Hilfsorganisationen zur Logistik, sowie Personal- und Haushaltsplanung • IT-Service Management nach ITIL v3 (IT Infrastructure Library): Standardisierung und Optimierung der IT-Service- und IT-Supportleistungen nach dem Vorbild weltweit zivil genutzter Standards • IT-Sicherheit: Wirksame Sicherheitsmaßnahmen im Bereich Cyber Defence • Supply Chain Management: Lösungen, um zur richtigen Zeit mit der richtigen Ausrüstung am richtigen Ort zu sein. • Identity Management und Biometrie: Gewährleistung eines sicheren kontrollierten Zugangs zu militärischen IT-Systemen und Anlagen	Stärken: • Ansehen als „gediegener" Beratungsanbieter mit guten Leistungen in Projekten mit Organisationsthemen
T-SYSTEMS: T-Systems hat bei einer Vielzahl von Betrieben interessante Projekte im Bereich der Softwareentwicklung. Eine besondere IT-Strategiemethode für Kundenprojekte des Anbieters ist aus dem Internet nicht bekannt. Aber die Tochter Detecon ist in dem Themenfeld relativ aktiv, siehe oben	Stärken: • Sehr starke operative Beratungspräsenz in Deutschland • Starkes Outsourcing-Geschäft Nachteil: • Gelegentlich bekanntgwordene interne Schwierigkeiten und Querelen

8.3.3   Beratungsverbände

Nachfolgend werden, ohne Anspruch auf Vollständigkeit, Beratungsverbände in Deutschland aufgelistet. Über Beratungsverbände kann man i.d.R. Listen derjenigen Mitgliedsunternehmen erhalten, die in einschlägigen Themen Unterstützung anbieten.

Tab. 8.9: Übersicht Beraterverbände

Verband	Erläuterung (Texte der Verbände selber aus Internet/ Broschüren)
BDU, www.bdu.de Bundesverband Deutscher Unternehmensberater e.V. www.bdu.de	Der Bundesverband Deutscher Unternehmensberater BDU e. V. ist der Wirtschafts- und Berufsverband der Unternehmensberatungen in den Themenfeldern Strategieberatung, Organisationsberatung, IT Beratung, HR-Beratung und Personalberatung
Bdvb, www.bdvb.de Bundesverband Deutscher Volks- und Betriebswirte	Fachgruppe „Beratende Volks- und Betriebswirte"
BITMi, www.bitmi.de Bundesverband IT-Mittelstand e.V.	Der Bundesverband ist der einzige IT-Fachverband, der ausschließlich mittelständische Interessen profiliert vertritt. Im BITMi sind sowohl direkte Mitglieder als auch dem BITMi assoziierte Verbände zusammengeschlossen. Der Verband repräsentiert damit die Interessen von mehr als 1.000 mittelständischen IT-Unternehmen
BITKOM, www.bitkom.org	BITKOM ist das Sprachrohr der IT-, Telekommunikations- und Neue-Medien-Branche. BITKOM vertritt mehr als 2.100 Unternehmen, davon über 1.300 Direktmitglieder. Hierzu gehören fast alle Global Player sowie 900 leistungsstarke Mittelständler und zahlreiche gründergeführte, kreative Unternehmen. Die BITKOM-Mitglieder erwirtschaften 140 Milliarden Euro Umsatz und exportieren Hightech im Wert von 50 Milliarden Euro. BITKOM repräsentiert damit ca. 90 Prozent des deutschen ITK-Markts
BVSI www.bvsi.de Berufsverband – Selbstständige in der Informatik	Bietet Kontktliste über selbständige IT-Dienstleister (Freelancer)
BVW, www.bvw-ev.de Der Beraterverband, Berufsverband für alle Berater	Der BVW ist eine interdisziplinäre Berufsorganisation im Beratungswesen. Mitglieder sind u.a. beratend tätig als Wirtschafts- und Unternehmensberater, Steuerberater, Rechtsanwälte, Ingenieure, Personalberater, IT-Berater, Logistikberater, usw.
Die KMU-Berater, www.kmu-berater.de Klein- und Mittlere Unternehmen Berater, Verband freier Berater e.V.	Beratung für kleine und mittlere Unternehmen in den Bereichen Handwerk, Handel, Industrie und Dienstleistungen

8.4   Kritische IT-Prozesse nach COBIT

Tab. 8.10: Kritische IT-Prozesse nach COBIT 4.1[254]

	Überwachung & Evaluation (ME, monitor & evaluate)
ME1	Überwachung und Evaluierung der IT-Leistung
ME2	Überwachung und Beurteilung der internen Controls
ME3	Compliance gewährleisten
ME4	IT-Governance sicherstellen
	Planung & Organisation (PO, plan & organize)
PO1	Definition eines strategischen Plans für die IT
PO2	Definition der Informationsarchitektur
POS	Bestimmung der technologischen Richtung
PO4	Definition der IT-Prozesse, der IT-Organisation und Beziehungen …
POS	Management der IT-Investitionen
PO6	Kommunikation Zielsetzungen &Richtung des Managements
PO7	Personalmanagement
PO8	Qualitätsmanagement
PO9	Beurteilung und Management von IT-Risiken
PO10	Projektmanagement
	Beschaffung & Implementierung (AI, Acquire & Implement.)
AI1	IdentifiKation von automatisierten Lösungen
AI2	Beschaffung und Wartung von Applikationssoftware
AIS	Beschaffung und Wartung der technischen Infrastruktur
AI4	Sicherstellung des Betriebs und der Nutzung
AIS	Beschaffung von IT-Ressourcen
AI6	Anderungsmanagement
AI7	Installation und Freigabe von Lösungen und Änderungen
	Lieferung und Unterstützung (DS, Delivery & Service)
DS1	Definition und Management von Dienstleistungsgraden (Service Level)
DS2	Management der Leistungen von Dritten
DS3	Leistungs- und Kapazitätsmanagement
DS4	Sicherstellen des kontinuierlichen Betriebs
DS5	Sicherstellung der Systemsicherheit
DS6	Identifizierung und Verrechnung von Kosten
DS7	Aus- und Weiterbildung von Benutzem
DS8	Verwaltung von Service-Desk und Vorfällen
DS9	Konfigurationsmanagement
DS10	Problemmanagement
DS11	Datenmanagement
DS12	Management der physischen Umgebung
DS13	Management des Betriebs

---

[254] Zit. n. Bungartz, 2012, S. 96

8.5   Ergänzende Erläuterungen

8.5.1   Öffentliches Vergaberecht Deutschland

Überblick

Eine Besonderheit des IT-Managements im Öffentlichen Sektor aller DACH-Länder[255] ist die rechtliche Eingrenzung von Auftragsvergaben durch zwingende Vorgaben von Vergabearten. Details hierzu sind nach nationalen und in Österreich und Deutschland ab bestimmten Größenordnungen auch nach Regeln der Europäischen Union festgelegt. Ein wesentlicher Leitsatz ist daher: In der öffentlichen Verwaltung ist bei IT-Auftragsvergaben grundsätzlich das nationale und ggf. das europäische Vergaberecht anzuwenden.

> **Definition Vergaberecht**[256]   Definition Vergaberecht
> Als Vergaberecht wird die Gesamtheit der von außen dem Betrieb auferlegten Rechtsnormen bezeichnet, die ein Träger öffentlicher Verwaltung bei der Beschaffung von sachlichen Mitteln und Leistungen, die er zur Erfüllung seiner Aufgaben benötigt, zu beachten hat.

Die Vergabe von Aufträgen stellt öffentliche Auftraggeber aus den IT-Bereichen aufgrund der erforderlichen Formstrenge, der im Vorfeld einer Beschaffung begrenzten oder stark reglementierten Kontaktmöglichkeiten zu möglichen Bietern, der teilweise relativ langen Fristen bis zur unanfechtbaren Zuschlagserteilung vor mehrere Herausforderungen. Diese sind u.a. …

- die planerische Berücksichtigung der Aufwände für die Vorbereitung und korrekte Durchführung von Ausschreibungen
- die genügend tiefe Kenntnis des Vergaberechts und seiner Wahlmöglichkeiten, um die für die eigenen Zwecke beste Vergabeart herauszufinden und die Beschaffung so effizient und vergaberechtskonform wie möglich durchführen zu können.

Die hiermit gegebenen Herausforderungen sind teilweise sogar von strategischem Kaliber, da Schwierigkeiten und Rückschläge bei Ausschreibungen sich schnell als Risiko für Termine, die Wirtschaftlichkeit von Vorhaben oder gar für die Reputation der IT auswirken können. Daher sollen hier nachfolgend kurz die aus Sicht eines öffentlichen IT-Bereichs in Deutschland geltenden Regeln aufgezeigt und Empfehlungen zum Umgang damit gegeben werden[257].

Rückschläge bei Ausschreibungen haben teils erhebliche Folgen

---

[255] DACH = Deutschland, Österreich (Austria), Schweiz (CH)

[256] BVerfG, 1 BvR 1160/03 vom 13.6.2006, Absatz-Nr. (1 - 96), www. bverfg.de/entscheidungen/ rs20060613_1bvr116003.html

[257] Die jetzt folgenden Ausführungen ersetzen auf keinen Fall einen Blick in die speziell zu diesem Thema geschriebene Literatur sondern geben nur einen Überblick. An manchen Stellen

Grundidee sparsame
Verwendung öffentlicher
Gelder

Die Ausgestaltung des deutschen Vergaberechts begründete sich zunächst auf der Idee der sparsamen Verwendung öffentlicher Gelder und darüber hinaus auch als Mittel der Korruptionsbekämpfung. Erst mit der Umsetzung des später dazukommenden europäischen Vergaberechts kamen weitere Zielsetzungen zur Förderung des europäischen Binnenmarktes hinzu, welche einer transparenten und diskriminierungsfreien Auftragsvergabe im Wettbewerb Rechnung tragen sollen. Zu nennen sind hier insbesondere die Grundprinzipien „Wettbewerb", „Gleichbehandlung" und „Transparenz", die bei vermeintlichen oder echten Vergaberechtsverstößen von den teilnehmenden Bewerbern eingefordert und ggf. im Streitfall auch gegen einen vom ausschreibenden Betrieb favorisierten Mitbewerber eingeklagt werden können.

Das deutsche Vergaberecht für Liefer- und Dienstleistungen – hierunter fallen in aller Regel fast alle IT-Beschaffungsmaßnahmen[258] – ist zweigeteilt. Ist der Auftragswert unterhalb eines Schwellenwertes, dann ist das nationale Vergaberecht anzuwenden, oberhalb des Schwellenwertes aber das EU-Vergaberecht.

Definition Schwellenwert

Definition Schwellenwert

Europäische Schwellenwerte sind durch die EU vorgegebene und regelmäßig aktualisierte Auftragswerthöhen, ab denen Vergabestellen in den Mitgliedsstaaten verpflichtet sind, Ausschreibungen nach den Vorgaben der EU durchzuführen, und nicht allein nach nationalem Recht.

Ab 01.01.2014 gelten folgende Schwellenwerte

– Für Lieferungen und Dienstleistungsaufträge	207.000 €
bei obersten und oberen Bundesbehörden	134.000 €
– Sektorenaufträge	414.000 €
– Verteidigung und sicherheitsrelevante Aufträge	414.000 €
– Bauaufträge	5.186.000 €

Es gibt exakte Anweisungen im Vergaberecht, wie dieser Auftragswert rechnerisch zu bestimmen ist: Auszugehen ist von der geschätzten Gesamtvergütung für die vorgesehene Leistung einschließlich aller Optionen und möglichen Vertragsverlängerungen[259]. Der Auftragswert darf nicht absichtlich so gering geschätzt oder aufgeteilt werden, dass die Anwendung des EU-Vergaberechts letztlich vermieden wird. Mit anderen Worten: ein Zuschneiden von Aufträgen, um unterhalb von EU-weiten Vergaben zu bleiben, ist untersagt!

---

wird jedoch aufgezeigt, dass so manches vielleicht doch möglich ist, was eventuell bislang als „unmöglich" galt, oder manch andere gelebte Praxis vielleicht doch nicht so ganz korrekt

[258] Alternativ gibt es noch separate Vergaberechtsregeln für Bauleistungen

[259] Näheres steht in der Vergabeverordnung: VgV §3, Vergabeverordnung in der Fassung der Bekanntmachung vom 11.02.2003 (BGBl. I S. 169) zuletzt geändert durch Verordnung vom 15.10.2013 (BGBl. I S. 3854) m.W.v. 25.10.2013

Unterhalb der EU-Schwellenwerte ist das deutsche Vergaberecht dem Haus-   Unterhalb der EU-
haltsrecht des Bundes, der Bundesländer und der Gemeinden zuzurechnen, in   Schwellenwerte mehrere
denen die Grundsätze zur Sparsamkeit und Wirtschaftlichkeit verankert sind.   nationale Rechtsquellen
In diesem Haushaltsrecht ist im §55 Bundeshaushaltsordnung (BHO) bzw. in
den entsprechenden Bestimmungen der Landeshaushaltsordnungen bestimmt,
dass Lieferungen und Leistungen im Wettbewerb zu beschaffen sind.

Rechtsquellen und Grundsätze des Vergaberechts

Geregelt wird die Vergabe durch Verwaltungsvorschriften, die auf die entspre-   Vergabe- und Vertrags-
chenden Vergabe- und Vertragsordnungen verweisen. Dadurch haben Bieter   ordnungen
grundsätzlich keinen Anspruch auf Durchsetzung ihrer Rechte. Gleichwohl
könnten Bieter in nationalen Vergabeverfahren z. B. mögliche Schadenersatz-
ansprüche vor einem zuständigen Zivilgericht geltend machen.

Die Abbildung 8.2 zeigt die „Kaskade" von Rechtsvorschriften in Deutschland. An ranghöchster Stelle steht der 4. Teil des Gesetzes gegen Wettbewerbsbeschränkungen (GWB). Hier finden sich auch Regelungen zur Anwendung der verschiedenen Vergabe- und Vertragsordnungen ...

- Aufträge im Bereich der Trinkwasserversorgung, Elektrizitätsversorgung,   Unterschiedliche
  Gasversorgung, Wärmeversorgung sowie den Verkehrsbereich: Sektoren-   Vergabe- und Vertrags-
  verordnung (SektVO)   ordnungen
- Aufträge im Verteidigungs- und sicherheitsrelevanten Bereich: Vergabeverordnung für die Bereiche Verteidigung und Sicherheit (VSVgV)
- verteidigungs- und sicherheitsrelevante Bauaufträge: Dritter Abschnitt der
  VOB/A (VS-Paragraphen).

Die Vergabeverordnung (VgV) stellt die Weichen zu den unterschiedlichen
Vergabe- und Vertragsordnungen:

- Bei Liefer- und Dienstleistungen: Vergabe- und Vertragsordnung für Leistungen (VOL/A)
- Bei freiberuflichen Leistungen, die nicht beschreibbar sind: Vergabeord-
  nung für freiberufliche Leistungen (VOF)
- Bei Bauleistungen: Vergabe-/Vertragsordnung für Bauleistungen (VOB/A).

Im Gesetz gegen Wettbewerbsbeschränkungen (GWB) ist das Vergabe- und   Nachprüfungsrecht
Nachprüfungsrecht für Bieter verankert. Vergaberechtsverstöße können von Bietern bzw. Bewerbern gerügt werden. Falls der Vergaberechtsverstoß vom Auftraggeber nicht behoben wird, kann der rügende Bieter die zuständige Vergabe-
kammer innerhalb von 15 Kalendertagen nach Zurückweisung seiner Rüge
anrufen. Dort wird der Vergabeverstoß unter Einsichtnahme in die Akten und
Anhörung der Antragssteller und Antragsgegner verhandelt und entschieden.
Falls ein Verfahrensgegner mit diesem Spruch nicht einverstanden ist, könnte das
Verfahren sogar einen weiteren gerichtlichen Weg zum Vergabesenat des zuständigen Oberlandesgerichtes gehen. Ein solches Nachprüfungsverfahren dauert
mindestens zwölf bis vierzehn Wochen und verzögert damit das Vergabeverfah-

ren, da während dieses Verfahrens ein Zuschlag grundsätzlich nicht möglich ist. Diese Nachprüfungsverfahren verursachen viel vermeidbaren Aufwand und zeitliche Verzögerungen und sollten dementsprechend durch geschickte Vorbereitungen und vergaberechtskonforme Weichenstellungen vermieden werden.

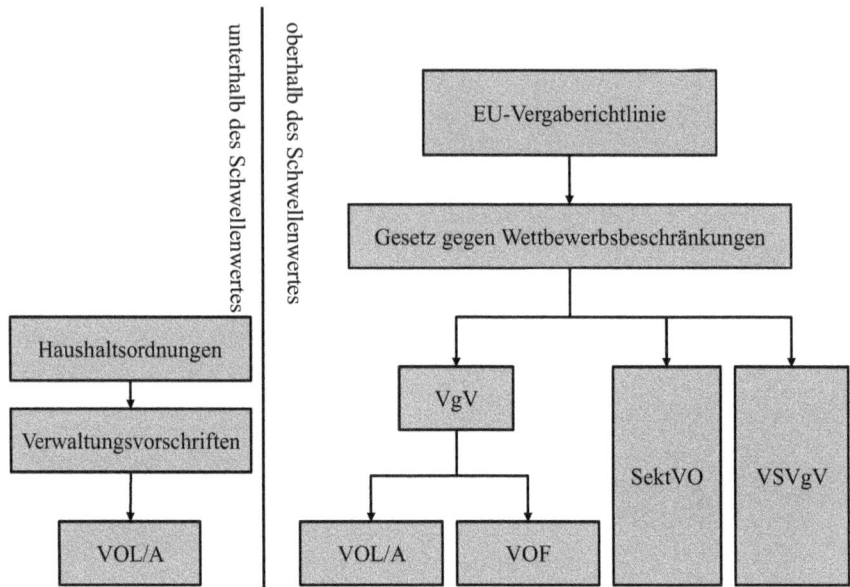

Abb. 8.2: Vereinfachte Kaskade deutsches Vergaberecht

Der Auftraggeber bestimmt die zu beschaffende Leistung und der Markt bietet genau das im Wettbewerb zu seinen kalkulierten Preisen an.

Dabei hat der Auftraggeber das Vergaberecht zu beachten, welches auf den obersten Grundsätzen[260] basiert. Diese sind:

- Wettbewerbsgrundsatz (Vergabe im Wettbewerb)
- Transparenzgebot (z. B. Offenlegung der Zuschlagskriterien und Verfahrensablauf)
- Diskriminierungsverbot bzw. Gleichbehandlungsgrundsatz (keine Bevorzugung oder Benachteiligung)
  - Förderung mittelständischer Interessen (Pflicht zur Losaufteilung)
  - Vergabe an fachkundige, leistungsfähige, zuverlässige und gesetzestreue Unternehmen
  - angemessene Preise (Zuschlag auf das wirtschaftlichste Angebot).

---

[260] Gesetz gegen Wettbewerbsbeschränkungen (GWB) §97 „Gesetz gegen Wettbewerbsbeschränkungen in der Fassung der Bekanntmachung vom 26. Juni 2013 (BGBl. I S. 1750, 3245), das durch Art. 2 Absatz 78 des Gesetzes vom 7. August 2013 (BGBl. I S. 3154) geändert worden ist"

Ablauf einer Ausschreibung

Das Vergaberecht regelt den Einkauf der öffentlichen Hand, beginnend von der Entscheidung, Leistungen auf dem Markt nachzufragen, bis zum Abschluss des Leistungsvertrages. Es reguliert einen Käufermarkt, in dem der öffentliche Auftraggeber auf dem Markt eine eindeutig und vollständig beschriebene Leistung nachfragt. Angebote, welche von dieser Nachfrage abweichen, dürfen grundsätzlich nicht gewertet werden[261]. Irrtümer und Versäumnisse, die während der Beschaffungsvorbereitung passieren, haben daher oft eine lange Wirkung. Nach dem geschlossenen Vertrag entfaltet das Vergaberecht in der Regel keine Wirkung mehr, es sei denn, innerhalb des Vertrages kommt es zu wesentlichen Leistungsveränderungen bzw. Vertragsveränderungen. Diese können unter Umständen eine neue Ausschreibung erzwingen.

Wenn nach der Bestimmung des Auftragswertes klar ist, ob die Vergabe unterhalb oder oberhalb des Schwellenwertes liegt, kann die Vergabeart ausgewählt werden. Die Abbildung 8.3 zeigt den Ablauf einer Ausschreibung.

Regelungsinhalt des Vergaberechts

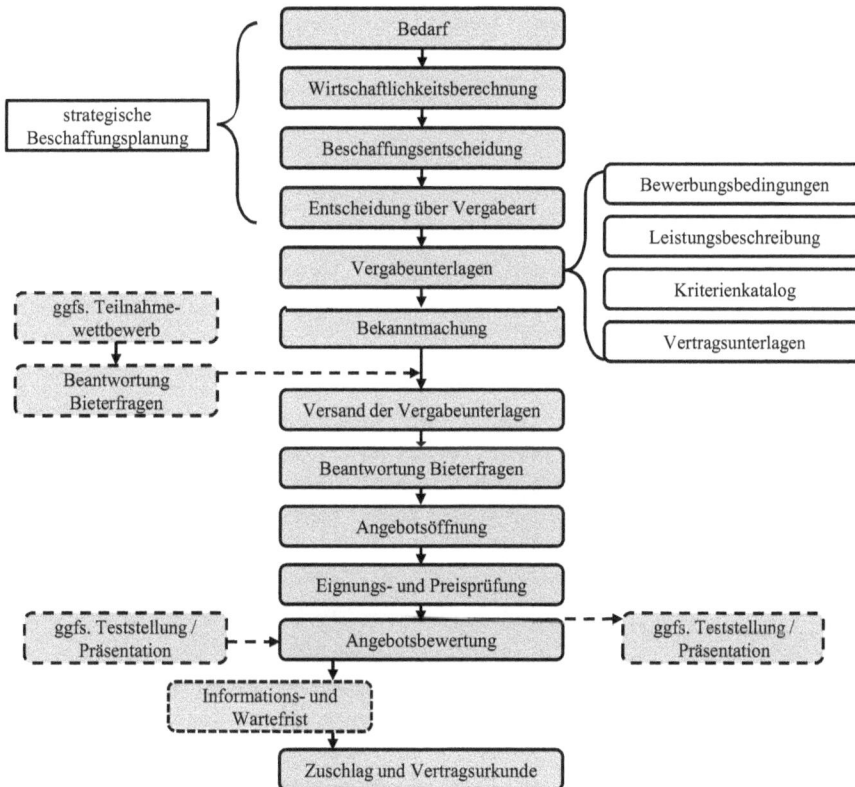

Abb. 8.3: Ablauf einer Ausschreibung

---

[261] Wie immer gibt es gewisse Spielräume

Rangordnung der
Vergabearten

Um einen möglichst breiten Wettbewerb und transparente Vergabeverfahren zu gewährleisten, sind Vergabearten nicht frei wählbar, sondern unterliegen einer Rangordnung. Grundsätzlich muss das offene Verfahren bzw. die öffentliche Ausschreibung gewählt werden. Erst mit einer guten Begründung kann eine andere wettbewerbsbeschränkendere Vergabeart ausgewählt werden. Vergabearten und die Begründungen sind für die nationalen Verfahren in der VOL/A §3 und für EU-weite Verfahren in der VOL/A EG §3 aufgelistet. Die Begründungen zur Auswahl einer wettbewerbsbeschränkenderen Vergabeart sind jedoch sehr restriktiv anzuwenden und müssen letztendlich einer gerichtlichen Prüfung (im EU-Vefahren) standhalten können. Aber auch bei einem nationalen Vergabeverfahren kann die Vergabeakte einer behördeninternen Revision oder der Prüfung durch die zuständige Rechnungsprüfungsbehörde unterzogen werden.

Tab. 8.11: Vergabeverfahren

Nationale Verfahren Unterhalb des Schwellenwertes	EU-weite Verfahren Oberhalb des Schwellenwertes
Öffentliche Ausschreibung	Offenes Verfahren
Beschränkte Ausschreibung mit Teilnahmewettbewerb	Nicht offenes Verfahren mit Teilnahmewettbewerb
Beschränkte Ausschreibung ohne Teilnahmewettbewerb	
Freihändige Vergabe	Verhandlungsverfahren mit Teilnahmewettbewerb
	Verhandlungsverfahren ohne Teilnahmewettbewerb
	Wettbewerblicher Dialog

Verfahrensarten

Die Verfahrensarten der Vergabe sind:

* Offenes Verfahren – öffentliche Ausschreibung: Mit einer Bekanntmachung wird eine unbeschränkte Anzahl von Unternehmen zur Angebotsabgabe aufgefordert. Dieses Verfahren ist immer dann anzuwenden, wenn nicht die Eigenart der Leistung oder besondere Umstände eine Abweichung rechtfertigen
* Nicht offenes Verfahren – Beschränkte Ausschreibung mit Teilnahmewettbewerb: Mit einer Bekanntmachung wird ein Teilnahmewettbewerb ausgerufen, danach wird eine beschränkte Anzahl zur Angebotsabgabe aufgefordert. Das nicht offene Verfahren ist grundsätzlich nur zulässig, wenn das offene Verfahren etwa im Hinblick auf die Auftragssumme einen unangemessenen Aufwand verursachen würde oder wenn ein vorausgegangenes offenes Verfahren kein annehmbares Ergebnis gebracht hat. Auch andere Gründe wie etwa Dringlichkeit oder Geheimhaltung können für diese Vergabeart sprechen
* Beschränkte Ausschreibung ohne Teilnahmewettbewerb (Sonderfall bei nationalen Ausschreibungen): Hier wählt der öffentliche Auftraggeber selbst geeignete Unternehmen aus und fordert diese zur Angebotsabgabe auf. Al-

lerdings ist vorgeschrieben, dass unter den Bietern möglichst gewechselt werden muss. Weiterhin darf der Wettbewerb insbesondere nicht auf Bewerber beschränkt werden, die in bestimmten Regionen oder Orten ansässig sind

- Verhandlungsverfahren mit/ohne Teilnahmewettbewerb: Das Verhandlungsverfahren ist ein formloses Verfahren, bei dem mit den Bietern über Preise und Leistungen verhandelt werden kann. Jedoch müssen unbedingt die vergaberechtlichen Grundsätze eingehalten werden: Gleichbehandlung, Diskriminierungsverbot, Transparenz
- Wettbeweblicher Dialog: Bei besonders komplexen Aufträgen oberhalb des Schwellenwertes, wenn der Auftraggeber objektiv nicht in der Lage ist, die Mittel und Technologien anzugeben um die Ziele oder Bedürfnisse zu erfüllen oder die rechtlichen oder finanziellen Bedingungen des Vorhabens anzugeben, kann der wettbewerbliche Dialog durchgeführt werden. Nach einem Teilnahmewettbewerb wird von den Bietern jeweils ein zu vergütender Lösungsvorschlag erarbeitet, diese werden dann jeweils mit den Bietern einzeln erörtert. Zum Abschluss kann in der Angebotsphase jeder Bieter ein Angebot seines Lösungsvorschlages abgeben, dass dann nach den zuvor bekannt gegebenen Zuschlagskriterien bewertet wird.

Bekanntmachung der Vergabe

Sobald die sogenannte Ausschreibungsreife der Vergabeunterlagen feststeht, wird die Vergabe veröffentlicht. Bei nationalen Vergaben sind die behördenspezifischen Vorschriften zu beachten, wo die Behörde eine nationale Vergabe bekannt machen muss.

Regeln der Bekanntgabe

Bei EU-weiten Vergaben muss die Bekanntmachung mindestens im EU-Amtsbatt erfolgen. Darüber hinaus sind behördenspezifische Vorschriften zur weitergehenden Vergabebekanntmachung zu beachen.

Gerade bei der EU-Bekanntmachung ist darauf zu achten, dass die Anforderungen an die Eignung bereits in der Bekanntmachung inhaltlich bekannt gemacht werden. Ein reiner Verweis auf ggf. weiterführende Bewerbungsbedingungen, die die Bieter erhalten, reicht in diesem Fall nicht aus. Die Bewerber müssen die Eignungsanforderungen bereits aus der EU-Bekanntmachung zu Kenntnis nehmen können, um zu entscheiden, ob sie diese erfüllen.

Versendung der Vergabeunterlagen

Bevor die Bekanntmachung veröffentlich werden darf, müssen die Vergabeunterlagen vollständig vorliegen.

Die Vergabeunterlagen bestehen regelgemäß aus folgenden Teilen:

Bestandteile der Vergabeunterlage

- Anschreiben
- Bewerbungsbedingungen
- Kriterienkatalog und Bewertungsmatrix
- Vertragsunterlagen.

Die Vergabeunterlagen müssen dem Ziel genügen, dass vergleichbare Angebote zur Prüfung vorgelegt werden. Dazu muss der zu beschaffende Gegenstand so eindeutig und vollständig beschrieben werden, dass alle Bieter ihn gleich verstehen und die Leistung kalkulieren können. Da mit dem Zuschlag bereits der Vertrag formal geschlossen ist, muss ein eindeutiges und vollständiges Vertragswerk beiliegen. Bestandteil des Vertrages ist die Leistungsbeschreibung, die folgenden Ansprüchen genügen muss:

Ansprüche an die
Leistungsbeschreibung

- Vollständige Beschreibung: Eindeutige und erschöpfende Beschreibung, so dass auch mit dem Umfeld nicht vertraute Bieter die Leistungsbeschreibung gleich verstehen, denn die Angebote müssen miteinander verglichen werden können
- Vollständige Angabe aller Preisfaktoren: Alle Faktoren, die Einfluss auf den Angebotspreis haben könnten sind anzugeben. Müssen Bieter mit Unwägbarkeiten und Risiken kalkulieren, dann hat das (Risiko-)Aufschläge auf den Preis zur Folge
- Technische Anforderungen sind entweder unter zulässiger Verwendung von technischen Spezifikationen zu beschreiben oder in Form von Leistungs- oder Funktionsanforderungen, die genauso zu fassen sind, dass sie den Bewerbern oder Bietern ein klares Bild vom Auftragsgegenstand vermitteln und dem Auftraggeber die Erteilung des Zuschlags ermöglichen. Gegebenenfalls kann ein Leitfabrikat/Leitprodukt vorgegeben werden, jedoch mit dem Zusatz „oder gleichwertig". Dass die Gleichwertigkeit gegeben ist, muss dann der Bieter nachweisen
- Widerspruchsfreie Beschreibung: Widersprüche, aber auch fehlende Informationen, provozieren Bieterfragen und können zu Missverständnissen bei der Beantwortung von Anforderungen führen. Zumeist ist die Anzahl der Bieterfragen oder gar die Anzahl der Angebote umgekehrt proportional zur Qualität der Leistungsbeschreibung
- Gerade bei EU-weiten Verfahren müssen aus Transparenzgründen in den Vergabeunterlagen bereits die Zuschlagskriterien und die vollständige Bewertungsmatrix (d.h. auch mögliche Unterkriterien) stehen, damit sich die Unternehmen auf die Bewertungsschwerpunkte des öffentlichen Auftraggebers einstellen können und so passgenau anbieten können. Fallen aufgrund von nichterfüllten Forderungen oder Mindestbedingungen interessante oder gar alle Angebote aus der Wertung heraus, dann ist dem so. Diese Vorgaben dürfen nachträglich nicht auch nicht abgeändert werden. Das Gleichbehandlungs- und das Transparenzgebot wären verletzt, wenn willkürlich Kriterien geändert werden könnten.

Arten der Verfügbar-
machung von Ver-
gabeunterlagen

Die Vergabeunterlagen können auf verschiedene Art und Weise den Bietern zur Verfügung gestellt werden. Bei der Nutzung von elektronischen Vergabeplattformen können die Unterlagen dort zum Download bereitgestellt werden. Sie können aber auch den Bietern elektronisch oder per Post auf deren Anforderung zugesandt werden. Hierbei sollte der letzte Termin eines Versandes so dicht wie möglich am Abgabetermin liegen, um ein mögliches Rügerisiko wegen des Verdachts der Diskriminierung zu vermeiden.

Die weiteren Schritte im Verlauf der Ausschreibung sind:

- Beantwortung von Bieterfragen: Oftmals verstehen trotz aller Mühe nicht alle Bieter und Bewerber die Vergabeunterlagen und stellen Fragen hierzu. Die rechtzeitig gestellten Fragen müssen so beantwortet werden, dass alle Bieter und Bewerber auf einem einheitlichen Kenntnisstand sind. Dabei ist darauf zu achten, dass der Geheimwettbewerb gewahrt bleibt
- Angebotsöffnung (Formalprüfung): Mit der Angebotsöffnung wird überprüft, ob die eingegangenen Angebote pünktlich, formal korrekt, unterschrieben und mit Endpreisen versehen eingegangen sind
- In der Angebotsbewertung werden die Angebote nach den zuvor festgelegten und veröffentlichten Kriterien bewertet. Eine nachträgliche Änderung dieser Kriterien ist unzulässig. Am Ende der Wertung wird das wirtschaftlichste Angebot ermittelt
- Vorabinformations- und Wartepflicht: Bei einem EU-weiten Verfahren erhalten die Bieter bzw. Bewerber, die nicht zum Zuschlag vorgesehen sind, eine Vorabinformation gemäß GWB §101a, in der ihnen mitgeteilt wird, welches Unternehmen für den Zuschlag vorgesehen ist. Erst nach Ablauf der vorgesehenen Frist, darf der Zuschlag erteilt werden und damit der Vertrag geschlossen werden, wenn kein unberücksichtigter Bieter dagegen gerügt hatte.

Ablauf nach der Bekanntmachung Ausschreibung

Solange sich noch mindestens ein wertungsfähiges und zuschlagsfähiges Angebot im Wettbewerb befindet, kann dann das Wirtschaftlichste[262] den Zuschlag erhalten. Das gilt auch dann, wenn nur noch ein einziges Angebot eingegangen ist oder nach den Prüfungen übriggeblieben ist. Dadurch, dass mit der Bekanntmachung ein Geheimwettbewerb eröffnet wurde und viele Unternehmen die Möglichkeit hatten sich zu bewerben, ist auch bei Eingang nur eines einzigen Angebotes trotzdem der Wettbewerbsgedanke gewahrt. Das Verfahren ist dann bis zum Schluss d.h. bis zum Zuschlag und Vertragsschluss durchzuführen. Zwar kann ein Auftraggeber jederzeit ein Vergabeverfahren aufheben, wenn kein Angebot eingegangen ist das den Bewerbungsbedingungen entspricht oder sich die Grundlagen der Vergabeverfahren wesentlich geändert haben oder sie kein wirtschaftliches Ergebnisse hatten oder andere schwerwiegende Gründe bestehen.

Regeln der Zuschlagserteilung

Für den Fall, dass kein Angebot wertungsfähig oder zuschlagsfähig ist, kann eine offene oder nicht offene Vergabe aufgehoben werden und direkt im An-

Aufhebung einer Ausschreibung

---

[262] Der Begriff Wirtschaftlichkeit hat im Vergaberecht allerdings nicht unbedingt etwas mit Return-On-Invest eines Beschaffungsobjektes oder dergleichen zu tun, sondern bemisst sich an den Zuschlagskriterien. Siehe dazu bei den Spielräumen - Zuschlagskriterien

schluss ein Verhandlungsverfahren ohne Teilnahmewettbewerb über den gleichen Gegenstand eingeleitet werden.

Beschaffungsobjekte

Vergabemöglichkeiten bei
nicht-standardisierten
IuK-Artikeln

Das Vergaberecht ist i.d.R. kein großes Hindernis, um standardisierte IuK-
Artikel zu beschaffen. Diese lassen sich ohne weiteres von den Fachabteilun-
gen im Detail beschreiben und ausschreiben. Aber wie sieht es mit komplexen
IT-Systemen, neuen Technologien oder bei Technologiewechseln aus?

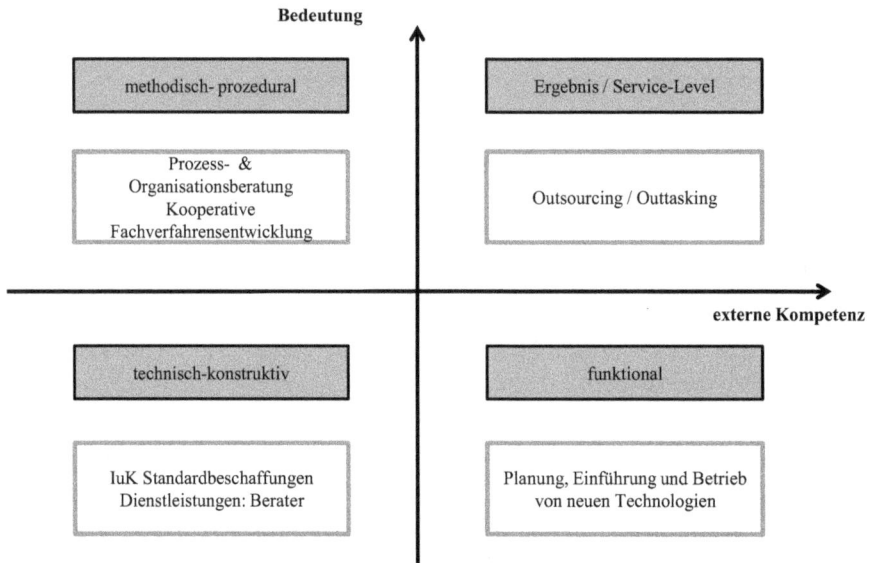

Abb. 8.4: Beschreibungsalternativen Beschaffungsgegenstände

Funktionale Ausschreibung

Funktionale Ausschrei-
bung

Die ergebnisoffene Planung, Einführung und ggf. Betrieb von neuen Technologien im Rechenzentrum stellt einen öffentlichen Auftraggeber vor große
Herausforderungen. Eine Lösung stellt hier die sogenannte „Funktionale Ausschreibung" dar. Es sprechen einige Gründe dafür, dass der planende Auftrag-
nehmer zugleich auch solange die Betriebsverantwortung trägt, bis alle Einfüh-
rungsprobleme beseitigt sind.

Die geforderte Funktion oder das erwartete Ergebnis der zu liefernden Systeme
(Performanz, Speicherkapazitäten, Ausbaufähigkeit usw.), inklusive der technischen Umgebung, in welche die neue Technologie eingebettet werden soll,
wird beschrieben.

Tab. 8.12: Empfehlungen Vergabeverfahren nach Gegenstand

Gegenstand	Vergabeverfahren
IuK-Standard-Beschaffungen	• Technisch-Konstruktive Beschreibung • Leistungsbeschreibung nach wesentlichen Merkmalen und konstruktiven Einzelheiten • Darstellung des organisatorischen und des technischen Ist-Zustandes • Definition von Mindestanforderungen • Bewertung eher nach Preis
Berater-Dienstleistungs-verträge	• Kompetenz-Eignungsbeschreibung • Leistungsbeschreibung nach geforderten Kompetenzen • Bewertung eher nach Preis
Prozess & Organisationsberatung	• Methodisch-prozedural • Eignungsauswahl der Unternehmen • Leistungsbeschreibung nach wesentlicher Aufgabenstellung • Kriterienkatalog durch Aufgabenbeispiele und Arbeitsproben ggf. Angebotspräsentation • Bewertung eher nach dargestellter Leistung und ggf. weiterer Anforderungen
kooperative Fachverfahrens-entwicklung	• Methodisch-prozedural • Eignungsauswahl der Unternehmen • Leistungsbeschreibung nach wesentlicher Aufgabenstellung • Kriterienkatalog durch Aufgabenbeispiele und Arbeitsproben ggf. Angebotspräsentation • Bewertung eher nach dargestellter Leistung
neue Technologien	• Funktionale Ausschreibung • Darstellung des organisatorischen und technischen Ist-Zustandes und ggf. weiterer Anforderungen • Kriterienkatalog mit denen angebotene technische Lösungen sowohl fachlich als auch preislich und hinsichtlich ihrer Tragfähigkeit bewertet werden können • Angebotspräsentation und Tests, wenn möglich • Bewertung eher nach angemessenem Preis/Leistung-Verhältnis • Darstellung des organisatorischen und technischen Ist-Zustandes
Outsourcing/Outtasking	• Funktionale Ausschreibung in der Ausprägung von Service Level Anforderungen • Darstellung des organisatorischen und technischen Ist-Zustandes und ggf. weiterer Anforderungen • Kriterienkatalog mit denen angebotene technische Lösungen sowohl fachlich als auch preislich und hinsichtlich ihrer Tragfähigkeit bewertet werden können • Möglicherweise Verhandlungsverfahren • Angebotspräsentation und ggf. Teststellung • Bewertung eher nach angemessenem Preis/Leistung-Verhältnis

Spielräume

Die Ausschreibung muss spätestens zum Zeitpunkt der Versendung der Vergabeunterlagen eine eindeutige und erschöpfende Beschreibung der zu erbringenden Leistungen enthalten, so dass auch mit dem Umfeld nicht vertraute Bieter diese gleich verstehen können.

Nebenangebot und Rahmenvereinbarungen

Aber, was ist, wenn man genau das in einer Beschaffungsmaßnahme nicht ganz konkret festlegen kann oder will? Die Gründe können zum einen darin liegen, dass im eigenen Haus kein vollständiger Überblick über die auf dem Markt befindlichen Technologien vorhanden ist oder ein Beschaffungsvertrag geschlossen werden soll, der über einen erheblichen Zeitraum laufen soll. In dieser Zeit kann es zu technologischen Weiterentwicklungen und natürlich auch zu Preisanpassungen kommen.

Hier bietet das Vergaberecht einige Spielräume an:

- Nebenangebote: Öffentliche Auftraggeber können Nebenangebote zulassen
- Rahmenvereinbarungen

Nebenangebote:

Bei Vergabeverfahren können Nebenangebote zugelassen werden. Jedoch müssen für diese explizit eigene Mindestanforderungen angeben werden. Die Mindestkriterien können jedoch unter Umständen wettbewerbsbehindernd wirken, was in einem sehr innovativen Umfeld durchaus bedacht werden sollte. Die Nebenangebote müssen nach den bekannt gegebenen Zuschlagskriterien bewertet werden.

Sind Angebote neuer, bislang unbekannter Technologien gewünscht, so kann die Zulassung von Nebenangeboten ein hilfreiches Mittel sein, um sogar wirtschaftlichere Lösungen zu erhalten.

Besonderheit Rahmenverträge/Rahmenvereinbarung:

Rahmenvereinbarung

In einer Ausschreibung kann die besondere Art einer Rahmenvereinbarung vergeben werden. Dabei ist es möglich, dass ein oder sogar mehrere öffentliche Auftraggeber von einem oder mehreren Unternehmen Einzelabrufe tätigen. Diese Rahmenvereinbarungen sind sowohl für Massenprodukte als auch für Dienstleistungen möglich. Dabei legt die Rahmenvereinbarung die Bedingungen (beispielsweise Leistung, Preis, Zuschlagskriterien) für die Einzelaufträge, die während eines bestimmten Zeitraumes vergeben werden sollen, fest. Die Laufzeit einer Rahmenvereinbarung soll vier Jahre nicht überschreiten.

Ein späterer Beitritt zu einem bereits geschlossenen Rahmenvertrag ist nicht möglich.

Zuschlagskriterien:

Zuschlagserteilung

Der Zuschlag ist nach dem Vergaberecht unter Berücksichtigung aller Umstände auf das wirtschaftlichste Angebot zu erteilen. Dabei soll der niedrigste Preis nicht allein entscheidend sein. Gleichzeitig sind die Zuschlagskriterien bei einer EU-weiten Ausschreibung bereits in der Bekanntmachung zu veröffentlichen, und davon kann dann später auch nicht mehr abgewichen werden.

Ein öffentlicher Auftraggeber kann in einer Vergabeunterlage die in der VOL/A vorgegebenen unterschiedlichen Kriterien auftragsbezogen näher spezifizieren und gewichten. Zu den Kriterien zählen:

- Qualität,
- Preis,
- technischer Wert,
- Ästhetik,
- Zweckmäßigkeit,
- Umwelteigenschaften,
- Betriebskosten,
- Lebenszykluskosten,
- Rentabilität,
- Kundendienst und technische Hilfe und
- Lieferzeitpunkt und Lieferungs- oder Ausführungsfrist

Natürlich können auch je nach Auftragsgegenstand einige Zuschlagskriterien weggelassen oder als Mindestanforderung definiert werden, die zwingend zu erfüllen sind.

Die Wirtschaftlichkeit ist somit eine rein angebotsbezogene Zahl, deren Definition in der Hand des Auftraggebers liegt. Er kann damit Schwerpunkte bestimmen und im Vorfeld steuern. Jedoch muss die Definition und die Ermittlung der Bewertungs- bzw. Zuschlagskriterien für die Bieter so transparent und nachvollziehbar sein, dass sie sie verstehen und daraus ableiten können, worauf der Auftraggeber Wert legt.

„Wirtschaftlichkeit" ist auftragsbezogen

Die UfAB (Unterlage für Ausschreibung und Bewertung) nennt vier Bewertungsmethoden …

Bewertungsmethoden

- Vereinfachte Preis-Leistungs-Methode: Zuschlag auf das Angebot mit dem niedrigsten Preis
- Einfache Richtwertmethode: Bewertung des Preis-/Leistungsverhältnisses, zusätzlich Gewichtung der Bewertungskriterien anhand einer Bewertungsmatrix, wobei Preis und Leistung gleich gewichtet sind
- Erweiterte Richtwertmethode: Bewertung des Preis-/Leistungsverhältnisses, zusätzlich Gewichtung der Bewertungskriterien anhand einer Bewertungsmatrix, Quotientenbildung aus Preis und Leistungspunkten, Bildung des Schwankungsbereichs, Stichentscheidung gemäß Entscheidungskriterium, welches Preis, Leistung oder auch ein besonderes Zuschlagskriterium sein kann
- Gewichtete Richtwertmethode: Bewertung gewichtetes Preis-/Leistungsverhältnis, Gewichtung der Bewertungskriterien/Bewertungsmatrix, dabei unterschiedliche Gewichtungsfaktoren für Preis und Leistung.

8.5.2   Ergänzende Erläuterung Personalbedarfsberechnung

Im Folgenden sollen geeignete quantitative Verfahren der Personalbedarfsermittlung für die durchführende Arbeit vorgestellt werden[263].

Verfahren der quantitativen Personalbedarfsbemessung

Drei quantitative
Grundverfahren

Es gibt drei alternative quantitative Grundverfahren, um Personalbedarf zu
bemessen[264]:

Analytisches Berech-
nungsverfahren

Analytisches Berechnungsverfahren: Das analytische Berechnungsverfahren
eignet sich für die Bedarfserhebung bei quantifizierbaren Aufgaben. Quantifi-
zierbar sind wiederholt anfallende Aufgaben, die sich hinsichtlich der Bearbeitungszeiten und Mengen objektiv und exakt messen lassen. Erkenntnisse der
Vergangenheit können für die Bemessung des Personalbedarfs in der Zukunft
genutzt werden. Dieses Verfahren wird weiter unten im Detail vorgestellt.

Analytisches
Schätzverfahren

Analytisches Schätzverfahren: Das analytische Schätzverfahren ermittelt die
Daten zu Mengen- und Bearbeitungszeiten auf Basis von Schätzungen. In der
Praxis ist die Genauigkeit von Schätzdaten bei sachgerechter Erhebung in der
Regel erheblich größer, als der Begriff „Schätzen" vermuten lässt, wenn auch
nicht so genau wie bei dem analytischen Berechnungsverfahren. Schätzungen
werden in der Regel im Rahmen von Interviews vorgenommen. Dabei greifen
die Befragten auf ihre Erfahrungen aus der Aufgabenerledigung in der Vergangenheit zurück. Analytische Schätzverfahren eignen sich z. B. für neue
quantifizierbare Aufgaben oder wenn kein repräsentativer Zeitraum für eine
Datenmessung gefunden werden kann.

Arbeitsplatzmethode

Arbeitsplatzmethode: Die Arbeitsplatzmethode hat die grundlegende Annah-
me, dass die untersuchte Stelle in jedem Fall erforderlich ist. Detaillierte Erhebungen und Berechnungen von Arbeitsmengen und Bearbeitungszeiten erfolgen nicht, sondern Personalbedarf wird gesetzt. Die Arbeitsplatzmethode sollte
nur eingesetzt werden, wenn …

* die Einrichtung eines IT-Arbeitsplatzes mengenunabhängig ist, weil für die
  Stelle ein Anwesenheitszwang unabhängig von der Auslastung existiert
  (z. B. Service Desk, …),
* sich der Bedarf für die Stelle unmittelbar aus der Aufbauorganisation (z. B.
  Leitungsstellen) oder
* aus gesetzlichen oder anderen zwingenden Regelungen oder Beauftragungen (z. B. in manchen Betrieben ein IT-Sicherheitsbeauftragter) ergibt.

---

[263] Der Text dieses Abschnitts stammt - leicht verändert - aus Heuermann & Tomenendal, 2011

[264] Weitere Verfahren in der Privatwirtschaft nennt z. B. Wittlage, 1995, S. 45

Neben den soeben vorgestellten drei Grundverfahren gibt es zwei als „Folge-verfahren" bezeichnete Methoden, die auf bereits vorhandene Personalbedarfs-ermittlungen aufsetzen und sie aktualisieren. Diese beiden Verfahren sind:

Folgeverfahren

Fortschreibungs-Verfahren: Das Fortschreibungs-Verfahren setzt auf den Er-gebnissen einer früheren Personalbedarfsermittlung auf und wendet sie auf dieselbe Organisationseinheit zu einem späteren Zeitpunkt an. Die „histori-schen" Zeitwerte werden mit aktualisierten Mengendaten zu einer neuen Per-sonalbedarfsaussage verknüpft. Voraussetzung ist, dass sich im Vergleich zur ursprünglichen Erhebung nur Veränderungen im Mengengerüst ergeben und die Zeitbedarfe weitgehend unverändert sind. Auf dieser Basis wird der Perso-nalbedarf fortgeschrieben.

Fortschreibungs-erfahren

Schlüsselzahl-Verfahren: Das Schlüsselzahl-Verfahren verwendet zur Perso-nalbedarfsermittlung Bemessungswerte, die durch repräsentative Erhebungen in anderen, vergleichbaren Organisationseinheiten ermittelt worden sind. Diese Ergebnisse werden als Vorgaben gesetzt und unter Berücksichtigung von Fall-zahlen auf die betrachtete Organisationseinheit übertragen. Das Schlüsselzahl-Verfahren ist auch geeignet zur Auslastungsüberprüfung und zur Anpassung des Personalbedarfs bei Veränderungen von Arbeitsmengen.

Schlüsselzahl-Verfahren

Für den Einsatz von Fortschreibungs- und Schlüsselzahl-Verfahren muss eine hinreichende Übereinstimmung zwischen den betrachteten Zeiträumen und den Organisationseinheiten bestehen. Hierfür sprechen eine Ähnlichkeit der Auf-gaben (bei Unterstützungsprozessen meist branchenübergreifend, bei Kernpro-zessen meist nur bei branchengleichen Betrieben gegeben), Ähnlichkeit der Regeln, ähnliche Produktions- und Arbeitsmittel usw. Ihr Einsatzschwerpunkt liegt in der Bestimmung des zukünftigen Personalbedarfs.

Für die deutsche Verwaltung ist vorgeschrieben, nach Möglichkeit das analyti-sche Berechnungsverfahren einzusetzen. Wenn dies nicht geht oder unverhält-nismäßig aufwändig ist, dann kommen in der weiteren Prioritätenfolge das analytische Schätzverfahren und die Arbeitsplatzmethode zum Einsatz.

Analytische Berechnung des Personalbedarfs

Der Personalbedarf, ausgedrückt in Stellen, ergibt sich in der analytischen Berechnung aus dem Arbeitszeitbedarf für die Arbeitsmenge und der Arbeits-zeit einer Normalarbeitskraft je Stelle. Der Arbeitszeitbedarf wiederum wird berechnet als Produkt aus der Arbeitsmenge und der mittleren Bearbeitungszeit je Fall (Grundzeit und Verteilzeit). Die folgende Abbildung 8.5 zeigt dies.

Analytische Berechnung

```
┌─────────────────────────────────────────────────────────────────┐
│                           Aufgaben                                │
└─────────────────────────────────────────────────────────────────┘

┌─────────────────────────────────────────┐   ┌─────────────────────┐
│ ┌──────────────┐  ┌──────────────────┐   │   │   Arbeitsmengen     │
│ │ Grundzeit je │  │                  │   │   │    (Fallzahlen)     │
│ │   Aufgabe    │  │   Verteilzeiten  │   │   │                     │
│ └──────────────┘  └──────────────────┘   │   └─────────────────────┘
│        Mittlere Bearbeitungszeit          │
└───────────────────────────────────────────┘

   ┌──────────────────────┐   ┌──────────────────────┐
   │   Arbeitszeit einer  │   │   Arbeitszeitbedarf  │
   │   Normalarbeitskraft │   │     (insgesamt)      │
   └──────────────────────┘   └──────────────────────┘

┌─────────────────────────────────────────────────────────────────┐
│              Personalbedarf ausführender Tätigkeit                │
└─────────────────────────────────────────────────────────────────┘
```

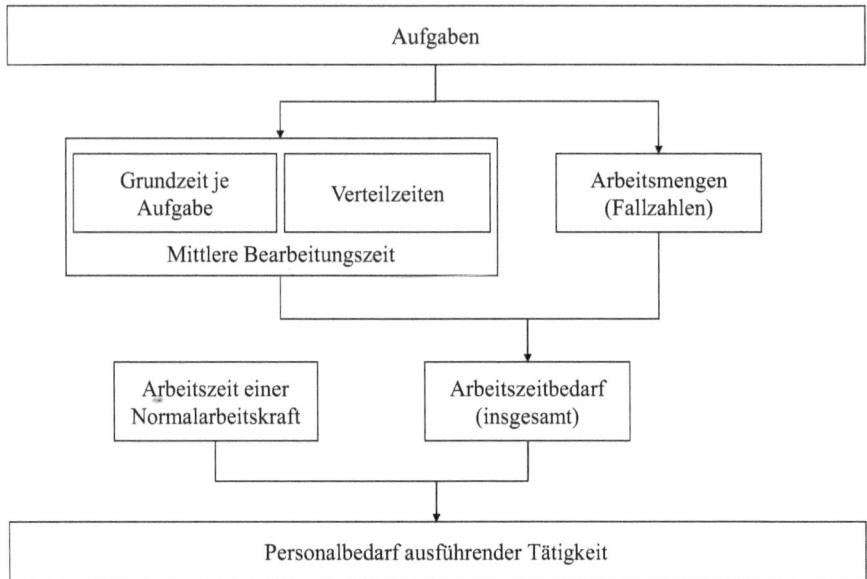

Abb. 8.5: Basisdaten der analytischen Personalbedarfsermittlung[265]

Formel für Stellenbedarf   Diese Darstellung lautet in der Formelschreibweise (Formel 1) wie folgt:

$$\text{Stellenbedarf} = \frac{\text{Fallzahl} * \text{mittlere Bearbeitungszeit}}{\text{Normalarbeitszeit}}$$

Die Bestandteile dieser Formel werden nun nacheinander erläutert.

Erhebung der Arbeitsmenge (Fallzahl) und der Grundzeit je Fall: Die für die Leistungserbringung erforderlichen Aufgaben werden vollständig und detailliert aufgenommen. Dabei ist eine dem Untersuchungsauftrag angemessene Gliederungstiefe und Variantenzahl nach Art des Bearbeitungsablaufs zu wählen. Diesen Aufgaben sind nun Fallzahlen zuzuordnen. Fallzahlen werden ermittelt, indem die Arbeitsmengen – je nach Art der Arbeit die Zahl von Prozessdurchläufen (z. B. Anzahl bearbeiteter Störungen), durchgeführte IT-Maßnahmen, erstellte Software- Produkte oder IT-Dienstleistungsstunden – gezählt werden. Die benötigte durchschnittliche Arbeitszeit je Fall – „Grundzeit" genannt – wird ebenfalls erhoben. Zur Ermittlung von Fallzahlen und Grundzeit dienen alternativ oder kombiniert folgende quantitative Erhebungstechniken (s. Tabelle 8.13):

---

[265] Entnommen aus Bundesministerium des Innern, 2007, S. 197

Tab. 8.13: Erhebungstechniken für Arbeitsmengen[266]

Methode	Erläuterung
Zeitaufschreibung	Die für eine Aufgabe aufgewendeten Arbeitszeiten werden mittels eines Zeitaufnahmegeräts, etwa einer Stoppuhr, erhoben. Die Zeitaufnahme wird von einem Beobachter parallel zur Bearbeitung einer Aufgabe durchgeführt und protokolliert.
Multimomentaufnahme	Anhand eines Stichprobenverfahrens wird die Auftrittshäufigkeit zuvor festgelegter Tätigkeiten erhoben. Dies erfolgt durch Kurzzeitbeobachtungen, ohne dass der Beobachtete aktiv eingebunden wird. Aus der beobachteten Häufigkeit werden Verteilung und Dauer der Tätigkeiten abgeleitet.
Selbstaufschreibung	Die Befragten sollen Tätigkeiten, Zeiten und Mengen angeben, die auf die von ihnen bearbeiteten Aufgaben entfallen. Diese Aufschreibung erfolgt durch Notierungen in zeitlicher Reihenfolge am Ende eines Prozess- oder Zeitabschnitts.
Laufzettelverfahren	Die Selbstaufschreibung erfolgt in Zusammenhang mit einem bestimmten Objekt, zum Beispiel der Antwort auf eine einfache Anfrage im Service Desk, der ein elektronischer Laufzettel beigegeben wird. Jede beteiligte Person vermerkt darauf die von ihr geleistete Tätigkeit mit den jeweiligen Zeiten.

Das Ergebnis ist die Auflistung der Aufgaben, der Fallzahlen je Aufgabe und der Grundzeit in Minuten. Die Tabelle 8.14 zeigt ein einfaches Beispiel:

Tab. 8.14: Bsp. Datenerhebung Arbeitsmengen und Grundzeit

Aufgabe	Grundzeit je Stück in Min	Fallzahlen/Jahr
Aufnahme Störung „mittel"	10	5.000
Aufnahme Störung „leicht"	5	10.000
…	…	…

Ermitteln/Festlegen der Verteilzeit und der mittleren Bearbeitungsdauer: Da Beschäftigte nicht durchgehend 8 Stunden und mehr ausschließlich an einer Aufgabe arbeiten können, muss man neben der ermittelten Grundzeit auch noch den Zeitanteil, der nicht direkt der Fallbearbeitung dient, betrachten. Dieser Zeitanteil wird „Verteilzeit" genannt. Verteilzeiten sind zusammengesetzt aus persönlichen und sachlichen Verteilzeiten.

Die persönliche und sachliche Verteilzeit nimmt oft Werte zwischen 10 % und 15 % der gesamten Arbeitszeit an. Verteilzeiten können zusammen mit der Grundzeit durch Messung ermittelt oder pauschal gesetzt werden. Denkbar ist, für verschiedene Aufgaben verschiedene Verteilzeiten anzusetzen. Ein Beispiel sind Unterschiede zwischen einfachen Bürotätigkeiten, die weniger persönliche und sachliche Vorbereitungen benötigen als z. B. die Arbeit an einer normalerweise Hochspannung führenden Anlage im Rechenzentrum. Bei der

Unterschiedliche Verteilzeiten

---

[266] Vgl. Bundesministerium des Innern, 2013, Abschnitt 5.2.1.3

Personalbedarfsermittlung können die Verteilzeiten auf drei Wegen berücksichtigt werden:

1. durch Abzug von der Normalarbeitszeit (Erläuterung „Normalarbeitszeit" siehe ein Stück weiter unten)
2. durch Erhöhen der mittleren Bearbeitungszeiten mit einem Zuschlag
3. durch Abzug der persönlichen Verteilzeiten von der Normalarbeitszeit und Zuschlag der sachlichen Verteilzeiten auf die Grundzeit.

Hier soll die sehr oft verwendete Variante Nr. 2 des Zuschlags der Verteilzeit auf die Grundzeit gewählt werden. Der Zuschlag wird rechentechnisch durch einen Zuschlagsfaktor dargestellt (Formel 2):

$$\text{Zuschlagsfaktor } Z = 1 + \frac{\text{Zuschlagssatz}}{100\%}$$

Wenn man z. B. von 10 % Verteilzeit ausgeht, dann beträgt der Zuschlagssatz 10 % und der Zuschlagsfaktor errechnet sich durch Einsetzen wie folgt:

$$\text{Zuschlagsfaktor} = 1,1 = 1 + \frac{10\%}{100\%}$$

Die mittlere Bearbeitungsdauer ist das Produkt aus der Grundzeit und dem Zuschlagsfaktor (Formel 3):

$$\text{mittlere Bearbeitungsdauer} = \text{Grundzeit} * \text{Zuschlagsfaktor}$$

Wenn man die zuvor errechneten Werte sowie die Ergebnisse der Datenerhebung aus Tabelle 8.14 kombiniert, kann man die nachfolgende Tabelle 8.15 erstellen:

Tab. 8.15: Ergebnis Ermittlung Arbeitsmengen und Bearbeitungsdauer

Aufgabe	Grundzeit je Stück in Min	Verteilzeit-Zuschlags-faktor	Mittlere Bearbeitungs-zeit in Min	Fallzahlen/ Jahr
Störung „mittel"	10	1,1	11	5.000
Störung „leicht"	5	1,1	5,5	10.000
…	…	…	…	…

Normalarbeitszeit: Die Arbeitszeit einer Normalarbeitskraft (Vollzeitäquivalent) wird als Normalarbeitszeit (Synonym: Bruttoarbeitszeit in Minuten) je Jahr ermittelt. Hierzu benötigt man zunächst die Arbeitstage im Jahr und dann die Arbeitsminuten je Arbeitstag. Das Rechenschema für die Ermittlung der Arbeitstage wird in Tabelle 8.16 gezeigt:

Tab. 8.16: Rechenschema Normalarbeitszeit Arbeitstage je Jahr

365 Tage im Jahr	
– 104 Wochenend-Tage (52 Samstage und Sonntage)	
– 11 Feiertage (je Staat und Bundesland/Kanton verschieden)	
= 250 Tage des Dienstbetriebs	
– 30 Urlaubstage (je Betrieb verschieden)	
– 15 Fehltage durch Krankheit, Training, Betriebsausflug (je Betrieb verschieden)	
= 205 Arbeitstage je Normalarbeitskraft	

Berechnung der Normal-
arbeitszeit Arbeitstage/
Jahr

Nun benötigt man für die Bruttoarbeitszeit noch eine Angabe dazu, wie viele Minuten ein Arbeitstag hat. Wenn man von einem Arbeitstag mit 8 Stunden ausgeht, dann sind pro Arbeitstag 480 Arbeitsminuten zu leisten. Jetzt lässt sich die Normalarbeitszeit je Jahr wie folgt berechnen (Formel 4):

$$\text{Normalarbeitszeit} = \text{Arbeitstage} * \text{Minuten je Arbeitstag}$$

Durch Einsetzen der Daten in die Formel erhält man folgenden Wert:

$$\text{Normalarbeitszeit}\left(\text{Minuten}\right) = 98.400 = 205 * 480$$

Tab. 8.17: Aufgaben und Fallzahlen Störungsbearbeitung

Aufgabe	Arbeitszeit je Stück/ Vorgang in Min	Fallzahlen/ Jahr	Summe Grundzeit/Jahr
Störung „mittel"	10	2.000	20.000
Störung „schwer"	75	400	30.000
Sonderauswertungen	500	100	50.000
Coaching je Person	24	4.000	96.000
Pflege Datenbestände	50	200	10.000
Fussmarsch zum IT-Nutzer	10	700	7.000
Verbesserungsvorschläge	10	100	1.000
Summe			**214.000**

Die Berechnung erfolgt in fünf Schritten:

Vorgehen bei der
Berechnung

1. Ermittlung der Normalarbeitszeit. Angesetzt werden die gleichen Werte, wie sie schon außerhalb der Beispielaufgabe vorgestellt wurden, also 98.400 Arbeitsminuten je Jahr für eine Normalarbeitskraft
2. Ermittlung der Grundzeit und der Fallzahlen: Diese sind der Tabelle 8.17 zu entnehmen und entstammen einer vorangegangenen Zeitaufschreibung
3. Berechnung des Jahresarbeitszeitbedarfs für die erhobenen Aufgaben
4. Zuschlagfaktor der Verteilzeit: Für IT-Bereiche kann aufgrund von Erfahrungswerten mit 15 % Verteilzeiten gerechnet werden (es wären aber auch 12% oder 10% plausibel). Der Zuschlagfaktor ist damit also 1,15

5. Berechnung des Personalbedarfs für das Störungsmanagement

$$\text{Stellenbedarf} = 2,501 = \frac{214.000 * 1,15}{98.400}$$

Den Stellenbedarf gibt man meist mit nur einer Nachkommastelle an, demzufolge beträgt der Stellenbedarf für ausführende Tätigkeit im Bereich Störungsannahme 2,5 Vollzeit-Stellen. Eventuelle Ergänzungen durch Leitungsstellen sind anhand der Leitungsspanne für diesen Bereich zu berechnen.

8.6 Glossar Abkürzungen und Begriffe

Begriff	Erläuterung
Abschnitt	2. Gliederungsebene des Buches (1. Gliederungsebene = Kapitel)
AddOn	Hier: Zusatzsoftware, meist kostenlos im Zusammenhang mit anderer bezahlpflichtiger Software
ADM	Begriff aus TOGAF, Architecture Development Model
ADONIS	Software für die Darstellung von Arbeitsabläufen, Konkurrenzprodukt zu ARIS
AG	Aktiengesellschaft
AN	Arbeitnehmer
Anlagebuchhaltung	Rechensystem gemäß der Regeln des Handelsgesetzbuchs, um den Bestand und den Wert langlebiger Wirtschaftsgüter (< 1 Jahr Gebrauch) darzustellen (Inventar)
Anm.	Anmerkung
Applikation	Weitgehend synoym mit „Computerprogramm"
ARIS (Toolset)	Produktnamen für IT-Werkzeug der Prozessmodellierung: Architektur integrierter Informationssysteme
Art.	Artikel des deutschen Grundgesetzes (Verfassung)
ASP	Application Service Providing
Audit	Audits sind durch Experten durchgeführte Prüf-Veranstaltungen, untersucht werden z. B. die Qualität des Managements (Management-Audit) oder von Verfahren (Verfahrensaudit)
Auditierung	Vorgang der Durchführung von Audits, Begriff z. B. gebräuchlich für die Prüfung von Softwarebeständen auf Vorhandensein benötiger Lizenzen
Ausbalancierte Bewertungsmatrix	Synonym zu "Balanced Scorecard"
AW	Anschaffungswert (Summe aus Anschaffungspreis und Anschaffungs-nebenkosten)
Backbone	Begriff für den „Kern", den Hauptstrang eines Systems (z. B. eines Telekommunikationsnetzes, des Internets)
Balanced Scorecard	(deutsch: "Ausbalancierte Bewertungsmatrix")
BDSG	Bundesdatenschutzgesetz
Bebauungsplan	Hier: Analog zur Bauindustrie verwendeter Begriff für die „logische Blaupause" der IT-Infrastruktur eines Betriebs
Bewerber	Als Bewerber werden Teilnehmer am Wettbewerb bezeichnet, die Interesse an der Abgabe eines Angebotes bekunden, aber noch kein rechtsverbindliches Angebot abgegeben haben. Dazu gehören insbesondere Wirtschaftsteilnehmer bzw. Unternehmen, die entweder Vergabeunterlagen angefordert oder im Rahmen eines Teilnahmewettbewerbs einen Teilnahmeantrag eingereicht haben.
BGB	Bürgerliches Gesetzbuch (Deutschland)
BGBL	Bundesgesetzblatt
BHO	(deutsche) Bundeshaushaltsordnung
BI	Business Intelligence
BMP	Best Management Practices
BPR	Business Process Reengineering
BSC	Abkürzung Balanced Scorecard

Begriff	Erläuterung
BSI	Bundesamt für Sicherheit in der Informationstechnik, www.bsi.bund.de
Bugfix	Reaktion auf schweren oder gar katastrophalen Fehler in einer Software
Business (process) (R)eengineering	Reorganisation des Betriebs weg von der funktionalen Struktur hin zu einer Optimierung der Durchlaufzeiten und Herstellkosten von Prozessen
BWL	Betriebswirtschaftslehre
bzgl.	bezüglich
Cache	Ein besonders schneller, relativ kleiner, Speicher, der meist zu Puffer- und Zwischenspeicherungszwecken verwendet wird. Technisch wird er als Hardware (Chip) oder Software dargestellt
CAF	Common Assessment Framework. Qualitätsbewertungssystem für Betriebe des öffentlichen Sektors
CAL	Client Access License: Lizenz für die Interaktion zwischen Clients
CI	Configuration Item. Begriff aus ITIL. Sämtliche an Geschäftsprozessen beteiligte IT-Betriebsmittel
CIO	Chief Information Officer (Vorstandsmitglied für IT)
Client	Computer- oder IT-Programm, das Dienste von einem Server empfängt
Cluster	Synonym: Bündel. Gemeint sind entweder gebündelte Server, gebündelte Datenbanken oder gebündelte Netze
CMDB	Configuration Management Database. Begriff aus der ITIL, meint die virtuell als Gesamtdatenbank beschriebene Menge aller Konfigurationen
CMM/CMMI	Capacity Maturity Model/~ Integration. IT-Governance Referenzmodelle und Reifegrad-Modell
COA	Certificate of Authenticity, Echtheitszertifikat von Microsoft
COBIT	Control Objectives for Information and Related Technology
concurrent user	Lizenzrecht: Ein concurrent user ist exakt ein zugreifender Nutzer je Zeiteinheit auf zentral per Server bereitgestellter Software. Die maximale benötigte Zahl GLEICHZEITIGER Zugriffe bestimmt den Lizenzbedarf
CoCo	Criteria of Control, im Jahre 1995 erstmalig von der CICA veröffentlichtes COSO-Derivat, managementorientiertes allgemeines Kontrollmodell
COSO	Committee of Sponsoring Organisations of the Tradeway Commission, dieses Komitee veröffentlichte in 1992 eine Studie zur Begriffsvereinheitlichung und Management-Ausrichtung der Innenrevision
CPO	Chief Process Officer (Vorstandsmitglied für Prozessvereinheitlichung)
CRAMM-Methode	Ursprünglich für die Verwaltung in Großbritannieren entwickelte und später auch in veränderter Version in der NATO eingesetzte Methode Risiko der Riskobewertung. CRAMM steht für Centre for Information Systems Risk Analysis and Management Method
CRM	Customer Relationship Management, Sammelbegriff aller Maßnahmen im „Lifecycle" des Kundenkontakts (Anbahnen, Pflegen, Beenden)
Cross-Upgrade	Cross-Upgrade
CSO	Chief Sourcing Officer
DACH	Abkürzung Deutschland (D), Österreich (A, Austria) und Schweiz (CH)
Data Warehouse	Datenbank, die ihre Daten wiederum aus mehreren heterogenen Datenbanken bezieht und sie in vereinheitlichter Form, ganz oder in als „Datamarts" bezeichneten Teilmengen, für Auswertungszwecke, z. B. einem Datamining, zur Verfügung stellt

Begriff	Erläuterung
DFL	Definitive Software Library. Begriff nach ITIL, bezeichnet Aufbewahrung von Masterkopien aller verwendeten Softwareprodukte eines Betriebs
Domäne	Hier: Sinnvoll abgrenzbarer fachlich-organisatischer Bereich
Dongle	Kopierschutzstecker
Downgrade-Recht	Recht dazu, eine erworbene neuere Software wieder durch eine ältere Version zu ersetzen (z. B. im Fall der Inkompatibilität)
Due Diligence	Umgangssprachlich im betrieblichen Kontext eine systematische und mit Sorgfalt durchgeführte Analyse bzgl. eines Managementobjekts oder des ganzen Betriebs (z.B. bei einer Übernahme)
EAM	Enterprise Architecture Management, Management der Unternehmensarchitektur
EFQM	European Foundation for Quality Management
eGovernment	Bezeichnung für den Einsatz elektronischer Kommunikationsmittel zur Verbesserung der Abläufe einerseits im öffentlichen Sektor selbst und andererseits zwischen Bürgern, Wirtschaft und öffentlichen Betrieben
Enterprise Architecture	Siehe Geschäftsarchitektur
ERP	Enterprise resource planning, Gattungsnamen für Geschäftssoftware
EU	Europäische Union
EULA	End User License Agreement, Begriff von Microsoft
e.V.	Eingetragener Verein
EVB IT	Erweiterte Vertragsbedingungen IT. Standard-Vertragsformular für den Öffentlichen Sektor in Deutschland
f., ff.	Folgende, fortfolgende
Fa.	Firma
Failover	Sofortige Übernahme der Funktion einer ausgefallenen Hardware durch bereitstehende Ersatzgeräte
FB	Fachbereich
Floating License	Synonym zu concurrent (siehe oben)
Forer-Effekt	Beschreibt das Phänomen, dass Personen sich mit bestimmten pauschalen Allgemeinplätzen, wie sie Astrologen verbreiten, persönlich gut getroffen fühlen und den Verkünder der Botschaft für einen „Guru" halten. Untersuchungen hierzu führte der Psychologe Forer in den 40er Jahren durch. Das Phänomen gilt vermutlich auch im IT-Beratungsgeschäft
Full Packaged Software (FPP)	Mehrere Softwareprodukte, die nur zusammen auf einem Rechner/Server installiert werden dürfen
Freeware	Software ohne Lizenzkosten
Gateway	Verbindungskomponente zwischen IT-Netzwerken, die mit unterschiedlichen Protokollstandards arbeiten. Ein Gateway „übersetzt" die Daten von einem Protokoll in das andere
GEIT	Governance of Enterprise IT-Bezeichnung für COBIT Version 5
Geräteinventar	Spezielle Bezeichnung für IT-Inventarliste im Öffentlichen Bereich. Hier gelten niedrigere Wertgrenzen für die Aufnahme „geringwertiger Wirtschaftsgüter" als in der Anlagenbuchhaltung

Begriff	Erläuterung
Geschäfts-architektur[267]	Abstrakte Beschreibung der geplanten Geschäftstätigkeit mit Organisationseinheiten, Transformationsprozessen, Transferflüssen, Einflussfaktoren sowie Hilfsmitteln. Es enthält die Zielkunden, die Kundenprozesse, die eigenen Geschäftsprozesse, die Produkte und Dienstleistungen, die Vertriebskanäle, die Form der Leistungserstellung, die Logistik, die Führung und vor allem auch das Erlösmodell (z. B. Produktverkauf, laufende Lizenzgebühren, Lösungsverkauf, Betrieb usw.).
Geschäftsmodell	Beschreibung den Kern der Geschäftsidee des Betriebs, seiner Stellung im Markt und der Differenzierung gegenüber dem Wettbewerb
Geschäftsprozess-optimierung	Deutschsprachiges Synonym zu business (process) reengineering. Weitgehender Ansatz mit einer Änderung der Kernprozesse eines Betriebs
ggf.	Gegebenenfalls
GNU	General Public License, Lizenz für freie Software
GmbH	Gesellschaft mit beschränkter Haftung
Governance	Oberbegriff für Verfahren, Werkzeuge und betriebsinterne Regeln, die dem Erreichen von Betriebs- und IT-Zielen, der Einhaltung extern gesetzter Regeln sowie der klaren internen Verantwortung dienen
GPM	Deutsche Gesellschaft für Projektmanagement
Greenfeld-Ansatz	Inventarisierungsmethode von Software, bei der die Software-Eigennamen der Dateien den Produktnamen im Klartext gegenübergestellt werden
GuV	Gewinn- und Verlustrechnung
GWA	Gemeinkostenwertanalyse
GWB	Im Vierten Teil des Gesetzes gegen Wettbewerbsbeschränkungen wurden die von der EU vorgegebenen Richtlinien für das europäische Vergaberecht national umgesetzt. Dabei werden sowohl die Grundprinzipien bei Vergabeverfahren im ersten Abschnitt als auch die bieterschützenden Regelungen (Nachprüfungsmöglichkeiten) im zweiten Abschnitt festgelegt und beschrieben
Herstellkosten	Begriff des internen Rechnungswesens. Summe aus Fertigungs- und Materialkosten, jeweils aus Einzelkosten und Gemeinkosten bestehend. Hier dürfen kalkulatorische Anteile enthalten sein
Herstellungskosten	Bilanz- und steuerrechtlich festgelegter Begriff. Hier dürfen Einzelkosten und angemessene Verwaltungskosten, nicht aber kalkulatorische Kosten enthalten sein
Host	Funktionell gemeinter Namen für einen Server in einem Netzwerk
Hotfix	Synonym zu Patch, geringes Update der Software, z. B. zum Schließen von Sicherheitslücken
HPL	Haushaltsplan
HR, HR-M	Human Resource, Human Resources Management, Personalwesen
HW	Hardware
IAM	Identity and Access Management
IBM IT PM	IBM IT Process Modell
i. d. R.	in der Regel
IKS	Internes Kontrollsystem

[267] Definitionen Geschäftsarchitektur und -modell: Kombination von Definitionen Scheer, 2003 und Kagermann & Österle, 207, Scheer, 2003, zitiert n. Weiner et al., 2010. S. 19

Begriff	Erläuterung
IMAC	Install, Move, Add, Change: Beschreibung des technischen Grundprozesses eines Software Lebenszyklus'
incident	Störung
IP-Adresse	auf dem Internetprotokoll (IP) basierende Adresse in Computernetzwerken
IR	Innenrevision
ISMS	Information Security Management System
ISP	Internet Service Provider
Instandhaltung	Hier: Außerplanmäig nötig werdende Maßnahme zur Wiederherstellung der Funktionsfähigkeit einer IT-Hard- oder Software. Gegenbegriff zu „Wartung"
IT	Informationstechnologie
IT-Bereich	Aufbauorganisatorische Instanz eines Betriebs, die für IT-Services zuständig ist
IT-Produkt	1. Angebot der Hardware- oder der Softwareindustrie 2. Kategorie der Zeitaufschreibung für inhouse IT-Beschäftigte
IT-Service	Aus Sicht von IT-Kunden nutzbare Dienstleistung des IT-Bereichs
IuK	Informations- und Kommunikationstechnik
Kameralistik	Einzahlungs-/Auszahlungsrechnung des öffentlichen Bereichs
Kapitel	1. Gliederungsebene des Buches, 2. Und tiefere Ebene ist der „Abschnitt"
key user	Besonders erfahrener und kenntnisreicher IT-Nutzer einer Anwendung
KG	Kommanditgesellschaft
KLR	Kosten-Leistungsrechnung
KontraG	Deutschland: Gesetz zur Kontrolle und Transparenz im Unternehmensbereich, dient der Verbesserung der Corporate Governance
Konzernlizenz	Hier: Softwarelizenz für den gesamten Konzern
KVP	Kontinuierlicher Verbesserungsprozess
Lastenheft	Synoynm: Pflichtenheft für die Beschreibung der Anforderungen an eine Software, Teil der Ausschreibung und der Projekt-Aufträge für Software
LDAP	Lightwight Directory Access Protocol
Lebenszyklus	Hier: Analog zu Lebewesen gesamter Zeitraum von der Beschaffung bis zur Aussonderung von Hard- oder Software
Linux	Freeware-Mehrbenutzer-Betriebssystem, das ursprünglich von dem Norweger Linux Torvalds entwickelt wurde und inzwischen in mehreren Varianten existiert. Linux ist UNIX-ähnlich. Der Kern heißt GNU
Lizenzart	Einzellizenz, Mehrplatzlizenz
Lizenzform	Kategorien der Softwarelizenzen, gestaffelt nach rechtlichen Bedingungen für die Nutzung des Quellcodes (offen oder nicht) und der Nutzung der Software (Freeware, Shareware, lizenzpflichtig …)
Lizenz-Key	Software-Schlüssel oder Dongel, mit dessen Hilfe bisher gesperrte Funktionen einer Software freigeschaltet werden
Lizenzklasse	Klassen sind: Vollversion, Update, Freeware
Lizenzmetrik	Die Lizenzmetrik beschreibt, wie die zur Kostenermittlung für eine Lizenz relevanten Messgrößen gezählt werden
Lizenztyp	Einteilung der Messeinheit für Lizenzen, z. B Geräte-/Nutzerlizenz, …
Lizenztyp	Art der Messgröße (IT-Nutzer, Prozessorkerne, Prozessorsockel), auf die sich die Lizenzmetrik bezieht

Begriff	Erläuterung
load balancing	Lastverteilung
LPAR pro CPU	Lizenz je logischer Partition
Merger	Fusion (beide Unternehmen sind juristisch eine Person) oder Akquisition (das akquirierte Unternehmen behält seine eigene Rechtspersönlichkeit)
MIPS	Englische Abkürzung für million instructions per second. Maßeinheit für die Schnelligkeit eines Computerprozessors
MOF	Microsoft Operating Framework
mod. n.	modifiziert nach, Hinweis auf Veränderung einer angegebenen Quelle
Mrd.	Milliarden
n, N	Abkürzung für lateinisch numera, Anzahl. Gebräuchliche Abkürzung für die Fallzahl/Teilnehmerzahl in Statistiken
n.a.	nicht angegeben
Output	Allgemein: Ergebnis im Sinne von geplant herbeigeführter Wirkung eines Handelns
Patch	Synonym zu Hotfix, kleines Update einer Software
PatG	Patentgesetz
PB, Petabyte	Ein Petabyte sind 1.000 Terabyte oder 1.000.000 Gigabyte oder 1.000.000.000 Megabyte
PC	Personalcomputer
PERT	Program Evaluation and Review Technique. Verfahren der Netzplantechnik mit drei Schätzungen je benötigter Aktivität: Optimistisch, pessimistisch und das Mittelpunktszenario mit der höchsten Wahrscheinlichkeit
Pflichtenheft	Hier: Liste mit Anforderungen an eine zu kaufende oder zu erstellende Hard- oder Software
PMBook	Vom US-amerikanischen Institut PMI (Project Management Institute) vorangetriebene IT-Projektmanagementnorm
Portfolio	Sammlung im weitesten Sinne, hier (An-) Sammlung von Projekten. Im Gegensatz zu „Programm" setzt der Begriff „Portfolio" keine systematische Beziehung zwischen den Projekten im gleichen Portfolio voraus
PRINCE(2)	Projects in Controlled Environments, Version (hier 2)
Projektbüro	Virtuelles oder körperliches Sekretariat zur Unterstützung eines Projektleiters, zuständig i.d.R. für Terminvereinbarungen, Protokolle, Kontrolle von Zeitaufschreibungen und Abrechnungen
qm	Quadratmeter
RACI	Akronym für responsible (verantwortlich für alles), accountable (verantwortlich für Geld), consulted (Konsultationsrecht) und informed (Informationsrecht). Kategorien im RACI-Modell der Analyse der Verantwortung
Release	Eine in sich abgeschlossene Version eines (neuen) IT-Services, enthält Software, ggf. Hardware und ggf. zugehörige Betriebsprozesse
ROSI	Return on Security Investment
SAM	Strategic Alignment Model
SCRUM	Englisch „Gedränge", steht für Agile Projektmethode
Service	Hier: Dienstleistung(-sprodukt)
SigG	Signaturgesetz
Single Sign on	IT-Lösung der Rechteverwaltung, die mit einmaliger Anmeldung eines IT-Nutzers den Zugriff auf alle IT-Verfahren ermöglicht, bei denen er die Berechtigung hat

Begriff	Erläuterung
Sizing	Bestimmen der richtigen Dimensionierung von Hardware zur Erledigung der absehbaren Aufgaben. Z. B. Bestimmen der benötigten Netzbandbreite, der Leistungsfähigkeit von Prozessoren und Größe der Massenspeicher für eine bestimmte netzbasierte fachliche Anwendung
SL, SLA	Service Level, Service Level Agreement
StGB	Strafgesetzbuch
SW	Software
TB, TeraByte	Ein Terabyte sind 1.000.000.000.000 Byte oder 1.000 Gigabyte oder 1.000.000 Megabyte
TCO	Total Cost of Ownership
TCP/IP	Transmission Control Protocol/Internet Protocol
Team	Gruppe von internen und/oder externen Personen, die zum Zweck eines gemeinsamen Projekts oder in der Linie kollegial zusammenarbeiten
Titel	Gliederungskategorie für Budgetposten in der Kameralistik
TQM	Total Quality Management
TVÖD	Tarifvertrag für den öffentlichen Dienst
Tz	Textziffer
u.a.	unter anderem
UAM	Unternehmensarchitekturmodell
UfAB	Öffentlicher Bereich: Unterlage für Ausschreibung und Bewertung von IT-Leistungen. Aktuelle Version ist 2.0 (2014)
Unternehmens- architektur	Siehe Geschäftsarchitektur
Update	Kleiner Versionswechsel einer Software, z. B. von 1 auf 1.2. Setzt eine ältere Vollversion der Software voraus. Weitgehend synonym sind die Begriffe „Patch" oder „Hotfix"
Upgrade	Wechsel zu einer wesentlich höheren Version einer Software, z. B. von 1.2 auf 2.0
UrHG	Urheberschutzgesetz
use case	Hier: Typischer Anwendungsfall zur Beschreibung der Aufgaben einer Software
v. C.	(Zeit) vor Christus
vgl.	Vergleiche
VgV	Vergabeverordnung Verordnung über die Vergabe von öffentlichen Aufträgen. Sie regelt das Verfahren bei der Vergabe öffentlicher Aufträge, deren geschätzter Auftragswert ohne Umsatzsteuer den Schwellenwert übersteigt.
Virus	Hier: Schadsoftware, die sich selbst beim Starten der Wirtssoftware durch Kopien in andere Software verbreiten und dort ihre schädigende Wirkung auf Software und Hardware ausüben kann. Im Gegensatz zu Würmern sind Viren auf die Ausführung der Wirtssoftware angewiesen
VOB/A	Vergabe und Vertragsordnung für Bauleistungen. Regeln der Öffentlichen Hand in Deutschland mit Bindungswirkung für Verwaltungsbetriebe
VOF	Vergabe- und Vertragsordnung für freiberufliche Leistungen Die VOF findet Anwendung auf die Vergabe von Leistungen, die im Rahmen einer freiberuflichen Tätigkeit erbracht oder im Wettbewerb mit freiberuflich Tätigen angeboten werden und deren Gegenstand eine Leistung ist, die nicht abschließend beschrieben werden kann.
VoIP	Voice over IP, Internettelefonie

Begriff	Erläuterung
VOL/A	Vergabe und Vertragsordnung für Leistungen – Teil A.
	Die Vergabe und Vertragsordnung für Leistungen – Teil A wird bei der Beschaffung und Auftragsdurchführung von Lieferungen und Leistungen angewendet und besteht aus zwei Teilen. Der Teil A umfasst die Vorschriften für die Vergabe von Lieferungen und Leistungen. Der Teil B enthält die Allgemeinen Vertragsbedingungen für die Ausführung von Leistungen (AGB).
vs.	versus (lateinisch: gegen)
Wartung	Hier: Regelmäßige (nach Kalender oder anderen Ereignissen) bestimmte Pflegemaßnahmen für Hard- und Software. Gegenbegriff zu „Instandhaltung", die nach einem Ereignis wie z.B. aufgetretenem Fehler stattfindet
Wertschöpfung	Hier: Anteil der IT-Services daran, dass die betrieblichen Produkte eggenüber den eingesetzten Ressourcen bei Abgabe einen Mehrwert haben.
Workaround	Umgehungslösung
Wurm	Hier: Schadsoftware, die sich im Gegensatz zu einem Virus auch ohne Aktivität der Wirtssoftware eigenaktiv verbreiten kann
z. B.	zum Beispiel
z.T.	zum Teil
zit. n.	zitiert nach

8.7   Literaturverzeichnis

Abolhassan, F. (Hrsg.): Der Weg zur modernen IT-Fabrik. Wiesbaden, Gabler, 2013

Arenz, T.: IT-Innovationsprozesse erfolgreich gestalten und steuern. In: Bernhard, M.G., Blomer, R. & Bonn, J. (Hrsg.): Strategisches IT-Management. Düsseldorf, Symposion, 2003, S. 115–136

Armbrüster, T., Banzhaf, J. & Dingemann, L.: Unternehmensberatung im öffentlichen Sektor: Institutionenkonflikt, praktische Herausforderungen, Lösungen. Wiesbaden, Gabler, 2010

Augat, J. (Hitachi): Storage economics for dummies. Hoboken, NJ, Jon Wiley, 2012

Baum, H.-G., Coenenberg, A.G. & Günther, T.: Strategisches Controlling. Stuttgart, Schäffer Poeschel Verlag, 2013

Baumöl, U.: IT-Governance als Basis für ein wertorientiertes Informatikmanagement. In: Hofmann, J. & Knoll, M. (Hrsg.): Strategisches IT-Management. Heidelberg, Dpunkt Verlag, 2012, S. 6–14

Becker, J., Knackstedt, R. & Jens Pöppelbuß, J.: Entwicklung von Reifegradmodellen für das IT-Management. Wirtschaftsinformatik, 3/2009

Beims, M.: IT-Service Management in der Praxis mit ITIL. München, Hanser, 2012, 3. Auflage

Bernhard, M.G.: Service-Level-Management – die IT als Supply-Chain organisieren. In: Bernhard, M.G., Blomer, R. & Bonn, J. (Hrsg.): Strategisches IT-Management. Düsseldorf, Symposion, 2003, S. 137–161

Bernhard, M.G., Blomer, R. & Bonn, J. (Hrsg.): Strategisches IT-Management. Düsseldorf, Symposion, 2003

Blankenhorn, H.: Den Wertbeitrag der IT im Unternehmen ermitteln und steuern. In: Blomer, R., Mann, H. & Bernhard, M.G. (Hrsg.): Praktisches IT-Management. Controlling, Kennzahlen, Konzept. Düsseldorf, Symposion, 2006, S. 185–199

Blomer, R.: Das IT-Prozess-Modell. In: Bernhard, M.G., Blomer, R. & Bonn, J. (Hrsg.): Strategisches IT-Management. Düsseldorf, Symposion, 2003, S. 93–114

Blomer, R. & Bernhard, M.G.: Was gehört zu einer IT-Strategie? In: Bernhard, M.G., Blomer, R. & Bonn, J. (Hrsg.): Strategisches IT-Management. Düsseldorf, Symposion, 2003, S. 81–90

Blomer, R., Mann, H. & Bernhard, M.G. (Hrsg.): Praktisches IT-Management. Controlling, Kennzahlen, Konzept. Düsseldorf, Symposion, 2006

Bohsem, G.: Fiskus verteilt Steueridentifikationsnummern falsch. Süddeutsche Zeitung, 12.02.2014, www.sueddeutsche.de

Böttcher, R.: IT-Servicemanagement mit ITIL® – 2011 Edition: Einführung, Zusammenfassung und Übersicht der elementaren Empfehlungen. Hannover, Heise, 2012

Brenner, W., Meier, A. & Zarnekow, R. (Hrsg.): Strategisches IT-Management. Heidelberg, dPunkt-Verlag, 2003

Brugger, R.: IT-Projekte strukturiert realisieren. Wiesbaden, Vieweg, 2005, 2. Auflage

Bruhn, M.: Qualitätsmanagement für Dienstleistungen. Berlin/Heidelberg, Springer Gabler, 2013, 9. Auflage

Brunken, I.P.: Die 6 Meider der Strategie. Berlin, ECON, 2006

Buchta, D., Eul, M. & Schulte-Croonenberg, H.: Strategisches IT-Management. Wiesbaden, Gabler, 2004

Bundesamt für Sicherheit in der Informationstechnologie (BSI), www.bsi.bund.de/DE/Home/home_node.html

Bundesamt für Sicherheit in der Informationstechnologie (BSI): Überblick IT-Grundschutz, Bonn, 2012

Bundesministerium des Innern (Hrsg.): Handbuch für Organisations-untersuchungen und Personalbedarfsermittlungen, Stand Mai 2013, www.orghandbuch.de

Bungartz, O.: Handuch Interne Kontrollsysteme (IKS). Steuerung und Über-wachung von Unternehmen. Berlin, Erich Schmidt Verlag, 2012, 3. Auflage

Chui, M., Manyika, J., Bughin, J., Brown, B., Roberts, R., Danielson, J. & Gupta, S. (McKinsey): Ten IT-enabled business trend fort he decade ahead. McKinsey, 05/2013, www.zdnet.de/88159530/mckinsey-identifiziert-zehn-IT-trends-furs-nachste-jahrzehnt

Computerweisheiten: http://dettmer.maclab.org/mac_pc_weisheiten.html

Crameri, M.: IT-Kosten nachhaltig managen: Praxis bei der Bank Julius Bär. In: Crameri, M. & Heck, U. (Hrsg.): Erfolgreiches IT-Management in der Praxis. Ein CIO-Leitfaden. Wiesbaden, Vieweg & Teubner, 2010, S. 68–82

Crameri, M.: Die IT-Strategie als Grundlage für das Business-/IT-Alignment. Praxis bei der Bank Julius Bär. In: Crameri, M. & Heck, U. (Hrsg.): Erfolgreiches IT-Management in der Praxis. Ein CIO-Leitfaden. Wiesbaden, Vieweg & Teubner, 2010, S. 11–27

Crameri, M. & Heck, U. (Hrsg.): Erfolgreiches IT-Management in der Praxis. Ein CIO-Leitfaden. Wiesbaden, Vieweg & Teubner, 2010

Dahm, M.H. & Mohos, C.: Lean six sigma in IT Management. Enhancing Quality and Productivity. Berlin, Erich Schmidt Verlag, 2012

Dernbach, W.: IT-Strategie und Geschäftsstrategie, in: Bernhard, M.G., Blomer, R. & Bonn, J. (Hrsg.): Strategisches IT-Management. Düsseldorf, Symposion, 2003, S. 15–39

Dobelli, R.: Die Kunst des klugen Handelns. München, Hanser, 2012

Dubey, S. S.: IT Strategy and management. New Dehli, PHI Learning, 2011

Eberl, M., Görlich, M. & Volkenandt, G.: Management strategischer Alternativen. Berlin, K&T Knowledge und Trends, 2012

Ellermann, H.: CIO-Jahrbuch 2014. Neue Prognosen zur Zukunft der IT. München, IDG, 2013

Etzel, H.-J., Heilmann, H. & Richter, R. (Hrsg.): IT-Projektmanagement. Fallstricke und Erfolgsfaktoren. Heidelberg, dPunkt Verlag, 2000

Frank, O: Nur ein Drittel SW-Selbermacher. In: Ellermann, H.: CIO-Jahrbuch 2014. Neue Prognosen zur Zukunft der IT. München, IDG, 2013, S. 20–24

Fröhlich, M. & Glasner, K. (Hrsg.): IT Governance. Leitfaden für eine praxisgerechte Implementierung. Wiesbaden, Gabler, 2007

Gadatsch, A. & Mayer, E.: Masterkurs IT-Controlling. Wiesbaden, Vieweg, 2006

Gadatsch, A.: IT-Controlling – operative und strategische Werkzeuge nutzen. In: Tiemeyer, E. (Hrsg.): Handbuch IT-Management. München, Hanser, 2006a, S. 359–402

Gadatsch, A., Kütz, M. & Juszczak, M.: Ergebnisse der 4. Umfrage zum Stand des IT-Controlling im deutschsprachigen Raum, in: Schriftenreihe des Fachbereichs Wirtschaft Hochschule Bonn-Rhein-Sieg, 2013

Gutzwiller, C.R.: IT-Risikomanagement und IT-Audit. Ein neues Konzept für die Bewirtschaftung von IT-Risiken. INTERNE REVISION, 12/1999, S. 1–6

Geirhos, M.: IT-Projektmanagement. Was wirklich funktioniert – und was nicht. Bonn, Galileo-Press, 2011

Geisler, F.: Datenbanken. Grundlagen und Design. Heidelberg, MITP, 2007, 2. Auflage

Gieseke, W. & Voss, A.:Das große PC Lexikon. Düsseldorf, DataBecker, 2011, 15. Auflage

Göggelmann, U.: Die fetten Jahre sind vorbei. Financial Times Deutschland, 05.07.2007

Grohmann, H.H.: Prinzipien der IT-Governance. In: Brenner, W., Meier, A. & Zarnekow, R. (Hrsg.): Strategisches IT-Management. Heidelberg, dPunkt-Verlag, 2003, S. 17–24

Groll, T.: 1 x 1 des Lizenzmanagements. Praxisleitfaden für Lizenzmanager. München, Hanser, 2012, 2. Auflage

Gummert, B.: IT-Kostenbewusstsein in den Fachabteilungen fördern. Staat & IT, 12/2008, S. 12–13

Haack, F.: Anforderungen an ein IT Multiprojekt Controlling. Wiesbaden, Gabler, 2011

Habler, J.: Identity and access management 2014. In Ellermann, H.: CIO-Jahrbuch 2014. Neue Prognosen zur Zukunft der IT. München, IDG, 2013, S. 30–33

Haenecke: IT-Management im öffentlichen Sektor, 2005, Internetseiten McKinsey

Hanschke, I.: Strategisches Management der IT-Landschaft. München, Hanser, 2013

Hanschke, I., Giesinger, G. & Goetze, D.: Business-Analyse – einfach und effektiv: Geschäftsanforderungen verstehen und in IT-Lösungen umsetzen. München, Hanser, 2012

Heilmann, H.: Erfolgsfaktoren des IT-Pojektmanagements. In: Etzel, H.J. (Hrsg.): IT-Projektmanagement – Fallstricke und Erfolgsfaktoren. Heidelberg, dPunkt Verlag, 2000

Herzwurm, G.: IT – Kostenfaktor oder strategische Waffe? Bad Honnef, Lemmens, 2008

Heuermann, R. & Tomenendal, M. (Hrsg.): Öffentliche Betriebswirtschaftslehre. München, Oldenbourg, 2011

Hilgendorf, E. & Valerius, B.: Computer- und Internetstrafrecht. Heidelberg, Springer, 2012, 2. Auflage

Hirzel, M., Sedlmeyer, M. & Alter, W. (Hrsg.) : Projektportfolio-Management: Strategisches und operatives Multiprojektmanagement in der Praxis. Wiesbaden, Gabler, 2011, 3. Auflage

Hochstein, A. & Hunziker, A.: Serviceorientierte Referenzmodelle des IT-Managements. In: Brenner, W., Meier, A. & Zarnekow, R. (Hrsg.): Strategisches IT-Management. Heidelberg, dPunkt-Verlag, 2003, S. 45–65

Hoffmann, O. & Rentrop, C.: Priorisierung von Projekten. ZFO, 1/2012, S. 23–28

Hofmann, J. & Knoll, M. (Hrsg.): Strategisches IT-Management. Heidelberg, dPunkt Verlag, 2012

Hoch, D.J.: Klimmer, M. & Leukert, P.: Managen statt verwalten. Wiesbaden, Gabler, 2005

Hoch, D.J., Klimmer, M., Leukert, P. (McKinsey): Erfolgreiches IT-Management im öffentlichen Sektor. Wiesbaden, Gabler, 2005

Hofmann, J. (2010a): IT-Sicherheitsmanagement. In: Hofmann, J. & Schmidt, W. (Hrsg.): Masterkurs IT-Management. Wiesbaden, Vieweg und Teubner, 2010, 2. Auflage, S. 287–334

Hofmann, J. (2010b): IT-Organisation und Personal. In: Masterkurs IT-Management. Wiesbaden, Vieweg und Teubner, 2010, 2. Auflage, S. 93–190

Hofmann, J. & Knoll, M. (Hrsg.): Strategisches IT-Management. Heidelberg, dPunkt-Verlag, 2012

Hofmann, J. & Schmidt, W. (Hrsg.): Masterkurs IT-Management. Wiesbaden, Vieweg und Teubner, 2010, 2. Auflage

Höhn, H., Sechser, B., Dussa-Zieger, K., Messnarz, *R. & Hindel, B.:* Software Engineering nach Automotive SPICE. Entwicklungsprozess in der Praxis – Ein Continental-Projekt auf dem Weg zu Level 3. Heidelberg, dpunkt Verlag, 2009

Hornung, S.: Sourcing-Strategie festlegen. Praxis bei Accenture. In: Crameri, M. & Heck, U. (Hrsg.): Erfolgreiches IT-Management in der Praxis. Ein CIO-Leitfaden. Wiesbaden, Vieweg & Teubner, 2010, S. 193–215

Hübscher, H., Peteresen, H.-J., Rathgeber, C., Richter, K. & Scharf, D.: IT-Handbuch IT-Systemelektroniker, Fachinformatiker. Braunschweig, Westermann, 2007, 5. Auflage

Hummel, O.: Aufwandsschätzungen in der Software- und Systementwicklung. Heidelberg, Spektrum, 2011

Hunnius, S. & Schuppan, T.: Fusionsmanagement im öffentlichen Sektor. Das Beispiel Dataport. Berlin, Edition Sigma, 2012

Innenministerium NRW: IT-Architektur, 2005, www.im.nrw.de, Stand 05/2013

Jaeger, K.: IT-Controlling und IT-Planungsprozess. In Bernhard, M.G., Blomer, R. & Bonn, J. (Hrsg.): Strategisches IT-Management. Düsseldorf, Symposion, 2003, S. 201–222

Johannsen, W. & Goeken, M.: Referenzmodelle für IT-Governance. Strategische Effektivität mit COBIT, ITIL & Co. Heidelberg, dPunkt Verlag, 2007

Jossè, G.: Basiswissen Kostenrechnung. München, DTV, 2008, 5. Auflage

Kammerer, S., Lang, M. & Amberg, M. (Hrsg.): IT-Projektmanagementmethoden. Düsseldorf, Symposion, 2012

Kaplan, R.S. & Norton, D.P.: Balanced Scorecard. Stuttgart: Schaeffer-Poeschel, 1997

Keller, W.: IT-Unternehmensarchitektur. Heidelberg, dPunkt Verlag, 2007

Kellner, H.: Die Kunst, IT-Projekte zum Erfolg zu führen. München/Wien, Hanser, 2001, 2. Auflage

Keuper, F., Schomann, M. & Zimmermann, K. (Hrsg.): Innovatives IT-Management. Wiesbaden, Gabler, 2010, 2. Auflage

Kerkow, D. & Rüdiger, A.: Mehr Akzeptanz schaffen. Staat & IT, 12/2008, S. 32–33

Klein, M.: Damit die Verwaltung weiß, was sie weiß. eGovernment, 15.8.2011, www.egovernment-computing.de/projekte/articles/326773

Klostermeier, J.: Staat gibt 17 Milliarden für IT aus. CIO, 14.06.2013, www.cio

Klüver, C. & Klüver, J.: IT-Management durch KI-Methoden und andere naturanaloge Verfahren. Wiesbaden, Vieweg & Teubner, 2011

Koitz, R.: Informatik Recht schnell erfasst. Berlin, Springer, 2002

Köhler, T.R.: Die leise Revolution des Outsourcing. IT-Services aus dem Netz. Frankfurt/M, FAZ-Institut für Management-, Markt und Medieninformation, 2007

Klostermeyer: 5 IT-Strategien gegen das Kosten-Dilemma. CIO, www.cio.de

Kommunale Gemeinschaftsstelle (KGst): IT-Architekturkonzept für die Bundesverwaltung. Version 1.0, Juli 2007, www.kgst.de

Kopperger, D., Kunsmann, J. & Weisbecker, A.: IT-Servicemanagement. In: Tiemeyer, E. (Hrsg.): Handbuch IT-Management. München, Hanser, 2006a, S. 115–231

Königs, H.-P.: IT-Risikomanagement mit System. Wiesbaden, Springer-Vieweg, 2013, 4. Auflage

Kreutter, P.: 2023 gibt es dreimal mehr IT im Vorstand. CIO, 25.10.2012, www.cio.de

Kütz, M.: IT-Kennzahlen im Überblick. In: Blomer, R., Mann, H. & Bernhard, M.G. (Hrsg.): Praktisches IT-Management. Controlling, Kennzahlen, Konzept. Düsseldorf, Symposion, 2006, S. 275–340

Kütz, M.: Kennzahlen in der IT. Werkzeuge für Controlling und Management. Heidelberg, dPunkt Verlag, 2011, 4. Auflage

Kummer, P. & Rytz, B.: Management von Anwendungslandschaften, Praxis bei der SBB. In: Crameri, M. & Heck, U. (Hrsg.): Erfolgreiches IT-Management in der Praxis. Ein CIO-Leitfaden. Wiesbaden, Vieweg & Teubner, 2010, S. 147–170

Kunz, C.: Strategisches Multiprojektmanagement. Wiesbaden, Gabler, 2008, 3. Auflage

Kurzlechner, W.: 10 Dinge, die IT-Abteilungen hinnehmen sollten. CIO, 27.01.2013a, www.cio.de

Kurzlechner, W.: Die Spinne im Abteilungsnetz. CIO, 08.11.2013b, www.cio.de

Langer, A.M. & Yorks, L.: Strategic IT. Best practices for managers and executives. Hoboken Wiley, 2013

Liebe, R.: ITIL – Entstehen eines Referenzmodells. In: Bernhard, M.G., Blomer, R. & Bonn, J. (Hrsg.): Strategisches IT-Management. Düsseldorf, Symposion, 2003, S. 325–363

Lixenfeld, C.: Die beste IT-Strategie ist es, keine zu haben. CIO, 7.2.2013, www.cio.de

Löffler, M. & Reinshagen, F.: Der Wandel von der Projekt- zur Produktorientierung. In: Abolhassan, F. (Hrsg.): Der Weg zur modernen IT-Fabrik. Wiesbaden, Gabler, 2013, S. 45–52

Lomnitz, G.: Multiprojektmanagement: Projekte erfolgreich planen, vernetzen und steuern. Landsberg/Lech,Verlag Moderne Industrie, 2008, 3. Auflage

Mahrenholz, O.: Entwicklung einer systematischen IT-Kostenrechnung. In: Blomer, R., Mann, H. & Bernhard, M.G. (Hrsg.): Praktisches IT-Management. Controlling, Kennzahlen, Konzept. Düsseldorf, Symposion, 2006, S. 19–38

Maicher, M. & Schwarze, L.: IT-Governance – Grundlagen und Erfolgsfaktoren. In: Bernhard, M.G., Blomer, R. & Bonn, J. (Hrsg.): Strategisches IT-Management. Düsseldorf, Symposion, 2003, S. 41–91

Murnleitner, M. & Schülein, P.: IT-Kosten- und Wertmanagement: Die IT als Geschäftsfeld. In: Herzwurm, G.: IT – Kostenfaktor oder strategische Waffe? Bad Honnef, Lemmens, 2008, S. 170–184

Murer, S.: Architekturmanagement. Praxis bei der Credit Suisse. In: Crameri, M. & Heck, U. (Hrsg.): Erfolgreiches IT-Management in der Praxis. Ein CIO-Leitfaden. Wiesbaden, Vieweg & Teubner, 2010, S. 108–130

Nehfort, A.: Qualitätsmanagement für IT-Lösungen. In: Tiemeyer, E. (Hrsg.): Handbuch IT-Management. München, Hanser, 2006a, S. 403–455

Neudhart, N.: IT-Organisationen im Korsett organisatorischer Rahmenbedingungen. Saarbrücken, Dr. Müller, 2009

Oehlrich, M.: Betriebswirtschaftslehre. Eine Einführung am Businessplan-Prozess. München, Vahlen, 2013, 3. Auflage

Osterle, H. & Jordan, J.M.: IT-driven business models. New York, John Wiley & Sons, 2010

Paege, M. & Goldig, P.: Lizenzbedingungen von Arcale. Computerwoche, 29.08.2012, www. Computerwoche.de

Petry, M., Nemetz, M. & Roelz, T.: Bestimmung des Wertbeitrags der IT. Praxis bei der Hilti AG. In: Crameri, M. & Heck, U. (Hrsg.): Erfolgreiches IT-Management in der Praxis. Ein CIO-Leitfaden. Wiesbaden, Vieweg & Teubner, 2010, S. 47–67

Pfetzing, K. & Rohde, A.: Ganzheitliches Projektmanagement. Gießen, Verlag Dr. Götz Schmidt, 2009

Pichler, R.: Scrum. Heidelberg, dPunkt-Verlag, 2008

Pietsch, W.: Kundenorientierte Positionierung von IT-Services. In: Herzwurm, G.: IT – Kostenfaktor oder strategische Waffe? Bad Honnef, Lemmens, 2008, S. 105–124

Prozessbibliothek, www.prozessbibliothek.de

Quack, K.: Wie wappnet sich die IT gegen künftige Katastrophen? Computerwoche, 12.11.2012, www.computerwoche.de

Rail.W.: Neues Paradigma in der Strategieberatung? In: Seidl. D., Kirsch, W. & Lindner, M.: Grenzen der Stratgieberatung. Bern: Haupt, 2006, S. 435–444

Reiss, M. & Reiss, G.: Praxishandbuch IT-Dokumentation: Betriebshandbuch, Systemdokumentation und Notfallhandbuch im Griff. München, Hanser, 2013

Renninger, W.: IT-Controlling. In: Hofmann, J. & Schmidt, W. (Hrsg.): Masterkurs IT-Management. Wiesbaden, Vieweg und Teubner, 2010, 2. Auflage, S. 191–224

Resch, O.: Einführung in das IT-Management. Berlin, Erich Schmidt, 2011

Röglinger, M. Kamprath, N.: Prozessverbesserung mit Reifegradmodellen. Eine Analyse ökonomischer Zusammenhänge. Diskussionspapier Universität Augsburg, 2012, als PDF im Internet und erschienen in Zeitschrift für Betriebswirtschaft, 82, 2012

Rose, J.W. & Weill, P.: Die sechs wichtigsten IT-Entscheidungen. In: Manager Magazin online, 23. August 2012

Saleck, T.: Chefsache IT-Kosten. Wiesbaden, Vieweg, 2005

Schierenbeck, H. & Wöhle, C.B.: Grundzüge der Betriebswirtschaftslehre. München, Oldenbourg, 2008, 17. Auflage

Schmelzer, H.J. & Sesselmann, W.: Geschäftsprozessmanagement in der Praxis. München, Hanser, 2010, 7. Auflage

Schmergal, C.: Chaos zum Geburtstag. Spiegel, 51/2013, S. 33

Schmidt, W.: Strategie. In: Hofmann, J. & Schmidt, W. (Hrsg.): Masterkurs IT-Management. Wiesbaden, Vieweg und Teubner, 2010, 2. Auflage, S. 11–92

Scheitzer, M. & Wagener, K.: Geschichte des Rechnungswesens. In: Lingenfelder, M. (Hrsg.): 100 Jahre Betriebswirtschaftslehre in Deutschland. München, Vahlen, 1999, S. 49–71

Seidel, B.: Schatten-IT ist Notwehr. Computerwoche, 23.10.2013, www.computer-woche.de

Seidel, J.: Multiprojektmanagement: Übergreifende Steuerung von Mehrprojektsituationen durch Projektportfolio- und Programmmanagement. Heidelberg, Xpert.press, 2011

Staehle, W.H.: Management: München, Vahlen, 1991, 6. Auflage

Steinle, C., Ebeling, V. Eichenberg, T. (Hrsg.) Handbuch Multiprojektmanagement und -controlling: Projekte erfolgreich strukturieren und steuern. Berlin, Erich Schmidt, 2010, 2. Auflage

Scholz, F., Schuler, A., Schwintowski, H.-P.: Risikomanagement der öffentlichen Hand. Heidelberg, Physica-Verlag, 2009

Schreiner, R.: Computer-Netzwerke. München, Hanser, 2009, 3. Auflage

Singh, S.: Codes. Die Kunst der Verschlüsselung. München/Wien, Hanser, 2002

Sonderegger, IT Governance – Entscheidungsstrukturen und -prozesse für ein erfolgreiches IT-Management. Praxis bei Credit Suisse. In: Crameri, M. & Heck, U. (Hrsg.): Erfolgreiches IT-Management in der Praxis. Ein CIO-Leitfaden. Wiesbaden, Vieweg & Teubner, 2010, S. 28–44

Spair, R.: The Art of IT-Management. Compilations of strategies for better IT management. Amazon UK, Createspace, 2010

Sudo, P.T.: Zen oder die Kunst, achtsam mit sich und seinem Computer umzugehen. Bern, Scherz, 2000

Thewes, H.: Verloren im Zuständigkeitsgerangel zwischen Brüssel und Berlin. eGovernment, 8/2011

Thiele, J. (Hrsg.): Die besten Definitionen der Welt. Wiesbaden, Matrixverlag, 2005

Thommen, J.-P. & Achleitner, A.-K.: Allgemeine Betriebswirtschaftslehre. Wiesbaden: Gabler, 2009, 6. Auflage

Tiemeyer, E. (Hrsg.): Handbuch IT-Management. München, Hanser, 2006a

Tiemeyer, E.: IT-Architekturen – planen und managen. In: Tiemeyer, E. (Hrsg.): Handbuch IT-Management. München, Hanser, 2006b, S. 71–113

Tiemeyer, E.: IT-Strategien entwickeln. IT-Architekturen planen. IT als Wertschöpfungsfaktor. Haag i.O., Rauscher, 2007

Tiemeyer, E. (Hrsg.): Handbuch IT-Management. München, Hanser, 2013a

Tiemeyer, E.: IT-Management – Herausforderungen und Rollenverständnis heute. In: Tiemeyer, E. (Hrsg.): Handbuch IT-Management. München, Hanser, 2013b, S. 1–45

Tiemeyer, E.: Enterprise Architecture Management (EAM) – IT-Architekturen erfolgreich planen und steuern. In: Tiemeyer, E. (Hrsg.): Handbuch IT-Management. München, Hanser, 2013c, S. 89–146

Uebernickel, F. & Brenner, W.: Die Herausforderungen der IT heute. In: Abolhassan, F. (Hrsg.): Der Weg zur modernen IT-Fabrik. Wiesbaden, Gabler, 2013, S. 11–36

Van Bon, J., van der Veen, A. & Pieper, M. (Hrsg.): Foundations in IT-Service Management basierend auf ITIL. Amersfort, Van Haren, 2007, 3. Auflage

Von Brisinski, N.S. & Vollmer, G.: Pragmatisches IT-Projektmanagement. Softwareentwicklungsprojekte auf Basis des PMBOKGuide führen. Heidelberg, dPunkt Verlag, 2010

Weiner, N., Renner, T. & Kett, H.: Geschäftsmodelle im „Internet der Dienste". Aktueller Stand der Forschung. Fraunhofer IAO, 2010, www.itbusinessmodels.org/downloads/weiner_renner_kett_2 ...

Weisbecker, A. & Kopperberger, D.: IT-Servicemanagement als Beitrag zur Unternehmensstrategie. In: Herzwurm, G.: IT – Kostenfaktor oder strategische Waffe? Bad Honnef, Lemmens, 2008, S. 85–103

Welge, M.K. & Al-Laham, A.: Strategisches Management. Wiesbaden, Gabler, 2009, 5. Auflage

Wendler, R.: Reifegradmodelle für IT-Projektmanagementfähigkeiten. In: Kammerer, S., Lang, M. & Amberg, M. (Hrsg.): IT-Projektmanagementmethoden. Düsseldorf, Symposion, 2012, S. 237–259

Wintersteiger, W.: IT-Strategien entwickeln und umsetzen. In: Tiemeyer, E. (Hrsg.): Handbuch IT-Management. München, Hanser, 2013a, S. 47–88

Wittbecker, T.: Fallstricke bei der Berechnung von IT-Verfügbarkeit. In: CIO, 30.09.2013, www.cio.de

Witte, C.: Wirtschaftskrise schadet dem Stellenwert der IT. Computerwoche, 1.6.2010, www.computerwoche.de

Zahrnt, C.: Richtiges Vorgehen bei Verträgen über IT-Leistungen. Heidelberg, dPunkt-Verlag, 2005, 2. Auflage

Zechner, A.: Handbuch eGovernment. Strategien, Lösungen und Wirtschaftlichkeit. O.O., Fraunhofer IRB Verlag, 2007

Zeitler, N.: Millionenschäden durch Datenverlust. Computerwoche, 19.03.2008, www.computerwoche.de

8.8   Autorenverzeichnis

Falk Herrmann, geb. 1962, Dipl.-Physiker, zunächst Wissenschaftlicher Mitarbeiter an der TU München, anschließend elf Jahre Unternehmensberater bei Accenture, seit 2003 freiberuflicher Personal- und Unternehmensberater. Mit-Herausgeber eines Buches über Unternehmensberatung und eines Werkes über Öffentliche Betriebswirtschaftslehre.

Dr. Roland Heuermann, geb. 1961, Dipl.-Kaufmann und Dipl.-Psychologe, gut zehn Jahre Unternehmensberater bei Accenture, von 2003 bis 2011 Manager in einer Bundesbehörde, zuletzt als IT-Leiter, seit 2012 IT-Strategieberater in einer europäischen IT-Systemberatungsfirma. Nebenberuflich Lehrbeauftragter für ÖBWL an der FH Bund in Brühl, Bonn. Mit-Herausgeber eines Buches über Unternehmensberatung und eines Werkes über Öffentliche Betriebswirtschaftslehre.

Rainer Respondek, Stuttgart, geb. 1968, seit 1998 für verschiedene Unternehmensberatungen und IT-Dienstleister als Berater, zuletzt als Management Consultant für den öffentlichen Sektor tätig. Seit 2008 ist er Business Development Manager Public Sector bei einem europaweiten IT-Systemhaus. Er ist spezialisiert auf die praktische Umsetzung des Vergaberechts aus Auftraggeber- wie auch aus Bietersicht.

8.9 Index

Computacenter
AG & Co. oHG

Computacenter ist Europas führender herstellerübergreifender Dienstleister für Informationstechnologie. Kundennähe bedeutet für uns, Geschäftsanforderungen zu verstehen und präzise darauf einzugehen. Auf dieser Basis entwickeln, implementieren und betreiben wir für unsere Kunden maßgeschneiderte IT-Lösungen.

Wir bewerten den Nutzen neuer Technologien und integrieren diese schnell und professionell in vorhandene IT-Umgebungen. Unsere Finanzstärke und Marktpräsenz bieten Kunden und Partnern langfristige Stabilität und Sicherheit.

Besuchen Sie uns auf unserer Website unter **www.computacenter.de**

www.ingramcontent.com/pod-product-compliance
Lightning Source LLC
Chambersburg PA
CBHW041158250326
R18032500001B/R180325PG41598CBX00002B/1